꼬리에 꼬리를 무는 한국경제사

꼬리에 꼬리를 무는 한국경제사

한국경제
흑역사에서 배우는
오늘의 경제 교양

김정인 지음

'라떼(Latte)' 좋아하세요? 이탈리아어로 우유라는 뜻인데, 우리 나라에서는 커피에 우유를 탄 음료를 통칭하는 말로도 쓰이고 있습니다. 그리고 또 하나 인터넷 밈(meme)으로 정착한 용례가 있어요. 바로 꼰대질을 희화화하는 말이죠. "내가 어렸을 때는 말이야", "내가 사회생활 시작할 때는 말이야" 같은 문장의 준말 이에요. 이 인터넷 밈은 평범한 직장인이었던 저를 경제 미디어 스타트업 '어피티(UPPITY)'의 이사로 만들어주었습니다.

때는 2019년 6월, 어피티는 매일 아침 구독자의 메일함으로 날아가는 경제 소식지, 《머니레터》의 새로운 필진을 찾는 중이 었습니다. 저는 직장을 다니면서 필진으로 합류했고 1년 후인 2020년 6월 1일에는 경제사를 주제로 한 코너를 맡았습니다. 바 로 〈라떼극장〉이었어요. 그 시기는 중국이 홍콩의 특별지위를 박탈하며 홍콩 국가보안법을 시행한 무렵입니다. 저는 이 사태 가 홍콩의 금융허브 역할에 미칠 영향을 설명하기 위해 홍콩이 세계적으로 떠오른 1820년대부터 이야기를 풀어가기 시작했어 요(영국: 라떼는~ 홍콩이 우리나라 식민지였어~).

구독자 반응은 폭발적이었어요. 하루에 100개가 넘는 피드백

이 오기도 했습니다. 도대체 국제 상황이 왜 이렇게 돌아가는지 이제야 알겠다는 반응이었습니다. 맞아요. 사람들은 단순히 오늘의 현상을 아는 데 그치는 게 아니라 어제가 왜, 어떻게, 어쩌다 오늘을 딱 오늘 같은 모양으로 빚었는지 알고 싶었던 거예요. 그래야 오늘이 내일을 어떤 모양으로 만들어낼지 가늠이라도 해볼 수 있으니까요.

삼성전자를 예로 들어볼게요. 삼성전자가 전 세계 반도체산업의 핵심 기업이라는 '오늘'의 사실을 모르는 사람은 없지만, 지독하게 가난한 나라에서 한 기업이 도대체 왜, 어떻게, 어쩌다 그 자리까지 올라갈 수 있었는지 '어제'의 과정을 아는 사람은 적어요. 오늘의 성공에는 삼성전자의 노력뿐 아니라 글로벌 거시경제 환경과 한국을 비롯한 각국 정부의 정책 또한 있었단 말이에요. 당시 역사를 모른다면 우리는 유사한 환경에 처했을 때 이미 검증된 성공과 실패의 맥락도 모른 채 내일을 마주하게 됩니다. 역사적 현상은 비슷한 모습으로 자주 관찰되거든요.

그래서 〈라떼극장〉은 2020년 6월부터 2021년 12월까지 거의 80주간 한 주도 거르지 않고 구독자들의 호응 속에 연재되었습니다. 우리가 아무리 꼰대들의 '라떼'를 싫어한다지만, 이야기에 빠져드는 건 인간의 본능이잖아요. 〈라떼극장〉이 성공적으로 마무리될 즈음 저는 '구독자들이 이렇게 제 글을 좋아해 주시는데 제가 들어앉아야 하지 않을까요?'라며 어필했고, 그렇게 어피티에 합류하게 되었습니다.

《머니레터》는 2023년 4월 기준 약 28만 명의 밀레니얼이 구독하는 뉴스레터입니다. 동시대 텍스트 기반 경제 뉴스미디어로서는 독보적인 브랜드 로열티를 확보한 미디어예요. 이렇게 꾸준한 애정을 받는 비결은 어려운 경제 이야기를 처음부터 지금까지 친절하게 설명하려고 노력해 왔기 때문일 겁니다. 〈라떼극장〉이 그랬듯이 말이에요. 휴머니스트 출판사도 〈라떼극장〉을 읽고 '지금이야말로 시사와 역사를 연결하는 이야기가 필요한 시점 아닐까' 싶다며 연락을 주셨고요.

역사는 암기 과목이고 경제는 계산 과목이라는 선입견(어느 정도 사실이지만)에 둘 다 딱딱하고 어렵게 느끼는 분들이 많을 겁니다. 그런데 저는 경제사라면 흥미롭게 접근할 수 있다고 생각해요. 경제는 사람이 살아가는 데 꼭 필요한 활동이고, 역사란 사람들의 선택과 행동이 원인이 되어 어떤 결과를 빚어내고, 그 결과가 다시 새로운 원인이 되며 꼬리에 꼬리를 무는, 만인의 인생 그 자체이기도 하니까요. 그러니 경제사에는 평범한 사람들의 삶과 일상 이야기가 가득 차 있고 그만큼 흥미로울 수밖에요.

경제사를 통해 우리는 우리의 부모님과 조부모님 들이 그때 왜 그렇게 행동했고, 대체 무엇을 바랐으며, 과연 어떤 마음이었는지 이해할 수 있어요(현장감이 느껴지도록 당시 신문 자료를 많이 사용했어요). 또 그들이 '어제' 내린 결정이 어떤 과정을 거쳐 우리의 '오늘'이 되었으며, 우리의 '오늘'은 어떤 모습의 '내일'로 찾아올지 예감할 수 있게 되는 것이지요.

이 책은 우리가 겪은 오늘의 사건과 그 사건의 뿌리나 유사한 사건을 연결해 이야기를 풀어갑니다. 저를 포함해 평범한 사람들이 낯선 역사를 처음으로 공부하기에는 각종 사건·사고만 한 이야깃거리가 없거든요. 과거 한국 사회의 충격적인 사건·사고로부터 시작하다 보니 우리 경제의 흑역사가 두드러져 보일 수도 있어요. 하지만 우리나라처럼 눈에 보일 정도로 빠르게 성장해 온 국가에서 여러 사건이 꼬리에 꼬리를 무는 것은, 그 사회가 살아 움직이며 과거를 극복해 왔다는 증거이자 새로운 도전의 기회가 많은 사회였다는 의미이기도 합니다.

《꼬리에 꼬리를 무는 한국경제사》가 한국경제사 입문서로서 우리나라의 경제를 희망적으로 이해하는 첫걸음이 된다면 정말로 기쁘겠습니다. 이 책은 500페이지가 넘는 '벽돌책'인데요, 그런 만큼 한국경제 전반을 모두 스치고 있습니다. 각종 이슈가 세상을 시끄럽게 할 때마다 책을 펼치면 이 사건은 바로 여기, 여기에서부터 비롯된 일이니까 함께 천천히 짚어가 보자는 목소리가 새어 나올 거예요. 그 목소리가 오늘을 이해하게 함은 물론이고 독자님을 더 깊은 독서로 이끌 수 있다면 좋겠어요. 저처럼 어설픈 이야기꾼을 훌쩍 넘어서는 훌륭한 연구자의 저서가 많거든요.

마지막 인사를 빼먹으면 섭섭하지요. 《꼬리에 꼬리를 무는 한국경제사》가 세상에 나올 수 있었던 것은 첫판을 깔아주신 박진영 대표님과 어피티, 휴머니스트 출판사 편집부, 꺾이지 않는 삶의 태도를 물려주신 엄마 김명숙 여사, 매일 따뜻한 밥을 안치고 먹이시는 시어머니 조덕희 여사, 시시때때로 통영 바닷바람을 전해주시는 시아버지 이광호 선생, 나의 세상에 비로소 불을 켜준 배우자 이해송 악사, 가장 오랜 친구인 동기 아름이와 제부 동옥이, 클라라 대모님과 어려울 때 도와준 정아 언니와 경락 선배, 스승이자 동지인 준용, 벗 영주·소현·경은·진용, 마포까지 오셔서 귀한 책을 주신 김주훈 전 KDI 경제정보센터 소장님, 첫 책《오늘 배워 내일 써먹는 경제상식》을 기획하신 유예진 편집 자님, 공매수와 공매도 부분 감수를 해주신 정재웅 박사님, 그리고 제 글을 좋아해 주시는 독자 여러분과 저를 아껴주신 모든 이들 덕분입니다. 고맙습니다.

2023년 5월

김정인 金姃璘

차례

Part 4. 정치와 경제

Part 5. 국제관계와 경제

Part 1

부동산

'천당 위의 분당'이 원래는 빈민가였다고?

#재개발 #신도시 #저곡가정책

2000년대 성남시 개발
1971년 8·10성남민권운동

도대체 한국 영화에는 왜 그렇게 조폭이 자주 나오나

한국 영화, 그것도 부패한 정치인이 나오는 영화를 보면 꼭 조직폭력배가 등장합니다. 사실 웬만한 영화에는 항상 부동산 개발과 함께 조폭이 나옵니다. 2016년에 개봉한 한 누아르 영화에서는 "천당 위에 분당! 분당 위에 안남(가상도시)!"이라는 집값 상승용 대사를 외치며 시장 선거에 나선 조폭 겸 부패정치인 캐릭터가 인기를 끌었죠. 조폭으로 스토리를 풀어나가는 기법은 한국 영화의 독특한 클리셰이자 사실주의적 묘사입니다. 해방 후부터 1980년대까지 수십 년간, 특히 건설 현장에서 깡패는 공기처럼 흔했거든요.

그중 정치깡패는 정치적 목적을 위해 상대방에게 불법적인 폭력을 저지를 때 고용하는 조직폭력배입니다. 정치깡패 중 가장 유명한 사람으로는 드라마 〈야인시대〉의 주인공 김두한이 있습니다. 우리나라는 김두한이 그랬듯 정치깡패가 국회의원이 될 수도 있는 나라였어요. 그렇다면 지금은 법치주의가 자리 잡았으니까 조직폭력배가 사회 곳곳에 개입할 여지가 없냐 하면 그렇지는 않아요. 1987년 형사소송법 개정 이후 형사 절차가 피해자의 인권을 강화하는 방향으로 점차 변화하면서 형식적으로는 많이 바뀌었다고 합니다. 하지만 폭력조직과 경찰이 서로 협조하며 뇌물을 주고받거나 사건을 조작하는 풍조는 쉽게 사라지지 않았습니다.

조직폭력배 다른 나라 사람들이 볼 때 우리나라만의 가장 매력적인 특징이 뭐게요?

일반 시민 글쎄요. 맛있는 음식? K-POP?

조직폭력배 밤 문화예요. 어떤 선진국에서 야밤에 이렇게 장사들을 해요? 어떤 선진국에서 이렇게 밤늦게까지 모여서 술을 마시냐고요. 다들 여섯 시만 되면 가게 문 닫고 집에 가지. 휘황찬란한 도시 야경을 즐기며 시끌벅적하게 취하고 싶다? 웰컴 투 코리아!

일반 시민 아….

조직폭력배 그럼 그 밤 문화는 누가 시작했고, 누가 제공하고, 누가 관리하냐고. 예?

우리나라 폭력조직의 대표적인 수입원은 주류를 파는 음식점이나 클럽 같은 합법적인 유흥과 도박 및 성매매 등 불법적인 유흥입니다. 우리나라는 유흥산업이 발달해 있죠. 서울의 중심이 강북에서 강남으로 옮겨 오면서 건축과 재개발에 조직폭력배 용역이 많이 필요했고, 이는 이후 강남에 들어선 유흥산업과도 연관이 깊습니다. 1986년 아시안게임과 1988년 서울올림픽을 개최하면서 필요했던 대규모 경비인력도 폭력조직에서 댔다고 해요. 강남 개발에 이어 경기장 건설과 도시 미관 정비에 들어간 건설용역과 재개발 철거용역도 폭력조직의 일자리였습니다.

이런 추세는 2000년대에도 유지되었어요. 2006년 연구 결과를 보면 조직범죄집단의 주요 수입원은 ① 유흥산업, ② 용역깡패, ③ 불법 사행산업, ④ 음란사업 운영이에요. 여기에는 온라인 불법도박이나 음란사이트 개설이 포함됩니다.

그런데 조직폭력배들이 이런 수입을 불법으로 얻느냐? 이제는 아니죠. 도박과 성매매를 제외하면 합법적인 건설사, 경비회사, 술집과 클럽 등을 통해 돈을 법니다. 폭력조직이 기업화한 거죠. 이들은 민간사업자나 정치인에게 고용되기도 합니다. 2012년 발생한 컨텍터스 용역 폭력사태가 대표적인 사례예요. 컨텍터스는 한 대선후보의 개인 경호를 맡기도 했던 경비회사입니다. 2012년 7월, 자동차부품공장에 고용된 경비용역 200여 명이 공장을 점거한 파업 노조원들을 무차별 폭행했습니다. 경찰이 감독하는 와중에 벌어진 일이라 나중에 경찰이 징계를 받기도 했죠.

여기서 성남 이야기를 해볼까요? '천당 위에 분당'이라는 말은 단지 영화에 나오는 대사가 아닙니다. 2000년대 초반 우리나라 언론에서 단골로 사용하던 말이에요. 2008년까지는 성남 아파트 가격이 서울 아파트 가격보다 평균적으로 높았어요. '수도권 대표 부촌'으로 불렸죠. 그런데 이 부유한 도시는 지역정치인들이 부동산 비리나 조폭과 얽혔다는 의혹이 2000년대 들어 유독 많이 보도되었습니다.

모든 이야기에는 그럴 만한 배경이 있는 법. 명백한 사실로 밝혀진 판교 개발 부정부패와 3,200억 원짜리 호화 청사 이야기부터 시작해서 성남의 빈민가 시절 역사인 광주대단지 사건까지 들어가 볼게요.

21세기 정치 드라마의 주연 도시

2022년 3월, 20대 대선이 막을 내리자마자 시끌벅적했던 이슈가 있었죠. 바로 대통령 집무실 이전입니다. 대통령이 청와대를 계속 사용하느냐, 용산 등지로 옮겨 가느냐를 두고 한바탕 설전이 있었습니다. 여당은 이전 비용이 1,200억 원 정도 들 것이라고 주장했어요. 야당은 용산의 미군기지나 다른 기관 이전 비용을 더하면 총 1조 원이 넘게 든다고 주장했습니다만, 어쨌든 여당이 말한 대통령 집무실이 옮겨 가는 데 든다는 비용보다 2010년 성남시청 건설 비용이 약 세 배 높습니다. 얼마나 돈을 많이 썼는지 감이 올 거예요.

그럼 도대체 무슨 돈을 그렇게 많이 썼냐, 쓸 수 있는 돈이 그렇게 생겼다는 것 자체가 좀 이상한 것 아니냐 하는 의문이 자연스레 생깁니다. 아무리 엉성해 보여도 정부 예산은 쓸 곳이 미리 정해져 있어서 마음대로 빼먹기 어렵거든요. 지방정부도 마찬가지죠.

성남시민 청사에 무슨 핵융합로 설치했어요? 청사 한 채 짓는 데 왜 그 많은 돈이 드냐고요.

성남시청 그게 토지비가 1,753억 원 들고, 건축비는 1,636억 원 들고···.

성남시민 그러니까 그 돈이 어디서 났는데···.

성남시청 판교신도시 건설하려고 2003년부터 모은 돈에서 빼먹었어요.

2021년 기준 전국 지방자치단체 평균 재정자립도는 43.6%입니다. 성남시는 재정자립도가 50%대 후반에서 70%까지 오가는 모범 지자체예요. 성남시의 재정수입은 판교와 분당에 자리 잡은 IT 대기업과 첨단산업단지로부터 옵니다. 법인세는 물론 판교·분당에 사는 사람들의 재산세와 자동차세, 출퇴근하는 사람들의 담뱃세까지 모여 성남시의 재정을 튼튼하게 해주지요.

성남의 판교신도시는 도시의 자급자족 기능을 강화한 2기 신도시입니다. 2003년 건설하기 시작한 2기 신도시는 일자리를 갖추고 있어야 도시가 스스로 자립할 수 있기에 주택과 산업단지의 조화를 위해 노력했어요. 한마디로 판교는 처음부터 IT 테크노밸리를 기획하고 설계됐습니다. 1기 신도시의 대표 도시인 분당은 물론이고 경부고속도로, 서울외곽순환고속도로와 맞닿아 있어 강남 접근성도 아주 좋아요. 중앙정부도 한국토지주택공사(LH)도 성남시에 돈을 투자할 법하지요.

그런데 성남시장은 투자받은 판교신도시 개발 비용에서 5,200억 원을 빼내서 신도시 개발과는 상관없는 다른 사업에 써 버립니다. 성남시 예산에서 3,200억 원이 청사를 짓는 데 사용되다 보니 다른 사업을 할 돈이 모자라서 판교 예산에서 돈을 빼쓴 거죠. 보통 고의로 불법을 저지르는 사람은 하나만 하지 않습니다. 당시 성남시장은 판교 업무지구 개발에 참여할 회사를 선정하는 과정에서 뇌물을 받았습니다. 친인척이 운영하는 회사에 불법으로 인허가를 내주기도 했어요. 불법 인사와 관급공사 개입 혐의, 즉 시 예산 횡령과 뇌물수수로 징역 4년이 확정됐습니다. 이후 새로 성남시장에 당선된 사람이 바로 20대 대선후보였던 이재명이에요. 그는 2010년 당선되자마자 전임 시장의 횡령 때문에 예산이 모자라 중앙정부와 LH에 돈을 갚을 수 없다고 선언하면서 전국적인 유명세를 얻었습니다.

신도시

1987년, 서울올림픽 유치와 저금리·저달러·저유가 3저 호황으로 부동산 시장에 돈이 돌면서 집값이 가파르게 상승했습니다. 노태우 정부는 집값 안정과 서울 주택난 해소를 위해 200만 호라는 어마어마한 규모의 주택 공급을 실시했어요. 바로 신도시 건설입니다. 1989년 발표돼 1992년 말 입주가 완료된 1기 신도시는 분당, 일산, 부천 중동, 평촌, 산본 5개 도시입니다. 발표 직후 투기자금이 몰렸지만 입주가 시작된 1991년부터는 주택 보급률이 크게 오르자 주택 가격이 어느 정도 안정을 찾았습니다. 부동산 시장 안정을 위해 토지공개념을 입법에 도입하고 부동산실명제도 실시했습니다. 그런데 1기 신도시들은 상업지구가 잘 형성되지 않아서 도시 안에서 일자리까지 자급자족하기는 어려웠습니다. 2000년대 후반 들어 노무현 정부도 수도권에 신도시를 세워 서울 부동산 시장을 안정시키려 했으나, 1기만 한 성공을 거두진 못했습니다. 김포, 파주, 판교, 동탄, 평택 등인데요, 자급자족 기능을 넣으려 했으나 판교 정도를 제외하면 서울의 베드타운 역할에 만족하고 있어요.

2021년과 2022년 20대 대선 내내 뜨거웠던 뉴스가 있습니다. 바로 대장동 부동산 개발 비리 의혹이에요. 이 의혹은 2003년 2기 신도시 개발과 함께 시작됐습니다. 그린벨트로 묶여 있던 대장동을 바로 옆에 있는 판교와 함께 신도시로 개발하려다가 계획이 유출돼 땅 투기가 시작되는 바람에 추진이 시들해졌는데, 2008년 LH가 다시 공영개발을 시도했어요. 하지만 민간사업자와 LH가 뇌물을 주고받으며 다시금 비리에 휘말립니다. 그러다가 2010년 이재명이 성남시장이 되면서 공공개발을 하기로 했고, 여기서 또 개발 특혜 비리 의혹이 불거집니다. 그런데 이때 대장동 개발에 들어간 비리 사업자의 1,000억 원대 종잣돈이 2011년 영업정지 사태를 일으킨 부산저축은행에서 끌어온 돈이고, 당시 부산저축은행 수사를 맡았던 검사가 20대 대통령으로 당선된 윤석열입니다. 그러니 이 정치 드라마가 대선 기간 내내 얼마나 사람들의 관심사였겠어요. 거기에 성남을 근거지로 하는 폭력조직 이름까지 등장하니, 2000년대 이후 우리나라 도시 중 가장 극적인 스토리텔링의 주인공을 꼽으라면 바로 성남일 거예요.

그런데 말이죠, 비리가 많다는 건 먹을 게 많다는 뜻이기도 합니다. 성남이 얼마나 부유했으면, 혹은 개발 가능성이 컸으면 줄곧 이런 욕망에 휘말렸을까요. 그러니까 더더욱 오늘날의 그 성남이 수도권 최대의 빈민가였으며 오랜 도시 개발 과정을 거쳤다는 사실이 놀라운 거예요.

그리고 세간에 잘 알려지지 않은 사실이 하나 더 있습니다. 뉴스에 관심 없는 사람도 한 번쯤은 들어본 '경기동부(연합)'도 도시 개발이 한창이던 성남시에서 탄생했습니다. 경기동부연합은 2013년 위헌 정당으로 해산된 통합진보당의 핵심 세력이에요.

정치구호는 없고, 폭력은 있고, 정부는 사과하고

빈민과 블루칼라 노동자의 도시였던 성남이 부자 동네가 된 건 1991년 분당신도시가 개발되면서부터입니다. 거기에 2000년대 판교에 IT 테크노밸리가 들어서면서 도시의 종합적 성격이 많이 바뀌었어요. 다만 신흥 부촌인 분당구, 판교동과 그 외 성남시 지역은 서로 이질감이 심하다고 해요.

성남시 개발이 시장원리에 따라 사람들의 거주 수요와 건설사의 공급이 균형에서 만나 이루어진 아름다운 과정은 아니었어요. 1968년부터 서울시가 용역을 동원해 서울 곳곳에 있던 무허가 판자촌을 철거하고 10만 명이 넘는 철거민을 무작정 트럭에 실어다가 허허벌판이던 성남에 들이붓는 방식이었지요.

당시 서울에는 전국에서 일자리를 찾아 올라온 최소 수십만 명의 사람들이 무허가 판자촌, 그러니까 우리가 아는 달동네에 불법으로 거주하고 있었습니다. 남의 땅에 임시 건물을 얼기설기 지어 동네를 이뤘다는 말이에요. 법적 문제도 있거니와 공공 위생에 치안 문제까지 생기니 정부는 무허가 판자촌을 어떻게든 해결하려고 했습니다. 1950년대와 1960년대 서울의 주택 부

서울시 중구 인현동 판자집 철거 모습(1966)

족률은 통계에 따라 40% 중후반에서 60% 중후반을 넘나듭니다. 어떤 통계가 더 정확한지 따져볼 필요도 없을 만큼 집이 많이 부족한 상황에서, 서울시는 1968년부터 무허가 판잣집 13만 6,500개를 허물고 1만 세대는 시민아파트에 입주시키고, 1만 세대는 개량해서 다시 짓고, 1만 세대는 경기도 광주군에 대단지를 조성해 이전시키려고 했습니다. 하지만 시민아파트부터 뜻대로 되지 않았어요.

당시에는 부정부패와 비리 없는 건설 현장을 기대하기가 어려웠습니다. 건설사와 공무원이 열심히 예산을 빼돌리는 바람에 시민아파트는 들어가야 할 자재가 많이 빠진 채 날림으로 건설

됩니다. 그러다 보니 1970년에는 아파트 건물 전체가 그대로 주저앉는 사고*도 발생하지요. 날림공사에도 불구하고 시민아파트들은 달동네 주민이 입주하기에는 너무 비싼 값에 분양됩니다. 철거 이후 갈 곳이 없어진 사람들에게 정부는 성남으로 이주할 것을 제안하지요. 다시는 서울로 올라오지 않겠다고 약속하면 땅도 싸게 분양해주고 근처에 일자리도 주겠다고 했지요.

거주이전의 자유가 있는 우리나라에서 원칙적으로는 그럴 수 없습니다만, 합리적인 보상 약속과 어느 정도의 공권력이 개입하면 사정이 달라집니다. 이주가 반쯤은 강제적이었던 거죠. 그래도 시대가 시대니만큼, 그리고 보상책을 제시했으니만큼 이해의 여지는 있습니다. 보상안 덕분에 자발적으로 협조한 사람도 많았어요. 그러나 정부가 보상 약속을 하나도 지키지 않는다면 이야기가 달라집니다.

정부 달동네 주민 여러분, 살기 힘드시죠. 다 이해합니다. 농촌에 일자리 없어서 서울에 올라왔더니 여기도 일자리가 없고, 돈은 더 없고. 살 곳도 없네? 그러다 보면 남의 땅에 불법으로 지붕 얹고 지낼 수도 있죠. 그런데 그러시면 땅 주인도 괴롭고 위생시설 하나 없는 곳에 사는 여러분도 괴롭

◆ 1970년 서울시 마포구의 와우산에 지었던 와우아파트가 붕괴한 사건입니다. 와우아파트는 무허가 판자촌을 철거하고 철거민이 대신 이주할 장소로 건설한 시민아파트 중 하나예요. 무면허 업자가 지반을 다지지 않고 불량 자재로 날림공사를 한 탓에 완공된 지 반년도 되지 않아 그대로 무너졌습니다. 이 사고로 70명이 매몰되고 그중 34명이 사망했어요. 해당 부지는 지금 홍익대학교 뒷편에 있는 와우공원입니다.

고. 모두 우리 국민인데 정부는 마음이 아주 안 좋습니다.

주민들 저기요. 농촌에서 사람들이 쪼들리게 된 건 정부가 저곡가정책을 펼쳐서잖아요. 일자리 대책이랑 주거 대책도 제대로 못 세워서 우리가 이러고 있다는 생각은 안 해보셨나요? 농사로는 먹고살기 힘들게 해놓고, 공장산업이 폭발적으로 성장하면 사람들이 당연히 도시로 몰릴 거란 생각은 안 해보셨냐고요.

정부 그래서 지금 여러분에게 이렇게 이주 대책을 제안하는 것 아니겠습니까. 서울 외곽에, 그러니까 경기도에 있는 미개발된 땅을 싸게 드릴게요. 거기에 공장도 세워서 집 근처에서 일자리도 찾을 수 있게 해드리고. 그러니까 우리 좋은 말로 할 때 달동네에서 나옵시다.

주민들 경기도 어디요?

정부 경기도 광주군 중부면이 딱이에요. 자자, 다시는 서울로 이사 오지 않겠다고 서약서 쓰시고 이 트럭에 타시지요.

저곡가정책

고도성장기의 경제정책으로, 쌀을 일부러 저가에 팔도록 하는 것입니다. 우리나라 사람들의 주식인 쌀이 저렴해야 월급을 적게 받아도 사람들이 먹고살 수 있기 때문에 시행했죠. 1980년대까지 우리나라는 임금 상승을 억제하는 저임금정책을 통해 경제를 발전시켰습니다. 식비가 오르면 생활비가 올라 저임금을 더는 유지하기 어렵다는 논리로 저곡가정책을 폈어요. 한편 값싼 노동력을 도시로 불러올리는 방법이기도 했습니다. 농사만 지어도 충분히 먹고살 수 있으면 굳이 고향을 떠나 열악한 공장으로 들어오지는 않을 테니까요. 농사를 지을수록 빚이 늘어나기 때문에 1970년대에는 농가 부채가 큰 문제였습니다. 국회에서 식량자급률 붕괴가 저곡가정책 때문이라고 지적하기도 했어요.

여기에서 경기도 광주군 중부면이 바로 지금의 성남시입니다. 그러니까 서울에 있는 달동네 주민들을 성남시로 이사를 시켰다는 거예요. 그러나 정부는 약속을 지키지 않습니다. 처음부터 허황된 약속이었어요. 원래 예산이라는 게 처음에 얼마 들겠구나 싶었던 금액보다는 항상 더 들잖아요. 그런데 서울시가 1969년 말까지 확보한 예산은 원래 계획의 10% 정도였거든요. 그러니 사람들이 트럭에서 내려서 마주한 땅은 그냥 깎아놓은 산비탈일 수밖에 없었습니다. 나무를 막 베어낸 산의 황토 진흙밖에 없는 황무지였죠. 차가 다닐 수 있는 도로도 없고 공장도 당연히 없죠. 도로니 공장이 다 뭐예요. 건축물 자체가 없었단 말이에요. 먹을 걸 사려 해도, 갈 수 있는 곳은 저 멀리 5일마다 서는 모란시장뿐이었어요.

이주민들 저기요, 이거 그냥 운동장이잖아요. 당장 오늘부터 어떻게 하라는 거요?

정부 아, 한 가정에 하나씩 군용 텐트 드립니다.

이주민들 상수도는? 하수도는? 전기는? 가스는?

정부 땅을 줬으면 알아서 집 짓고 알아서 수도랑 전기 끌어오세요.

이주민들 땅은 공짜로 줬냐? 땅값도 일해서 갚으라면서 여기서 무슨 일을 어떻게 해서 돈을 벌어?!

정부가 성남시에 강제 이주시킨 사람들은 10만 명이 넘었습니다. 정부가 이주민을 위해 도시를 건설 중이라는 소식을 듣고 이사 온 사람도 많았고, 성남에 가게를 차리려고 온 사람도 많아서 총 15만 명가량이 이주해 온 상황이었죠. 결코 적지 않은 숫자예요. 기반시설조차 갖춰져 있지 않은데도 불구하고 정부는 원래 받기로 했던 땅값의 네 배에서 여덟 배를 요구합니다. 이주민들은 정부가 제시했던 약속을 지키라고 요구했으나 정부는 묵살합니다.

그럼 당초 서울시가 무리수를 둔 이유는 무엇인가 하면 사정은 이렇습니다. 원래 서울시는 성남 땅을 싸게 사서 이주민들에게 비싸게 판 뒤, 그 수익금으로 시설을 건설하려고 했습니다. 여기서 시민아파트와 똑같은 문제가 발생합니다. 그걸 살 돈이 있었다면 처음부터 달동네에 살지 않았겠죠. 그러니까 서울시가 평당 400원에 산 땅을 평당 2,000원에 내놨고, 평당 2,000원을 낼 수 있었던 사람은 결국 달동네 살던 철거민이 아니었던 겁니다. 그래서 성남에는 정부의 말을 믿고 이사 온 빈민도 많았지만, 저렴한 가격에 최첨단 신도시에 들어오기 위해 분양권을 산 일반인도 많았습니다. 하루 벌어 하루 먹고살기 바쁜 빈민들은 허허벌판에서 며칠 버티지도 못하고 다시 서울의 하층 일자리로 되돌아갔거든요. 그러면서 분양권을 투기꾼에게 헐값에 팔았고, 투기꾼은 분양권을 다시 비싸게 되팔았던 겁니다. 한창 강남 재개발이 진행되고 있을 때라서 정부가 신도시를 만든다니까 사람들 생각에 제2의 강남이지 않을까 싶고 너무나도 좋아 보였던 거예요.

사실상 불법 전매인데도 정부는 단속하기는커녕 땅값을 좀 올

려 받아도 되겠거니 생각한 거죠. 정부도 아직 사려고 했던 땅을
다 못 샀는데, 강남 재개발로 경기도 남부 땅값이 폭등하는 바람
에 이전처럼 싼 가격에 더 사기는 무리였거든요. 돈 있는 사람들
이 성남으로 오고 있다니 정부는 인상분을 이들에게 떠넘기기로
합니다. 그래서 평당 2,000원 받기로 한 땅값을 평당 8,000~1만
6,000원으로 올려버려요. 그런데 당시 서울 남산 부근 땅값이 1만
6,000원 선이었거든요. 황당해하던 사람들이 결정적으로 폭발한
것은 여기다가 취득세와 재산세까지 내라는 정부의 방침이 나온
시점이었습니다.

이주민들 이게 나라야, 날강도야? 대책위원회 만들 거다.

정부 만드시든가.

이주민들 솔직히 이 황무지는 평당 2,000원도 비싼 거 아닙니까? 그래도
낼게요. 낼 테니까 세금이나 좀 미뤄주쇼. 그리고 이런저런 인프라 좀 갖
춰주요. 여기서 어떻게 사람이 살아요. 일자리도 어떻게 해주고요. 약속
했잖아요.

정부 싫은데.

이주민들 아, 이… (욕).

모든 요구가 거부된 1971년 8월 10일, 15만 명 중 3만~5만 명
이 생존권 시위에 나섭니다. 바로 광주대단지 사건으로 알려진
8·10성남민권운동이에요. 시위대는 관공서를 점거하고 관용차
를 불태우는 등 격렬한 시위를 벌였어요.

8·10성남민권운동 당시 시위대에 의해 불태워지는 관용차(1971)

부동산 문제는 일자리 문제

광주대단지 사건은 꽤 독특한 시위입니다. 우리나라 시위에서 찾아보기 힘든 폭력성을 띤 동시에 정치구호가 없는 생존권 시위였죠. 당시 보수 우익 세력은 광주대단지 사건을 폭력 난동이라고 불렀고, 진보 좌익 세력은 민중항쟁이라고 불렀습니다. 정치적 역동성이 큰 우리나라의 경우 민주화운동 이외의 시위는 풍부하게 재해석되거나 오래 주목받기 쉽지 않아요. 주류인 민주화운동을 어떻게 해석할 것인지를 놓고 싸우기도 시간이 모자라거든요. '8·10성남(광주대단지)민권운동'이라는 공식 명칭도 성남시청 주도로 2021년에야 결정되었을 정도입니다.

으레 그렇듯 시위 주동자들이 경찰서에 끌려가서 간첩으로

——— 성남시로 승격한 1973년에도 여전히 천막 주택이 남아 있는 성남정착단지(1973)

몰려 고문받기도 했지만, 시위대의 요구는 시위 이후 모두 관철됩니다. 요구 조건은 ① 토지 가격을 평당 1,500원 이하로 인하해줄 것, ② 총대금을 10년 동안 매년 나눠 갚게 해줄 것, ③ 향후 5년간 각종 세금을 면제해줄 것, ④ 영세민 취로사업(공공근로) 일자리를 제공해줄 것, ⑤ 당장 먹고살 길이 막막한 환경을 개선할 구호 대책을 세울 것 등이었습니다.

요구 조건에 따라 정부는 1974년과 1976년 성남에 산업공단 세 곳을 만듭니다. 서울 성수동에 있던 공장들이 많이 이전해 왔죠. 도시 자급자족을 위해 독자적인 산업단지를 세우려는 성남시의 노력은 이때부터 시작된 도시 특성이에요. 정부의 부당한 조치에 반발해서 개선을 이뤄낸 경험이 있는 사람들인 만큼, 1970년대와 1980년대의 열악한 노동 환경도 참지 않았습니다.

1980년대 초반 성남공단은 서울 구로공단, 인천공단과 함께 수도권 노동운동의 3대 거점으로 불렸어요. 이때 성남공단에서 노동운동을 주도한 성남노련이 나중에 우리가 아는 경기동부연합이 됩니다. 동시에 1968년부터 계속된 도시 개발은 폭력조직이 둥지를 틀 수 있는 환경을 조성합니다. 2020년대까지도 조직 이름이 언론에 오르내렸던 성남 국제마피아파는 1970년대부터 모란시장을 중심으로 활동했다고 해요.

1973년 7월, 경기도 성남출장소가 경기도 성남시로 승격하면서 상권이 발달합니다. 수도권 폭력조직 입장에서는 여기가 바로 새로운 건축물과 새로운 유흥업소가 들어서는 블루오션이었어요. 1980년대 후반에는 도시 개발에 따라 수십 개의 폭력조직이 생겨났다는 보도가 있었죠. 물론 고도성장에 따라 전국에서 급속한 도시화가 진행됐기 때문에 폭력조직의 성행은 성남뿐 아니라 거의 모든 도시의 문제였습니다. 1990년 노태우 대통령이 '범죄와의 전쟁'을 선포할 만큼, 그리고 조직폭력배와 정치권의 유착이 우리나라 영화의 클리셰가 될 만큼 큰 문제 말이에요.

'천당 위에 분당, 분당 위에 안남!'이라는 영화 대사 한 마디에 이렇게 오랜 역사가 깃들어 있습니다. 1960년대 정부의 저곡가 정책이 나비효과를 부르고 다시 나비효과를 불러서 오늘날의 성남이 탄생했습니다. 농사를 지으면 지을수록 가난해지니 사람들이 농촌을 떠나 서울로 와서 일자리를 찾았고, 일자리를 찾다 보니 살 곳이 없어서 무허가 판자촌을 지었고, 무허가 판자촌이 문제가 되니 정부가 이를 철거하고 사람들을 황무지로 이주시켰고, 철거 및 이주 과정의 부당함에 맞서 저항하는 과정에서 성남시 특유의 거친 정체성이 생겼습니다. 이런 과정을 거쳐 오늘날의 성남은 도시 안의 산업단지 성격과 높아진 도시 소득, 서울보다 비싼 아파트를 가진 도시로 자리 잡았습니다.

2.

강남이
무장공비 덕분에
부자가 된 사연

#강남8학군 #김신조 #지하철2호선

1970년대 명문고 강남 이전
1970년 경부고속도로 개통

가격이 오를 부동산을 고르는 법

우리나라에서 부자 되기라든가 투자, 경제적 자유를 이야기할 때 부동산은 거의 최종 목적지처럼 여겨집니다. 별 의미 없는 잡담을 나눌 때조차 이런 식이에요.

친구 로또 맞으면 어디 투자할래?

나 압구정 현대나 반포 자이. 잠실 주공 재건축도 좋고. 소박하게 국민 평수 84㎡ 전후로.

친구 평소 로또 되는 상상 많이 했나 봐, 대답이 바로 줄줄 나오고.

2021년 우리나라 가구의 평균 보유 자산은 5억이 좀 넘는데, 그중 79.9%가 부동산입니다. 가구당 4억여 원의 가치를 가진 부동산을 보유하고 있다는 거예요. 관점을 조금만 바꿔보면 자산 포트폴리오에서 부동산을 제외하면 가진 것이 별로 없다는 이야기도 됩니다. 그러니 부동산 가격에 더욱 민감할 수밖에요. 내 포트폴리오의 8할을 차지하는 자산 가격이 오르고 내리는 거니까요. 그만큼 부동산이 중요하니 내가 가진 부동산의 가치가 높아지면 손쉽게 남들보다 큰 부자가 될 수 있겠죠.

위 대화에 등장한 압구정동은 강남구, 반포동은 서초구, 잠실동은 송파구에 있습니다. 우리나라에서 가장 비싸고 좋은 부동산은 역시 강남, 서초, 송파의 강남 3구 아파트입니다. 여기에 부동산 투자를 할 수 있다면 안전한 고수익이 보장되지요. 4대 안전자산이 금·달러·채권·강남 아파트라는 말도 있습니다. 하지만 여기에 투자할 수 있는 사람은 아주 드뭅니다. 강남 접근성이 좋은 지역이 다음 투자 순위에 오르지만 그런 지역도 이미 굉장히 비싸요. 결국 내가 살 수 있는 부동산은 실패할 수 있는 자산일 확률이 높습니다. 실패 확률을 줄이기 위해 우리는 부동산 투자 노하우를 알려주겠다는 책을 펼치고, 유튜브 강의를 찾죠.

거기서 언급하는 단어들은 대개 이렇습니다.

인구 감소, 반면 가구 수 증가/공시지가와 택지 개발/분양과 청약/금리와 가계 부채와 주택담보대출/투기 지역과 과열/LTV와 DSR 등 규제/재개발 지정과 재건축 인허가/역세권과 상권과 학군 인프라 등 입지 조건

평소 부동산 투자에 관심이 있다면 바로 눈치챘을 겁니다. 부동산 가격을 결정하는 데 개인의 영향은 거의 없어요. 건물 가격은 사회의 거대한 흐름이나 정부의 공급 또는 교통정책, 금융정책, 그리고 커다란 기업의 의사결정에 달려 있습니다. 이런 변화

를 부를 때 '호재'라는 은어를 사용하기도 해요. 그러니까 부동산 투자에 성공하고 싶다면 ① 주변보다 저평가된 건물을 찾거나 ② 정부 정책을 잘 따라다니며 호재를 챙겨야 합니다.

물론 강남 3구의 높은 부동산 가격도 각종 정책의 결과물이 죠. 그런데 강남을 서울의 중심으로 만든 정책이 북한과의 전쟁 준비에서 시작됐다면 믿으시겠어요?

현 강남지역은 1962년 12월까지만 해도 행정구역상 서울이 아니라 경기도 시흥과 경기도 광주였습니다. 정부가 강남지역을 서울로 편입하고 개발 계획을 세운 것은 ① 이촌향도로 인한 서울 인구 급증, ② 한강대교 폭파라는 한국전쟁 트라우마를 자극한 북한 무장공비 출몰, ③ 영남권 공업단지 경제개발이라는 세가지 이유 때문이었어요. 1970년대와 1980년대 정권이 두 번 바뀌는 사이 강남지역을 효과적으로 개발해 낸 도구 역시 세 가지였는데, 바로 교육과 교통과 아파트였습니다.

1970년대 명문고 강남 이전

'명문고' 출신에서 '강남8학군' 출신으로

중학교 입시가 있던 1950~1960년대는 물론이고, 1990년대 초중반까지도 우리나라는 명문 고등학교가 좌지우지하는 나라였습니다. 대학 설립이 자율화된 1995년까지는 대학 수도 많지 않았고 진학률도 낮아서, 고등학교는 대학 진학 전 단계라기보다는 사회 진출 전 마지막 교육과정이라는 인식이 강했어요. 그래서 오로지 대학 진학이 목적이었던 순수 공부 중심의 고등학교는 입시를 치러야 들어갈 수 있는 고등학교계의 아이비리그였습니다. 서울은 물론 그 외 지역에도 우수 인재를 가려 뽑아 치열하게 공부시켜 서울대를 많이 보내는 몇몇 명문고가 있었어요.

명문고 동창들은 인맥을 형성해 정계와 재계에서 서로 끌어주었습니다. 이런 분위기는 2000년대 초반까지 이어졌어요. 1974년부터 시작해 1980년 완료된 고등학교 평준화(학군제) 이전까지는, 명문고에 들어가기 위해 기숙학원에 등록하거나 1~2년 재수까지 하곤 했어요. 1970년에는 서울대 신입생 절반이 10대 명문고 출신이었고, 2009년까지도 3급 이상 고위공무원의 약 30%가 10대 명문고를 졸업했다고 합니다. 명문고는 경기(여)고·경남고·경복고·경북고·광주제일고·부산고·서울고·전주고를 주로 꼽고, 경동고·대전고·배재고·보성고·양정고·이화여고·제물포고·진명여고·진주고·휘문고도 자주 언급됩니다.

듣던 사람 강남지역 개발해서 부동산값 오른 이야기를 해주겠다고 하셨잖아요. 왜 명문고 이야기만 계속하시나요?

강남1970 서울의 명문고는 1970년대에 강남으로 거의 강제 이주를 당했거든요.

듣던 사람 강제 이주요?

강남1970 1970년대까지만 하더라도 강남은 전기도 안 들어오는 낙후 지역이었어요. 사람들을 강남으로 이사 가게 만들려고 명문고를 강제 이주시킨 거죠. 강남의 시작이었습니다.

1970년대면 아직 서울 지하철이 1호선밖에 없을 때예요. 종로
구·중구 등 서울 사대문 안에 몰려 있던 명문고를 모두 강남으
로 이전시키면 가족들도 학생을 따라 이사할 수밖에 없습니다.
자녀를 명문고에 보낼 정도의 가족이면 사회경제적 배경도 괜찮
을 테고, 장차 명문고를 졸업한 학생이 사회지도층이 되어서 머
무는 주거지역까지 강남이 됩니다.

대통령 자식을 명문고 보낼 정도라면 중산층 이상의 야망 넘치는 부모가 대
부분일 터. 비만 오면 진흙탕이 되는 낙후 지역을 개발하려면 그런 인재
(야망덩어리 부모)가 필요하다.

학부모들 싫은데!

명문고 강남 이전 계획이 처음 발표된 1972년, 명문고와 명문
고 동창들의 사회적 반발은 어마어마했습니다. 하지만 군사독재
정권 시절에 정부를 상대로 오래 저항하기 어렵지요. 결국 경기
고를 시작으로 10여 개의 명문고가 지금의 강남 3구로 오게 돼
요. 이런 흐름은 서울올림픽 직후인 1989년까지 계속됐습니다.
1974년, 서울에서는 고교평준화 정책으로 고등학교 입시가 완
전히 폐지되고 11개 학군으로 나눠 주거지 근처 고등학교에 배
정하는 학군제가 시행됩니다. 8학군이라는 번호를 부여받은 강
남 학군의 인기는 하늘을 찌릅니다. 이미 강남 3구에 명문고가

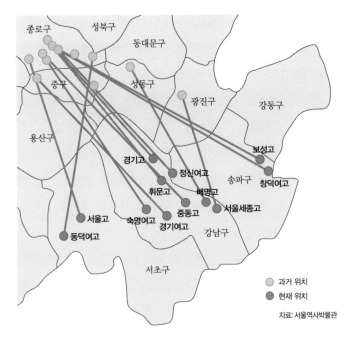

자료: 서울역사박물관

강남 3구로 이전한 명문 고등학교

몰려 있는데, 학군제에서는 강남에 살아야만 8학군에 배정받을 수가 있으니까요.

　명문고 이전과 함께 등장한 정책이 바로 아파트 건설입니다. 학생들과 그 가족을 불렀으면 살 집도 마련해줘야죠. 1974년에는 현 동작대교 남단에 위치한 매립지에 반포주공아파트가 완공됩니다. 1976년에는 아파트 말고 다른 건물은 지을 수 없는 아파트지구제도가 신설돼 반포, 압구정, 청담, 도곡 등 영동지구(지금의 강남)가 아파트지구로 지정됩니다. 여기에 한신·대림·한양·경남·우성 아파트가 들어서지요. 은마아파트(1978)도 이 시기 강남에 완공됩니다. 당시 영동지구 부동산을 구매할 때는 양도소득세나 취득세 같은 세금 면제 혜택이 주어지기도 했습니다.

대규모 아파트단지가 건설된다는 건 다른 인프라도 따라온다는 이야기죠. 단독주택이나 소규모 연립주택과 달리 아파트단지는 도로 계획과 상권 형성이 무척 편리합니다. 동시에 사대문 안 구도심인 종로구·중구·서대문구에는 결혼식장, 호텔, 술집, 백화점, 도매시장, 제조업체, 대학 및 학원의 신설과 증설을 금지합니다. 도로 신설과 확장도 금지했고요.

게다가 중동에서 벌어온 돈까지 아파트 개발에 투기 자본으로 밀려들어 오면서 강북은 쇠퇴하고 강남이 무서운 속도로 발전하기 시작합니다. 1963~1979년 사이 중구의 땅값이 20배 오르는 동안 강남구의 땅값은 1,000배 이상 올랐답니다.

주민들 강남을 개발하는 건 좋은데, 강북을 너무 차별한 거 아니에요? 사람들이 살기 싫어졌겠어요.

대통령 당연하지. 강북은 좀 비워야 해. 일단 북한이랑 너무 가깝단 말이야.

북한 무장공비가 농담은 아니야

2021년 기준 북한의 국내총생산(GDP)은 우리나라의 1.8% 수준인 34조 원입니다. 우리나라로 치면 같은 해 사회적 거리두기 때문에 피해를 입은 소상공인의 손실을 보상한다고 추경으로 책정된 금액 수준이에요. CJ그룹의 2021년 한 해 매출액이기도 하네요. 국방비만 따져도 그렇습니다. 북한은 아시아 최빈국이면서 GDP의 25~30%를 국방비에 쏟아붓고 있다고 합니다. 금액으로 따지면 10조 원 정도죠. 우리나라의 국방비는 2022년 기준 한 해 54조 6,000억 원입니다. 2020년에는 세계 군사력 순위 6위를 기록했어요. 그래서 요즘 시각으로는 당시 도시 개발 계획 과정에서 북한을 왜 그렇게까지 중요하게 고려했나 싶기도 합니다.

하지만 1970년대 중반까지만 해도 북한이 우리나라보다 경제사정이 좋았습니다. 북한이 삐라를 날려서 '너네 집엔 이런 거 없지?' 하고 약을 올리면 실질적인 위협으로 느껴질 만도 했죠. 게다가 1960년대는 북한의 군사도발이 가장 잦았던 시기입니다. 미국이 베트남전쟁을 확전하며 반공주의를 강화하는 와중인데 북한은 소련, 중국 같은 전통적 우방과 관계가 나빠졌거든요. 미국의 군사 행동이 불안한데 힘센 친구들과는 사이가 틀어지니 자체적으로 군사력을 강화하는 방식으로 대응했죠. 그렇게 한반도 긴장이 높아지던 어느 날, 북한이 어마어마한 사건을 일으킵니다.

1968년 1월 21일 오후 10시 10분, 북한군 31명이 종로구 청운동에 나타났습니다. 이들은 자하문 부근에서 검문 경찰에게 발각돼 전투를 벌였습니다. 28명이 사살되고 2명은 행방불명, 1명은 생포되었습니다. 생포된 한 명이 바로 김신조예요. 요즘도 가끔 북한 관련 자료를 보면 '무장공비 김신조'라는 어구가 등장하곤 합니다(공비는 공산당 유격대의 비속어입니다). 생포된 다음 날, 김신조는 수갑을 찬 채 기자들 앞에서 소리쳤습니다.

김신조 내래 박정희 모가지 따러 왔수다!

온 나라가 충격에 빠졌습니다. 자칫하면 청와대가 뚫릴 뻔한 엄청난 사건이었어요. 주민등록번호 도입도, 예비군 창설도 이 사건 때문입니다.

안 그래도 폭발적인 인구 증가로 수돗물은 물론 변소까지 모자라던 서울입니다. 거기다 북한까지 이러니 강남 개발이든 행정수도 이전이든 진지하게 실행할 만했죠.

대통령 한국전쟁 터졌을 때, 서울에서 피해가 컸던 이유가 뭐야.

요즘 사람 한강철교를 폭파하는 바람에 민간인뿐 아니라 국군들까지도 절반 가량 한강을 건너지 못하고 한강 이북에 고립돼서….

대통령 북한이 이렇게 나오는데 전쟁이 다시 터지지 말란 법 있나? 전쟁 나면 서울 시민들은 한강 때문에 피난 가기 어려우니 아예 강 남쪽으로 도시를 집중하지! 다들 강남에 모여 살고, 주요 기능도 다 강남에 있으면 한강을 방어선 삼아서 북한을 저지할 수 있다!

서울시장1 강북 인구 분산 및 강남 개발 계획에 서울 요새화 계획까지 준비했습니다.

요즘 사람 전쟁 상황이 도시 계획에 실제 반영되던 시절이 고작 50년 전이라니 놀랍네요.

서울시장2 그러니까 지하철 2호선은 강남을 통과하게 건설한다.

요즘 사람 어라, 원래 그런 계획 아니었잖아요.

지하철 4호선이 2호선으로 둔갑한 이유

우리나라의 첫 지하철 공사는 1971년 시작됩니다. 당시 강남은 지하철 2호선이 아니라 4호선이 지나갈 예정이었어요. 하지만 서울 개발 계획이 강남 개발 중심으로 바뀌면서 지하철 노선도 변경되지요. 1964년부터 계획됐던 방사형 1~4호선 지하철은 1975년이 되자 2호선이 강남을 거쳐 순환하는 형태로 추진됩니다. 당시 서울시장이 20분 만에 변경을 결정했다고 해요.

강남 개발이 시작된 시기에는 서울의 대중교통도 함께 변화하고 있었어요. 1960년대 서울의 교통체증은 심각했습니다. 대한제국 시절에 만든 노면전차, 경전(京電)이 1968년 11월까지 운행하고 차량 노후화 등을 이유로 폐지되자 서울은 '교통지옥'이라 불릴 만큼 혼잡했습니다. 시내버스도 많지 않은 데다 지하철조차 없던 시절이었으니까요.

그래서 지하철 1호선은 원래 노면전차가 담당하던 노선을 포함, 영등포에서 출발해 서울역과 종로를 거쳐 청량리가 종착역이었고, 2호선은 영등포에서 마포와 여의도를 거쳐 왕십리로, 3호선은 미아리와 불광동 쪽을 맡았어요. 이대로라면 강남은 4호선에 가서야 교통망에 연결됩니다. 굉장히 강북 중심적인 노선 설계인 동시에 중장기적으로 효율성이 더 큰 대중교통 체계이기도 해요. 하지만 당장 폭발적으로 늘어난 서울 인구를 분산시킴과 동시에 북한의 공격을 피해 강남을 키우고 싶었던 서울시와 정부는 변경된 계획을 밀어붙였습니다. 모름지기 도시 중심이란 통신망과 교통망이 사방으로 모이고 통하는 '사통팔달(四通八達)'이어야 하니까, 강남이 아직 허허벌판이어도 지하철은 꼭 만들어 둬야 했던 거죠. 지하철 노선도가 지금처럼 복잡해진 이유예요.

서울 지하철을 이용하다 보면 가끔 의아함을 느끼는 지점이 있어요. 지하철을 통해 더 오래된 광역교통시설인 고속버스터미널로 가려면 2호선 교대역에서 3호선으로 환승해 한 정거장을 더 가야 하는데, 어차피 한 정거장 차이일 거면 왜 굳이 환승을 하도록 만들었을까 싶거든요. 알고 보면 그런 사정이 있었던 거예요. 당시 신문을 보면 비슷한 걱정이 잘 드러납니다.

강남구간을 우선해서 착공한다는 것은 피상적으로 보아 서울시가 추진해 온 강남 인구 분산에 기여되는 듯도 하지만 공공사업, 대중교통수단은 저소득 서민층을 위한 것이어야 한다는 원초적인 입장에서 본다면 강남구간 건설의 타당성을 인정하기가 어렵게 된다. … 고속버스터미널과 연결시키지 않은 점도 크게 아쉬운 점이다. … 고속도로에서 쏟아진 승객이 버스나 택시로 다시 환승하는 것은 신속성과 경제성이 결여된 것이다.(노정현 씨. 연세대 행정대학원장)

지하철 2호선 신설동역~종합운동장역 개통을 앞두고 진행된 시운전 모습(1980)

노선 선정이 현재 서울시가 당면하고 있는 교통 문제 해결에 얼마나 도움을 줄 것인가 하는 의문이 제기된다. 당장의 교통난 해결보다는 도시 구조상의 문제, 즉 인구 소산을 유도하는 전략적 수단으로 착공하는 것으로 보인다. 81년 완공 때까지 지하철의 경제성을 유지할 만큼 강남지역에 인구가 분산될지―분산된다면 교통난 해결에 도움을 줄 것이나 의문이 남는다. 서울시의 교통 수요는 방사선형을 이루고 있으며 … 가장 바람직한 것은 2호선의 건설 기간 중에 방사선 형태의 노선 건설이 함께 추진되는 것이다.(최상철 씨, 서울대 환경대학원 교수)

―〈전문가들의 의견〉,《조선일보》 1977. 10. 7

강남이 오늘날의 모습이 될지 아무도 예측하지 못했던 시절의 이야기예요. 강남이야말로 만들어진 도심이지, 사람들의 발걸음 따라 자연스레 형성된 장소가 아니니까요. 지하철 2호선은 강남을 서울의 최고 번화가로 만드는 데 핵심적인 역할을 했습니다. 지하철 계획을 변경하지 않았더라면 지금 서울의 모습이 어떻게 달라졌을까요?

인구 과밀은 더더욱 농담이 아니야

물론 강남을 개발한 이유로 북한만 들먹일 수는 없습니다. 1960년대와 1970년대 서울에 살던 사람들에게는 북한보다 훨씬 중요한 사연이 있었습니다. 서울 인구가 그야말로 폭발적으로 증가하고 있었거든요.

1960년 240만 명이었던 서울 인구는 1970년 550만 명으로 10년 새 두 배가 됩니다. 1990년에는 또 두 배로 늘어 1,000만 명이 넘죠. 1966~1980년에 매일 900명씩 늘어났다는 계산도 있습니다. 물론 지금도 서울의 인구밀도는 경제협력개발기구(OECD) 국가 대도시 중 압도적인 1위입니다. 서울은 1km^{2}당 1만 6,000명 가까이 사는 세계 최고의 인구 밀집 도시예요. 인구밀도가 런던과 도쿄의 세 배, 뉴욕의 여덟 배나 되는 지역에서 이 정도 삶의 질을 누릴 수 있는 것은 공공인프라의 질이 뛰어난 덕분입니다.

그러나 당시 서울은 지금과 같지 않았습니다. 상하수도나 도로 등 도시의 주요 인프라를 막 구축하기 시작한 시기였어요. 1980년대 초까지 서울 시내 빈민촌이 220여 곳에 달했습니다. 빈민촌에서는 공동 화장실을 쓰고, 수돗물이 나오지 않고 전기도 들어오지 않으며, 주택난도 심각했습니다. 그런 동네에 사람들이 이삿짐을 들고 마구 몰려온다고 생각해 보세요. 아침에 출근하는 사람들이 닷새째 머리를 감지 못하고, 좁은 골목에 사람 똥오줌이 넘쳐났다? 결코 농담이 아닙니다.

경기도 시흥군과 광주군은 한강만 건너면 바로 서울과 연결되는 지역이었습니다. 정부는 한강에 다리를 놓고 서울을 확장해 인구를 분산시키기로 합니다. 1962년, 일제강점기부터 번화했던 영등포의 동쪽이라서 '영동지구'라 불리던 경기도 시흥군과 광주군이 서울로 편입됩니다. 1965년에는 강북과 (영등포를 거쳐) 영동지구를 잇는 다리 중 양화대교가, 1969년에는 한남대교가 완공됐어요. 한남대교가 완공되면서 영동지구 개발이 본격적으로 시작됩니다.

당시 영동지구가 얼마나 낙후되어 있었는지는 그 지역에서 나고 자란 사람들의 수기에 잘 나타납니다. 농업이 국가 경제를 지탱하던 시기인데 뭘 심어도 안 자라는 땅이라든가, 갈대밭이고 뻘밭이라 아주 개흙이라고 투덜거리는 내용(대치동)이 많아요. 일본인들이 뽕나무를 심어서 누에를 치고, 누에에서 나온 생사로 스타킹을 짜서 미국에 수출했다는 내용(잠원동)도 있습니다. 서울 강북 개발이 한창일 때 남쪽에서 일자리를 찾아 인부들이 올라왔는데, 싼값에 셋방을 찾는 인부들이 모여 사는 지역이었다든가(청담동) 강남까지 개발이 진행되는 와중에도 한동안 룸살롱이나 다방뿐이어서 '색시'들이 세를 내고 사는 집들이 몰려 있었다는 내용(신사동)도 있지요.

1970년 경부고속도로 개통
도로 따라 부자 동네가 되었습니다

영동지구의 운명은 1968년 시작해 1970년에 개통된 경부고속도로 덕분에 완전히 바뀌었습니다. 1970년대의 명문고 이전도, 대단지 아파트 건설도, 그리고 지하철 2호선 강남 경유도 경부고속도로 건설 부지 확보를 위해 1960년대부터 시작한 영동토지구획정리사업이 아니었더라면 불가능했을 거예요.

나라가 워낙 가난하던 때라 영 지지부진하던 영동지구사업은 경부고속도로 건설을 추진하면서 불이 붙었어요. 경부고속도로는 우리나라를 대각선으로 가르는 총길이 428km의 주요 도로입니다. 인부를 연인원 900만 명이나 투입해 건설할 만큼 나라의 운명을 건 사업*이었어요. 서울시는 경부고속도로건설사업에 매달려 한강에 다리도 세우고, 도로 부지 주변을 개발해 나갑니다.

고속도로는 상품을 생산지에서 소비자에게 보내는 데 필수적인 기반 시설입니다. 무엇이든 운반 차량에 실어 거점 물류센터까지 날라주죠. 경부고속도로는 서울에서 부산, 부산에서 서울로 사람과 물건을 빠르고 많이 실어 나르기 위해 건설한 우리나라 최대의 고속도로입니다. 1970년 경부고속도로 개통은 박정희 정부의 가장 큰 업적으로 꼽히기도 해요.

경부고속도로 개통으로 서울-부산 간 화물 이동이 획기적으로 개선됐습니다. 정확히 말하면 서울과 남동임해공업지역 간 물류 흐름이 크게 좋아졌어요. 남동임해공업지역은 우리나라 남동쪽에 있는 수출지향 중화학공업단지예요. 여수시·광양시·창원(마산)시·부산시·울산시·포항시가 속해 있는 공업 벨트입니다. 제철소와 석유화학단지는 공업화의 핵입니다. 우리 주변 물건 대부분은 철강 아니면 플라스틱이에요. 제철소와 석유화학단지 주변에는 자동차공장은 물론 각종 공장이 들어섭니다. 여기서 만든 물건들은 항만도시 부산에 모여 수출선에 실렸습니다. 물론 부산은 그 자체로 공업도시이기도 했습니다. 아직 중화학공업이 자리 잡지 못했던 1960년대와 1970년대 초, 신발과 의복, 가발 같은 경공업 공장이 부산에 몰려 있었거든요. 부산은 주요 무역 상대였던 일본과 교역하기에 최적의 도시였어요.

1973년 이후 중화학공업이 발전하면서 남동임해공업지역에

◆ 경부고속도로 건설이 결정된 1967년 우리나라 1인당 국민소득은 고작 142달러였고, 고속도로 개통 직후 이용 차량은 하루 9,000여 대에 불과했습니다. 가난한 나라에서 고속도로 건설은 너무 이르다는 반대 여론도 있었어요. 실제로 기술도 부족하고 재정도 모자라서, 베트남전쟁에 청년들을 보내고 받은 돈을 쏟아붓고도 20년간 끊임없이 보수공사를 해야만 했어요. 하지만 정부 입장에서 고속도로는 공업단지 발전과 전쟁 대비 원활한 후방 군수 이동을 위해서는 우선순위가 높은 사업이었죠.

속한 울산도 성장합니다. 중화학공업이 원하는 노동력은 고학력자거나 숙련기술자예요. 저학력자나 저숙련자도 진입할 수 있는 영세 자영 농업이나 경공업보다 소득이 높을 수밖에 없습니다. 게다가 질 좋은 일자리의 수도 많았습니다. 그 일자리에서 파생되는 소비시장도 어마어마하지요. 제철소 건설 이후 울산은 1인당 총소득에서 전국 1위를 놓친 적이 거의 없습니다.

이런 공업단지와 서울 수도권의 연결이 가져온 경제적 효과가 얼마나 컸겠어요. 노동력도 훨씬 자유롭게 이동하고, 그와 함께 기술도 이동합니다. 소비시장 확대와 원활한 상품 공급에 따른 가격안정화는 물론, 덤으로 건설업체의 실력 축적까지 얻었지요. 덕분에 경부고속도로의 시작점인 서울 강남이 경제적으로 크게 발전할 기회를 얻었습니다.

경부고속도로는 서울 서초구에서 출발해 부산 금정구에 도착합니다. 수원·성남과 천안, 대전과 구미·김천, 대구를 거쳐 가지요. 대구를 제외하면 경부고속도로가 지나가지 않는 지역들이 지금 우리나라에서 소득이 가장 낮은 편입니다. 현재 경상도와 전라도의 지역 발전 격차나 인구수 격차는 경부고속도로 개통 이후부터 벌어지기 시작한 거예요. 경부고속도로가 전국을 일일생활권으로 만들었다고들 하는데, 이 도로가 지나지 않는 도시는 일일생활권이 아닙니다. 도로를 타고 흐르지 못하는 사람과 물건은 일자리와 소비시장에서 소외될 수밖에요. 1975년에는 강북에 있던 고속버스터미널마저 강남으로 이전했으니, 강남이야말로 교통의 요지가 되어버린 거예요.

이제 우리는 1970년부터 오늘날까지 50년 넘는 강남 발전의 역사를 이런 관점에서 설명할 수 있을 거예요. 경부고속도로가 강남에서 출발하거나 도착하기 때문에 물건이 귀하던 시절 강남에 모든 물건이 모여들고, 또 물건이 모여드니까 회사도 모여들게 됩니다. 회사가 모여드니까 사람도 모여들고, 사람이 모여드니까 정부가 자꾸 인프라를 짓고, 인프라가 지어지니까 부동산 값이 더욱더 상승 자극을 받는다고요.

물론 강남의 부동산 투기가 경부고속도로 준공과 연관된 방식은 조금 더 직접적입니다. 앞에서 명문고 이전도, 아파트지구 지정도 영동토지구획정리사업이 아니라면 어려웠을 거라고 했죠? 이 영동지구 구획정리는 경부고속도로 준공이 아니면 불가능한 일이었습니다.

고속도로를 준공하려면 정부는 도로를 놓을 땅을 마련해야 해요. 보통 땅 소유자에게 보상금을 주고 땅을 수용하지요. '토지 보상'이라고 하는데, 1960년대에는 정부도 돈이 없었습니다. 그래서 생각해 낸 기가 막힌 방법이 바로 체비지(替費地)예요. 특정 구역을 개발할 때 정부 돈이 아니라 원래 토지 보유자의 돈으로 개발 비용을 마련하는 거죠. 그럼 토지 보유자는 그 돈을 어디서 만드냐 하면 개발 예정으로 지정된 땅 일부를 팔게 됩니다. 그 땅이 체비지예요. 이해를 돕기 위해 쉬운 예를 들어볼게요.

원래 토지 보유자 어려운데요. 제가 제 땅을 왜 팔아요? 어떻게 일부만 팔라는 거예요?

반듯하게 구획되어 오늘날
강남을 탄생시킨 영동 1·2
지구 토지구획정리사업 현
황도(1980)

정부 정부가 번듯한 도로 놔주면 땅값 올라요, 안 올라요.

원래 토지 보유자 올라요.

정부 한국전쟁 거치면서 어디까지 내 땅이고 어디까지 남의 땅인지 도저히
알기 어렵게 별 모양으로 잘려 있는 땅, 정부가 정확하게 측정해 바둑판
모양으로 네모반듯하게 정리해서 돌려주면 관리가 쉬워요, 안 쉬워요?

원래 토지 보유자 쉬워요.

정부 다른 지역 개발하는 것보다 보유자님 지역을 개발하는 게 우리 서로 좋
겠죠? 보유자님 땅이 100㎡라면 70㎡는 개발해서 돌려드리고, 30㎡는
체비지로 지정해서 개발 이후에 다른 사람에게 팔아서 그 돈은 정부가 가
질게요. 돌려드린 70㎡만으로도 큰돈을 만질 수 있을 거예요.

영동지구에서는 체비지가 적극적으로 활용되었습니다. 땅값이 오르면 오를수록 체비지를 비싸게 팔 수 있으므로 체비지를 나눠 가진 서울시와 땅 주인 모두 땅값이 크게 오르기를 바랐어요. 이런 바람 자체는 문제가 없습니다. 오히려 당장 현금이 없는데도 불구하고 체비지를 활용해 공공사업 재원을 마련했다면 정말 영리한 방식이라는 칭찬을 받아야 해요.

문제는 당시 정권과 서울시에서 체비지를 이용해 조직적인 투기 행각을 벌였다는 거예요. 1970년 1월, 서울시장은 헬기로 영동지구를 순찰하면서 서울시 도시계획과장 윤진우를 대동했어요. 도시계획과장은 돈이 될 만한 곳을 물색해 청와대 돈 12억 8,000만 원으로 삼성동 일대 약 25만 평을 사들였습니다. 이 땅은 다음 해 일부만 남기고 되팔아 18억 원의 차익을 얻었는데, 당시 18억 원이면 남산2호터널 공사에 들어간 비용과 맞먹습니다. 물론 이 돈은 정치자금으로 사용됐지요. 민간인의 투기를 막을 대책도 없어서 오늘날 강남 일대 투기 과열의 문을 열어젖히기도 했어요.

잠잠했던 강남에 투기의 바람이 불기 시작한 것은 작년 연말 서울 인구의 한수(한강) 이남 분산이 논의되면서부터다. 제3한강교가 개통되고 말죽거리를 제2의 도심지로 개발한다는 남서울도시계획이 발표된 뒤에 본격화했다. 특히 김현옥 시장이 헬리콥터를 타고 후보지를 훑어본 무렵이 투기 소동의 피크를 이뤘다. … 하루 50대에서 100여 대까지 자가용 승용차들이 들락거렸다.

전직 장관, 장성, 은행가의 부인들과 동대문시장 상인의 아낙네 패들까지 한몫 끼어 수천 평짜리 땅덩어리들을 사고팔고 되팔곤 했다. 밤새 땅값이 이삼천 원씩 뛰어 눈만 뜨면 100여 만에서 8,000여 만 원을 벌어 치우기는 십상….

— 〈강남 토지 투기 붐〉, 《조선일보》 1970. 3. 20

이렇게 재정비된 영동지구에 명문고와 고속버스터미널, 지하철역이 차례로 들어왔습니다. 1970년대 내내 차곡차곡 모든 인프라를 갖춘 영동지구는, 1980년대 드디어 강남이라는 이름으로 지금의 화려한 위치에 올라섭니다. 현재 강남이 누리는 영광은 당시 정권 덕이에요.

세계 유일의
전세 시장 탄생기

#그린벨트 #새마을운동 #조선의전세

1970년대 전세 시장
2010~2023년 갭투자와 깡통전세

그린벨트가 서울 집값을 끌어올렸다?

친구 나 차 샀다.

나 갑자기?

친구 엄마가 기획부동산 사기당해서 샀던 그린벨트 지역이 이번에 해제됐지 뭐냐. 차 뽑아주시더라.

나 그렇게 마음고생하시더니… 축하드린다고 전해드려라. 너도 부럽다, 인마. 나도 헐값에 그린벨트 어디 사둘까? 아주 나중에라도 그린벨트 풀리면 자식이라도 돈 좀 만질 텐데.

있을 법한 대화죠? 그린벨트를 우리말로 하면 개발제한구역입니다. 도심 반경 10~15km 사이, 폭 1~2km를 그린벨트로 지정해서 건물을 새로 세우거나 도로를 내는 등 건설 활동을 사실상 금지합니다. 즉 토지 개발이 어려운 구역이에요. 그린벨트의 목적은 녹지 보전보다는 도시 팽창 제한입니다. 큰 도시는 가장자리를 계속해서 개발하면서 넓어지는 경향이 있거든요. 도시 팽창을 제한하는 건 도시연담화(都市連擔化)를 막기 위해서입니다. 인접한 도시들이 커지다가 서로 엉겨 붙는 것을 방지하려는 거예요.

도시가 연담화되면 행정구역 간의 경계가 흐려져서 여러 가지 불편한 점이 생깁니다. 대개 더 크고 번화한 도시가 상대적으로 작은 도시를 잡아먹거든요. 그러면 작은 도시에 사는 사람들은 인프라가 더 좋은 큰 도시로 실제 생활권을 옮겨 가게 됩니다. 지역 주민의 생활권과 실제 행정구역이 다르면 그 지역의 행정서비스는 비효율적으로 변하지요. 도시끼리 경쟁하며 다양한 지역상권을 키워나갈 기회도 사라집니다. 사실 서울 근처 경기도 도시들을 통틀어 수도권이라고 부르게 된 것도 일종의 연담화의 결과입니다. 사람들이 서울에서 일하고 경기도는 주거지역으로만 이용하는 경향이 있죠. 그러다 보면 경기도 도시들은 자체적인 생산 기능이 서울에 비해 약화됩니다. 경계가 쉽게 구분되지 않는 부평과 부천의 경우나 대구와 경산, 천안과 아산도 연담화가 진행된 사례입니다.

우리나라는 1971년 도시계획법을 개정하며 그린벨트를 도입했습니다. 1971~1976년에 서울과 광주, 부산·울산과 제주도 등 13개 도시 주변에 단계적으로 지정했어요. 그런데 외국과 달리 우리나라 그린벨트에는 군사적 목적이 들어 있습니다. 1971년이면 북한 무장공비가 서울에 침투한 지 2년밖에 되지 않은 시점이에요. 서울 외곽에 군부대를 둘러 배치하려면 정부가 쓸 수 있는, 아직 개발되지 않은 땅이 필요했죠.

부동산 투자에 관심 많은 사람 그린벨트가 서울 땅값이랑 집값을 올려줬다는 이야기가 있어요.

맞아요. 그린벨트 지정이 서울을 비롯해 그린벨트에 감싸인 도시 땅값을 크게 올리고, 아파트 선호 성향을 강화했다는 연구 결과가 많습니다. 도시 확장을 엄격하게 제한한 상황에서 한정된 너비에 더 많은 주택을 건설하려면 역시 아파트가 답이죠. 수요는 끝없이 늘어나는 반면 공급에는 제한선이 분명히 그어져 있으니, 그만큼 가격이 오르게 되고요. 그리고 그린벨트가 도시 근교에 녹지를 유지해주기도 하니 도시를 쾌적하게 만들어 값을 올리기도 한답니다. 서울은 여기에 하나 더 없었습니다. 바로 경부고속도로 건설이에요.

경부고속도로를 놓으면서 서울 강남을 개발할 때 정부는 민간 소유 땅을 모두 사들일 돈이 없었습니다. 그래서 체비지라는 개념을 도입했다고 앞에서 말했죠. 체비지가 제 몫을 하려면 체비지로 지정된 땅을 누군가가 사줘야 합니다. 서울 외곽이 그린벨트로 묶였기 때문에 어떤 부동산회사든 서울을 더 개발하고 싶다면 체비지를 사는 방향으로 움직일 수밖에 없었습니다. 그린벨트가 지정된 다른 대도시도 마찬가지죠. 도시를 개발하고 싶다면 외곽으로 확장하는 게 아니라 체비지를 사야 하고, 민간 자본 사이에서 체비지 매매가 일어날수록 정부가 개발하고 싶었던 지역의 땅값은 올라갑니다.

1971년부터 1997년까지 그린벨트로 지정된 지역은 전국 국토 면적의 5.4%인 5,397km²였습니다. 그린벨트는 외환위기 발생 직후인 1998년 부분 해제됩니다. 특히 수도권을 중심으로 그린벨트가 풀리기 시작했어요. 외환위기 극복을 위해 건설산업을 활성화하고, 신도시를 개발해 서울의 인구 과밀과 지나친 부동산 가격 상승세를 막는 것이 목적이었습니다. 그린벨트가 해제되고 신도시가 들어서면 그 과정에서 토지 수용과 보상이 일어나면서 또 부동산 시장이 커지게 되지요. 2000년대 이후에는 그린벨트가 꾸준히 축소되는 추세입니다. 그린벨트가 해제되면 당연히 개발이 뒤따르고요. 그린벨트가 본의 아니게 대도시 부동산 개발의 중심에 서게 된 거죠.

그린벨트가 지정될 당시 서울은 물론이고 지방의 거점 대도시에도 적용되었다는 것은 1970년대 다른 도시들도 연담화를 걱정해야 할 만큼 사람들이 몰려들었다는 뜻입니다. 사람들은 근처 농촌에서 도시로 일자리를 찾아 들어오곤 했어요. 그리고 보면 도시의 경우는 꾸준히 개발정책이 적용되어 왔어요. 도시를 위해서는 지하철도 놓고 아파트도 세우고, 사람이 너무 많이 오니까 위성도시도 개발하고 그린벨트로 확장을 막아보기도 했지요. 그렇다면 농어촌을 위한 개발정책으로는 어떤 것이 있었을까요?

새마을운동, 농촌은 여기에 멈춰버렸다

초록색 바탕에 노란 동그라미, 동그라미 안에 다시 세 갈래로 갈라진 초록색 새싹. 새마을운동의 상징이죠. 새마을운동을 모르는 사람은 없지만, 새마을운동이 무엇인지 정확히 아는 사람도 드뭅니다.

옛날 공무원 그걸 왜 몰라요. 새마을운동은 위대한 조국 근대화의 일부로서 농어촌 근대화와 농어민 소득 증대를 목적으로 추진된 국가사업입니다.

요즘 사람 쉬운 말로 다시 말씀해 주실 수 있나요?

옛날 공무원 음…. 마을 만들기 운동이요.

요즘 사람 마을 만들기 운동이요?

옛날 공무원 초가지붕을 슬레이트로 바꾸고, 마을에 신작로도 깔고, 집집마다 재래식 화장실도 양변기로 바꾸고… 우리 마을을 완전히 새로운 마을로 만드는 거죠!

요즘 사람 그래서 '새마을'운동인 거로군요.

마을 만들기 운동은 마을 주민들이 직접 도로를 닦고 집을 고치고 마을회관을 짓고 주민들끼리 어떤 활동을 할 건지 계획하는 자치운동입니다. 현재 한국국제협력단(KOICA)이 아프리카 등 생활 환경 개선이 필요한 곳에 새마을운동을 전수하고 있습니다. 하지만 새마을운동이 세계 최초의 마을 만들기 운동은 아니에요. 소련이나 북한에서도 비슷한 형태의 자치운동을 벌여

새마을운동 깃발 아래 마을을 정비하는 모습(1970년대)

효과를 봤어요. 우리나라의 새마을운동은 일본의 마을 만들기 운동을 많이 본떴다고 합니다. 새마을운동의 내용은 박정희 대통령이 직접 작사했다는 〈새마을노래〉에 잘 나타나 있어요.

1절: 새벽종이 울렸네 새아침이 밝았네 / 너도나도 일어나 새마을을 가꾸세

2절: 초가집도 없애고 마을길도 넓히고 / 푸른동산 만들어 알뜰살뜰 다듬세

3절: 서로서로 도와서 땀흘려서 일하고 / 소득증대 힘써서 부자마을 만드세

우리나라에 새마을운동이 왜 필요했냐면 ① 시골의 건축물과 인프라는 전쟁으로 파괴되었거나 조선시대와 일제강점기에 만든 그대로였고, ② 그러다 보니 농어촌이 너무나도 가난했기 때문입니다. 1960년대에는 공업화가 착실하게 진행되면서 공산품 수출이 크게 성장했습니다. 공장을 품은 도시들이 소득을 높이며 발전해 가는 동안 농어촌은 전쟁 직후 모습 그대로 머물러 있었어요.

농촌의 발전이 왜 멈췄냐면 농업 비중을 줄이고 공업화를 완성하는 것이 국가적 목표였고, 그 목표를 달성하는 과정에서 노동력이 도시로 계속 빠져나갔기 때문입니다. 그 결과 1960년 우리나라 총인구의 58.3%를 차지했던 농촌 인구는 1970년대에 20%대까지 하락하지요. 이런 추세는 1960년대 말~1970년대 초에 들어서면서 새로운 문제를 만들어 냅니다. 그렇게 다 나가버리면 농사는 누가 지어요? 식량을 수입하자니 전쟁 분위기가 여전한 데다 식량안보도 문제고, 달러도 부족한걸요. 당시 자료를 보면 새마을운동을 통해 농가 소득을 높이고, 농가 소득을 높여서 한창 일할 나이의 청년 인구를 다시 농촌으로 돌아오게 하겠다는 목표가 잘 드러나 있습니다.

박정희 대통령은 … "현재 정부가 추진하는 새마을운동은 어디까지나 생산이 늘고 농가 소득이 높아지는 운동"이라고 설명했다. … "새마을운동이 성공적으로 이루어지면 도시의 청년들이 농촌으로 되돌아가게 될 것이며 살기 좋고 인정이 넘쳐흐르는 농촌이 될 것"이라고 말했다.

—〈'새마을운동'··· 증산에 직결〉, 《조선일보》 1972. 4. 5

그렇다면 자기 집을 수리하는 정도면 몰라도 자동차가 들어올 수 있는 길을 닦는다든가 전기를 가설하고 통신선을 놓는 것 같은 큰 공사는 나라에서 온전히 해줄 수 있겠다 싶기도 해요. 하지만 1970년대 우리나라는 여전히 가난했습니다. 서울 강남을 개발하거나 경부고속도로를 놓을 때조차 예산이 부족했잖아요. 하나 다행인 점은 마침 과잉 생산된 시멘트 재고가 많이 남아 있었다는 것입니다. 당시 여당 국회의원이었던 쌍용양회 회장은 건설 경기가 좋을 줄 알고 시멘트를 많이 생산했다가 건설 경기가 가라앉으면서 생긴 재고를 이러지도 저러지도 못하고 있었거든요. 정부가 이 시멘트 재고를 헐값에 사서 마을마다 원활하게 보급할 수 있었는데, 이때 마을 공용으로 사용하라는 조건을 달았다고 합니다. 어떻게 보면 정부가 나서서 대기업을 도와준 셈이지만, 시멘트를 받은 농어촌 마을은 무척 좋아했습니다. 사비를 들이지 않고 마을 공용 공간을 만들 수 있었으니까요.

자발적인 참여는 참여자들의 애착을 불러일으켜서 보다 좋은 결과를 낳습니다. 외부 지원이 끊긴 이후에도 프로젝트에 지속적인 생명력을 불어넣지요. 실적을 달성한 마을은 정부 차원에서 우선하여 지원하는 등 적절한 보상 체계도 결합했습니다. 새마을운동에 대한 우리나라 농어촌 인구의 호응은 격렬했습니다. 열심히 하면 마을에 눌어붙다시피 한 빈곤에서 탈출할 수 있으리라 믿었어요.

제가 결혼해서 발을 디뎠을 때 우리 마을은 너무나도 먹고살기
가 힘든 오지였습니다. 그래서 '이런 곳에서 나와 내 자식이 살아
갈 수 있을까' 하는 걱정과 함께 '없는 것만 한탄할 게 아니라 무
언가 개발을 해야겠다, 창조를 해야겠다'는 그런 생각을 했습니
다. 그렇게 마을 부녀회에 들어갔는데 마침 새마을사업이 한창
일 때였습니다. 거기에 동조하게 된 것입니다. 결국 가장 중요한
것이 생계이고 어떻게 하면 가난에서 벗어날 수 있을까 하여 바
다양식사업을 했습니다.

ㅡ새마을지도자 박형진, 〈새마을운동 아카이브〉

새마을운동은 정부가 1967년과 1968년 닥쳤던 극심한 가뭄
에 대응하면서 시작했습니다. 당시 농촌은 워낙 낙후되어 가물
때 비상으로 쓸 농업용수 대책도 없었습니다. 1971년 정부 시책
에 따르면, 연중행사처럼 들이닥치는 가뭄을 극복하기가 어려우
며 1968년 한 해에만 가뭄 피해로 곡식 124만 4,000톤의 손실을
입었고, 정부가 들인 피해 대책비가 300억 원이나 된다고 했습
니다. 1967년 정부 총예산이 2,900억여 원이었으니, 그중 300억
원은 결코 무시할 수 없는 비용입니다. 농촌 인구가 농업생산성
을 개선하고 더 높은 소득을 올리려면 기본적인 인프라부터 전
면적으로 재구축해야 하는 지경이었던 거예요.

정부는 1969년 농촌근대화촉진법을 만들었고, 1970년에는

농업진흥공사(현 농어촌진흥공사)를 설립했습니다. 1971년 새마을운동이 본격적으로 시작돼 1973년에는 대통령실과 내무부에 새마을지도과라든지 새마을운동중앙협의회 같은 공식조직까지 생깁니다. 그래서 새마을운동이 성공적이었냐고 하면 대체로 그렇습니다. 현재 우리가 떠올리는 시골 풍경은 대부분 1970~1980년대에 만들어진 그대로예요. 지금은 슬레이트 지붕이나 시멘트 마당이 낡아 보여도, 50년 전에는 어마어마하게 멋지고 새로운 풍경 아니었겠어요? 자신의 손으로 일구어 낸 변화에 사람들은 무척 만족했습니다.

그러나 농가 소득 증대와 도농 간 소득 격차 줄이기에 성공했냐고 하면 이건 좀 이야기가 다릅니다. 1970년대 농촌 가구 소득이 오른 건 분명합니다. 매년 20~30%씩 올랐거든요. 여기에 더해 1인당 농가 소득이 1인당 도시 가구 소득에 비해 높았다고 주장하는 연구가 여럿 있기는 합니다. 하지만 정말로 그랬다면 새마을운동이 가장 활발하던 1970년대에 노동력이 시골을 떠나 도시로 가는 이촌향도 현상이 극심했던 사실은 설명하기 어렵지요. 지리경제학에서는 실질임금을 노동력의 이동을 결정하는 가장 중요한 요소로 듭니다. 다시 말해 새마을운동은 정부가 제시했던 궁극적인 목표, 농가 소득을 늘려 이촌향도 현상을 억제하는 데 결국 실패했습니다.

1970년대에 늘어난 농가 소득은 새마을운동이 가져다준 결과가 아닙니다. 정부가 농촌에서 벼를 사들이는 가격인 수매가를 일시적으로 높였던 결과이거나 물류·유통이 개선된 결과입니다. 도시로 떠나서 취직한 가족들이 농촌으로 돈을 부쳐준 것도 농가 소득 개선에 큰 역할을 했어요. 게다가 1970년대 후반이 되면서 도시 근로자 가구의 소득 증가율이 농촌 가구의 소득 증가율을 넘어섭니다. 새마을운동의 성과로도 한창 일할 나이의 인구를 붙잡아 두지 못했던 것이죠. 이후 농어촌에는 이렇다 할 만한 대규모 정책적 개발이 없는 채로 그렇게 수십 년이 지났습니다. 그러다 보니 여전히 제자리에 멈춰 있지요. 2021년 통계청 농림어업조사 결과에 따르면 농촌 인구의 62.4%, 어촌 인구의 58.4%가 60세 이상입니다.

1970년대 전세 시장

전세제도가 금융제도라면 믿으시겠어요?

그렇다면 서울이나 다른 대도시로 몰려든 사람들은 다 어디에 살았을까요? 일자리를 찾아 올라온 만큼 집 한 채를 턱, 살 만한 돈을 들고 오지는 않았을 거예요. 더군다나 서울 과밀이니 주택 부족이니 하는 문제들이 지속됐던 만큼 집값은 계속해서 오르고 있었죠. 도시화가 막 시작되던 1960년대 조선일보 기사를 보면 자가를 소유하지 못한 사람들이 어떤 방식으로 거주하고 있었는지 짐작할 수 있습니다.

서울의 영세민에게는 '홈·스위트·홈'은 아련한 외국 노래 이상의 것이 못 된다. 서울시 집계에 의하면 서울시 총세대수의 반이 되는 30만 1,000여 세대가 '전세', '삭월세'란 이름으로 남의 집에 얹혀 눈치 살이를 하고 있다.

—〈대(大)서울 숙제 ⑤ 등산하는 주택〉,《조선일보》1965. 5. 27

달동네 판잣집이나 천막 주택, 쪽방촌을 선택하는 사람들보다는 사글세나 전세를 선택해 다른 사람의 집에 세 드는 형태가 가장 많았다는 거죠. 지금 우리에게 익숙한 월세보다 사글세가 더보편적인 시기도 있었습니다. 사글세는 지금은 거의 없는 임대방식이에요. 삭월세(朔月貰)를 사글세로 발음하던 것이 표준어로인정되었는데(1988), 일정 기간에 해당하는 월세를 한꺼번에 지불하고 매달 삭감하는 방식이었습니다. 이를테면 10개월치 월세를 한 번에 내고 열 달 후에 계약을 연장하며 다시 목돈을 맡기거나 아니면 집을 비워주는 거죠.

전세는 집값에 상당하는 목돈을 담보로 맡기고 추가 비용 없이 중장기 임대계약을 하는 방식입니다. 우리나라 고도성장기에전세는 소나 고향 땅을 팔아 제법 큰돈을 갖고 상경했던 사람들이 선택하는, 나름 럭셔리한 방식이었어요. 1970~1980년대 서울 같은 경우 이렇게 올라온 사람들이 인구의 30~40% 정도를차지했다고 해요.

전세는 우리나라 고유의 주택임대차제도로 알려져 있으나 인도나 남미 등에도 유사한 제도가 있다고 합니다. 하지만 그곳에서는 전세가 우리나라만큼 보편적인 임대차로 자리 잡은 건 아니에요. 우리나라의 경우,《승정원일기》와《조선왕조실록》을 통해 18세기 초에 이미 전세제도와 유사한 관행이 있었음을 확인할 수 있다고 합니다. 1876년 강화도조약을 맺고 부산·원산·인천을 개항하면서 현대의 전세임대차 형태가 나타났다는 주장이 가장 눈에 자주 띄고요. 사실 전세제도가 어떻게 시작됐는지 연구할 수 있는 자료는 많지 않습니다. 일제강점기 조선총독부가 법전을 기안하려고 만든《관습조사보고서(慣習調査報告書)》(1913)에 등장한 전세제도가 자주 인용되는 정도입니다. 어쨌든 그 시점에 이미 전세제도가 있었다는 것이지요.

1876년 개항을 기점으로 전세가 나타났다는 설을 중심으로 이야기를 풀어볼게요. 왜냐하면 이 이야기가 1970년대 이후 발달한 우리나라 전세 시장의 사금융 성격을 가장 잘 설명하거든요. 개항 이후 부산·원산·인천에 외국인, 특히 일본인이 쏟아져 들어옵니다. 이 사람들이 현지에서 거주지를 구하자니 사정이 어렵지요. 급하게 집을 지을 수도 없고, 국제교역이라곤 거의 하지 않았던 항구에 숙박업이 발달해 있을 리도 없잖아요. 거류지로 지정된 곳에 쓸 만한 집을 사서 거주합니다. 주택수요가 치솟아 집값이 뛰게 되지요.

조선 사람들의 이동도 시작됩니다. 국제교역을 시작한 부산·원산·인천이 도시로서 발전을 시작하면서 새로운 일자리가 생겨나자 사람들이 고향을 떠나 흘러들었어요. 개항지에 모여든 사람들은 일하려면 숙소를 구해야 하는데, 집주인은 도대체 어디서 왔는지 모를 이 사람들을 믿을 수가 없습니다.

Part 1. 부동산

요즘 사람 그래도 조선인은 같은 조선인이니까 믿을 수 있지 않나요?

옛날 집주인 핸드폰도, CCTV도, 주민등록번호도, 내비게이션도, 지도도, 정확한 주소도, 빠르게 움직이는 개인 교통수단도, 구석구석 닿는 도로도 없는데 월세 밀리다 튀면 어떻게 잡으러 가? 게다가, 심심하면 골목에서 시체가 발견되는 시대라고. 밀린 월세 독촉하다 세입자한테 칼침 맞으면 어쩔 건데?

한국전쟁이 휩쓸고 간 이후에는 더 했겠죠? 정말 모든 게 파괴됐으니까요. 그 무엇도 확실하지 않은 상황입니다. 세입자의 신분도 의심스럽고 치안도 믿음직스럽지 못했죠. 그러니 집주인은 집값의 반 이상 되는 목돈을 먼저 받아두는 게 마음 편했습니다. 마음만 편할까요? 자산 증식의 기회이기도 했습니다. 목돈을 받아 이런저런 사업에 투자하거나, 집을 더 사서 또 다른 셋집을 만들 수도 있었겠죠. 집값이 계속 뛰니까 전세금을 받아 집을 샀다가 되팔면 시세차익을 얻을 수 있지 않았겠어요.

과거를 보러 온 선비며 벼슬 살러 이사 온 양반들 때문에 조선시대부터 주택임대차 시장 비슷한 것이 있었던 서울에서도 같은 현상이 일어납니다. 그러니까 세를 내준 다주택자로서는 전세가 사적으로 받은 주택담보대출이나 마찬가지예요.

전세 시장 유지의 비결은 꾸준한 집값 상승

1876년 개항 직후 주택 수요가 급등하며 근대 전세 시장이 생겨났듯, 현대 전세 시장은 1970년대 중반 이후 본격적으로 형성됩니다. 전체 주거 형태 대비 전세 비율은 1975년 17.3%에서 1990년에는 27.8%까지 높아져요. 전세의 인기가 높아지면서 1970년대부터는 뉴스에도 주택 공급 부족과 함께 전세가 급등, 전세난 등이 주요 토픽으로 등장하기 시작합니다.

1968년을 기점으로 농촌의 절대인구가 감소합니다. 물론 사람들이 농촌에서 도시로 빠져나오는 추세는 이미 오래전부터 시작됐죠. 절대인구가 감소했다는 건 도시로 이동하는 사람도 늘어난 데다, 농촌에서 태어나는 인구가 도시 이동 인구를 대체하지 못할 만큼 줄어들었다는 뜻입니다. 1970년대 중반부터는 도시인구가 농촌인구를 능가합니다. 경부고속도로가 완공되고 남동임해공업지역의 제조업 일자리가 한창 늘어나던 때입니다. 이때 도시화는 수도권과 영남권 양쪽을 키웠습니다. 부산, 대구, 광주, 대전, 인천 등 5대 직할시(현 광역시)에도 인구가 많이 늘어났어요. 서울과 5대 광역시에 집중된 인구가 전체 인구의 약 80%에 달했지요. 사글세 중심의 주택임대차 거래가 주로 이뤄졌던 시골과 달리 도시에서는 전세가 빠르게 발달하기 시작했습니다.

1970년대와 1980년대에는 대기업조차 은행에서 돈을 빌리기 어려워 사채를 쓰곤 했습니다. 당시 평범한 사람들에게 가장 안전하고 수익률 높은 사금융이 바로 전세였습니다. 전세금을 받아서 주택을 구입하고, 또 그 주택에 세를 놓은 돈으로 다른 주택을 구매하며 자산을 불려나가는 갭투자는 그 시절부터 유행했어요. 물가상승률이 매년 두 자릿수에 이를 만큼 빠르게 성장하던 시절이라 주택 가격이 매년 크게 올랐거든요. 예·적금 금리도 높을 때는 20%를 훌쩍 넘던 때라 은행에 돈을 예치해 두고 이자만 받아도 좋았지요.

세입자도 이득을 보는 거래였습니다. 이자를 기회비용으로 지불하기는 하지만 어쨌든 명목상 주거 비용은 지불하지 않는 거잖아요. 전세계약이 끝나면 목돈을 고스란히 돌려받아서 종잣돈으로 사용할 수 있었지요. 수십 년 착실하게 돈을 모아 종잣돈에 더해 주택을 사는 것이 주거 사다리를 이용한 전형적 자가 마련 과정이기도 했고요.

요즘에는 집값의 60~70%를 넘는 주택담보대출이 당연해졌지만 1990년대 이전에는 상황이 달랐습니다. 주택담보대출이라고 해봤자 은행은 집값의 30% 이상은 빌려주지 않았고, 시중은행은 민주화 바로 다음 해인 1988년이 되어서야 주택담보대출 상품을 취급하기 시작했습니다(주택은행 제외). 게다가 세입자는 계약기간 동안 주거안정성을 보장받기까지 했으니, 전세는 정말이지 제도권 금융이 닿지 못하는 곳에서 임대인과 임차인끼리 거래하는 거대한 지하경제였죠. 전세를 포함한 임대차계약은 2021년까지는 의무 거래 신고 대상도 아니었습니다.

사회 초년생 그런데 이제 전세가 없어질 거래요. 월세 시대래요.

상담사 걱정되시나요?

사회 초년생 부모님은 전세를 활용해서 집을 샀는데, 저는 앞으로 어떻게 집을 사야 할지 모르겠네요. 도대체 왜 전세가 사라지는 거죠?

상담사 집주인이 목돈을 받아서 투자하는 것보다 안정적인 현금 흐름을 더 매력적으로 느끼게 되면서 월세의 인기가 높아지고 있답니다.

2010년대에 들어서면서 100년을 견뎌온 전세제도가 월세에 밀려 사라질 거라는 소리가 나오기 시작했습니다. 초저금리와 부동산 시장 침체로 집주인이 전세를 놓을 매력이 크게 줄었죠. 목돈이 있어도 생활비로 쓸 수 있을 만큼 이자가 나오는 것도 아니고, 집값이 올라야 전세자금을 받아 새집을 사고 또 전세를 놓는 방식의 갭투자가 이득이 되는데 부동산 시장이 워낙 가라앉아 있었으니까요.

`2010~2023년 갭투자와 깡통전세`

전세의 종말?

이명박·박근혜 정부 시기 깡통전세와 하우스푸어는 부동산 시장의 상징 같은 단어였습니다. 깡통전세는 내가 집주인에게 맡긴 전세금보다 주택 가격이 낮아져서, 집주인이 주택을 팔아도 전세금이 온전히 나오지 않아 목돈을 돌려받을 수 없는 상황을

뜻합니다. 하우스푸어는 주택담보대출을 받아 내 집을 마련했는데 부동산 가격이 떨어져서 집을 팔아도 대출을 다 갚을 수 없는 사람을 뜻하고요.

전세금 갭투자에는 지속적인 집값 상승이 필수예요. 만약 부동산 하락장이라서 주택 매매가가 떨어졌다고 생각해 보세요. 새로 전세를 놓는 사람들은 매매가보다 싸게 전세금을 책정하기 마련입니다. 그러면 원래 전세 살던 사람들은 더 저렴한 가격에 나온 비슷한 셋집으로 이사하고 싶어지죠. 그런데 지금 당장 이사 가겠다고 하면 현 집주인이 전세자금을 바로 돌려줄 수 있나요? 받아둔 전세자금은 이미 다른 데 투자했을 테니, 결국 새로 전세 들어오는 사람의 돈을 받아서 내줘야 합니다. 하지만 새로 들어오는 사람도 하락장에서는 예전의 비싼 가격이 아니라 더 저렴해진 가격으로 들어오고 싶을 거잖아요. 그럼 집주인은 이사 나갈 사람에게 전세자금을 돌려주기가 어렵죠. 이 현상을 해결하려고 박근혜 정부는 부동산 시장 규제를 크게 완화합니다. '빚내서 집 사라'는 말이 나왔던 시절이에요.

2020년대 들어서면서 전세가 소멸할 거라는 전망이 나왔는데, 2010년대와는 다른 이유 때문이었습니다. 다들 빚을 내서 집을 사는 바람에 가계 부채가 빠르게 늘어나 우리나라 경제의 건전성을 위협하는 상황이 되었습니다. 코로나19 팬데믹으로 터져 나간 유동성도 가계 부채의 폭발적 증가에 한 술 얹었어요. 그래서 정부는 웬만하면 주택 관련 대출을 내주지 않는 쪽으로 방향을 설정했지요. 그러면 갭투자도 어려워지고 전세를 새로 구하기도 어려워집니다. 대출을 받을 수는 있어도 금리 상승기라 이자가 부담스러우니 차라리 월세를 구하기도 하지요.

어쨌든 전세 수난 시대라는 이야기인데, 앞으로도 월세 거래 비중이 늘어나고 전세 거래 비중은 줄어들겠지만◆ 전세가 단기간에 완전히 사라지지는 않을 거예요. 전세가 사라지려면 현재 전세를 주고 있는 모든 집주인이 세입자에게 전세자금을 돌려줘야 하는데, 전세보증금으로 받은 목돈들 대부분은 갭투자에 활용되느라 어딘가 묶여 있을 테니 말이에요.

◆ 2023년이 되자 무자본 갭투자와 깡통전세 등으로 촉발된 전세 사기 범죄들이 전세 거래의 입지를 더욱 좁히게 됩니다.

4.

세종시에서만
사람들이
행복한가 봐

#행정수도 #인구밀도 #저출산 #지역균형발전

2004년 세종시 건설
1961~1996년 산아제한 정책

1위가 세종시, 꼴찌가 서울시인 것은?

2022년 기준 우리나라의 합계출산율은 0.78명입니다. 합계출산율은 여성 한 명이 가임기간(15~49세)에 낳을 것으로 추정되는 평균 출생아 수입니다. 추정치인 출산율이 계속해서 낮아지는 건 중장기적으로 우리나라의 인구경쟁력 하락을 의미합니다. 그런데 심각한 저출산 현상은 이미 지금, 바로 이 순간의 문제입니다. 2022년 전국 출생아 수는 24만 9,000명에 불과합니다. 1970년에는 한 해에 100만 명 이상 태어났는데 말이에요. 이러니 당장 신생아와 유아용품 시장이 줄어듭니다. 흰 우유를 주력상품으로 삼았던 유업계는 심각한 매출 감소를 겪고 있어요. 완구나 악기, 교육업계도 마찬가지죠. 시장이 줄어들면 일자리도 줄어듭니다. 반면 적은 생산가능인구가 많은 은퇴 인구를 부양해야 해서 부담은 커져요. 이 문제에는 다양한 이유가 있겠습니다만 여기에서는 인구밀도와 경쟁 과열에 집중해 보도록 할게요.

2022년 4월, 기획재정부는 사람들이 아이를 낳지 않는 근본적인 원인은 경쟁 심화에 따른 불안이라는 내용의 보고서를 발표합니다. 인구밀도가 높아 사회적 경쟁이 치열한 서울에서 살아남으려다 보니 결혼과 출산을 미루게 되고 결국 포기하거나 하지 못하는 경우가 있다는 분석이에요. 같은 보고서에 따르면 사람들은 인구밀도가 높다고 생각할수록 경쟁이 심하다고 느꼈고, 결혼이나 출산보다는 자신의 커리어를 중시하는 경향을 보였다고 해요. 2020년 기준 서울의 인구밀도는 OECD 1위입니다. $1km^2$당 1만 6,000명 가까이 사는 세계 최고의 인구 밀집 도시예요.

반면 2022년 서울의 합계출산율은 0.59로 전국에서 가장 낮았습니다. 2022년 한국갤럽 여론조사도 해당 보고서 내용을 뒷받침합니다. 응답자들이 아이를 낳지 않는 가장 큰 원인으로 꼽은 선택지는 '자녀 양육에 대한 경제적 부담(58%)'과 '취업·고용불안정 등 소득 불안(44%)'(중복 선택 가능)이었습니다. 국가에 바라는 지원은 현금보다도 주거 지원으로 나타났어요.

그럼 전국에서 합계출산율이 가장 높은 지역은 어디일까요? 정답은 세종시입니다. 2020년 세종시의 합계출산율은 1.27이었습니다. 실제 당해 연도 출산 수준을 나타내는 조출생률도 세종시는 전국 평균의 두 배입니다. 통계청 추산으로는 2050년이 되면 세종시를 제외한 모든 시도의 총인구가 감소할 거라고 해요. 전국의 행복도를 측정하기 위해 서울대 행복연구센터가 카카오와 2017년에서 2019년 사이 1년 6개월간 실시하고 150만 명 이상이 참여한 '안녕지수' 조사에서도 세종시는 독보적인 결과를 보였습니다. 남성도 여성도 세종시에서 가장 행복합니다. 인천과 서울에서 가장 덜 행복하고요. 세종시는 도대체 뭐가 그렇게 특별한 걸까요?

세종시는 2012년 7월에 정식으로 출범했습니다. 당시 10만 751명이었던 인구는 출범 10주년인 2022년 6월에 38만 4,648명으로 네 배 가까이 늘어났죠. 이미 2015년부터 계속해서 광역단체 중 합계출산율 1위를 놓친 적이 없습니다. 세종시에서 사람들이 상대적으로 행복과 안전을 느낀다는 의미일 거예요.

모든 사회현상이 그렇듯 그 이유를 딱 하나만 꼽기는 어렵습니다. 하지만 세종시에 영유아를 돌볼 수 있는 인프라가 다른 지역보다 풍부한 것은 사실이죠. 세종시 관계자들은 국립과 공립 유치원 비율이 95%이고 야외 놀이터며 공동 육아시설까지 활발하게 운영되고 있다고 자랑합니다. 여성 친화 도시·아동 친화 도시·고령 친화 도시·국제 안전 도시답게 약자를 위한 도시 인프라 설계를 갖추려고 노력하고 있어요. 약하고 어려운 사람들이 살기 좋은 곳이라면 누구에게나 살기 좋은 법이지요. 거기다가 정년이 보장된 공무원 비율도 다른 도시에 비해 높은 편이고, 오래도록 매매가 대비 전세가가 매우 낮았습니다. 인프라가 갖춰진 신도시에 최신 아파트가 들어섰는데 전세가마저 낮으니 신혼부부 유입이 늘어날 수밖에 없다고 해요. 매매가 대비 낮은 전세가는 대규모 아파트단지가 조성된 신도시 지역의 공통 현상이기도 합니다.

줄줄 늘어놓은 세종시 자랑 속에서 공통점을 발견하신 분들이 계실 거예요. 인프라가 좋고 주거 비용이 합리적이라는 점입니다. 공공기관 인프라도 돈을 들여 토지를 사고 건물을 올리는 만큼 땅값이 저렴해야 많이 지을 수 있습니다. 땅값도 결국 수요와 공급 문제 아니겠어요. 세종시도 그곳에서 살고 싶어 하는 사람은 많은데 땅과 주택이 부족하다면 앞으로 주거 비용이 천정부지로 오르면서 삶의 질이 떨어질 수 있겠지요. 지어둔 인프라도 유지·보수를 해나가야 하겠고요.

여기 또 다른 포인트가 있다면 바로 일자리입니다. 중앙 부처가 집중되어 있는 만큼, 서울·수도권만은 못해도 다른 지방 소도시보다는 훨씬 탄탄한 일자리와 거기서 파생되는 다른 일자리가 많을 거예요. 코로나19 팬데믹 기간이었던 2019년 말에서 2021년 말까지 2년간 전국에서 사업장 수가 가장 많이 줄어든 업종인 신발 가게나 간이주점, 목욕탕이 세종시에서는 되레 늘어났다는 사실만 봐도 짐작이 가지요. 근처 소도시의 신혼부부나 청년들이 매력을 느낄 수밖에요. 그런데 이런 세종시의 모습이 그리 순탄하게 만들어진 것은 아닙니다.

2004년 세종시 건설
행정수도 이전 계획, 노무현이 박정희를 계승했다?

세종특별자치시 건설은 16대 대통령인 노무현의 대선 공약이었습니다. 서울의 인구 과밀을 분산해보자는 취지였고, 당선 이후 행정수도 건설을 위한 특별법까지 제정했죠. 1990년대 이후 서울 인구 과밀은 언제나 중요한 문제였습니다. 1980년대까지는 특정 산업과 특정 도시를 성장 거점으로 삼고 여기에 경쟁력을 몰아줌으로써 개발도상국에서 선진국으로 가는 사다리를 탈 수 있었지만, OECD에 가입할 수 있을 만큼 국가가 성장 궤도에 올라온 이후로는 서울 과밀이 부작용으로 작동하기 시작한 거죠.

국가에 잘나가는 산업이 반도체 하나뿐이면 너무 불안하지 않겠어요? 자동차도 잘되고, 제약과 화학도 잘되고, 패션과 식품도 잘되고, 이것저것 큼직한 산업이 서너 개는 있어야 한 개가 불황에 빠지더라도 나머지가 버텨줄 수 있죠. 도시도 마찬가지입니다. 적어도 8대 광역시 정도는 다 함께 변화해야 시장도 커지고 국가경쟁력도 튼튼해질 겁니다. 2000년대 초반은 지역불균형발전 문제가 집중적으로 제기되던 시점이었습니다. 그러나 광역시의 인구 유출과 일자리 문제는 계속됐고, 뭔가 근본적인 해결책이 필요하다 싶었던 시점에 행정수도를 따로 만들자는 이야기가 나왔던 겁니다.

노무현: 이제는 수도권이 이대로 더 갈 수가 없습니다. … 중앙과 지방 사이의 불균형이 이대로 더 가면 또 다른 지역주의 대결이 생깁니다. 행정수도를 옮기지 않고서는 수도권도 더 이상 새로운 미래를 만들어나갈 수 없습니다.

—〈KBS 특별생방송〉, 2003. 1. 18

지역균형발전이 우리나라의 미래라는 취지였죠. 그런데 수도를 이전한다거나 행정수도를 따로 만들자는 이야기는 노무현이 처음 꺼낸 것은 아닙니다. 1971년 김대중이 행정수도를 대전으로 옮기겠다고 공약한 적이 있었고, 1975년과 1977년 사이에는 박정희가 상당히 구체적인 건설 계획까지 세웠습니다. 당시 박정희가 추진하던 임시행정수도 건설 정책의 이름은 '백지계획'이었습니다. '수도권인구재배치계획'이라고 하기도 해요. 북한의 공격에 대비하고 서울 과밀을 해소하는 것이 목적이었죠. 서울에 인구가 집중되면 전쟁할 때도 부담스럽고, 4·19혁명처럼 대규모 시위가 일어날 환경이 조성되기도 하니까요. 당시 임시행정수도 최종 후보로는 충청남도 천안과 논산이 꼽혔습니다.

노무현의 세종시 건설은 썩 무난하게 진행되진 못했습니다. 일단 2004년 10월에 세종시 특별법이 헌법재판소에서 위헌결정을 받았어요. 위헌인 이유는 '관습헌법상 우리나라의 수도는 서울'이라는 것이었습니다. 그런데 우리나라는 관습법이 아니라 성문법 체계를 갖고 있습니다. 헌법재판소의 이 결정은 많은 비판을 받았죠. 순식간에 법 체계가 두 개인 나라가 되었으니까요. 판결 이후 정부는 행정수도 건설을 포기하는 대신 규모를 3분의 2로 축소해 추진했습니다.

이후 또 한 번의 고비가 있었습니다. 이명박이 17대 대통령으로 당선되자 세종시 건설안을 사실상 취소하려고 했거든요. 세종시 건설 반대 여론은 주로 지역별 이해 상충과 서울 집값 하락을 걱정하는 분위기로 구성됐어요.

다른 지역 반대자 왜 하필이면 충청도에 그렇게 막대한 특혜를 몰아줍니까?

서울 반대자 서울에서 핵심 기능이 다 빠져나가면 서울 집값이 어떻게 되겠습니까?

그런데 이명박과 같은 한나라당 소속이었던 박근혜가 세종시 건설은 국민과의 약속이므로 지켜야 한다고 나섰습니다. 민주당 전체와 한나라당 박근혜계가 찬성한 결과 2010년 세종시 건설안이 국회에서 통과된 이후로는 큰 반대가 제기되지 않았어요. 2012년에는 행정기관 이전이 시작됐고, 2015년부터 세종시는 합계출산율 전국 1위를 놓친 적이 없는 도시가 됐죠.

자랑을 실컷 했으니 한계도 짚고 넘어갈게요. 2021년 연구에 의하면 세종시는 원래 목적이었던 서울과 수도권의 인구 과밀 해소에는 실패했습니다. 세종시로 유입되는 사람들이 어디서 오는지 살펴보면 서울과 수도권보다 충청권이 훨씬 많다고 해요. 세종시가 인근 도시보다 거주 요건이 좋고 교육 환경도 괜찮다는 이유죠. 서울 인구가 본격적으로 이주해 오지 않는 이유는 직업과 교육 때문입니다. 어차피 사교육 시장도, 좋은 대학도, 괜찮은 일자리도 다 서울에 있는데 굳이 서울에서 세종시로 이주해 올 필요성을 느끼기는 어렵다는 거예요.

서울은 사람이 넘쳐서 난리, 서울 아닌 데는 사람이 없어서 소멸 위기라고 난리예요. 지방이 소멸한다는 건 그냥 지방 인구만 사라지고 끝나는 문제가 아닙니다. 지역에서 인구가 줄어들수록 시장의 크기도 감소하고, 시장이 줄어드니까 일자리도 없어집니다. 일자리가 있는 서울과 수도권으로 이동한 사람들은 치열한 경쟁에 결혼하기도 어렵고 자녀 계획도 하기 힘들어요. 인구 감소가 몇 배로 가속된다는 뜻입니다. 중장기적으로는 서울과 수도권도 결국 무너질 거라는 시나리오밖에 나오지 않습니다.

이쯤 하면 이런 궁금증이 생길 법도 합니다. 우리나라가 원래 이렇게 인구가 부족한 나라였나? 아닙니다. 오히려 인구가 넘쳐서 인구 과잉을 너무나도 두려워하는 나라였어요.

1961~1996년 산아제한 정책
"무서운 핵폭발, 더 무서운 인구폭발"

뉴스 2021년부터 우리나라는 총인구 감소가 시작됐습니다. 생산가능인구가 줄어들기 시작한 것은 물론….

뉴스 보던 옛날 사람 요즘 것들은 곱게 자라서 문제야. 옛날에는 전쟁 통에도 애를 낳아 키웠단 말이지. 없으면 없는 대로 살지를 못하고.

뉴스 보던 요즘 사람 옛날하고 지금이 같아요?

이런 상황 겪어보신 적 있으시죠. 제삼자가 다른 사람의 가족 계획에 함부로 개입하는 것은 예의가 아닙니다만, '전쟁 통에도 아이를 낳았다'는 옛날 사람의 말은 사실입니다. 1920년대부터 1960년대까지 합계출산율은 평균 6명을 넘었습니다. 덕분에 인구 증가율은 3%를 웃돌았는데, 문제는 경제성장률이 3% 미만

이었다는 거예요. 먹고살 걱정이 없는 상황에서는 괜찮을 수도 있지만, 세계에서 가장 가난한 나라에서는 인구 증가도 큰 경제 문제입니다. 먹을 게 생기는 속도보다 나눠 먹을 머릿수가 늘어나는 속도가 더 빠르다는 뜻이잖아요. 낳으면 낳을수록 가난해진다는 거죠. 맬서스 트랩 이론을 걱정할 만한 사회입니다.

맬서스 트랩은 '자원은 한정되어 있는데 인구가 자원이 늘어나는 속도보다 빨리 늘어나기 때문에 인구를 계속 늘어나게 두면 사회 구성원 대부분은 가난할 수밖에 없다'는 내용이에요. 다만 고전 경제학자 맬서스가 살았던 18세기 말~19세기 초에는 기술 발전이 느려 생산성이 영 낮았기 때문에 사람들이 절대적인 자원 부족에 시달렸다면, 산업혁명이 무르익은 20세기부터는 대량 생산이 가능해져서 근본적으로 맞지 않는 이론이 되어버렸죠. 하지만 전쟁 직후의 우리나라는 생산시설이 거의 남아 있지 않았습니다. 금세 생산시설을 복구할 만한 자본도, 그럴 기술이 있는 숙련 인력도 모자랐어요. 게다가 1960년대 인구 증가 내용을 들여다보면 0~14세 유소년 인구가 총인구의 40%를 넘었습니다. 일할 수 있는 생산가능인구인 15~64세 인구는 50%를 조금 넘는 수준이었고요. 그러니까 부양 부담은 높은데 생산성 향상을 거의 기대할 수 없는 상황에서 인구가 늘어나고 있었던 거죠. 1962년도 우리나라 산아제한 표어는 인구 증가로 인한 빈곤 걱정을 잘 드러내고 있습니다. "덮어놓고 낳다 보면 거지꼴을 못 면한다(1962, 보건사회부)." 들어보신 적 있나요?

각종 산아제한 정책은 1970년대 중반부터 효과를 보기 시작했습니다. 베이비붐세대라는 단어가 뉴스에 간간이 등장할 때가 있죠. 사전적으로 베이비붐은 '아기를 갖고 싶어 하는 어떤 시기의 공통된 사회적 경향'이라고 합니다. 우리나라에서는 1955~1974년생을 베이비붐세대라고 불러요. 박정희가 제5대 대통령이 된 1963년에 태어난 사람들까지만 전후(戰後) 영향을 받은 베이비붐세대이고, 1970년대생은 X세대라고 묶기도 하죠. 그러나 X세대를 정의하는 개념이 모호한 데다 출생률로만 따지면 1974년까지는 90만~100만 명대였던 출생아 수가 1975년부터는 80만 명 아래로 떨어져서 계속 하향 추세를 보였기 때문에, 세대별 인구수를 말할 때는 1974년생까지 베이비붐세대로 지칭하는 경우가 많아요.

이후 1980년대부터 아이는 '계속해서 생기는 것'이고 또 생기면 '당연히 낳는 것'이라는 전통적인 생각과 달리 가족계획이 자연스러운 사회가 되었어요. 그런데다 피임과 의료적 임신중절이 널리 퍼지면서 합계출산율이 3명 아래로 떨어지기 시작합니다.◆ 가족계획연구원이 15~44세 기혼 여성을 대상으로 작성한 통계를 보면 1964년에 가족계획을 해본 가정은 9%인데, 1976년에는 63%까지 올라갑니다. 1964년에는 피임을 실천한 가정이 9%밖에 되지 않았는데 1976년 같은 조사에서는 66%에 달했습니다. 의료 기술 수준도 그사이 크게 진보했습니다. 정부가 1964년부터 대규모로 보급한 자궁 내 피임장치인 루프시술이 자리를 잡

───────────────────────────────

◆ 이때부터 1990년대까지 태어난 사람들을 밀레니얼세대라고 합니다.

았고 먹는 피임약도 많이 팔렸어요. 남성들은 정관수술을 하기도 했고요. 그런데 피임방법으로 선택률이 가장 높았던 루프 삽입 같은 경우, 조기 중단율이 높고 수술 부작용이 잦아서 기대했던 것만큼 효과가 크지는 않았다고 합니다.

또 하나, 당시 출생아 감소에 큰 영향을 미친 요소는 인공임신중절입니다. 1971년 25~29세 기혼 여성의 인공임신중절 경험률은 81%에 달할 정도예요. 관련 연구에서 충남 출신 1952년생으로 1978년과 1982년에 딸을 출산한 한 주부의 구술을 볼까요.

시어머니가 (점집에 다녀와서) 이번에는 꼭 아들이라고 했는데 남편이 안 낳겠다고 그러더라고. 셋째가 들어서니까 (남편이) 나는 안 낳겠다고 하면서 TV 위에 돈을 놓고 오늘 당장 산부인과 다녀오라고 하더라고. 내가 고집을 피우면서 안 가니까, 다음 날 또 확인하고, 또 가라 그러고. 우리 남편은 자유롭게 취미 생활 하면서 살고 싶다면서 뭐 아들 필요 없다고. … 산아제한 하니까 (남편이) 예비군 가서 쩜매고 왔더라고. (2019년 11월 10일 서울에서 조사)

—김종군 외, 《다문화콘텐츠연구》33

남아선호사상과 가족계획에 대한 순응과 임신중절을 통한 가족계획 달성, 예비군을 이용한 남성 피임수술이 모두 드러나 있는 내용이에요. 실제로 1960~1970년의 출산력 감소분 중 인공임신중절 없는 가족계획사업이 이바지한 부분은 3분의 1 정도라고 합니다. 나머지 3분의 2는 초혼 연령이 올라가 가임여성의

1960년대(왼쪽)와 1970년대(오른쪽) 대표적인 가족계획 표어를 담은 포스터

결혼 중 가임기간이 줄어든 것과 인공임신중절에 따른 것입니다. 1980년대에는 정부가 나서서 여성 불임수술, 그리고 (남성들이 무척 기피하기는 했지만) 예비군을 중심으로 남성 불임수술을 보급하며 인구 증가를 억제했습니다.

　문제는 목표치를 달성한 1980년 즈음 미래를 위해 인구 억제책을 멈췄어야 했는데 오히려 강화했다는 데 있어요. 예상보다 인구 증가율이 빨리 감소했습니다. 정책담당자들은 선진국 수준이라는 인구 증가율 1.5%를 달성한 1980년 이후에도 출산율이 더더욱 낮아져야 한다고 생각했어요. 1960년대부터 1980년대까지 등장하는 가족계획 관련 표어들을 보면 1980년대가 훨씬 강한 어조에, 발표된 양도 많아요.

알맞게 낳아서 훌륭하게 기르자(1961~1965)

덮어놓고 낳다 보면 거지꼴을 못 면한다(1962)

내 힘으로 피임하여 자랑스런 부모되자(1970~)

나 한사람 빠진 통계 나라살림 그르친다(1970~)

딸·아들 구별 말고 둘만 낳아 잘 기르자(1973~)

하나 낳아 젊게 살고 좁은 땅 넓게 살자(1980~)

낳을 생각 하기 전에 키울 생각 먼저 하자(1980~)

하나씩만 낳아도 삼천리는 초만원(1983)

무서운 핵폭발, 더 무서운 인구폭발(1983)

인구밀도 세계 3위라고 해봤자 km^{2}당 400명

숫자가 보여주는 현실과 달리 1980년대에는 아직 인구 증가에
대한 공포가 사회에 만연했습니다. 우리나라 인구가 4,000만
명을 넘긴 1983년 7월 신문 보도를 보면 1990년에는 인구가
4,400만 명이 되고 2000년에는 5,000만 명을 넘어서고 2050년
에는 무려 6,100만 명이 되기 때문에, 땅덩어리는 좁고 부존자원
도 없는 처지에 이렇게 과한 인구라니 답답한 마음이 든다는 비
관이 드러나 있기도 해요. 인구 증가 억제를 위해 정부에 강력한
대책을 요구해야 한다는 논조도 등장합니다. 출산율이 낮아지고
는 있으나 가임여성 인구가 계속 늘어나고 평균수명이 길어져
"2050년 6,130만 명에 이를 때까지 계속 불어난다는 우울한 예고"

라는 문장을 현시점에서 보니 좀 웃기기도 하고 슬프기도 해요.

또 다른 보도를 살펴볼게요. 당시 우리나라는 국토 평균 면적으로 따졌을 때 km²당 404명이 살고 있었고(세계 3위), 산지를 제외한 가용면적만 따지면 km²당 평균 1,198명으로 인구밀도가 세계 최고라고 했어요. 높은 인구밀집도에 따라 극심한 생존경쟁이 벌어지고, 이에 따라 국민의 정신적 불안이 커질 것으로 우려된다고 했죠. 무척 맞는 말이긴 한데, 2020년 기준 서울의 인구밀도는 km²당 무려 1만 5,839명이거든요. 부산은 km²당 4,389명, 경기도는 km²당 1,326명이 살고요.

요즘 사람1 뭘 그 정도 인구밀도 갖고 우는소리를 했나 싶죠.

요즘 사람2 우리도 인구 늘어날 걱정 좀 해봤으면 좋겠어요.

요즘 사람3 어쩜 우리가 과밀한 불행에 지나치게 익숙해진 걸 수도 있고요.

수도권 집중 현상은 매우 심해져서 현재 서울을 포함한 수도권에 전국 인구의 절반이 살고 있습니다. 서울의 과밀이 낳는 여러 도시문제는 예전부터 당장 피부로 느껴지는 구체적인 어려움이었어요. 사람이 넘쳐나는 서울의 상황만 바라보면 인구가 너무 많단 생각이 들 수밖에요.

그래서인지 단순히 서울에서 사람을 내보낼 방법에 골몰했을 뿐 1980년대까지도 지역을 균형적으로 발전시켜야 인구문제가 해결된다는 인식이 제대로 자리 잡지 못했습니다. 1963년 국토건설종합계획법이 제정되고 산업 입지 선정이라든가 도시와 농촌의 배치를 어떻게 하면 좋을지 목표를 선언해 두기는 했지만, 1971년까지는 구체적인 계획이 작성조차 되지 않았다고 해요. 일단 정부 안에서도 의견이 갈렸습니다. 서울에 인구가 많다고 해도 실제로 일할 수 있는 양질의 노동력은 부족하니까 더 불러올려야 한다는 주장과 이것저것 가려보기 전에 이미 사람이 너무 많다는 주장이 섞여 있었죠. 그러다 보니 넘치는 서울 인구를 어떻게 경기도나 지역 도시로 유인할지 정도는 생각했어도, 지역 도시 자체를 발전시키는 쪽으로는 진지하게 생각하지 않았던 거죠.

1975년에는 서울시위촉교수단이 농촌 유출 인구를 서울이 아닌 다른 지방 거점 도시로 갈 수 있도록 해야 한다는 내용의 연구보고서를 냈고, 다음 해에는 한국개발연구원(KDI)도 인구정책 세미나를 열어 같은 처방을 내렸습니다. 이 시기 박정희는 충청도에 임시행정수도를 건설하려는 계획을 세웠죠. 부산·대구·광주·대전·인천 5대 직할시를 개발하려는 계획도요. 하지만 제대로 추진된 건 없었고, 서울은 계속 인구를 빨아들였습니다. 더군다나 1980년대 중후반 이후에는 수도권에 자본집약적 서비스업이 집중됩니다. 고소득 사무 전문직의 일터가 바로 수도권이었다는 거죠. 동시에 영남권의 전통적 제조업 성장세가 둔해지면서 수도권 집중 현상은 걷잡을 수 없어집니다. 수도권 인구는 계속해서 늘어났지요.

수도권 과밀 인구를 어떻게든 해결해야 하는 분위기가 지속되다 보니, 전체적인 인구 증가율 둔화에 대해 적절히 대처하지 못했어요. 그러다 정부는 발등에 불이 떨어진 1996년이 되어서야 출산 억제에서 출산 장려로 급속하게 방향을 틀었습니다. 인구 규모를 유지하려면 한 해에 사망하는 사람보다 태어나는 사람이 더 많아야 하고, 두 명이 결혼했을 때 최소 둘은 낳아야 하잖아요. 그래서 인구지리학에서는 합계출산율 2.1명을 인구대체수준이라고 부릅니다. 그런데 1984년에 합계출산율이 이미 1.74명으로 떨어진 이후 다시는 그 위로 올라오지 않았습니다. 아차, 싶었던 정부가 부랴부랴 다시 계산해보니 이게 아니었던 거죠. 이제는 출산율을 끌어올려야겠다고 다짐한 순간 외환위기가 들이닥쳤습니다. 인구정책 관련 법령도 제정할 여유가 없을 만큼 국가의 모든 자원이 외환위기를 극복하는 데 들어갔어요. 취약계층을 떠받치는 사회복지는 이전에도 빈약했기 때문에 외환위기를 넘어서는 과정에서 사회는 급속도로 양극화되었습니다. 양극화는 결혼과 출생을 줄이는 요소예요.

합계출산율이 1.6~1.7명으로 인구대체수준 아래인 건 당시 다른 선진국들도 마찬가지였지만, 유럽은 저출산을 해결하기 위해 가족정책을 강화했습니다. 특히 유급 출산휴가, 유급 육아휴직과 자녀복지 등을 정책 수단으로 사용하며 저출산에 대응해 나갔습니다. 인구대체수준에 가깝게 출산율을 회복하고 있는 프랑스에서는 모성보호제도는 물론 부성보호제도도 적극적으로 도입했습니다. 하지만 우리는 그 시점에 외환위기를 맞아 가정이 파편화되기 시작했고 저출산 대책을 적극적으로 수립하지도 않았지요. 2001년에는 합계출산율이 처음으로 1.3명 아래로 떨어졌어요. 노무현 정부는 2003년 저출산고령화위원회를 출범시

킵니다. 2006년 저출산고령화위원회의 저출산고령사회기본계획이 수립되면서부터 본격적인 장려책이 탄생합니다. 세종시 건설 추진에도 이러한 문제의식이 반영됐을 거예요. 정부가 나서서 지방에 인프라를 구축하면 사람들이 지방으로 이주해 아이를 낳을 테고, 그만큼 서울의 인구밀도가 줄어들어 서울과 수도권 거주자들도 다시 아이를 낳기 시작할 것이라는 기대였어요. 하지만 저출산이 심각한 문제이며, 우선순위로 다루어야 한다는 사회적 합의는 학령 인구가 눈에 띄게 줄어들기 시작한 2010년대 이후에야 이뤄졌습니다. 지나친 경쟁으로 결혼이 늦어지는 만혼 현상이 이미 시작된 이후예요.

산업화가 완료된 국가는 보통 출산율이 높지 않습니다. 자녀가 가정 경제에 보탬이 되는 노동력이기보다는 투자의 대상이기 때문이에요.* 자녀가 일종의 '사치재'가 되는 거죠. 하지만 우리나라는 그렇구나 하고 넘어갈 수 없을 정도로 급격한 인구 변화를 겪고 있습니다. 1960년대부터 생활 수준을 개선하고 구직난을 해결하기 위해 산아제한을 실시했고, 고도의 경제발전에 성공했으나 출산을 장려해야 할 시점에 가족 친화적인 분위기를

◆ 개발도상국과 산업화 완료 국가의 저출산 대책은 다른 방향으로 접근할 수밖에 없습니다. 2018년 스웨덴의 합계출산율은 1.8인데, 여성고용률이 75.4%입니다. 여성고용률이 평균 50%대인 우리나라보다 훨씬 높아요. 산업화가 완료되고 인구가 줄어드는 국가에서는 여성과 노인을 포함해 경제활동인구를 늘리면서도 출산율을 끌어올려야 하는 과제가 주어집니다. 프랑스와 스웨덴 등에서 출산율이 반등한 것은 특정 정책 하나 덕분이 아니라 사회 전반적으로 부모가 일과 가정을 함께 돌볼 수 있는 분위기가 형성되었기 때문이라는 분석이 나오고 있어요.

도입하는 데는 실패했으며 도시-농촌 격차와 지방 소멸에 시달리고 있습니다. 인구가 줄어드는 것도 문제이지만 우리나라의 경우 인구구조 변화가 너무 빠르다는 것이 훨씬 큰 문제예요. 변화 속도가 너무 빠르면 사회도 시장도 변화에 적응할 시간이 부족해 충격이 흡수되지 않습니다.

1980년대까지 출생아 감소에 큰 역할을 한 사회현상이 초혼 연령 상승이었다는 말 기억하세요? 인구 증감은 어쩔 수 없이 큰 부분 가임기 여성에 달렸습니다. 우리나라처럼 혼외출산율이 낮은 국가에서는 여성의 혼인 연령이 높아지면 출산가능인구가 자연스레 줄어듭니다. 가임기 여성의 수가 줄어들면 합계출산율이 같아도 출생아는 줄어들지요. 그런데 1980년대와 1990년대에는 여성 태아를 골라 임신중절을 했기 때문에 이후 가임기 여성의 모수 자체가 적어졌어요. 게다가 이제는 늦게 결혼하거나 아예 결혼하지 않고, 결혼을 하더라도 아이를 낳지 않는 편이 사회적 경쟁에서 유리해진 시대가 와버렸습니다.

이런 상황에서 자녀를 갖게 하려면 가족정책과 사회 분위기가 도와주어야 하는데, 우리나라가 출산과 육아에 친화적인 상황이라고 보기는 어려워요. 1980년대에 그토록 걱정하던 인구 과밀에 따른 사회적 경쟁 과열은 부존자원 부족과 인구 과잉이 아니라 수도권 집중 현상으로 인해 심해지는 것으로 보입니다.

Part 2

노동과
복지

1.

최저시급 1만 원에 나라가 흥하고 망하고

#최저임금제 #노동자대투쟁

2017년 최저임금 1만 원 공약
1988년 최저임금제 실시

최저임금의 탄생

언론사 입사 시험이나 각종 공무원 시험 면접에 반드시 빠지지 않는 '상식' 질문이 있습니다.

시험문제 올해 최저임금은 얼마입니까? 시급으로 답하시오.

수험자 올해가 2023년이니까… 9,620원.

면접관 올해 최저임금 인상률에 대한 자신의 의견을 말해보세요.

수험자 (누구나 만족시킬 수 있는 모범답안을 생각해보자)

올해 최저임금이 시급으로 얼마인지, 지난해와 비교해 어느 정도 올랐고 그것이 사회에 어떤 영향을 미치는지 판단할 줄 아는 것이 현대 한국인의 상식이라는 뜻 아닐까 싶어요.

최저임금(시급)은 근로계약서를 쓴 고용관계에서 사용자가 한 시간 일을 시키면 최소한 이 정도 금액은 주어야 한다는 하한선입니다. 피고용인의 관점에서 말하면 한 시간 일하면 최소한 이 정도는 받아야 한다는 권리예요. 최저임금으로 얼마가 적절한지는 사람마다 의견이 다르겠지만, 최저임금이 무엇인지에 대해서는 모두 그럭저럭 알고 있습니다. 어쨌든 법정근로시간을 채워 일하면 그렇게 번 돈으로 어느 정도 먹고살 수 있어야 한다는 사회적인 합의죠. 헌법은 근로조건이 인간 존엄성을 해치지 않는 범위에서 사용자와 피고용인이 계약의 자유를 누리도록 합니다.

다만 사회 유지는 무엇보다 중요합니다. 월급을 주고 사람을 고용한다는 개념이 막 발명되었던 산업혁명 직후, 기업에 모든 결정을 맡기고 정부는 손놓고 있다가 사회가 엉망이 되었던 적이 있어요. 합리적인 시장은 기업에 비용을 무작정 깎으라고 요구하지 않습니다. 노동자가 곧 소비자이기도 하니까요. 물론 기업이 극단적으로 영악하게 군 사례도 있습니다. 노동자에게 월급 대신 쿠폰을 줘서 자사 소유 상점에서만 결제할 수 있도록 만드는 거죠. 그러면 노동자의 소비력을 말 그대로 독점 소유할 수 있습니다. 이런 사례 중 가장 유명한 사건은 1921년 미국에서 일어난 블레어산 전투(Battle of Blair Mountain)입니다. 왜 전투라는 이름이 붙었냐 하면, 쿠폰 대신 돈을 달라며 파업하던 사람들에게 회사가 폭격기를 대여해서 폭격을 퍼부었거든요.

이렇게 심각한 갈등을 거쳐 1938년 미국에서 도입된 공정근로기준법이 최저임금제도의 시초라는 설이 널리 퍼져 있지만, 국가적인 제도로서 최저임금제의 시작은 1894년 뉴질랜드가 처음입니다. 일정 수준 이상의 임금을 보장해야 한다는 개념 자체는 함무라비 법전에 적혀 있을 만큼 오래되었고, 우리나라의 최저임금 논의도 생각보다 오래되었어요.

이미 선진국에는 공장법 또는 노동법이 잇서 노동자의 최저연령, 최저임금, 최저대우 등에 대하야 규칙이 잇서 노동자의 생활을 보장하고 잇지만 조선같이 공장주의 마음대로 임금, 노동시간, 대우 등을 행사할 수 잇는 곳에서는 노동자의 생활을 보장할 수가 없다. 실업자의 보험 같은 것은 조선의 현상에서 바랄 수 없는 일이라 할지라도 초보적인 공장법을 세워 노동자의 생활을 보장하는 것은 시급(히) 우선(且) 가능한 문제이다.

—〈공장법을 실시하라〉,《동아일보》1931. 7. 25

일제강점기에는 최저임금뿐 아니라 근로시간 상한이 규정된 노동법을 입법해달라고 요구해야 했어요. 노동법은 해방 후에야 간신히 제정되었죠. 1953년 1~4월에 전진한 의원의 주도로 노동관계 4법이 통과되었습니다. 그런데 당시는 한국전쟁이 아직 끝나기 전이죠. 전쟁 중 임시수도 부산에서 제정된 법은 있는 듯 없는 듯 존재감이 희미했습니다. 1970년 전태일의 분신은 노동법을 제정하라는 의미가 아니었어요. 이미 있는 노동법을 지켜달라는 요구였지요. 생활이 가능한 임금 수준 달성을 포함해서 말이에요.

노동청이 실시한 최저임금제도 등 임금정책 수립의 기초자료로 삼기 위한 직종별 임금 조사에서 산업별, 직종별, 성별 간의 임금 격차가 격심한 것으로 나타나 임금의 평준화가 요구되고 있으며 최저임금제 실시의 시급성이 노출되었다. … 동종의 기술

자라 할지라도 그가 소속해 있는 산업에 따라 임금 수준상 현저한 차이가 있으며 여성 근로자의 경우, 특히 더했다.

—〈너무 심한 임금 격차〉, 《매일경제》 1971. 10. 27

최저임금제는 1970년대와 1980년대 노동운동의 중심 이슈 중 하나였습니다. 노동계와 사회의 요구에도 정부는 최저임금을 부활시키고 싶어 하지 않았어요. 임금이 인상되면 저임금에 기초하고 있는 기업경쟁력이 약해지고 물가가 오른다고 생각했으니까요. 하지만 1970년대 중반부터는 박정희 정부도 임금이 지나치게 적다는 점을 인정하고 임금 인상 기조를 마련합니다. 그러나 1980년대 들어 전두환 정권은 다시 강력한 임금통제 정책을 시행합니다. 결국 최저임금제도는 1986년, 법정근로시간 주 44시간(연장근로 미포함)은 1989년, 이렇게 민주화를 전후해서야 도입됩니다. 비로소 헌법상 기본권으로서 우리 피부에 와닿는 노동권이 마련된 거지요.

그런데 이 최저임금제가 정치와 경제 뉴스 전면에 떠오른 시기가 또 있습니다. 의외로 오래되지 않았어요. 2017년 5월에 치른 19대 대선 때입니다. 대선후보를 낸 모든 정당에서 최저임금 1만 원 달성을 공약으로 내세운 거예요.

모든 대선후보가 최저임금 1만 원을 원해

19대 대선후보였던 문재인, 홍준표, 안철수, 유승민, 심상정은 모두 선거운동 과정에서 임기 내 최저임금 시급 1만 원 달성을 공약했습니다. 후보들 간 정치적 성향의 차이를 고려하면 2017년 대세가 얼마나 최저임금 인상으로 기울어 있었는지 짐작할 수 있어요. 이 '최저임금 1만 원'이라는 선언은 2012년 언론에 처음 등장하는데, 우리나라 양대 노총인 전국민주노동조합총연맹(민주노총)과 한국노동자총연맹(한국노총)이 모두 노동절대회에서 요구하고 나섰어요. 이 조건을 2017년 우리나라 대선후보들이 받아안은 셈이죠.

이 요구가 2017년에 갑자기 등장한 거냐 하면 그건 아닙니다. 사실 최저임금 인상은 2000년대 내내 중요한 의제 중 하나였습니다. 2007년 출간돼 아직까지 사람들 입에 오르내리는 《88만원 세대》도 비정규직과 청년실업, 최저임금을 다루고 있고, 2011년에는 청년들이 낮은 임금과 높은 실업률로 연애, 결혼, 출산 등 이전에는 당연한 것으로 여기던 생애주기를 하나씩 포기해 간다는 '삼포세대'라는 말이 등장했죠. 2015년에는 흙수저니 금수저니 하는 수저계급론이 나타났습니다.

정치권에서도 마찬가지였어요. 2012년 18대 대선에서 가장 화두가 된 단어는 '경제민주화'였습니다. 여기에 최저임금 이야기가 안 나올 수 없죠. 18대 대선후보 중 가장 보수적인 정치 성향을 지닌 박근혜도 최저임금 인상안에 대해 '물가상승률+경제성장률'을 기본으로 잡고 여기에 소득 분배 인상분을 추가로 더 하겠다고 공약했습니다. 당시 박근혜 후보 공약집은 완성도나 사람들의 호응 면에서 두루두루 좋은 평가를 받았다는 뒷이야기가 있는데요, 정작 박근혜 정부 시기 최저임금 인상률은 공약과 거리가 먼 평균 7.4%에 머물렀습니다. 2008년 세계 금융위기를 겪은 이명박 정부의 최저임금 인상률은 연평균 5.2%였고, 그 전인 노무현 정부에서는 연평균 10%대 인상률을 유지했지요. 18대 대선 기간에 다른 후보였던 문재인은 최저임금 하한선을 근로자 평균 급여의 50%까지 끌어올리겠다고 했습니다. 하지만 코로나19 팬데믹에 전 세계 공급망 붕괴를 겪은 문재인 정부에서 최저임금 인상률은 7.2%로, 전 정부의 인상률에 미치지 못했습니다.

제도 하나를 두고 국가와 정부, 사람을 바꿔가며 오랫동안 실랑이가 이어져 오는 데에는 이유가 있겠지요. 최저임금에 매달려 사는 사람이 많기에 최저임금을 올려야만 많은 사람의 생계가 이어진다는 노동계, 최저임금을 무리하게 올리면 영세 자영업자들이 한계에 내몰리고 결국 전체 고용이 줄어든다는 기업계의 입장이 매년 날카롭게 대립하고 있습니다.

최근 수년간 우리나라의 최저임금 영향률은 최대 20~25%로 추정됐습니다(최저임금위원회). 쉽게 말해 최저임금보다 적게 받는 사람이 전체 임금근로자 네다섯 명 중 한 명꼴이라는 뜻이에요. 최저임금 영향률만 보면 여전히 저임금 흐름이 지속되고 있는 셈이에요.

취준생 와, 그럼 기업이 나쁜 놈이네요.

기업 최저임금 오르면 인건비 늘어나는 건 사실인데요.

취준생 그건 그러네요.

기업 이렇게 올리다간 우리 다 망한다고요.

경제학자 글쎄요?

취준생 기업이 거짓말하고 있나요?

경제학자 그건 또 아니지 않을까요?

취준생 그럼 기업 말이 사실인가요?

경제학자 망한다는 거요? 글쎄요?

취준생 & 기업 (어쩌라는 거지?)

일단 기업의 주장은 거짓말이 아닙니다. 최저임금은 시장규제
로서 회사의 경영과 고용에 영향을 미칩니다. 단, 시장의 조건에
따라 다양한 변수가 생기기 때문에 어떤 결과를 초래할지 이렇
다, 저렇다 단정할 수는 없어요. 그나마 합의가 이루어진 부분은
시장이 완전경쟁에 가까울수록 최저임금제 시행 시 고용이 줄어
들고, 최저임금 인상이 영세 규모 사업장이나 이미 경영에 어려
움을 겪고 있던 사업장에 어느 정도 타격을 준다는 사실이에요.

임금 소득을 받아 생활하는 사람과 회사를 경영하는 사람의
사정이 이렇게 다르니, 우리나라 시장의 상태는 어떤지, 인상률
을 어느 선에서 타협할지 서로 협상 조건을 명확히 하면 좋을 거
예요. 그러나 그조차 어려운 것이 현실입니다. 1987년 이후 우리
나라의 임금 산정법이 계속 복잡해졌기 때문이에요. 우리나라

임금 체계는 기본급보다 각종 특별수당이 많은데, 기본급은 통상임금으로서 퇴직금 등 다른 수당의 기준이 됩니다. 그런데 통상임금은 반드시 최저임금 수준을 충족해야 해요. 문제는 바로 여기에 있습니다.

매년 물가며 경제성장률이 올라가니 회사가 임금을 올려주기는 해야겠는데 기본급 같은 통상임금을 올려주면 다른 수당도 함께 올라갑니다. 기업은 그게 싫죠. 이때 노동자, 특히 협상력 있는 노조는 성과급 같은 특별수당이라도 당장 내 손에 들어오면 이득이기 때문에 기본급 대신 수당을 추가하자는 기업의 제안을 받아들입니다. 그야말로 노사 상생이죠. 그런데 임금을 두고 갈등이 벌어질 경우 어디까지가 통상임금인지, 최저임금과 연동되지 않는 수당은 무엇인지, 또 어떤 수당의 기준이 어떤 임금인지 등을 두고 누구의 계산이 옳은지는 대부분 재판까지 가봐야 알게 됩니다. 이런 상황에서는 노무팀·법무팀 없는 기업과 노조에 소속되지 않은 노동자 사이에 싸움 나기 딱 좋아요. 임금 체계를 손봐야 한다는 의견이 꾸준히 제기되고 있습니다만 40년 가까이 이어져 온 체계인걸요. 개편이 말처럼 쉽진 않습니다.

이런 현실에서 등장한 캐치프레이즈가 바로 '최저임금 1만 원'인 거예요. 마치 외환위기 직전인 1990년대 초중반에 1인당 국민소득(GNI) 1만 달러가 중견국가와 개발도상국을 가르는 문턱처럼 여겨졌던 것과 같아요. 국민소득이 9,999달러가 된다고 해서 갑자기 나라가 망해 나가고, 1만 1달러가 된다고 해서 갑자기 국제사회에서 중견국가로 존중받을 리 없잖아요. 최저임금이

1만 원이 됐다고 우리나라 경제가 급작스럽게 망하거나 흥하지는 않을 겁니다. 다만 어떤 방향으로 가고 있는지 확인할 수 있는 이정표는 될 수 있겠죠.

이렇게 복잡한 임금 체계와 매번 달라지는 최저임금 결정 방식, 시작부터 그랬을까요? 1987년으로 돌아가 볼게요.

1988년 최저임금제 실시
솔 담배 한 갑보다 적은 금액으로 시작한 최저시급

1988년부터 시행된 우리나라 첫 최저임금은 업종별로 차등 적용되기 시작했습니다. 섬유·의복이나 전기기기 같은 상대적 저임금 12개 제조업종은 시급 462원 50전, 화학이나 철강, 기계처럼 상대적 고임금 16개 제조업종은 487원 50전이었어요.

단위가 지금과 달라서 와닿지 않으니, 당시 가장 보편적인 소비 품목 중 하나였던 담배와 비교해 봅시다. 1980년대 후반 우리나라 성인 남성 흡연율은 70%를 웃돌았습니다(성인 여성 흡연율 5%). 흡연 인구의 86.5%가 피우던 가장 대중적인 담배가 '솔'이었는데, 한 갑에 500원이었으니 당시 최저임금이 어느 정도였는지 감이 오실 거예요. 썩 충분한 금액이라고 보기는 어렵죠. 하루 8시간 근로 기준 월 단위로 계산하면 11만 1,000원에서 11만 7,000원 사이인데, 당시 노동계에서 조사한 도시 단순근로자의 평균 최저생계비는 22만 원 이상이었거든요. KDI에서 조사한

18세 남성 월평균 최저생계비도 11만 8,000원이었어요.

현재 최저임금으로 생활하는 사람 그런데 말이죠, 1988년에 최저임금을 적용했다는 건 1987년 6월항쟁으로 민주화를 달성한 바로 다음 해라는 말인데.

1987년에 정치에 관심이 많았던 사람 그렇죠.

현재 최저임금으로 생활하는 사람 그럼 정치권도 노동계 편이겠다, 최저임금을 최저생계비 수준으로 한 방에 밀어붙여야 했을 거 같은데요.

1987년에 정치에 관심이 많았던 사람 그게 어떻게 된 거냐면요.

우리는 보통 1987년 민주화 하면 대통령직선제 쟁취와 헌법 개헌을 떠올립니다. 국민들은 대통령을 자기 손으로 직접 뽑기를 강력히 원하고 있었어요. 특히 1987년 1월에 박종철 고문치사 사건이 일어난 이후에는 사회 전체가 부글부글 끓어올랐죠. 그런데 전두환이 현행 헌법대로 간접선거를 통해 군사 정권을 이어가겠다고 발표해 버린 거예요(4·13호헌조치). 여기에 천주교 정의구현사제단이 고문치사 사건의 진실을 폭로하자 전 국민이 들고일어났어요. 바로 6·10민주항쟁(이하 '6월항쟁')입니다. 이때 보통 '군사 정권을 끌어내렸다'는 식으로 표현하니까 마치 프랑스혁명과 단두대 같은 이미지를 떠올리기 쉬워요. '사람들이 청와대로 쳐들어가서 독재자의 멱살을 잡아 끌어냈다'는 인상을 받는다니까요.

일은 그보다 훨씬 정치적으로 진행됐습니다. 정말로 험한 꼴을 볼까 걱정했던 여당 민정당 대표 노태우가 김대중 외 시국 사범 석방, 언론 자유 보장, 국민 기본권 신장, 대통령선거법 개정 등 여덟 가지 개선안을 당의 공식 입장으로 선언합니다. 이 게 6·29선언이고요, 다음 날 전두환이 이 선언을 수용하면서 민주화 항쟁은 평화롭게 마무리됩니다. 직후 대통령 5년 단임제와 직선제를 포함하는 방향으로 헌법이 개정되었고, 이 헌법은 10월 27일 국민투표에서 95%에 가까운 찬성으로 통과된 이래 현재까지도 이어지고 있어요. 87년 체제라고 하면 바로 이 헌법을 말하는 겁니다. 1987년 12월 16일, 개정 헌법에 따라 직선제로 치러진 대통령 선거에서는 김대중·김영삼이 단일화에 실패하며 노태우가 13대 대통령으로 당선됩니다. 민정당이 계속해서 정권을 이어나가지요.

최저임금을 포함한 노동계의 목소리가 직접적으로 등장하지는 않죠? 6월항쟁도 마무리가 되었겠다, 노동계는 자신들의 요구를 관철하기 위해 대대적인 파업과 시위에 들어갑니다. 민주 노조를 합법 노조로 인정할 것, 임금을 인상할 것, 근로조건을 개선할 것 등이 요구 사항이었죠. 제조업공단이 집중되어 있던 경남지역을 중심으로 '노동자대투쟁'이 7~9월에 이어집니다. 파업과 시위가 수도권 중소기업으로 옮겨붙을 무렵 사망자가 나올 정도로 폭력적인 진압이 이어집니다. 이때 노동자대투쟁의 발단이 된 사건을 주동했다는 이유로 노무현이 구속되기도 하죠.

어쨌든 노동자대투쟁은 직접적 구조 변화를 이끌어내지는 못했다고 합니다. 다만 7월 이후 연말까지 노조가 1,500곳 이상 새

1987년 노동자대투쟁
당시 울산 현대중공업
노동자들의 가두 시위.

로 생겨났을 만큼(1986년 총 2,675개) 노동계에 양적·질적 변화를
가져다주었습니다. 노동쟁의가 그 해에만 3,479건 발생했어요.
주로 임금 인상과 사무직·생산직 간 임금 격차 해소를 요구하는
등 임금 관련 사항이 전체의 60%를 차지했지요. 2012년 대선의
중심 이슈였던 경제민주화라는 단어가 바로 이때 처음 대대적으
로 등장합니다. 6·29선언 1주년쯤 되자 정부와 국회가 경제민주
화를 경제정책 방침으로 선언하다시피 했고 '이제부터는 저임금

을 통한 싼 가격의 물량떼기 수출로 고도성장을 더 하다간 대외 의존도가 너무 높아져서 모두 피해를 볼 것'이라는 식의 보도도 많이 나왔죠. 그러니까 이때의 대규모 파업과 시위는 1990년대 노동 관련 법률들의 개정에도 큰 압력으로 작용했을 거예요.

이 시국에 대한 국회의 대정부 질문을 한번 볼까요.

이헌기 노동부장관: 하후상박과 임금 격차 축소의 방향으로 임금 지도를 하고 있으나 저임금이 잔존하고 있는 것이 사실이다. 내년부터 최저임금제를 차질 없이 실시토록 이미 최저임금심의 위원회를 가동, 그 준비 작업을 하고 있다. 10대 재벌 중 삼성은 보험회사만 노조가 결성돼 있으며 현대는 50% 가까이, 효성은 5개, 대우는 4개의 노조 결성이 진행되고 있다. 정부는 공정한 조정자로서 노사 분규가 노사 당사자 간에 자율적으로 해결되도록 중재 노력을 하는 데 최선을 다하겠다. 그러나 이번 노사 분규는 그 요인이 복잡하고 요구 조건도 다양해서 해결에 시간이 걸릴 것으로 보인다.

—〈군의 정치불개입선서 용의 없나〉,《동아일보》1987. 8. 11

그러니까 대통령직선제나 대규모 시위와 상관없이 최저임금제는 이미 도입이 결정돼 있었다는 말이에요. 1986년에는 2년 후인 1988년부터 근로기준법 적용을 받는 전국 제조업·건설업·광업 사업장에 단계적으로 최저임금제를 실시하기로 합니다. 근로기준법 적용을 받는 사업장이라고 하면 요새는 5인 이상을 고용하고 있는 회사인데, 당시 보도는 10인 이상을 고용하고 있는 사업장을 말하는 경우가 많아요.

최저임금 결정이 매년 갈등을 빚는 이유는

이때 최저임금을 정하기 위해 최저임금심의위원회(현 최저임금 위원회)를 개최하기로 했지요. 노동계 대표, 경영계 대표, 공익을 담당하는 제삼자 대표가 각각 3명씩 총 9명이 참여하고 여기에 특별위원 3명이 더해져 총 12명으로 구성되었죠. 여기서 도출된 최저임금 합의안을 노동부장관이 결정하면 끝인 거예요. 1987년 열린 심의위원회에서 결정한 첫 최저임금이 460원대 시급, 11만 원대 월급이라고 했죠? 1988년 결정한 두 번째 최저임금은 업종별 차등 적용 없이 일괄 시급 600원으로 결정되었습니다. 월 단위로 계산하면 14만 4,000원이에요. '솔'보다 더 비싼 '88' 담뱃값 정도로 시급이 인상된 셈입니다.

인상액 자체는 그리 높지 않으나 인상률로 따지면 1년 만에 26.3%나 올랐으니 꽤 많이 오른 셈이에요. 당시 실업률이 고작 3%밖에 되지 않았고, 구인난이라는 소리가 심심찮게 들려와 기업들이 이만한 부담은 질 수 있을 거라 여긴 거죠. 다만 협상 과정은 그다지 순조롭지 못했습니다. 경영자 대표가 협상장에서 퇴장하는 등 2020년대 최저임금위원회와 별다르지 않은 풍경이었다고 합니다. 이때 이미 이런 방식으로 최저임금을 결정하는 것에 대한 문제가 제기되었어요.

최저임금법상 과반수 찬성을 얻어야 하므로 노·사·공익 삼자 중 두 그룹이 합의를 하지 않으면 결정을 내릴 수가 없게 되어 있다. 만약 공익위의 안이 노사가 각각 주장하는 중간선을 제시했다고 하면 이때 노사 양측이 다 이를 받아들이지 않을 수가 있을 것이고 그러면 최저임금은 결정될 수조차 없는 지경에 돌입하게 될 것이다. … 다음 연도에 가서는 중간선에서 결정되리라는 예상 때문에 노사 대표위원들은 더욱더 거리가 먼 요구를 제시할 것이고 자진해서 양보해 나가는 관행은 도저히 정착할 수가 없게 될 것이다.

—〈노사 합의 없는 최저임금〉,《매일경제》1988. 10. 17

2022년 기준 근로자위원, 사용자위원, 공익위원이 각 9명씩 총 27명으로 인원수가 조정되기는 했습니다만, 삼자 협상 후에 고용노동부장관이 안을 결정하는 방식은 변하지 않았습니다. 기본적으로 이해관계자들끼리 서로 각자의 안을 마련해 협상하는 거라서 그때그때 들고 오는 자료가 조금씩 다르기 마련입니다. 게다가 1988년에 이미 지적된 문제가 반복되고 있지요. 매번 회의가 파행되고, 누군가는 불참하고 누군가는 퇴장하는 데다 절대로 양보하지 않거든요. 최저임금 지급 의무는 헌법으로 정해둔 만큼 최저임금 논의는 앞으로도 계속될 거예요. 그런 만큼 좀더 효율적인 결정 방법을 찾아낼 수 있다면 정말 좋겠죠.

2.

IMF가
우리나라에
사과한 이유는

#비정규직 #긱이코노미 #노동법날치기 #구조조정

2022년 불안정노동
1997년 대기업 연쇄 부도

근로자인가, 노동자인가

우리나라에서 말 한마디 갖고 싸우기로는 '노동자'와 '근로자'만한 게 없을 겁니다. 기본적으로는 둘 다 일하고 돈 버는 사람이라는 뜻인데, 어느 단어를 선택하느냐에 따라 좌파 나오고 우파 나오고, 공산주의며 자유시장경제며 하다가 여당이니 야당이니 멱살을 잡죠.

서로를 비난하는 사람들이 보는 노동자와 근로자는 마치 이런 느낌이랄까요.

노동자 (붉은 머리띠를 두르며) 투쟁! 투쟁! 자본가 타도!

근로자 (야근 중 고카페인 음료를 들이켜며) 먹이고 재워만 주시면 개처럼 소처럼 뼛골 빠지게 일하겠습니다!

어느 쪽이든 다소 과장된 표현입니다만, 언어가 사회적 합의에 기반한다는 사실을 고려하면 노동자냐 근로자냐를 두고 싸움이 붙는 것 자체는 이상하지 않습니다. 어쨌든 '노동자'는 산업혁명 이후 줄곧 사회를 움직여 온 대표적인 이익집단이었기에 정치적·사회적 관점에서 보면 '근로'보다는 '노동'이라는 단어가 더 자연스럽게 사용됩니다. 노동조합이라는 말은 사용해도 근로조합이라는 말은 어색해요. 또, 감정노동이라거나 가사노동이라고는 해도 감정근로나 가사근로라는 말은 사용하지 않아요.

그런데 또, 주5일제라든가 육아휴직 같은 주제로 친구들과 이야기를 나눌 때는 '근로/업무조건이 어떻게 되는데?'라는 말이 '노동조건이 어떻게 되는데?'라는 말보다 자연스럽습니다. 아르바이트 공고에도 '근로시간 점심시간 제외 8시간'이 자연스럽지, '노동시간 점심시간 제외 8시간'은 어딘가 이상해요. 그러니까 두 단어의 용례가 좀 다른 겁니다.

조금 더 자세히 살펴볼게요. 우리 사회를 규정하는 법률을 보면 노동이 근로를 포함하고 있다고 볼 수 있습니다. 노동법에는 임금채권보장법, 근로복지기본법, 고용정책기본법, 최저임금법, 근로기준법 등이 포함되거든요. 결국, 고용주에게 직접 고용되어 임금을 받고 움직일 때는 근로가 자연스럽고, 돈을 받거나 안 받거나 내가 일을 하는 행위 자체에 초점을 맞추면 노동이 좀 더 자연스럽습니다.

그러다 보니 나의 일을 노동이라고 부를지, 근로라고 부를지 결정하는 것이 현실에서 법적인 문제를 일으키기도 합니다. 혼자 일하는 영세업체 사장님을 근로자라고 부를 수 있을까요? 프로젝트별 단기 계약을 맺은 프리랜서는 어떨까요? 만약 프리랜서에게 근로성이 인정된다는 법적 판결이 나오면, 그 프리랜서와

계약을 맺은 상대방은 바로 고용주가 되는 셈입니다. 고용주는 근로자에게 법적으로 제공해야 하는 편의가 많아요. 하지만 근로성이 인정되지 않는 노동자는 자기 자신을 스스로 책임져야 합니다.

따지기 시작하니까 머리가 복잡해지죠? 평소에 이런 주제를 진지하게 고민하는 사람은 잘 없습니다. 노동법이 제정된 해가 1953년이고 남녀고용평등법이 제정된 해가 1987년, 우리나라에서 가장 큰 노동조합 두 개 중 하나인 민주노총이 합법노조가 되고 교원노조법이 제정된 해가 각각 1997년과 1999년이에요. 다시 말해 이 주제는 민주화와 외환위기를 거치면서 사회적인 논의와 합의 과정을 통해 한 차례 정리가 됐다는 이야기입니다.

그런데 2020년대가 되면서 상황이 달라집니다. 대체 어디부터가 근로이고 어디까지가 노동인 건지, 다시 헷갈리게 되어버렸습니다. 이런 키워드들이 등장했기 때문이에요.

공유경제, 긱 이코노미, 라이더, 플랫폼, 온 디맨드, 크리에이터, 사이드잡, N잡러, 부캐.

2022년 불안정노동

너의 이름은 불안정노동이거나 N잡러이거나

2006년 9월 국제통화기금(IMF)은 우리나라 비정규직 비율이 OECD 평균 대비 2.5배나 된다고 발표합니다. 이어지는 2009년까지 비정규직 문제는 우리나라의 중심 이슈였습니다. 새로 노동 시장에 진입하는 1980년대생의 일자리는 대부분 언제 잘릴지 몰라 불안한 비정규직이라는 내용을 담은 《88만원 세대》가 사회를 휩쓸었죠. 2000년대는 KTX 승무원 해고·이랜드 비정규직 대량 해고·기륭전자 문자메시지 해고 사태가 사회적 이슈였던 시기예요. 사람들은 비정규직을 보호하고 일자리의 질을 높여야 한다고 생각했습니다. 2006년 11월 비정규직보호법이 국회를 통과해 2007년에서 2009년까지 사업장 규모 순서대로 적용됐어요.

비정규직이 정확히 뭐냐고 물어본다면 딱히 정해진 형태는 없습니다. 다만 비정규직의 공통점은 있죠. 계약 기간이 명확히 존재하고, 계약 기간 내에도 해고가 자유로운 일자리를 통틀어 비정규직이라고 부릅니다. 같은 일을 하는 정규직에 비해 임금이 대체로 낮은 것도 비정규직의 특징 중 하나입니다. 하지만 임금보다도 고용안정성 문제가 비정규직이 겪는 고통의 핵심일 거예요. 언제까지 직장을 다닐 수 있을지, 언제까지 소득이 유지될지 불확실하잖아요. 사람들은 불확실성에서 불안함과 두려움을 느끼니까요. 그래서 어느 시점이 되자 갓 노동 시장에 진입하는 새로운 세대는 비정규직에 적응해야만 했습니다. '불확실하다는 것이 확실한 상황'을 기정사실로 받아들이기 시작한 거죠.

2015년, '긱 이코노미(gig economy)'라는 말이 국내 언론에 처음으로 보도됩니다. 기업이 그때그때 필요한 인력을 아주 짧게, 그러니까 임시로 사용하고 마는 형태예요. 기업은 자신의 수요에

팬데믹 기간 급증한 대표적인 긱 워커인 배달서비스 노동자

따라 언제든 인력을 사용할 수 있어서 좋고, 노동자는 내가 원할 때 노동력을 제공할 수 있어서 좋다는 장점이 있어요. 이런 형태의 경제를 '온 디맨드(on demand)'라고 부르기도 합니다. 우리나라에서는 글로벌 민박중개서비스 에어비앤비와 공유차량서비스 우버가 2013년에 본격적인 국내 진출을 선언하면서 긱 이코노미 경제의 포문을 열었어요.◆ 놀고 있는 자원을 영리하게 이

◆ 긱 이코노미는 '공유경제'와도 맞물려 있습니다. 내가 본격적으로 업장을 차려 사업자 등록 후 돈을 버는 것이 아니라 가령 에어비앤비와 우버처럼 사유재산인 내 집과 차로 내 일정에 맞게 잠깐씩 돈을 버는 형식이에요. 서비스 수요자와 실시간으로 소통할 수 있는 디지털 기술을 활용해, 여행을 가 자기 방이 비거나, 차량을 운전할 수 있을 만큼 시간이 빌 때 유휴자원을 놀리지 않고 수요자에게 임대하는 거죠. 전문적인 서비스를 제공하지 않는 만큼 수요자가 저렴하게 이용할 수 있어요.

Part 2. 노동과 복지

용해 소득을 높이는 방식이라는 칭송도 있었고, 자산을 소유하기 어려운 불황이라서 등장한 방식이라는 한탄도 있었어요.

이런 논의도 잠시, 2020년쯤 되니 'MZ'라고 불리기 시작한 1990년대생부터는 어떻게 하면 여러 직업을 동시에 가져서 소득을 올릴까 고민하기 시작합니다. 직장에 취직하는 것과 별개로 퇴근 후에는 직접 나만의 콘텐츠를 만들거나 인력 중개플랫폼을 이용해 나의 또 다른 재능을 거래하는 형태예요. '본업'인 정규 직장과 별개로 가지는 '사이드잡'입니다. 이론적으로 사이드잡은 나의 재능과 의욕에 따라 여러 개 가질 수 있습니다.

비슷한 말인가 싶지만 전통적으로 사용되어 온 부업이라는 단어와는 용례가 달라요. 부업은 정말 부수적인 느낌인데 비해 사이드잡을 여러 개 굴리는 사람은 N개의 잡을 가진 N잡러예요. 그러다가 사이드잡이 본업보다 더 잘되면 사이드잡이 본업이 될 수도 있는 거죠. 또, N잡으로도 충분한 소득이 나온다면 본업인 회사 따위는 언제든 때려치울 수 있는 거고요. 어차피 고용안정성이 없다면 노동자인 내 쪽에서 먼저 언제 그만둘지 불확실하게 굴어주겠다는 거죠.

이런 가치관은 비정규직을 부정적으로만 여기지 않습니다. 덕분에 유튜버나 스트리머 등 '크리에이터'라고 불리는 직군이 새로 생겨나기도 했어요. 팬데믹 시기에는 온 디맨드로 근거리 물류를 담당하는 '라이더'가 되는 것이 웬만한 직장 정규직 취업보다 낫다는 평가도 있었고요. 어찌 되었든 이전과 다른 형태로 고소득을 올릴 수 있는 길이 열린 셈이죠. 게다가 그 소득을 주식이나 코인에 투자해 단기간에 크게 벌어 30대에 건물주가 되거나 40대에 노동 시장에서 은퇴할 수 있다면?

요즘 취준생1 회사가 나를 부품으로 여긴다면 나도 회사를 인생의 부품으로 대할 거니까요.

요즘 취준생2 회사는 나를 붙잡지 마십시오. 스스로 경제적 자유를 쟁취할 것입니다.

요즘 취준생3 연봉 수준 적당하고 워라밸 지켜준다면 중소기업 비정규직도 괜찮습니다. 어차피 쓰고 버리는 느낌 아닌가요? 서로 선을 지키자고요.

다만 회사 밖에서 지속적 소득을 창출할 수 있는 사람이 실제로 얼마나 될지는 의문입니다. 만약 회사 밖에서도 극소수만 성공할 수 있다면 결국 대다수는 여전히 불확실성의 불안감에서 벗어나지 못하게 됩니다. 회사 안에 있는 정규직 노동자들은 보호를 받는 만큼 불안이 덜하지요. 그러니까 노동자가 원래의 노동법 바깥으로 나가는 건, 다시 말해 비정규직법을 적용받는 비정규직이 되는 건 협상력이 극도로 떨어지는 것을 의미하기 때문에 대체로 불리합니다. 사실 다들 그렇다는 걸 내심 알아요.

요즘 취준생 비정규직은 도대체 언제부터, 어떻게, 왜 생겨났을까요? 월급 받는 사람들의 절반이 비정규직인 건 심하잖아요. 그럴 거면 처음부터 만들지를 말지. 아니면, 만들 때 좀 잘 만들지. 불안정성이 높으면 그만큼 돈이라도 많이 줘야 하는 거 아닌가.

어쩌다 우리나라에 불안정성은 높고 임금은 적은 비정규직이 나타났는지, 1990년대로 돌아가 봅시다.

기업이 있었는데요, 없었습니다

대기업도 망할 수 있습니다. 그것도 여러 군데가 한꺼번에 우르르 망한 다음, 다시는 일어서지 못할 수 있습니다.

한보, 삼미, 해태, 한신공영, 한라, 진로, 기아, 대농, 태화…. 모두 외환위기가 닥쳤을 때 부도를 내며 무너진 대기업이에요. 외환위기 이전 30대 그룹 중 살아남은 그룹은 14개뿐입니다. 금융회사도 전체의 30%가 망해서 사라졌어요.

기업이 무너지면 그 기업에서 일하던 사람들이 가장 먼저 어려워지지요. 외환위기를 맞아 부도가 난 기업의 수와 IMF 체제에 들어가 구조조정을 하느라 정리한 기업의 수를 모두 합치면 2만 개가 넘습니다. 1998년에만 2만 2,828개 기업에서 200만 명이 넘는 사람들이 일자리를 잃었습니다. 외환위기 이후 2년도 지나지 않아 경제지표가 회복되고 IT 붐이 불면서 벤처 창업이 엄청나게 늘어났습니다만, 다시 취업한 사람들은 이전만큼 좋은 일자리를 얻기 어려웠지요. 1980년 공채를 도입한 이후 항상 대규모 채용을 해왔던 기업들의 채용 전략도 외환위기를 기점으로 형태가 바뀌었거니와, 일자리의 질도 크게 떨어졌기 때문입니다.

외환위기 이전 과잉 중복투자가 문제가 됐던지라 외환위기 이후에는 겁을 먹은 기업들이 씀씀이를 확 줄여버립니다. 경제 성장 속도도 따라가지 못할 정도로 투자가 부진해지자 경제활력이 저하되었어요. 이러면 만성적인 경기침체가 오면서 최상위계층을 제외하고는 모두 사정이 어려워집니다. 양극화가 심해진다는 이야기예요. 평균 가계소득을 보면 중위소득 계층은 1998년 이후 급격히 감소했습니다. 중산층을 중간값 소득의 50~150%에 해당하는 계층으로 정의할 때,* 통계청 가구소비실태조사, 가계조사, 한국노동연구원의 노동패널 모두에서 1997년 이후 2020년까지 중산층은 지속적으로 감소해왔습니다. 1990년 75.4%였던 중산층 비율이 2020년 2분기에는 58.3%가 됐거든요.

중산층 감소가 소득 양극화 문제라면 소득 양극화는 또 노동 시장 양극화와 떼어놓기 어려운 문제입니다. 노동 시장 이중구조는 우리나라 경제를 분석할 때 거의 상식이 된 용어 중 하나예요. 우리나라 노동 시장은 높은 임금과 좋은 대우를 받으면서 일할 수 있는 대기업 위주의 정규직 일자리 조금과, 낮은 임금에 상대적으로 열악한 처우를 받으면서 일해야 하는 중소기업이나 비정규직 일자리 대부분으로 이중 구성돼 있다는 거죠.

현실적으로 비정규직에서 시작해 정규직으로 가기는 쉽지 않습니다. 그러다 보니 다들 첫 직장 생활을 대기업에서 하고

◆ OECD 기준 중산층은 중위소득의 50~150%였으나, 2016년부터는 75~200%로 기준이 바뀌었습니다.

싶어 하죠. 그래서 취업 준비생들은 구직난에 시달리고 중소기업은 구인난에 시달리는 풍경이 펼쳐지기도 합니다. 노동 시장 이중구조가 우리나라 생산성에 상당히 나쁜 영향을 미치고 있는 거죠.

1997년 이후 IMF가 구제금융 제공 조건으로 요구한 구조조정 중 '경영상 이유에 의한 해고' 요건 완화, 그리고 민간 직업소개 사업 및 임시고용소개 사업 허용이 바로 이런 이중구조의 기원이었다는 이야기가 정설처럼 통하고 있어요. 위기를 겪으면서 기업은 비용을 절감해야 했고, 인건비 절감을 위해 정규직을 대량 해고합니다. 그런데 정규직이었던 자리에 인력을 다시 채용할 때는 비정규직으로 채용하죠. 정규직 대량 해고와 빠른 회복, 비정규직 대량 채용이 일어난 겁니다. 이런 변화는 주로 영세기업과 저학력자·청년·여성을 중심으로 일어납니다. 사람들은 이런 양극화가 IMF 체제가 도입한 '노동유연화'에서 시작되었다고 생각하는데, 이건 오해입니다.

취준생 IMF 완전 나쁜 놈이네요.

IMF 미안합니다. 그때 제가 지나쳤습니다.

취준생 그래서 이제 어떻게 할 거냐고요.

IMF 한국의 제안대로, 1997년 한국처럼 일시적으로 위험에 빠진 국가들에겐 금융 안전망을 좀 유하게 적용해 주기로 했어요.

취준생 내 앞에는 이미 비정규직 선택지밖에 없는데 미안하다면 다입니까!

IMF 그거는 제가 좀 억울한데요, 제가 시작한 게 아니에요.

2010년 IMF 총재가 외환위기 당시 아시아 국가들에게 필요 이상의 고통을 요구한 부분이 있다고 사과했듯이, 외환위기와 IMF 체제가 양극화를 심각하게 악화시키기는 했습니다. 하지만 비정규직 증가나 노동 시장 이중구조의 모습은 외환위기 이전인 1990년대 초중반부터 슬슬 나타나기 시작했어요. 여기에 따른 기업과 노동조합 사이의 정치적 갈등도 외환위기 직전에 절정을 맞았습니다. 친인척 비리와 함께 김영삼 대통령의 레임덕을 불러온 사건 중 하나, 1996년 노동법 날치기 사건입니다.

CNN과 뉴욕타임즈가 포착한 비정규직의 시작점

1996년 12월, 갑자기 영미권 매체에 우리나라 사회의 혼란한 모습이 보도되기 시작합니다. 총파업이 시작된 지 26일 만에 전국에서 노동부 집계 연인원 500만 명이 파업 시위에 참여했으니 나라가 뒤집히나 보다 했겠죠. 사실 정말로 나라가 뒤집히기 직전이었습니다. 2016년 10월부터 2017년 3월까지 거의 반년간 지속된 박근혜 전 대통령 탄핵 시위 규모가 주최 측 집계 연인원 1,500만 명이었으니, 1996년 전국 총파업이 얼마나 큰 규모였는지 짐작이 가실 거예요. 게다가 정말 나라를 뒤집었던 1987년 6월항쟁 이후 10년도 지나지 않은 때였으니까요.

이런 대규모 파업이 일어난 건 바로 1996년 노동법 날치기 사건 때문입니다. 1996년은 우리나라가 OECD에 가입한 해이기도 합니다. 경제적 선진국 클럽인 OECD에 가입하려면 금융 시장을 개방하고 국제무역에서도 훨씬 더 자유로운 태도를 취하는 등 시장경제에 충실한 제도를 갖춰야 했습니다. 노동 시장도 국제적 기준을 따라야 하기는 마찬가지였어요. 군사독재 정부 시절 만든 노동법에는 국제규범에 맞지 않는 노동기본권 침해 조항이 포함되어 있었습니다. 이걸 해결하지 못하면 OECD 가입은 어려웠어요. 그러니까 1996년은 이것저것 선진국 기준으로 고치겠다고 약속하며 OECD도 가입했겠다, 1987년부터 논의되어온 노동법 개정이 슬슬 마무리될 타이밍이었습니다.

김영삼 정부가 만든 노사관계개혁위원회는 총 147개 조항 중 107개에 합의합니다. 남은 40개 조항은 노조와 기업이 거세게 대립하는 바람에 일단 보류하고, 11월 즈음 중간결과를 보고하는 선에서 일단 마무리가 됐어요. 정부는 중간결과를 토대로 정부안을 만들어 국회에 올립니다. 그런데 당시 여당이면서 의석 과반을 차지하고 있던 신한국당이 그만 사고를 쳐요. 12월 26일 새벽, 신한국당 의원들이 몰래 버스를 빌려 국회로 가서는 자기들끼리 회의를 개최하고 법안을 통과시켜 버린 거예요. 헌법재판소에서 이런 행태가 국회의원의 권리를 침해했다고 판결했을 정도라 '날치기'라는 단어가 사건의 정식 이름이 되었습니다. 그랬으니, 당연히 어마어마한 역풍이 불었지요.

날치기로 통과한 노동법 개정안에는 사업의 인수·합병·양도를 경영상의 긴박한 이유로 보아 해고를 자유롭게 한다는 조항이 들어 있는 등 기존에 논의되지 않았던 파격적인 수준의 정리

해고제와 파견근로제는 물론, 노조의 정치 활동 금지 조항까지 들어 있었습니다. 그렇게 해서 500만 명이 거리로 나서게 된 거죠. 민주노총은 26일 당일, 한국노총은 다음 날인 27일 총파업을 선언합니다. 노동조합만 반발했던 것이 아니라 화이트칼라 사무직과 학생들까지 시위에 참여했습니다. 1997년 1월, 결국 정부는 야당 대표들과 영수회담을 열어 노동법을 재논의하기로 합니다. 그런데 3월에 나온 노동법 재논의 개정안에서는 노조 정치 활동 금지 규정 삭제와 복수 노조 허용 정도가 달라졌을 뿐, 날치기된 개정안 거의 그대로* 다시 제출돼 통과됩니다. 심지어 노동자를 해고할 때 60일 전에 미리 알려줘야 한다는 의무도 면해주는 법이었어요.

비정규직이라든가 정리해고 같은 단어는 이때부터 등장합니다. 외환위기 직전부터 임금 불평등은 대기업과 중소기업 간 양극화가 진행되며 더욱 심화하기 시작했습니다만, 여기 대응할 시간도 주지 않고 경제의 밑그림 자체를 바꿔놓은 사건이 바로 외환위기예요. 당시 우리나라 고용의 대부분을 차지하고 있던 중소기업은 일단 대량 해고를 할 수밖에 없었습니다. 이후에는 인건비를 들여 사람을 채용하는 대신 자동화에 투자했습니다.

◆ 이 노동법으로는 도저히 OECD에 가입할 수 없었습니다만, 정부가 OECD 사무국과 회원국에 국제적 기준에 부합하도록 법을 고쳐나가겠다고 편지를 보내며 설득한 끝에 가입이 조건부 허가되었습니다. 한국 정부가 정말로 약속을 지키는지 감시하겠다는 조건이 달린 허가였어요. 사실 개선하겠다고 약속한 몇몇 조건들은 아직도 이행되지 않고 있습니다. 국제사회는 우리나라가 약속을 지키기를 기다리고 있어요.

노동법 개정안 날치기 통과를 규탄하는 노동자 시위(1997)

중소기업의 산업구조가 노동집약적 산업에서 기술 중심의 자본
집약적 산업으로 고도화되면서 이런 추세는 더욱 빨라졌습니다.
새로 채용하는 인력은 1996~1997년의 노동법에 근거해 비정규
직을 늘렸지요. 수출을 주로 하는 대기업들도 적극적으로 자동
화에 투자하고 하도급을 확대하며 공장을 해외로 옮겨 저렴한
노동력을 사용하는 방향으로 경영 전략을 세웁니다. 이러면 경
제성장을 해도 좋은 일자리는 늘어나지 않아요. 고소득자의 비
율도 줄어들겠죠.

　노동법 날치기로 노동계만큼이나 타격을 받은 쪽이 있습니다.
김영삼 전 대통령과 신한국당이에요. 2011년 12월, 당시 한나라
당 최고위원이던 홍준표는 한나라당의 2011년도 예산안 날치기

를 비판하면서 이런 말을 남깁니다.

1996년 12월 26일 아침에 노동법을 기습 처리한 뒤 당시 우리는 승리했다고 양지탕에 가서 축배를 들었는데 이것이 YS 정권 몰락의 신호탄이 됐고 곧바로 한보 사건이 터지고 IMF 구제금융을 받으면서 50년 보수 정권을 진보에 넘겼다.

김영삼은 당시로부터 약 20년 전인 1979년 YH 여성 노동자 신민당사 점거 농성 사건에서 노동자의 편을 들어 군사독재 세력에 맞선 덕분에 정치적 거물이 되었습니다. 그런 사람이 노동법을 날치기했으니 역풍이 더욱 거셌을지도 모르죠.

노동법 개정으로 시끄럽던 바로 그 시기에 한보철강이 5조 원대의 부도를 내면서 무너집니다. 경제위기의 시작이었어요. 한보철강 부도에 김영삼 대통령의 아들인 김현철이 깊숙이 연관돼 있다는 사실이 밝혀지며 김영삼 대통령의 지지율은 곤두박질칩니다. 한보철강은 대출받을 능력이 없었는데도 김현철 등 정치인에게 뇌물을 주고 5조 원이나 되는 불법 대출을 받았거든요. 이 돈을 갚을 능력이 없었던 한보철강과 한보그룹은 결국 파산했고, 여기서부터 외환위기가 시작되었습니다. 이렇게 대통령 아들이 권력형 부정부패를 저지르는 데다 주요 상장사들이 부채비율 400%의 방만 경영을 하는데, 해고가 어려워서 경제가 부실해진다고 해봤자 누가 설득되겠어요.

한보철강에 돈을 가장 많이 빌려준 제일은행은 지급 불능 상태에 빠졌습니다. 은행이 망했다는 이야기예요. 제일은행은 당시 우리나라에서 가장 탄탄한 은행이었는데, 기업의 부실채권 때문에 몇 달 사이 모래성처럼 연약해졌던 겁니다. 노동법 재개정안이 나오던 3월에는 쌍용이나 삼미, 진로, 두산 같은 기업들이 위험해졌죠.

위기는 급박한 속도로 진행됐습니다. 7월까지 다른 중견기업과 대기업이 줄줄이 부도를 맞았고, 기업들에 돈을 빌려준 종금사와 은행들도 쓰러집니다. 7월이 되자 재계 8위였던 기아가 사실상 부도 상태에 빠지고, 해외에서는 우리나라를 더는 믿을 수 없다고 선언합니다. 국가신용등급이 연이어 강등되고 외국자본이 우리나라 금융 시장에서 빠져나가기 시작했어요. 10월, 환율이 폭락하면서 동남아시아에서 시작한 외환위기가 우리나라에 옮겨붙습니다. 바로 다음 달인 11월에는 IMF에 구제금융을 요청해야만 했지요. IMF는 임기가 얼마 남지 않은 대통령 대신 대통령 당선자와 구조조정을 진행했습니다. 1997~1999년에 우리나라 정부는 IMF의 요구대로 정리해고제 입법과 근로자파견사업 허용 등 노동유연화를 계속 진행하는 대신, 교원노조와 공무원노조를 허용하고 고용보험 실업급여 적용 사업장 범위를 넓히는 것으로 노사 협의를 이끌었습니다.

1996년, 기업 부채 관리와 금융개혁에 힘써야 했던 시간은 노동법 날치기로 비정규직을 탄생시키는 데에 소진되었어요. 사실 노동 시장 유연화는 단점만큼 장점도 분명합니다. 세상은 계속해서 개인이 조금 더 자유롭게 일하는 방향으로 흐르고 있는걸요. 시대에 너무 뒤떨어지면 곤란하죠. 하지만 외환위기 전후로 벌어진 노동유연화는 결국 질 나쁜 일자리를 양산했을 뿐이었습니다. 섬세한 정책적 설계 속에서 시장의 합리적인 조정에 따라 만들어진 게 아니니까요.

3.

노조는
일하게 해달라고 하고,
회사는 문 닫겠다고 하고

#노동조합 #파업 #부마민주항쟁

2020년 현대차 무분규
1979년 YH무역 사건

노조는 경제조직인가, 정치조직인가

노동은 생산의 3대 요소인 토지·노동·자본 중 하나입니다. 노동 조합은 노동자의 협상력을 높이기 위한 이익단체죠. 그런데 노동조합 관련 뉴스는 경제면에도 나오고 정치면에도 나옵니다. 정치가 서로 다른 이익집단의 이해관계에 따른 갈등을 조정하는 일이기 때문이에요. 노동자의 이해관계라고 하면 역시 임금을 얼마 받을 것이냐 같은 문제들이죠. 출근 시간은 몇 시로 할 것인지, 야근수당은 나오는지, 점심시간을 근로시간에 포함시킬 것인지, 주5일제로 할 건지 주6일제로 할 건지…. 이 조건들을 역으로 뒤집으면 자본의 이해관계가 됩니다. 임금을 얼마 줄 것이냐, 일을 하루에 몇 시간까지 시킬 것이냐…. 상품과 서비스 생산은 노동과 자본의 이해관계 속에서 결정되니까 관련 뉴스는 경제 뉴스인 동시에 정치 뉴스가 되는 거예요.

우리는 근로조건이 대체로 노동법에 규정된 시대를 살고 있습니다. 서로 갈등이 생겨도 누가 불법이냐를 먼저 따지잖아요. 기업이든 노조든 법을 인정하는 거죠. 확실히 노조가 있는 회사

Part 2. 노동과 복지

에 들어가면 노조가 없는 회사보다 연봉도 잘 오르고, 회사의 불법적 행위에 대한 각종 고충 처리도 곧잘 진행되는 편입니다. 노조가 회사를 감시하는 역할을 한달까요. 문제는 법이 변치 않고 고정된 존재가 아니라는 거예요.

기업도, 노조도 세월에 따라 법이 자신의 이해관계에 유리하게 바뀌기를 원합니다. 그런데 사회적 규칙을 변화시키거나 사회적 합의에 따라 법이 바뀌도록 환경을 조성하는 역할은 정치의 몫입니다. 일곱 살짜리에게 하루 14시간 공장일을 시킬 수 있다고 규정한 법이 잘못됐다고 주장하려면, 미성년자에게 일을 시키면 안 된다는 사회적 합의부터 이뤄져야 하잖아요. 그래서 흑백으로 분명하게 가르기 힘든 부분이 있습니다. 대체로 법이 정돈된 요즘도 마찬가지입니다. 이를테면 러시아가 우크라이나를 침공한 2022년, 스웨덴과 영국, 네덜란드 등에서 항만노조가 러시아행 화물 선적을 거부하며 사실상 경제제재 효과를 낸 적이 있어요. 이게 경제 문제인지 정치 문제인지, 합법인지 불법인지, 명확하게 따져 묻기 애매하지요.

세계적으로 노조는 노동운동을 할 때 먼저 연봉이나 근로시간 같은 경제적 이익을 주장하고, 한계가 느껴질 때 정치적 주장을 하는 순서로 조직이 진화한다고 해요. 그런데 우리나라는 사정이 좀 달랐습니다. 법 자체가 강력하고 폭넓은 차별성을 띠던 시절에 노동운동이 시작됐거든요. 바로 일제강점기 말이죠. 일본인과 조선인은 같은 노동자라도 승진할 수 있는 최고 직위도 다르고 임금도 다르고 근로시간도 다르고 점심 메뉴마저 다르니까, 일본인 노동자와 경제적 이익을 평등하게 나눠달라는 요구 자체가 정치적 주장일 수밖에 없었단 말이에요. 일본은 1910~1930년대 본토에서 노동권을 보장하는 정책을 여럿 만들었지만, 조선에서는 관련 입법이 없어서 뭐든 사장님 마음대로였습니다. 당일 해고를 하든 퇴직금을 안 주든 법에 어떻게 하라는 규정이 없었으니까요. 1929년 1~4월 함경남도 원산에서 벌어진 총파업은 우리나라 노동조합과 노동운동의 정치적 성격을 잘 설명해줍니다.

임시정부 수립일만큼 오래된 우리나라 노조의 역사

개항장 원산은 육로와 해상 모두 교통의 요지로서 일제강점기 전후로 무척 발달한 상업도시였어요. 서울(인천), 평양, 상하이, 블라디보스토크, 부산, 시모노세키가 뱃길로 연결되어서 일본·청·러시아가 이권을 다툴 수 있는 항구였거든요. 그러다 보니 자연스레 항구에서 일하는 사람들이 많이 생겨났습니다. 과거 조선에는 없던 일자리였죠. 근대적 관공서는 물론 자본주의적 금융기관도 세워지고 중개상도 모입니다. 이들이 서로 이해관계가 복잡해져서, 일찍부터 각종 조합과 단체가 생겨납니다. 1920년 봄에 만든 원산의 첫 조선인 노동조합도 그중 하나였어요. 중국 상하이에서 임시정부가 수립된 날이 1919년 4월 11일이니 꼭 한 살 차이가 나지요.

조선인들이 노동조합을 조직하자 조선총독부는 기분이 나빴습니다. 그야 매우 불온하고 위험해서죠. 노조 조합장이 모이자고 하면 단체로 모여서 항의할 수 있는 집단이 생긴 거잖아요. 이 사람들이 무기라도 쥐면 그게 곧 무장조직인데, 항일 독립운동이라도 하면 어떡해요. 게다가 조선총독부로서는 일본 회사가 잘 버는 게 중요하니까요. 10년간 몇 개의 노조가 생겼다가 없어지길 반복하며 조선총독부와 갈등을 빚다가, 1928년이 되자 드디어 큰 사건이 터집니다. 영국계 정유회사인 라이징선에서 일본인 관리자가 조선인 노동자에게 '조선놈(센진노야쯔)'이라고 욕하며 폭행했죠. 노동조합은 회사에 가해자를 해고하라고 요구했으나 회사는 모른 척해버립니다. 원산노련이 시작한 파업은 몇 달간 24개 노조로 번져나갔고, 중국이나 프랑스 등지 외국 노조들도 연대할 정도로 큰 파업이 돼버려요.

라이징선 석유회사 노동조합(문평제유노조)은 코타마의 이유 없는 박준업 구타 사건과 폭언을 '민족에 대한 모욕'이라고 들고 일어났다. … 대화와 교섭에 대한 선의를 여지없이 짓밟힌 노련(원산노련)은 마침내 5개 항의 요구 조건을 내걸고 전면 파업을 선언했다. … ③ 임금을 인상할 것 ④ 노동자를 해고할 때는 사전에 노동조합에 연락할 것 ⑤ 퇴직금, 상해보상, 위자료, 최저임금제도를 실시할 것….

—〈민족 차별 일 감독에 항거〉,《조선일보》1973. 5. 8

일제강점기 최대 파업 중 하나인 원산총파업(1929)

이 사건을 원산총파업이라고 부릅니다. 여기서 가장 재미있는 부분은 항만에서 함께 짐을 나르던 일본인 노동자의 태도입니다. 일본인 노동조합도 정치적 주장을 하다 보면 자기 정부와 사이가 나빠질 수 있잖아요? 회사는 파업 대체 인력으로 일본인 인부 열 명 정도를 데려다가 하역 작업을 시작했는데, 이 사람들도 '같은 품팔이 노동자로서 도의상 파업 중인 직장에 들어와서 일할 수 없다'며 돌아갔다는 거에요. 원산총파업 기간 중 기업들을 대표하는 단체였던 원산상업회의소에서는 중국인 대체 인력을 쓰려고 했지만 중국 영사가 원산노련의 편을 들어 중국인의 취업을 막아주기도 했습니다.

Part 2. 노동과 복지

그러나 75일간 이어진 원산총파업은 결국 실패로 끝났습니다. 1929년 기업들이 친기업 성향의 노동조합인 '함남노동회'를 만들면서 현장에 복귀하고 싶은 사람들이 가입을 시작했고, 배신감을 느낀 원산노련 조합원 일부가 함남노동회 조합원을 폭행해 사망케 한 것이 직접적인 계기가 됐어요. 공권력이 적극적으로 개입했고, 원산노련은 사실상 해체를 결정하고 조합원들을 함남노동회에 자유롭게 가입하도록 합니다. 이후 원산항에 화물운반차가 등장하면서 하역 노동자들의 협상력은 더욱 줄어들었어요.

사실 요구가 적절히 수용되면 불만이 쌓이진 않습니다. 하지만 무엇이든 번번이 좌절되다 보니 나중에는 노조가 정말로 항일단체와 같은 성격을 띠게 됩니다. 1930년대 이후에는 노동운동 자체가 강력하게 금지되었기 때문에 뭔가 하기만 하면 그게 바로 '반정부투쟁'이 되어버리는 것이죠. 그래서 노동조합은 해방 이후 더욱 큰 힘을 발휘합니다. 회사를 운영하던 일본인들은 황급히 일본으로 돌아갔고, 재산은 미군정에 몰수됐습니다. 그러니 국내에 남은 이익단체 활동 경험자들은 결국 노동조합 활동가뿐 아니었겠어요. 과도기, 권력의 공백 상태에서 많은 회사와 공장이 기존 노동조합의 자치기구를 통해 굴러갑니다.

해방 직후 혼란스러운 상황에서 정치인들은 강력한 노조의 조직력에 큰 매력을 느낍니다. 토지나 공장 등을 미군정이 몰수했다가 나눠주는 것부터 정치적 문제였기 때문에 정치와 경제가 무엇보다 가까운 시기였어요. 그러다 보니 노동조합도 극좌 아니면 극우로 양극화되는 경향이 있었습니다. 한국전쟁 직전까지 이런 경향은 점점 심해졌어요.

이후 우리나라 경제가 커나가는 내내 노동조합은 각자 이 해관계에 맞는 특정 정치 세력의 편에 섰습니다. 그래서인지 1964년에 개정된 노동조합법은 1996년 OECD에 가입하며 개정 되기 전까지 계속해서 노조의 정치 활동을 금지했어요. 그런데 법이 금지했다고 해서 노동조합과 정치 세력이 헤어지지는 않았 습니다. 1960년대 당시 최대 규모 노동조합이었던 한국노총은 박정희 정권의 삼선개헌을 지지하는 선언을 하기도 했어요. "과 감한 결단을 내린 박대통령의 충정을 충분히 이해하는 바…"라 면서요.

물론 친정부가 있다면 반정부도 있죠. 저임금과 장시간 근로 를 국가경쟁력으로 삼은 정부를 향해 노동권을 요구하는 노조 가 생겨납니다. 이 노조들은 '민주노조'라는 이름을 붙여 불러요. 군사정부는 민주노조를 불법으로 선언하고, 불법이 된 민주노조 는 민주화 세력에 힘을 보탭니다. 민주노조는 한국노총 대신 전 국적인 노동조합을 설립하고 싶어 했어요. 지금은 뉴스에 노조 소식이 나오면 자연스레 민주노총이려니 하지만, 민주노조가 민 주노총으로 설립된 것은 1995년 11월이고 합법적인 노동조합 이 된 것은 복수 노조 금지 조항이 폐지된 1997년이에요. 1996년 OECD에 가입하면서 노동법을 국제기준에 맞추느라 수정했지 요. 이때 노조의 정치 활동 금지 조항도 폐지됩니다.

이렇게 아주 오래전부터 우리나라의 노동운동은 정치운동이 었고, 우리나라의 대표적인 노동조합 두 곳도 다 정치 세력으로 시작했으며, 정치적으로 싸워가며 몸집을 불리거나 사회에서 자리를 잡았습니다. 그래서 노조가 싸움을 시작하겠다 싶은 시점에 회사나 정부와 싸우지 않으면 오히려 그 소식이 뉴스에 나기도 합니다. 바로 2020년처럼요.

현대차노조, 파업을 안 해서 뉴스에 남

2020년 9월, 현대자동차와 현대차노조가 무분규 임금 협상을 마쳤습니다. 시위나 파업 없이 노조가 연봉 동결을 받아들인 사실이 대대적으로 보도됐죠.

직장인 이상하다니까요. 그게 왜 뉴스거리예요?

현대차 매년 현대차노조의 임금 협상은 중요한 뉴스 기사였는걸요.

옛날 사람 (불쑥) 왜 그런지 알아? 우리 때는 현대그룹이 수출 한국을 상징하는 국민기업이었어.

사실, 한국 경제의 '성장'을 상징하는 회사는 현대자동차입니다. 경공업에서 중화학공업으로 발전한 우리나라는 철강, 건설, 자동차 수출에 성공하면서 개발도상국을 벗어난 수출지향적 제조업 국가거든요. 자동차는 현대 경제에서 굉장히 중요한 존재예요. 특히 '완성된 자동차'를 만들어내는 기술력은 개발도상국과 경제적 선진국을 가르는 경계선처럼 작동해 왔어요.

옛날 사람 지금은 오늘 인터넷에서 물건 지르면 내일 문 앞에 도착해 있는 세상이잖아.

요즘 사람 그렇죠?

옛날 사람 그게 자동차 없이 가능할 거 같아? 인터넷, 온라인… 이런 소리 해도 결국 실제 물건 사고파는 건 말이야, 도로와 창고와 자동차가 없으면 불가능하다고. 자동차가 처음 나온 게 1800년대 후반인데 아직도 전 세계에서 매년 '신차'만 1억 대씩 팔려.

요즘 사람 그래서 자동차산업이 그렇게 중요하다는 거군요.

옛날 사람 그냥 많이 팔려서 중요한 게 아니야! 자동차산업은 철강, 고무, 플라스틱, 반도체, 인공섬유, 각종 기계 등등 한 대 만드는 데 3만 개 넘는 부품을 대량으로 구매해. 보험이며 운송이며 수리며 관련 업종에 고용되어 있는 인력은 또 얼마야? 자동차는 국가 경제 그 자체라고!

2017년 기준 자동차산업은 180만여 명을 직간접적으로 고용하고 있고, 우리나라 세수 중 약 15%인 37조 원 이상을 내고 있답니다. 중국에서도 고용의 10%와 세수의 10%를 차지하고 있고, 다른 나라들도 비슷비슷해요. 이처럼 자동차산업은 어느 한 나라에서만 중요한 산업이 아니라 전 세계의 모든 개발도상국 이상 국가들이 필수적으로 끌고가는 산업이에요. 1960년대와 1970년대 우리나라도 어떻게든 독자적인 자동차산업을 가지려고 발버둥을 쳤습니다.

(자본과 경영에 직접 참여하는 GM과 합작 사업을 하며 기술을 배우려고 했으나) 현대는 남의 회사에 팥놔라 콩놔라 하는 것을 더 없는 모욕으로 생각하는 기업이었다. … 때마침 정부도 (승용차) 독자 개발을 독려하고 있었다. … 1976년 2월 29일 목을 늘여 기다리던 독자 모델 포니가 나왔다. 수많은 축하 인파에 묻힌 (현대자동차) 정세영 사장은 연단에 올랐으나 목이 메어 말이 잘 나오지 않았다고….

―〈포니 신화〉,《매일경제》1995. 2. 12

'수출만이 살길'이던 시절, 현대자동차가 완성차 독자 생산과 수출을 해냈으니 얼마나 대단했겠어요. 기업의 위상이 높은 만큼 해당 기업의 노조가 가진 의미와 영향력도 큽니다. 아무리 사이가 나빴다 한들 완성차 독자 생산과 수출은 노사가 함께 이뤄낸 국가적 성과잖아요. 그래서 현대차노조는 민주화 이후인 1987년에 결성됐는데도 항상 우리나라 대표 노조로 호출되죠.

그런데 2020년에는 이 현대차노조가 사측과 싸우지 않고 넘어갔습니다. 자동차산업 탄생 이래 처음으로 3년 연속 전 세계 자동차 매출이 감소한 팍팍한 환경 때문이었어요. 상황이 이러니 노조도 사측도 서로 대립하지 않고, 노동자가 새롭게 기술을 배울 테니 회사는 적극적으로 교육을 제공하고 해고도 하지 않기로 합니다. '회사는 고용 보장을, 노조는 생산성 향상을' 약속한 거예요. 1920년대까지 거슬러 올라가지 않더라도, 1970년대 노조 파업이 군사정부를 무너뜨리고 김영삼이라는 정치인을 대통령으로 키워준 역사를 생각해 보면, 2020년 현대차 노사 무분규 사례는 정말로 뉴스거리입니다. 노조의 태도와 회사의 태도 모두 말이에요.

노조가 김영삼을 대통령으로 만들었다고?

1979년 10월 26일 저녁, 서울 종로구 궁정동 안가에서 박정희가 살해당합니다. 바로 10·26사건입니다. 우리나라에서 1970년대는 극단적인 사회 갈등이 일어나던 시기로, 대통령 암살이 아니었어도 무슨 일이 나기는 났을 거예요.

사실 해당 기간 우리나라 경제는 급격하게 성장했습니다. 중공업 산업 전환을 성공적으로 이뤄냈고, 수출도 크게 늘었습니다. 경제가 성장했음에도 불구하고 사회 갈등이 늘어난 것은 국가적으로 부의 분배를 억눌렀기 때문이에요. 신문과 방송에서 우리나라가 이만큼 빠르게 부자가 되고 있다고 매일 떠드는데, 나와 내 주변 사람들은 나날이 가난해지고만 있으면 누구라도 화가 나겠지요. 더 이상 저임금과 장시간 근로를 참기 싫었던 노동자들은 정부 정책에 발맞춰 주던 노조에 더는 가입하지 않았습니다. 대신 정부와 기업을 상대로 노동권을 보장하라고 멱살을 잡는 노조를 만들기 시작합니다. 신민당이 새로운 노동운동과 같은 편에 섰지요. 신민당은 대선후보 김대중, 최연소 국회의원 김영삼이 있는 진보 야당이었어요.

1970년대 후반에는 국가 주도 경제개발이 한계에 부딪힙니다. 경제도 클 만큼 커져서, 이제는 기업의 개별적인 경쟁력과 개개인의 소비력도 중요해진 시점이었어요. 수출이 아무리 늘어나도 무역수지 적자 폭이 줄어들기는커녕 늘어났어요. 노동력을 제외한 다른 생산 요소는 모조리 수입해야 했기 때문입니다. 소재도 부품도 장비도 수입해서 조립·가공해 수출하니까 수출이 늘어날수록 수입도 늘어나는 거예요. 기술도 매년 사용료를 주고 빌려 왔으니까요. 이걸 수입대체 공업화와 수출지향 전략이라고 하는데, 환율을 강제로 낮춰놓고 임금도 억누르지 않으면 지속이 불가능한 경제 전략입니다. 아무리 성공적이라 해도 영원히 지속 가능한 전략은 아니죠.

경제 규모가 어느 정도 수준에 도달하면, 내수도 키우고 기술 독립도 해야 산업이 다음 단계로 넘어갈 수 있습니다. 그러려면 일단 사람들의 생활 수준과 학력 수준이 받쳐줘야 하지 않겠어요? 1970년대 중후반 우리나라는 바로 그 시기를 지나가고 있던 거예요. 낮은 임금에도 기꺼이 일하러 도시로 이동할 농촌 인구도 더는 남아 있지 않았습니다. 게다가 2차 오일쇼크까지 터져 물가가 치솟으며 누적된 불만이 터지기 시작합니다. 특히 부산과 마산처럼 경공업 공장이 많았던 지역은 중소기업들이 흔들리면서 민심이 나빠졌어요. 여기에 부동산 가격까지 폭등한지라 부산을 중심으로 경남은 박정희의 민주공화당을 버립니다. 즉 1978년에 치른 10대 국회의원 선거에서 신민당과 무소속이 민주공화당을 이기고 부산과 경남에서 4석이나 더 가져가죠.

1979년 김영삼이 신민당 총재가 됩니다. 이때 앞서도 언급했던 YH무역 사건이 터지는데요, 이 사건은 YH무역의 부당 행위에 반발한 여성 노동자들이 파업을 벌이면서 시작됐습니다. YH무역은 갈등을 해결하기는커녕 회사 문을 닫아버리려고 했어요. 일자리를 잃기 싫었던 사람들은 공장에서 농성을 벌이며 신민당에 도움을 요청했습니다. 김영삼은 이 요청을 받아들여서 YH무역 사람들에게 임시로 지낼 수 있도록 신민당사를 내주기도 해요.

정부는 이 사건을 강경 진압했습니다. 진압 과정에서 사망자가 나오고 신민당 총재 김영삼도 폭행을 당해 골절상을 입을 정도였어요. 파업의 배후라며 의원직마저 박탈당했고요. 다행히 미국 국무부가 나서서 우리나라 정부를 뜯어말리는 바람에 사태가 더 번지지는 않았습니다.

도대체 무슨 사건이길래 미국에서 내정간섭까지 한 거냐고요?

1979년 YH무역 사건

맞으면서 일한다면 믿으시겠어요

YH무역은 가발 제조업체였습니다. 1960년대와 1970년대는 아직 경공업이 우리나라를 먹여 살리던 때예요. 그 당시 가발의 경제적 위상은 지금의 반도체나 자동차 정도였습니다. 우리나라는 가발 분야에서 세계 수출 1위였어요. 1964년 처음 수출을

Part 2. 노동과 복지

시도해 1970년에는 우리나라 수출의 10%를 차지할 정도였죠. 그렇다면 2020년대 반도체 회사에 다니는 사람들의 연봉과 복지처럼 당시 가발업체에 다니는 사람들의 연봉과 복지도 좋았을까요?

현실은 정반대였습니다. 1967년 한국은행 조사에 따르면, 제조업 노동자의 93%는 실제 생계비 지출액에 미달하는 금액을 임금으로 받았어요. 70%는 생계비 중에서도 식료품조차 충분히 살 수 없는 금액을 받았고요. 같은 해, 공식적인 주당 근로시간은 58.8시간을 기록했어요. 산업재해도 심각했는데, 1970년 노동청이 서울 영등포에 있는 75개 사업장을 대상으로 조사한 결과를 보면 조사 대상의 78.7%가 직업병에 걸려 있었다고 합니다.

또 다른 문제는…

옛날 회사원 상사가 맨날 때려요.

요즘 사람 네?

옛날 회사원 종일 일하고 돈도 적게 받지만, 무엇보다 일단 때린다고요.

요즘 사람 아니, 그만두시고 고소를 하세요.

옛날 회사원 어느 회사에 가도 다 똑같은데 뭘 그만둬요. 그리고 수출업체들은 나라에서 봐줘요. 일할 사람 남아도는데 사람이 중한가, 한 푼이라도 달러가 중하지.

요즘 사람 아니, 어디 저 구석에 붙어 있는 후진국도 아니고….

옛날 회사원 맞아요. 저 구석에 붙어 있는 후진국.

지금이라면 폭행과 상해로 고소할 만한 일이 숨 쉬듯이 벌어 졌다는 겁니다. 당시 경공업 공장에 고용된 노동자들은 대개 여 성이었습니다. 임금이 너무 낮아서 가족들 모두 일하지 않으면 생활이 어려운 시기이기도 했고, 가족 중 오빠나 남동생이 있으 면 여자 형제가 학비를 벌어다 주는 게 당연하던 시절이기도 했 어요. 우리나라가 경공업에서 중공업으로 빠르게 전환할 수 있 었던 이유 중 하나는 중등 이상 교육을 받은 노동력이 충분했기 때문인데, 그건 그 시절 기준으로 어려운 환경에서도 공부를 이 어갈 수 있었던 남성이 많았다는 뜻이기도 해요.◆

1970년대 15~24세 여성의 경제 활동 참가율은 전 성별·전 연 령에서 가장 높은 증가율을 보였고, 같은 나이의 남성 경제 활동 참가율은 이보다 낮았습니다. 1983년 유네스코 한국위원회의 조사를 보면, 비경제 활동의 이유로는 남성의 65%가 학업을 꼽 았으나 여성의 69%는 가사를 꼽았지요. 여성 노동자들의 월급 은 집에 송금하거나 형제의 학비를 보조하는 데 쓰였어요. 중공 업 공단과 비교해 단순 반복 작업으로 충분한 경공업 사업장에 는 여성 노동자가 훨씬 많았어요. 다만 관리자는 남성을 고용했 는데, 폭력이 일상적으로 일어났습니다.

◆ 1972년. 정부는 국세 중 관세를 제외한 모든 세금인 내국세의 30.58%를 교육재정교부 금으로 사용했습니다. 교육재정교부금은 지방자치단체가 교육기관이나 교육행정기관 을 만들고 운영하는 데 필요한 재원이에요. 1인당 GDP가 300달러를 조금 넘던 가난한 나라가 이렇게 통 크게 교육에 투자한 것은 대단히 과감한 결정입니다. 정부는 물론 모 두가 중등 이상 교육을 받은 노동자를 양성하는 데 진심이었던 거예요.

Part 2. 노동과 복지

회사 간부들은 일요일 특근에 나오지 않은 여성 노동자 10명을 다음 날 불러 모아놓고는 주먹으로 때린 다음 작업장의 한쪽에 30분 동안 무릎을 꿇려놓는다든가, 두 손을 들고 서 있게 한 일까지 있다.

공장장이 여성 노동자들에게 '수출'이라고 쓰인 머리띠를 매라고 강요하는 때도 있다. 여성 노동자가 작업 중에 앉아서 졸면 회사의 간부들이 곤봉으로 때린다.

생산부장은 작업이 시작되기 10분 전에 기숙사를 돌아다니면서 벨을 울리고 1분이라도 늦는 사람이 있으면 쇠파이프를 들고 방으로 들어가 그들을 때린다.

간부들은 일요일에 결근한 여성 노동자들의 손바닥을 각목으로 때리면서 "분하다는 생각이 들면 보고하라. 노동청에 보고하라"고 괴롭혔다. 그리고 그들은 "수출업체는 업체가 원하는 대로 작업을 시키고, 임금은 얼마를 주든 상관없다고 상부에서 지시가 있었다"고 말한다.

—이태호, 《70년대 현장》·《불꽃이여 이 어둠을 밝혀라》

YH무역도 예외는 아니었습니다. 1966년 부산에서 종업원 열 명으로 시작한 작은 가발 제조업체였지만, 세계적인 가발 호황과 정부의 수출업체 지원에 힘입어 금세 덩치를 불렸죠. 회사를 세운 지 4년 만인 1970년에는 이미 종업원 3,000명의 국내 최대 가발업체가 되었습니다. 수출 순위 15위의 대기업이었어요. 수출 15위 대기업인데 종업원들은 저임금과 장시간 노동 그리고 구타에 시달렸습니다. 항의하면 불법적으로 해고하거나 월급을 깎았죠. 견디다 못한 여성 노동자들은 노조를 결성합니다. YH무역은 '경영 상태도 좋지 않은데 노조가 임금 인상을 요구해 견딜 수 없다'며 위장 휴업과 공장 이전을 반복하며 사람들을 계속 해고합니다. 노조는 반발하며 정상 조업을 요구했어요. 이에 맞서 회사는 아예 폐업을 선언해 버립니다. 노동자들은 공장을 폐쇄하지 못하도록 기계를 지키기 시작했죠. 이들이 신민당에 도움을 요청한 것이 바로 이 시점입니다.

1979년 8월, 경찰 기동대 1,000명이 신민당사에 난입합니다. 23분간 진행된 이 진압 작전명은 '101작전'이었어요. 노동자든 기자든 정치인이든 가리지 않고 닥치는 대로 폭행했습니다. 진압 과정에서 YH노조의 주축이었던 김경숙이 사망하고, 김영삼도 구타당하며 끌려 나갑니다. 무장한 경찰이 정부의 명령을 듣고 야당 당사에 들어가 곤봉을 휘두른다는 것 자체가 지금으로서는 상상하기 어려운 일이죠. 물론 그때도 이 사건은 충분히 충격적이었습니다. 미국 국무부도 우리나라 정부와 경찰이 저지른 폭력을 우려하는 성명을 냅니다.

바로 직전 해인 1978년에 일어난 동일방직 똥물 사건*도 그렇고, 노동자들의 처우 개선 요구를 본격적인 정치 문제로 끌고 간 건 오히려 정부 쪽이라고 해야겠죠. 언론을 통해 '빨갱이'로

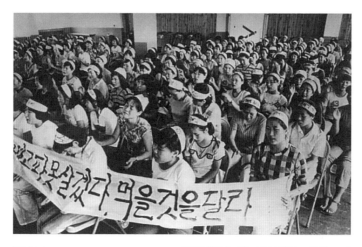

신민당사에서 농성 중인 YH무역 노조원들(1979)

몰아간 데다, 공권력을 동원해 폭력으로 진압하곤 했으니까요.
YH무역 사건의 배후로 지목된 사람 중에는 특히 종교계 인사가
많았어요. 당시 합법적인 노동조합연맹은 공식적으로 정권과 여
당을 지지하고 있었기 때문에, 산업별 노조와 종교계가 민주노
조를 지원했습니다. 종교계가 왜 노동운동을 지원하게 되었느냐
하면, 선교하기 위해 사람들이 많이 모여 있는 직장과 공단을 찾
았다가 너무 끔찍한 업무 환경에 놀란 거예요. 개신교에서는 도
시산업선교회가, 천주교에서는 가톨릭노동청년회가 주축이 되
었습니다. YH무역 사건 이후 정부는 '산업체에 대한 외부 세력

◆ 1970년대 대표적인 섬유회사였던 동일방직에서 회사와 결탁한 기존 노동조합 간부들이
새로운 노동조합을 인정하지 않고 똥물을 퍼부으며 폭행한 사건입니다.

침투 실태 특별조사반'을 꾸려서, 종교계 인사들을 색출하고 종교 활동을 체제 전복 기도로 몰아붙입니다.

그러나 이 사건의 파문은 아주 멀리까지 닿았습니다. YH무역이 부산 회사였던 데다, 경남에서 인기가 높았던 김영삼이 사건의 배후로 지목돼 국회의원 제명을 당하면서 경남지역 민심이 여당으로부터 완전히 돌아섰지요. 그렇게 YH무역 사건은 부산과 마산에서 일어난 유신독재 반대 시위, 부마민주항쟁에 영향을 주었습니다. 또 부마민주항쟁은 10·26사건에 영향을 주었으니, 사실상 YH무역 사건이 정치적 변화의 시작점이었던 거예요.

좋든 싫든, 노조 가입 선택권이 있어야 말이죠

1970년대 중후반, 우리나라 경제는 외국 차관 도입과 정책금융, 베트남전쟁 파병으로 외화 자본을 축적했습니다. 이제 드디어 중공업 대기업이 수출경쟁력을 갖추게 됩니다. 이전에 경공업에 종사했던 사람들이 노동력 제공에 대한 충분한 대가를 받았으면 좋았겠으나, 안타깝게도 그런 일은 없었습니다. 대기업과 중소기업 사이의 차이는 이때부터 벌어지기 시작했고, 커다란 흐름은 변하지 않았거든요. 1987년 민주화까지는 저임금 장시간 근로 정책이 지속되었고, 웬만한 노조 활동은 계속 불법이었습니다. 따라서 노동운동도 노동자 개인이 광범위하게 활동할 수 있는 산업별 노조에서 업장에 묶이기 쉬운 기업별 노조 중심으로 흘러갈 수밖에 없었어요. 탄압에 버틸 수 있던 노조는 그나마 대기업 노조뿐이었죠.

민주화 이후, 노조는 근속연수에 따라 직급과 임금이 오르는 연공제를 강화하기 시작했어요. 기업 노조로서는 조합원의 직업적 안정성을 확보하는 차원에서 중요한 일이었으나, 외부적으로는 중소기업이나 비정규직과 격차를 벌리는 방향이었습니다. 모든 기업이 무럭무럭 성장할 수 있었다면 괜찮았을 테지만 고른 성장과 분배라는 면에서 우리나라의 장래는 썩 밝지 못했지요.

10년 후인 1997년, 우리는 무리한 차관 도입과 대기업의 양적 부풀리기가 불러온 외환위기를 맞았습니다. 민주화 이후 줄어들던 임금 불평등은 외환위기로 다시 늘어나기 시작했고, 특히 기

노조와 임금

경제학에서 임금이 어떻게 결정되는지를 설명하는 요소는 크게 시장요인과 제도적 요인으로 나눌 수 있는데, 노동조합은 제도적 요인에 속해요. 일반적으로 노조는 임금 인상보다 불경기 때 임금 인하에 저항하는 힘이 더 큰 것으로 알려져 있어요. 회사와 노조 사이에서 결정되는 임금 수준은 노조가 없는 부문에 두 가지 서로 다른 영향을 미칠 수 있습니다. 하나는 파급효과로 노조 때문에 노조가 없는 부문의 임금이 낮아지고 고용이 줄어드는 효과입니다. 다른 하나는 위협효과로 노조가 생길까 봐 사업자가 사전에 임금을 올려주어 노조가 없는 부문의 임금이 상승하는 효과입니다. 그 외에도 오일쇼크 이전 서구가 복지국가 시기를 거치며 최저임금제라든가 의료보장, 소득 분배 불평등 완화 등 노조가 요구해 온 윤리적 규범을 사회적으로 보장해야 할 규범으로 받아들인 데서 생긴 사회문화적 효과도 있을 거예요.

업 규모별 임금 격차가 크게 벌어졌습니다. 고용의 90%를 차지하고 있는 중소기업이 질적으로나 양적으로 성장할 시간은 너무나도 짧았어요. 우리나라의 고질적인 문제로 지적되는 노동 시장 이중구조가 탄생한 순간이에요.

노동 시장 이중구조란 노동 시장이 임금이나 고용안정성 등 여러 가지 근로조건에서 큰 차이가 나는 두 개의 세상으로 나뉘어 있다는 뜻이에요. 노조가 있는 대기업 정규직이 1차 노동 시장을, 노조가 없을 가능성이 큰 대기업 비정규직과 중소기업 정규직, 중소기업 비정규직이 묶여 2차 노동 시장을 이룹니다. 1차 노동 시장과 2차 노동 시장 간 이동은 자유롭지 못해요.

노조의 영향력이 어느 정도인지는 실증 연구마다 다르지만 노조의 존재가 근로조건에 영향을 미치는 것은 확실합니다. 그런데 우리나라 노조 조직률은 전체 회사의 10~14% 정도이기 때문에 중소기업 대부분은 노조가 없다고 봐야 합니다. 다시 말해 노동자 대부분에게 노조 가입 선택권이 없다는 거예요. 노조가 있어서 무엇이 어떻게 좋고, 무엇이 얼마나 나쁜지를 따지기 이전에 도사린 문제예요.

우리나라 건강보험은 어떻게 세계 최고가 됐을까

#사회보장제도 #건강보험 #의약분업

2021년 가사근로자법 제정
1977년 의료보험 실시

사무직도 산업재해를 당하나요?

산업재해, 준말로 산재라고 하면 떠오르는 것들이 있습니다. 커다란 크레인이 흙먼지를 날리며 무거운 원자재를 들어 올리는 장면이라든가, 굉음을 내면서 돌아가는 거대한 기계 같은 것들이죠. 실제로 산업재해 건수의 60% 이상이 건설업과 제조업 현장에서 일어납니다. 그 외 뉴스를 통해서 중대한 사건으로 자주 접하게 되는 산재는 운수라든가 전기·가스 같은 에너지 분야예요. 그래서인지 주로 책상 앞에 앉아 있는 사무직 근로자들에게는 산업재해가 남 일처럼 느껴지곤 합니다.

사무직 솔직히 몸은 편하죠. 무거운 걸 옮기기를 하나, 위험한 걸 다루기를 하나.

근로복지공단 꼼꼼히 짚어보시면 생각보다 위험한 일들이 많을 거예요.

사무직 엥? 제가요?

근로복지공단 선망받는 직업인 의사와 간호사조차 산업재해가 많은 직종인걸요. 고시에 붙은 고위공무원도 과로로 돌연사하곤 합니다.

산업재해란 업무상 재해를 말하는데, 업무상 재해는 근로자가 업무와 관계되는 이유로 질병에 걸리거나 다치거나 사망에 이르는 것입니다. 사무직이라고 해서 완벽하게 안전한 일상은 불가능하죠. 야근·과로로 인한 뇌·심혈관계 질환이나 손목터널증후군처럼, 업무 때문에 신체를 반복적으로 사용하다 생긴 근골격계 질환은 업무 연관성이 인정됩니다. 구체적인 업무 스트레스로 인한 질병이나 사망도 산업재해로 인정받는 경우가 늘어나고 있어요. 수면이 부족하거나 과로하면 혈압이 높아지고 혈전이 쉽게 생기기 때문에 심장과 뇌에 부담을 주는 것이죠.

과로사예방센터는 매년 600명 이상이 과로로 인한 심혈관계 질환으로 산재를 인정받는다고 밝혔습니다. 게임업계의 '크런치 모드'◆가 사무직 산재의 대표적인 원인으로 지적받은 적도 있었죠. 불규칙한 노동도 산재율을 높여요. 예측이 어려운 일정으로 근무하거나 시차가 큰 출장이 잦다면 산업재해 여부를 판단할 때 업무부담 가중요인으로 인정합니다.

그 외에도 회사 복도를 지나다가 낡은 전선에 걸렸는데 하필 그 전선에서 누전이 발생해 감전사한다면 이것도 산재입니다. 업무 설비에 의한 사고인데, 사장님에게는 사업장 내에 안전 조치를 할 의무가 있거든요.

◆ 게임 개발 등 주로 프로젝트 단위로 돌아가는 업계에서 프로젝트 마감일을 앞두고 수면이나 식사, 위생 등을 희생하며 장시간 근로하는 행위를 말합니다.

사무직 업무 설비 얘기를 하니 집 안에서 제일 위험한 장소는 부엌이라는 말이 생각나네요.

근로복지공단 아무래도 흉기가 많아서 그렇겠죠? 부엌은 살상 가능한 도구들을 쓰는 작업대잖아요.

사무직 게다가 물도 있고 불도 있고 가스도 있고요. 참 무시무시한 업무 설비네요.

근로복지공단 그래서 단체 급식실에서 일하시는 분들이 산재가 많습니다. 자상, 화상은 물론이고 증기 때문에 폐암에 걸리기도 해요.

산업이 고도로 발달하면서 산업재해는 어디에나 있게 되었습니다. 그래서 사업주는 매달 산재보험료를 내고 있어요. 산재보험은 산업재해 피해자에게 보험급여를 지급하는 재원이지요. 직장인에게는 4대 보험이라는 용어가 더 익숙할 거예요. 국민연금, 건강보험, 고용보험, 그리고 산재보험을 통틀어 부르는 말이니까요. 그런데 여기서 한 가지 문제가 발생합니다. 산업재해보상보험법 수급권자, 그러니까 산재보험에서 피해보상이 나오는 사람들은 기본적으로 근로기준법상 근로자여야 합니다. 분명 일하고 돈을 받는 노동자인데 근로자가 아닌 사람들이 있죠. 예를 들어, 가사도우미가 그랬습니다.

가사도우미도 연차와 퇴직금 받을 수 있음

맞벌이 가구와 1인 가구가 늘어나면서 가사서비스 이용도 함께 늘어나고 있어요. 사실 '가사도우미' 하면 '아줌마', '이모님'이라는 말이 너무 익숙해서, 중노년 여성의 전형적인 직업처럼 여겨질 정도입니다. 그런데 가사서비스 제공업은 근로기준법이 제정된 1953년부터 거의 70년간 정식 직업이 아니었습니다. 정확히는 정식 직업이기를 금지해 왔죠.

근로기준법 제11조 제1항에는 "이 법은 상시 5명 이상의 근로자를 사용하는 모든 사업 또는 사업장에 적용한다"라고 쓰여 있습니다. 예외 조항이 하나 붙어 있는데, 가사 사용인에 대해서는 이 법을 적용하지 않는다는 것이죠. 그러니까 최소 15만 명(노동부)에서 최대 40만 명(가사노동자협회)으로 추산되는 가사 노동자만큼의 지하경제가 있는 셈이에요.

자고 일어나면 새로운 직업이 생기는 세상입니다. 2019년에는 '타다'와 '쏘카'가, 코로나19 바이러스가 창궐한 2019년 이후에는 배달플랫폼 라이더가 근로자인지 개인사업자인지를 두고 논란이 시작되었습니다. 그렇다면 가사도우미도 같은 배경을 갖고 있을까요? 사회가 바뀌면서 가사도우미가 논란이 될 만큼 새로운 직업으로 떠오른 것 아니냐는 거죠.

옛날 식모(13세) 아닌데요. 제 직업은 70년 이상 된 직업인데요.

일제강점기부터 1980년대까지 아주 오랫동안 우리나라에는 '식모'가 흔했습니다. 하녀 개념이 완전히 사라지지 않은 사회에 이촌향도 현상까지 겹친 탓이죠. 고향 식구들 부담도 덜고 한 푼이라도 벌어서 살림에 보태려면 일자리가 있다는 도시를 찾아가야 하는데, 여성 일자리가 그렇게 많지 않았으니까요. 특히 근로기준법이 제정되던 1950년대, 학력이 낮고 나이가 어린 여성들은 주거와 식사가 해결되는 식모살이를 가장 보편적인 일자리로 여겼습니다.

농촌 소녀로서 서울에서 얻기 쉬운 일자리는 식모살이이다. 여직공의 자리는 많지도 않거니와 기술이 필요하고 또 독신 생활비도 되지 않는 보수인 까닭에 안이한 식모살이가 국민학교 졸업 정도의 연령의 소녀들이 쉽게 가는 길이 되었다. … 나쁘게 보면 무급 노예로 월정 봉급 없이 봉건적 주종관계에 있던 것이 많았지마는 근래에는 … 월정 보수를 정한 계약고용관계로 … 여하튼 웬만한 가정에는 식모를 두고 있다. 상류는 물론이고 중류에서도 식모 두지 않은 집이 없으며 심지어 단간세방살이에서도 두는 예를 본다.
　　　　　　　　　　　　　　　　—〈식모는 꼭 있어야 하나?〉,《조선일보》1958. 6. 5

근로기준법을 만들 때 가사서비스에 종사하는 사람들을 콕 집어서 근로자로 인정하지 않는다고 한 이유를 명확히 설명하긴 어렵습니다. 다만 고용주가 사업을 하겠다고 마음먹은 사람이 아니라는 점을 감안했을 때, 사용자로서의 책임을 기대하기가 어려웠을 겁니다. 가사서비스의 범위가 분명하지 않은 것도 다소 문제입니다. 이 두 가지 문제는 지금도 마찬가지예요. 물론 특수한 시대적 배경도 작용했으리라 짐작됩니다. 당시 정부로서는 '근로자' 수십만 명을 굳이 더 만들고 싶지는 않았을 것 같거든요. 이미 있는 근로자와도 권리 보장 범위를 두고 싸우고 있었잖아요.

게다가 1980년대까지도 여성의 정년이 법적으로 25세라는 판결이 등장하곤 했어요. 교통사고를 당한 한 여성 회사원에 지급할 배상금을 계산하면서 우리나라 여성의 평균 결혼 연령은 25세이고 직장여성은 결혼 이후에는 특별한 사정이 없는 한 퇴직, 가사에 종사하는 것으로 본다며 기대소득을 적게 계산한 판결문이 있었거든요. 여성 노동력은 가사에 한정되어야 하고, 가사노동은 근로가 아니라는 고정관념이 사회에 뿌리내리고 있었으니까요. 바로 이경숙 사건인데, 이 판결을 두고 사회는 물론 법조계에서도 찬반이 무척 엇갈렸습니다. 이 사건은 결국 2심 서울고등법원 판결에서 여성의 정년도 근로기준법이 정하고 있는 55세까지 보장되어야 한다고 결론이 나 1987년 이후 남녀고용평등법이 제정되는 데 큰 역할을 했지요.

2017년에는 가사서비스 노동자도 근로자로 인정받을 수 있도록 가사근로자법이 제정되었습니다. 물론 법이 근로자 자격을 인정한다고 해서 하루아침에 천국이 열리는 것은 아니에요. 대표적 사회보장제도인 4대 보험 가입이 가능한 제도권 진입은 근로자도 세금과 기타 비용을 치러야 합니다. 사용자도 정식으로 근로자를 채용하려면 비용이 늘어나요.

다들 추가 비용을 피하고 싶어 하므로 한동안 가사서비스 시장은 많은 부분 비공식시장으로 남아 있을 거예요. 하지만 시장이 발전하고 근로자 처우와 서비스의 질이 동시에 개선되려면 법적 권리는 필수죠. 법적 권리를 인정받으려면 법적 자격이 있어야 하고요. 산업재해도 대부분은 근로기준법이 적용되지 않는 5인 미만 사업장에서 일어납니다. 그래도 노조가 있는 회사라면 산재 발생률이 줄어들겠지만, 5인 미만 사업장의 노조 조직률은 2016년 기준 0.9%에 불과합니다.

그렇다면 근로자로 인정받지 못하는 사람들은 굵직한 사회보장제도를 이용하지 못하는 걸까요. 그렇지는 않습니다. 일단 기초생활보장제도와 건강보험이 있으니까요. 그중에서도 건강보험은 전 국민에게 적용되는 의료서비스 사회보장제도입니다. 그것도 세계가 인정하는 최고 수준이에요. 사실 우리나라의 사회보장 시스템이 충분하다고 말하긴 어렵습니다. 저출산, 경력단절 여성, 높은 노인 빈곤율, 중장년층의 노후 대책 미비, 만성적인 청년 실업과 일자리 불일치, 비정규직 저소득과 주거불안정, 고독사와 자살 증가 등 여러 문제를 볼 때 사회를 유지하기 위해서는 더 나은 수준의 사회보장이 요구되고 있으니까요. 그런데 어쩌다가 건강보험만은 서비스의 질과 가격 접근성이 모두 세계 최고라는 평을 듣게 되었을까요? 심지어 코로나19 팬데믹을 극복하는 데에도 건강보험이 큰 역할을 했다고들 합니다.

의료보험은 기업엔 비용, 근로자에겐 세금 느낌?

우리나라는 사회보장제도 도입이 굉장히 늦었습니다. 이승만 정부 때 이미 건강보험 같은 국가 의료보장서비스를 제공해야 한다는 이야기가 있었다고는 하지만 현실에서 실현된 것은 없었어요. 그럴 법도 한 것이 1961년 박정희 정부가 탄생했을 때만 해도 국가 예산의 52%가 미국 원조자금이었습니다. 아무래도 사회복지를 논하기는 어려운 상황이었죠.

그러나 1962년에는 의료보험(1999년 2월 국민건강보험법이 제정된 이후 건강보험으로 이름이 바뀌었는데, 그 이전에는 '의료보험'이라고 불렸습니다.)과 함께 산재보험(노재보험), 실업보험 세 가지 주요 사회보험제도 도입 논의가 시작되었어요. 왜냐하면 1960년까지 나름대로 국가 시스템을 갖춘 국가 중 사회보험제도가 아예 없는 나라는 우리나라, 네팔, 라오스, 몽골, 예멘 다섯 국가뿐이었거든요. 한창 북한과 체제 경쟁을 하고 있을 때라서 복지제도가 북한과 비교해 너무 뒤떨어지면 안 된다는 위기감도 있었죠.

덕분에 1963년에 주요 사회보험제도들이 입법되어 구색을 갖추기는 했지만, 실제로 실시되거나 일부나마 제구실을 하기 시작한 것은 1970년대 들어와서였습니다.

> 명년 7월부터 사회보장제도의 중요 부문인 사회보험제도가 실현될 것 같다. … 우리는 일상생활에 있어서 실업, 질병, 재해, 빈곤 등 여러 가지 불안의 위협을 받고 있어 … 결국 국가사회

의 제도적인 부조가 필요하게 되는 것이다. … 본격적인 사회보장의 터전을 닦게 된 것은 뒤늦은 감이 있으나 … 이렇듯 화려한 제도가 원리·원칙상 타당한 것이고 발전시켜야 할 것임은 두말할 나위도 없지만 … 막대한 국가 부담이 필요한 성급한 비약은 자칫하면 실현 가능성이 희박한 허무한 환상이 되기 쉽다는 것이다. 우리는 근로기준법도 제대로 실시되기 어려운 현실임을 직시하여야 한다.

—〈사회보험제도의 의의와 고려하여야 할 현실〉,
《동아일보》1962. 12. 25

1963년 12월 드디어 의료보험법이 마련되었습니다. 처음 시작할 때는 500인 이상이 종사하는 기업부터 의무적으로 적용하려고 했어요. 국가와 기업과 근로자가 각각 균등하게 보험료를 부담하는 방식으로요. 하지만 위 기사처럼 걱정이 컸습니다. 돈을 내고 싶어 하는 기업도, 돈을 낼 수 있는 근로자도 별로 없었으니까요. 그래서 결국 의료보험은 회사나 근로자가 원하면 자발적으로 가입하는 임의 가입으로 변경되었어요. 탈퇴도 가능했습니다. 경영에 부담을 느낀 기업이 협조하지 않은 것은 물론, 건강에 자신 있는 사람들과 청년들이 '쓸데없는 비용'이라 생각해 연이어 탈퇴하면서 돈을 내는 사람은 적고 돈을 받아 가는 사람은 많은 적자재정 상태에 이르고 말았습니다. 결국 1960년대 의료보험은 죽은 제도가 되었고, 산업개발 정책에 우선순위가 뒤로 밀린 거죠. 안 그래도 적은 재정, 효과적으로 쓰고 싶었던 거예요.

1970년대에는 사정이 조금 달라집니다. 고도성장이 이루어지면서 사람들이 복지를 요구하기 시작했어요. 복지를 요구한다는 게 거창한 것은 아닙니다. 예전에는 몸이 아프면 집에서 참고 참다가 낫거나 죽거나 했지만, 이제는 병원에서 진단도 받아보고, 약도 처방받고 싶은 거죠. 게다가 1969년에는 부실기업 정리가 사회적 이슈가 되고, 1972년 8·3사채동결조치로 기업이 일반 개인에게 빌렸던 채무가 모두 무효가 되는 일이 벌어집니다. 사람들은 기업이 그동안 경영윤리를 지키지 못한 데다 특혜까지 받은 만큼, 국민적 피해에 대한 사회적 책임을 다하기를 바랐습니다. 그때 여론을 달래기 위해 정부가 고안한 방안 중 하나가 사회보장제도 강화였어요. 곧 닥쳐온 1차 오일쇼크로 논의가 중단되기는 했지만, 정부도 사람들도 의료보험을 포함한 사회보장제도를 진지하게 고민하는 계기가 되었습니다. 덕분에 1977년에는 의무가입이 되는 의료보험이 처음으로 생겨나요.

의료보험이 없으면 병원비는 부담스러워집니다. 1972년 조사를 보면 의료기관 유형별 이용 비중은 대도시의 경우 약국이 64%, 병원은 22%, 농어촌의 경우 약국이 53%, 민속 요법과 미신 행위가 11%였습니다. 약국이 가장 보편적인 의료기관이었던 거예요. 바로 이러한 배경이 약 30년이 지난 2000년에 의약분업 파동을 불러옵니다. 의약분업은 의사는 처방만 하고 약사는 약만 팔도록 하는 조치인데, 의사들이 격렬하게 반대하며 파업에 나섰죠. 의사는 의사니까 진료를 하고, 약사는 약사니까 약을 지어주자는 건데. 의사들은 왜 반대한 걸까요? "진료는 의사에게,

약은 약사에게" 너무나도 타당하게 들리는 캐치프레이즈잖아요.

그 이유는 수가가 낮아 현실적으로 의사들은 약 판매로 얻는 추가 수입이 필요했기 때문입니다. 수가가 뭐냐고요? 바로 여기서부터 우리나라 건강보험의 비밀이 시작됩니다.

1977년 의료보험 실시
대기업 직장인에서 전 국민으로

1977년 이전에는 진료비가 표준화되어 있지 않았습니다. 병원이 받고 싶은 대로 받았죠. 병원비가 비쌌던 건 수가에 체계가 없었기 때문이었습니다.

보사부가 마련한 이번 의료보험 수가는 현재의 체계 없는 일반 수가에 처음으로 명확한 기준선을 그어주었다는 데서 의의가 크다. 물론 이번 수가 기준은 오는 7월 1일부터 시행되는 의료보험 제도에만 적용되는 것이지만 … 지금까지 병원 비용은 부르는 게 값으로 여겨졌다. 그만큼 환자는 의사나 병원 당국의 처분만을 바라는 입장이었다. 그러나 이번 수가 기준은 762종의 모든 수술·검사 등 의료 행위는 물론 약값마저 3,000개 품목을 모두 고시 … 이 기준은 현재의 관행 수가보다 대체로 45%가량 절감된 것이다.

—〈'멋대로 병원비'에 제동〉, 《경향신문》 1977. 6. 9

1977년 박정희 정부에서 직장의료보험을 만들면서 의료 행위에 정해진 가격을 매기게 돼요. 바로 행위별 수가제입니다. 그래야 국가도 그에 따라 보조금을 지급할 수 있으니까요. 굳이 행위에 수가를 매긴 이유는 과소 진료를 막기 위해서예요. 의료 행위도 힘과 공이 드는 노동인 만큼, 억지로라도 충분히 하게 만들지 않으면 필요한 모든 조치를 취하지 않은 채 환자를 돌려보낼 수 있어요. 당시로선 병원과 의사가 굉장히 부족해 의료인의 권위가 안 그래도 절대적인 데다, 사람들의 의료정보 접근성까지 떨어지니 과소 진료가 발생하기 쉽죠. 게다가 1974년 전국 병원 평균 병상 이용률은 57.4%에 의사 한 명이 하루에 진료하는 환자 수는 9.6명에 불과했거든요. 의사는 더 많이 진료하고, 환자는 더 많이 진료를 받아야 했어요.

행위별 수가제는 의료 행위 하나하나에 가격을 매겨놓고 사후적으로 다 더해 청구하는 방법입니다. 그러면 의료 행위를 많이 할수록 이득입니다(대신 과잉 진료가 늘어날 수 있죠). 의료보험은 바로 이 의료 행위, 그러니까 병원과 의사 인건비, 서비스 이용료, 재료비 대부분을 환자 대신 국가가 내주는 보험이에요. 그런데 이 보험은 병원이 달라는 만큼 돈을 주지는 않습니다. 말하자면 이렇죠.

정부 ('A라는 의료행위는 100원…'이라고 적힌 표를 들고) 이 환자한테는 A와 B라는 처치를 하고 C라는 검사를 했으니까 이 표에 의하면 총 300원 나왔네? 그중 80%는 보험에서 내줄게. 20%는 환자가 내라고 해.

이렇게 돈 주는 기준표를 '수가'라고 합니다. 그런데 이 수가가 2020년 기준 상당히 낮은 편이에요. OECD 평균의 3분의 2 정도거든요. 도입 당시에도 기준 수가는 의사들이 관행적으로 매기던 수준의 55~75%로 책정되었죠.

수가를 쉽게 설명하기 위해 원가의 50%라고 고정해볼게요. A라는 의료 행위는 돈이 실제로 200원쯤 드는데, 수가는 100원으로 정해져 있다는 얘기죠. ① 그런데 왜 100원만 주느냐고요? ② 손해 보는 100원은 어떻게 하면 좋으냐고요?

①을 설명하자면 이렇습니다.

정부 이제부터 의료보험 만들 거니까 의료 행위별로 돈 얼마 드는지 말해봅시다.

의사 A를 할 때는 200원 들어요.

정부 그래요? 그럼 A를 할 때는 이제부터 100원 정도만 받으세요.

의사 네?!

정부 100원 정도는 손해 볼 수 있잖아요. 위대한 조국을 위해 다 같이 고통 분담합시다. 지금 다른 근로자라고 다 제 임금 받고 사는 줄 아쇼? 그리고 병원 회계가 똑바로 되는 꼴을 못 봤거든요. 솔직히 자료를 믿기가 어렵네요. 아, 국가가 잘살게 되면 올려드릴게.

의사 뭐… 앞으로 의료서비스 시장이 커지면 가져다주는 이익이 더 많을 테니까요.

의료보험 도입 시기에 보험 수가가 기존에 받아오던 수가보다 깎여 책정된 것은 사실입니다. 하지만 1970~1974년 5년간 국민 1인당 평균 의료 부담액이 72배 늘어난 상황에서 가격을 이전과 똑같이 쳐달라고 하기도 어려웠겠죠. 의사는 의료보험제도 도입에 반대하지 않았습니다. 오히려 도입을 논의할 때 적극적으로 참여해서 수가 책정에 목소리를 보태기도 했어요. 당시 의료서비스 시장은 형편없었지만, 점차 발전할 것이 분명했으니까요. 실제로 의료보험제도가 확대되면서 경제적 부담이 해소된 환자들이 병원을 더 많이 찾았고, 덕분에 의료기관은 양적으로도 질적으로도 팽창할 수 있었습니다. 그런데 이 수가 책정은 계속해서 논란이 됩니다. 정부가 처음 사람들에게 의료보험 접근성을 보장해 주려고 택한 저부담-저수가-저급여, 즉 3저 방식이 지속되면서 어느 순간부터는 보험 수가가 의료비 증가율이나 의료 수준의 발전을 따라잡지 못하게 되었거든요.

1977년 500인 이상 상용직 직장의료보험으로 시작한 의료보험제도는 12년 만인 1989년에 전 국민 가입을 달성합니다. 의료보험제도 적용 범위가 꾸준히 확대된 덕분이에요. 1979년 7월부터는 300인 이상 상용직 직장인이라면 의무적으로 가입하도록 했습니다. 1979년은 의료보험제도에 있어 중요한 해예요. 공무원과 교직원도 직장의료보험 의무 가입이 시작되었습니다. 또 직장인 보험 혜택을 받을 수 있는 사람의 세 배가 넘던 자영업자나 농어업 종사자 등 비임금근로자를 지역의료보험에 가입시키자는 논의가 본격적으로 시작된 해이기도 합니다.

1981년에는 100인 이상 상용직 직장의료보험으로 바뀌었어요. 지역의료보험 시범사업도 시작되었죠. 1983년에는 16인 이상, 1985년에는 5인 이상 근로기준법 적용 기업에 모두 실시되었습니다. 직장인 한 명이 가입하면 그 가족 모두 가입되어 보장을 받는 거예요. 이런 식으로 전 국민이 의료보험 적용을 받게 된 1989년 이전까지는 의료보험 가입자와 미가입자 간 의료비 차별이 무척 문제가 되었고, 1989년 이후에는 모두 보험 수가 적용을 받는 바람에 병원의 수익성 악화가 불거졌지요.

② 병원은 저수가로 생긴 수익성 악화를 이렇게 해결합니다.

의사 할 수 없다. 약에도 정부 보조금을 주니까, 약을 많이 팔자.

약도 보험에서 보조금을 지원해줍니다. 약값 일부는 환자가, 나머지는 국민건강보험공단에서 내는 거죠. 보험 약가라고 해요. 보험 약가도 수가와 마찬가지로 인건비나 기타 비용이 포함되어 있어요. 그럼 약을 많이 팔수록 인건비나 기타 비용에 해당하는 돈이 많이 들어오겠죠? 그러니까 병원도 약을 많이 팔수록 이득을 보는 거예요. 일반 의원 총수입의 40% 이상이 약가 수입이라는 보고까지 등장하는 상황에서 의약분업이 실시되면 병원 경영이 이전보다 어려워질 것은 분명했어요.

그러면 수가를 현실에 맞게 조정하면 어떤가 하는 의문이 생깁니다. 물론 부분적으로 계속 조정이 됩니다만, 한 번에 대폭 올리기는 어렵습니다. 수가란 의사와 약사에게는 정부 보조금이지만, 건강보험료를 부담하는 일반 소비자에게는 세금 인상으로 느껴지니까요. 세금을 올린다는데 좋아할 사람이 어딨겠어요. 결과적으로 과거에 낮게 책정된 수가가 여전히 영향을 미치고 있는데, 이게 바로 현재 우리가 저렴한 비용으로 질 높은 의료서비스를 누릴 수 있는 배경이에요.

이쯤에서 또 다른 의문이 생겨요. 병원에서 의사가 조제한 약을 팔고, 병원에 가기 어려울 때는 약국에서 간단한 진료까지 해주는 '균형 상태'를 왜 굳이 깨트렸을까요? 의약분업, 꼭 해야 했을까요? 의사들이 그렇게 격렬하게 반대했는데 말이에요.

약국에서 진료도 하고 마약도 팔던 시절

의약분업의 장점은 ① 근거 없는 투약 감소, ② 처방과 진료의 질 향상, ③ 약사의 전문성 강화입니다. 하지만 의약분업을 실시한 지 20년이 넘어가면서 ① 의사의 자유로운 처방 제한, ② 직접적 의료 행위는 적고 약은 많이 처방하는 진료 과목의 경제적 손해, ③ 병원 근처 약국만 이익을 보는 상황 등 단점도 드러났어요. 의약분업 이전 우리나라의 가장 큰 문제는 바로 '근거 없는 투약'이었어요. 약사가 양약뿐 아니라 한약도 진료와 처방까지 할 수 있었습니다. 어떤 약국에 들어가면 오래된 목재 약재 서랍장이 보일 때 있죠? 그게 바로 약사가 진료와 처방을 하던 시절의 흔적입니다.

우리나라가 1인당 GDP 1,000달러를 돌파한 시점이 1977년입니다. 길러내는 데 비용과 시간이 많이 드는 전문인력인 의사와 간호사가 정말로 부족했어요. 그들이 일할 만한 인프라를 갖춘 병원도 많이 부족했죠. 그래서 사람들은 병원을 대체하는 의료서비스 거점으로 약국을 활용했어요. 물론 약사도 의료 전문가고, 특정 조건이 맞으면 일반인에게 필요한 약을 직접 처방할 수 있습니다. 문제는 당시 우리나라의 시대적 상황상 약국 서비스에만 너무 의존했다는 거예요. '우리나라는 항생제를 오남용한다'는 말, 한 번쯤 들어본 적 있죠? 의약분업 이전 우리나라 의료 서비스의 특성에서 비롯된 문제예요.

옛날 약사 특히 마이신이 널리 쓰였죠. 아, 항생제만 먹으면 일단 효과를 보니까요. 옛날엔 위생도 별로 안 좋고 그래서. 각종 세균 감염이 제일 큰 문제였거든요.

감기 환자 약국과 병원 중에 누가 더 항생제를 잘, 많이 처방해주나 경쟁이라도 붙었나요?

옛날 약사 정답이에요.

감기 환자 ….

옛날 약사 또 하나 말해줄까요?

감기 환자 또 있어요?

옛날 약사 한외마약이라고 들어봤나요? 용량이 미세해서 합법적인 마약을 한외마약이라고 해요. 지금도 감기약 같은 데 조금씩 들어간답니다. 그런데 1990년대까진 이런 한외마약을 아주 많이, 엄청나게 많이 처방받아서 한 번에 왕창 털어 넣곤 했어요. 마약에 취하려고.

감기 환자 그걸 그렇게 한꺼번에 처방을 해줘요?

옛날 약사 처방을 제한하는 규제가 없었다니까요? 더 많이 처방해줄수록 인기가 많았죠. 아, 나는 수면제도 의사 처방 없이 막 주고 그랬는데….

옛날 환자 약 많이 먹으면 더 빨리 낫겠지? 약 많이 주시는 선생님 좋은 선생님….

1954년 우리나라 결핵 환자는 130만 명이었습니다. 항생제, 특히 마이신은 구세주로 통했어요. '폐병쟁이'가 1970년대까지 우리나라 문화콘텐츠에 얼마나 흔한 소재로 쓰였는지 생각해 보면, 결핵을 치료할 수 있는 약의 위상이 어땠을지 짐작할 수 있죠. 이런 이미지가 자리 잡아 항생제는 거의 만병통치약으로 통했어요. 감기만 걸려도 마이신을 복용하곤 했죠.

날씨가 갑자기 쌀쌀해짐에 따라, 감기 환자가 급격히 늘고 있다. … 감기의 치료에 '마이신'을 사다 먹이는 경우를 많이 보는데 이런 약품들은 세균에 의한 감염증이 아닌 한 감기 '바이러스'에는 아무런 효과도 없고 … 부작용이 있어서 몸에 해로우니 남용하지 않도록 주의해야 된다.

—〈1주 이상 앓으면 합병증… 마이신 남용 않도록〉,

《조선일보》 1972. 10. 22

약국에서 처방과 조제를 잘못해 사망 사건이 발생하기도 했습니다. 1973년 8월, 부산의 금정약국에서 조제한 감기약을 먹

고 환자 세 명이 사망했습니다. '침강탄산칼슘'을 지어줘야 하는
데 '탄산바륨'으로 잘못 지어줬기 때문이었죠. 침강탄산칼슘은
위산 분비를 억제하는 제산제인데, 탄산바륨은 쥐약으로 쓰이는
독극물입니다. 약품 도매상이 탄산바륨 포장지에 침강탄산칼슘
이라고 잘못 표기했고, 약사는 포장지만 믿고 두 약을 구분하지
못한 채 처방해 버린 거예요. 당시 이 사건은 대단한 반향을 불
러왔습니다. 의료계의 치열한 관심 속에 3심까지 진행됐는데, 결
론은 약사에게 벌금 5만 원에 집행유예 2년이 선고되었죠. 5만
원은 현재 가치로 환산하면 300만 원 정도일 거예요.

감기 환자 사람이 세 명이나 죽었는데 한 달 월급 정도 내고 끝난다니 너무
해요!

옛날 약사 그게, 충분히 헷갈릴 수 있는 상황이 존재한다면야. 약사에게 그
약이 이 약이 맞는지 시험해 볼 '관능시험' 의무는 없어요.

의료보험제도도 도입되었겠다, 감기약 조제 사고도 계속 발생
하겠다, 1981년과 1982년에 의약분업 시범사업이 실시되었습니
다. 그러나 의료보험을 임의로 가입하도록 했을 때 실패했듯 의
약분업도 임의 분업으로 시행하는 바람에 흐지부지됐죠.

진짜 의약분업은 1999년에서 2000년 사이, 김대중 정부에서
이루어집니다. 1963년 약사법 개정을 통해 처음 입법됐던 의약
분업은 의사협회와 약사회의 이해관계가 맞지 않아 교착상태에
빠져 있었어요. 1989년 전 국민 의료보험 실시 이후 사람들의

의료서비스 이용률이 높아졌을 때, 약사회는 다시 한번 의약분업을 요구합니다. 그러나 이때는 약국 조제약에 의료보험을 적용하는 정도로 마무리되면서 분업 자체는 다시 미뤄졌습니다.

그러다가 1993년, 약사의 한약 제조를 제한하는 방향으로 약사법을 개정하면서 발생한 '한약분쟁' 때문에 의약분업 실시 시기가 1999년 7월 1일로 못이 박힙니다. 훨씬 이전부터 입법돼 있던 데다, 심각한 약물 오남용 문제를 해결할 수 있는 의약분업을 방치할 수는 없는 노릇이었거든요. 의사들도 의약분업을 반대한다고는 했지만, 분업 자체를 반대했다기보다는 '어떤 방식으로 분업할 것인가'에 대해 이견이 있었던 거죠. 의사협회와 약사회가 원하는 의약분업 형태가 서로 달랐거든요. 의사들은 병원을 의약분업 대상에서 제외해주기를 바랐어요. 또, 의사가 성분명을 처방하면 약사가 같은 성분이 들어간 다른 약품을 임의로 처방할 수 있는 대체조제를 반대했습니다. 반면 약사들은 여러 면에서 완전한 의약분업을 주장했지요.

당시 의사들의 반대는 무척 강렬했어요. 한국 의료사상 처음으로 전국 규모의 의사 집단 파업이 발생했죠. 2000년 2월부터 10월까지 총 다섯 차례나 집단 휴업과 폐업을 벌였습니다. 정부는 의보 수가를 세 차례 올리며 의사들을 달랬어요. 어쨌든 2000년 7월 의약분업이 전면 실시되었고, 지금처럼 '약국에서 살 수 있는 약(일반의약품)'과 '의사 처방을 받아야 살 수 있는 약(전문의약품)'이 구분되었습니다. 대체로 약사들의 분업안이 받아들여졌다고 볼 수 있어요.

환자 그러니까 의사들 주장은 수십 년간 의사들이 계속 손해를 봤다는 건데, 저수가 문제만 해결하면 다 괜찮아진다는 거죠?

의료계 종사자 아니 그게 그런데 꼭 그렇다고 확실하게 말하기는 약간 어려운 부분이 없지 않아 있다고 말씀드릴 수밖에 없음이 안타까워….

환자 아, 뭐예요. 의약분업 이전에 병원이 약값으로 돈 벌었고, 의약분업 때도 수가 인상 받고 파업 그만둔 거면, 이번에도 수가 올려주면 되는 거잖아요. 건보료 그거 좀 더 낼게요.

의료계 종사자 아니 수가를 올리려면 계산을 정확히 해봐야 하는데, 지금 객관적인 근거 자료 공유부터 안 돼요!

환자 엥?

의료계 종사자 그리고 수가를 그냥 뿅! 올리면 되는 것도 아니에요. 급여, 비급여, 의사와 병원의 서로 다른 이해관계, 전공의의 고강도 근로와 PA 간호사 문제, 의료 박리다매, 필수 의료과 기피, 입원 일수를 줄여야 하는데 입원실에 눌러앉는 환자들, 그 환자들 탓만 하기엔 사회에서 제공하는 돌봄이 거의 없는 현실, 대형 병원에 집중된 선호도, 지역 의료 공백, 실손 의료보험이 의료서비스 전체에 미치는 영향 등등 수많은 변수와 그 변수를 모두 고려하는 협의 부재, 그럴 여유라곤 전혀 없는 환경, 너무 낡은 시스템에 누적된 오류가 켜켜이 쌓여서 총체적 난국이라고요!

환자 아니 그걸 저더러 어쩌라는 것…. 그래서 건보료 더 내요, 말아요?

의료계 종사자 아, 일단 건강보험료를 더 많이 부담하셔야 하는 것만은 확실합니다. 헤헤….

외환위기를 수습하고 사회구조를 전반적으로 뜯어고치던 1990년대 후반에서 2000년대 초반에는 의료보험을 포함한 사회보장제도도 전반적으로 개혁이 이뤄졌습니다. 의약분업도 그런 개혁의 일부였어요.

국가가 평범한 사람들에게 경제적 안전망을 제공해줘야 한다는 생각은 민주화 직후, 노태우 정부 시절부터 본격적으로 받아들여졌습니다. 노태우 정부 5년간 GDP 대비 사회지출은 1987년 2.2%에서 1992년 3.2%로, 두 수치 간 증감률을 비교하면 45.5% 가까이 증가했어요. 그러나 이 정도 증가로는 불평등 해소에 큰 영향을 주지 못했다고 합니다. 각종 공적 보험을 이용할 수 있는 사람들은 보험 가입 자격이 있는 사람들뿐이었거든요. 그래도 의료보험은 좀 나은 편이어서 1988년 1월에는 지역의료보험이 시행되었고, 1989년 7월에는 도시 지역 자영업자들이 의료보험을 이용할 수 있게 되면서 전 국민에게 적용됐어요.

그런데 이때 실시된 의료보험은 지금 우리가 가입되어 있는 국민건강보험처럼 전국이 통합돼 움직이는 시스템이 아닙니다. 지역이면 지역, 도시면 도시, 직장이면 직장별 조합을 통해 의료보험을 이용하도록 했거든요. 이리면 조합들 사이에 생기는 불평등이 문제를 일으킵니다. 예를 들어 지역조합을 통해 의료보험에 가입되어 있다면 내가 사는 지역을 벗어난 곳의 의료기관은 이용하지 못합니다. 또 조합별로 운영 효율이 다르기 때문에

조합별로 나뉘었던 의료보험은
1999년 건강보험으로 통합되었다.

정부 보조가 있더라도 가입한 조합에 따라 이용 가능한 의료서
비스의 질과 양이 달라집니다. 아무래도 그대로 운영하기에는
문제가 있었지요.

　논쟁과 변화가 지속되던 1997년 말, 외환위기가 우리나라 경
제를 와르르 무너트리며 수많은 실직자와 경제적 취약계층이 생
겨납니다. 정부가 이 사람들을 그대로 방치할 수는 없는 노릇이
지요. 이들을 보살피고 다시 경제 활동을 할 수 있도록 기존의
복지제도를 강화하거나 새로운 복지제도를 만듭니다. 최저생계
비에 미달하는 소득을 가진 가구에 기초생활비를 보장하는 국민
기초생활보장제도가 만들어진 시점이 1999년입니다. 좋은 조합
에 가입해 있을수록 더 많은 혜택을 받을 수 있던 의료보험제도
를 통합해 국민건강보험을 만들고, 2000년부터는 국민건강보험

공단이 지금처럼 4대 보험을 전부 수납하게 됩니다. 이 개혁을 '의보통합'이라고 부릅니다. 의료보험이 건강보험이 된 순간이죠. 의약분업을 포함해 사람들이 일상에서 피부로 느낄 수 있는 의료서비스 이용 개혁은 이즈음 완성된 셈입니다.

그때로부터 지금까지 건강보험은 우리나라의 큰 자랑거리입니다. 하지만 큰 그림이 완성된 이후 20년 이상 흐르며 모든 것이 무난히 지속되고 있느냐 하면 그렇지는 못해요. 이렇게 좋은 사회보장제도를 갖추고 있어도 취약계층이 느끼는 건강 불평등 현상은 여전하거나 강화되는 추세입니다. 건강보험은 건강보험대로 재정위기 이야기가 항상 나오고 있고요. 의료인들을 과로하게 만드는 의료서비스 보장 정책이 앞으로도 지속될 수 있을지에 대한 회의적인 목소리도 큽니다. 외과, 산부인과 등의 필수 의료과 기피 현상, 지역 의료 공백 등 더는 무시할 수 없는 문제가 하나둘 쌓여가고 있어요. 이 문제들이 실제 환자들의 불이익으로 돌아오는 일도 잦습니다. 지금 같은 '가성비'를 유지하려면 이곳저곳 손볼 곳이 많아요.

이제껏 실시해 온 정책들이 가져온 영향을 어떻게 흡수하거나 강화할지, 인구구조와 노동윤리에 큰 변화가 생긴 지금 의료보장서비스는 어떻게 운영해 나가야 할지 다시 고민해야 할 시점이 된 것이죠. 거기다 인구구조 변화도 큰 만큼 다시 한번 새로운 그림을 그려야 할 때가 됐는지도 모르겠어요. 원래도 우리나라 사회보장제도는 조금씩 천천히 계속 변화해 왔으니까요.

Part 3

금융경제

영업 사기 쳤다! vs 자연재해다! 이번엔 진짜 이해해 보는 2008년 세계 금융위기

#서브프라임모기지론 #닷컴버블 #KIKO

2019년 독일 국채투자상품 사건
2008년 세계 금융위기

상도덕이란 무엇인가

화난 사람 하… 이 자식 상도덕이 없네.

살면서 한 번쯤 들어본 말이죠. 무슨 상황인지 짐작이 가실 거예요. 그런데 '상도덕'이 정확히 무슨 도덕이냐고 하면 이게 또 설명이 어렵습니다. 사실 '도덕'에서부터 막히죠. 철학 강의 중간고사의 80점짜리 문제 같습니다. 조교가 들어와서 칠판에 커다랗게 문제를 적고 나가버리는 거죠. '도덕이란 무엇인지 지난 강의 범위 내에서 논하시오.'

벽돌 두께로 책 열 권이 나와도 부족할 테지만, 우리는 일단 신뢰라는 측면에 주목해 보기로 합니다. 어쨌든 상도덕이란 장사며 영업이며 상업활동을 할 때의 도덕이라는 거잖아요. 물건 매매에서 제일 중요한 건 역시 속이지 않는 것이죠. 투명한 정보를 줘야 적절한 가격을 책정할 수 있고, 구매자는 필요한 물건을 찾을 수 있으니까요. 그러니까 화를 내면서 상도덕이 없다고 말하는 상황은 결국 법정에 설 범죄까지는 아닌 정도의 사기를 당했을 때랄까요.

상도덕이 역사적으로도 얼마나 중요했냐 하면, 고대도시를 발굴할 때 빼놓지 않고 나오는 문서들이 땅과 건물, 상품을 사고판 내용이라고 합니다. 소유권을 증명하는 문서는 물론, 심지어 결혼계약서도 있어요. 왕궁이나 사원에 공물을 얼마나 바쳤는지 이름과 수치가 적혀 있기도 합니다. 이런 경제 문서의 목적이 무엇이겠어요. 정확한 정보를 제공하거나 미래의 행위를 약속하는 것입니다. 1932년 발견된 8세기 소그드인의 결혼계약서의 내용은 이렇습니다.

신랑 우테진은 신부 최태를 맞아 사랑하고 존경할 것이며 신부도 그렇게 할 것이다. 남편이 아내의 동의 없이 다른 여자를 취하면 아내에게 30드라크를 지불해야 한다. 하지만 남편이 아내를 더는 원하지 않으면 아내가 가져온 모든 물건을 돌려주고 이혼해야 한다. 아내도 마찬가지다. 서기 710년 3월 25일 작성.

꽤 냉정해 보이는 내용의 계약서지만 결혼 서약에서 빠지지 않는 '사랑하고 존경할 것'이라는 모호한 단어는 여전합니다. 사실 진심을 어떻게 증명하겠어요. 증명하려고 하면 할수록 퇴색하는 게 또 마음이기도 한데요. 아무리 명확하게 하려고 해도 안되는 무언가가 존재하게 되어 있어요. 금융상품도 마찬가지입니다. 워낙 복잡한 형태로 발전한 금융상품이 많아서 고객에게 판매할 때 원금 손실 위험이나 예상 수익률 구간 등을 충분히 설명해야 하는데, '충분한' 설명이라는 말 이거 꼭 '진심'처럼 애매하지 않나요. 금융상품 가입할 때마다 약관 시험을 쳐서 80점 이상 받은 고객만 구매할 수 있게 한다면 아무도 그 상품 안 사겠죠. 은행 직원이 표시해주는 부분에 서명만 하는 것도 다들 귀찮아하니까요. 그러다 보니 '원금 100% 손실 가능한' '아주 안전한' 마치 뜨거운 아이스 아메리카노 같은 형용모순의 상품도 팔리고 그럽니다.

맞아요. 2019년에 일어난 독일 국채 DLS와 DLF 손실 사태 이야기입니다.

2019년 독일 국채투자상품 사건
안전자산에 투자했는데 원금까지 날아간 여름

손해 본 고객 그런 이야기는 없었잖아요! 이거 보세요. 저한테 광고 문자메시지 보내신 거. "세계 최고 안전자산인 독일 국채 금리에 6개월만 투자해 보세요."

판매한 은행 고객님, 광고는 그냥 광고일 뿐이고요, 실제로는 꽤 위험한 상품일 수 있다고 설명을 해드렸어요. 아마 해드렸을걸요?

손해 본 고객 저는 들은 기억이 없지만, 진짜로 해주셨다고 하더라도 원금 손실 가능성처럼 중대한 이야기는 반복해서 강조해주셔야죠!

판매한 은행 죄송하지만, 당시로서는 충분히 설명드렸다고 판단됩니다.

손해 본 고객 지금 내 돈 수억 원을 전부 날렸는데 그걸 말이라고 해요?

판매한 은행 혹시 설명 들으실 때 다 알겠으니까 빨리 넘어가자고 하지는 않으셨나요?

이 사람들이 싸우는 이유는 간단합니다. 파생상품적 요소가 들어가 있는 증권상품에 투자했다가 원금이 다 날아가게 생겼는데 그게 누구 책임이냐는 거죠. 기본적으로 투자의 결과는 투자자 본인의 책임입니다만, 판매자가 정확한 정보를 제공했을 때만 그렇습니다.

2019년, 사람들은 국내 주요 은행과 증권사가 보낸 "세계 최고 안전자산인 독일 국채 금리에 6개월만 투자해 보세요"라는 광고문자를 받았습니다. 퇴직금이나 결혼자금 등 어딘가 안전한 곳에 목돈을 넣어두고 싶었던 사람들도 은행을 찾았다가 해외 국채 금리에 연동된 파생결합증권을 권유받았어요. 파생상품이란 금, 밀가루, 원유 같은 실물에서부터 주택담보대출이나 주식, 채권 같은 금융상품까지 적절한 가치 평가가 가능한 모든 자산을 기초로 삼아 투자하는 상품입니다. 도박 같은 면이 있는 것이, 내가 돈을 건 기초자산 가격이 만기 때 오를지, 아니면 내릴지 맞혀야 해요. '모월 모일에는 가격이 올라 있을 것이다'에 돈을 걸었는데 진짜로 그때 가격이 오르면 원금에 추가 수익이 나고, 내려가면 원금이 까입니다.

독일 국채가 안전자산인 것은 맞습니다. 국가가 발행하는 채권은 그 국가가 망하기 전에는 빚 떼일 염려가 없습니다. 하지만 잘 생각해 보면 이 상품은 안전자산인 국채를 사는 게 아니라 그 국채의 금리가 오를지, 내릴지를 맞히라는 겁니다. 시장에서 금리는 매일매일 조금씩 계속해서 움직이므로 이렇게 변동성이 심한 상품은 초고위험 상품으로 분류합니다. 은행에서도 처음엔 고위험 투자를 즐기는 성향의 투자자들을 노리고 만들었습니다.

그러나 은행과 증권사는 위험 성향 투자자를 제대로 추려내지 않았습니다. 오히려 국채는 안전자산이라며 눈속임해 안정적인 투자를 원하는 사람들에게 권했어요. 10년 만기 독일 국채 금리를 기초자산으로 만든 파생결합증권 DLS와 이 DLS에 투자하는 펀드인 DLF는 2019년 9월부터 2020년 9월 사이에 차례대로 만기가 오게 되어 있었습니다. 우리은행 상품 같은 경우 독일 국채 금리가 −0.3% 아래로 떨어지면 원금 손실이 시작돼서 −0.6%가 되면 원금이 100% 날아가는데, 2019년 9월 24일 독일

국채

채권은 한자어로, 빚 채(債)에 권리할 때 권(權) 자를 씁니다. 즉, 빚을 받을 권리예요. '권리'의 사전적 의미는 '다른 사람에 대하여 (법에 근거해) 당연히 요구할 수 있는 힘'입니다. 그러니까 채권은 '내가 누군가에게 빌려준 돈을 돌려달라고 요구할 수 있는 권리'지요. 빌려준 돈에는 기간에 따라 이자가 붙으니까, 채권에 투자한다는 것은 채권을 산 만큼의 원금과 원금에 대한 이자를 지급받을 권리를 샀다는 것이기도 해요. 국채는 국가가 발행한 채권으로, 국가와 정부에 돈을 빌려주고 만기까지 이자를 받다가 만기가 되면 원금을 돌려받을 수 있는 빚 문서입니다. 국가가 망하는 일은 잘 없으므로, 국채는 굉장히 안전한 자산으로 꼽혀요. 물론 개발도상국 국채는 선진국 국채보다 안전성이 떨어집니다.

Part 3. 금융경제

국채 금리가 −0.604%가 됐지 뭡니까? 만기가 될 때까지 독일 국채 금리가 계속 이렇게 빌빌거리면 그야말로 100% 손실이 나는 것이지요.

상품 개발자 아, 2010년 이후에 독일 국채 금리가 이렇게 떨어진 적이 없었는데.

손해 본 고객 그런데 세계 경기가 안 좋아서 금리가 하향세인 건 아셨다던데요.

상품 개발자 알긴 알았는데 설마 거기까지 떨어질까 했죠.

손해 본 고객 설마 했다고요?

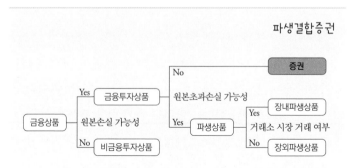

DLS는 금융상품을 파생상품처럼 구조화시킨 것으로 표에서는 '증권' 항목에 해당합니다. 진짜 파생상품은 거래 시 목돈이 필요하고 거래 조건이 까다로워 개인이 쉽게 접근하기 어렵거든요. 기초자산으로 삼은 금리나 원자재, 환율 등의 가격에 투자하는 DLS는 기초자산 가격이 계약 시 지정한 특정 범위 안에서 움직이면 수익을 얻고, 지정 범위 바깥으로 벗어나면 원금이 손실돼요. 독일 국채 DLS라고 하면 독일 국채를 기초자산으로 삼은 파생결합상품인 거죠. DLF는 DLS들을 다시 여러 개 묶어서 만든 투자상품이에요.

상품 개발자 아, 고객님한테 영업하신 분도 제가 개발한 상품 먼지 잘 모르시던데, 그분한테 따지시든가요.

손해 본 고객 저기요, 컨설턴트(PB)님. 그쪽도 잘 몰라서 설명 제대로 못 해 줬다는데요.

컨설턴트 아이고 죄송합니다. 좀 헷갈리긴 하더라고요.

손해 본 고객 아니, 이건 상도덕이 없는 정도를 넘어서 사기잖아, 사기!

그렇습니다. 설명을 너무 빨리 말하는 바람에 잘못 알아들었다든가, 초고위험 상품이지만 다소위험 선호 성향의 투자자가 과감한 도전을 하도록 유도하는 수준까지가 상도덕이 없다는 변명으로 넘어갈 수 있는 정도였겠죠. 하지만 고객의 투자 성향을 조작한다든가, 전문가라는 PB도 상품의 위험성이 어느 정도인지 헷갈리는 상태에서 판매한다든가, 초고위험 상품인데 안전자산이라는 안내메시지가 나간다든가, 하반기 금리 하락 추세가 깊어지리라 예상된다는 경고를 듣고서도 금리 하락 시 원금 손실이 나는 상품을 권유한다든가 하는 건 명백한 불완전판매이고 사기에 가깝습니다. 불완전판매라면 허술한 판매 과정에서 벌어진 책임을 따져 배상을 청구할 수 있고, 사기라면 계약 자체가 무효가 된다는 점에서 차이가 있어요.

2019년 8월 7일 기준, 독일 국채뿐 아니라 미국과 영국의 이자율 스와프와도 연계된 금융상품인 DLS와 DLF는 법인 222개를 포함해 총 3,654명에게 8,224억 원어치 판매되었습니다. 이 상품에 투자할 수 있는 금액은 최소 1억 원부터여서 더욱 사회적 파장이 컸어요. 고액 고객을 상대로 전문가가 꼼꼼히 상담해 준다는 신뢰가 여지없이 무너진 것이죠. 금융감독원은 손실이 컸던 우리은행과 하나은행의 최고경영자를 징계했어요. 같은 시중은행인 국민은행의 경우 이런 사태가 벌어지기 전에 DLF는 너무 위험하니 고객에게 팔지 않겠다고 했던 것을 보면 확실히 사전에 막을 수 있었던 손실이었습니다.

문제의 독일 국채 금리는 2019년 11월 7일 −0.290%까지 상승했는데, 가입한 상품의 만기 시점에 따라 9월에 만기를 맞은 투자자들은 거의 전액 손실을 보았고, 글로벌 금융 시장의 투자 심리가 개선된 11월 초순 이후 만기를 맞은 투자자들은 2% 이상의 이득을 보았습니다. 2개월 사이로 도대체 이게 뭔가 싶죠. 파생상품은 만기가 걸려 있다는 점이 정말 위험해요.

여기에 약 2,000억 원 규모의 이탈리아 헬스케어펀드 환매 중단 사태와 1조 6,000억 원 규모의 라임펀드 환매 중단 사태까지 겹치면서 우리나라도 복잡한 금융상품 판매 시 금융 소비자를 보호할 수 있는 법안이 필요하다는 데 공감대가 형성됐고, 2021년에는 금융소비자보호법이 제정됩니다. 금융상품 불완전판매가 늘어나기 시작하면 개인을 넘어 기업과 국가가 흔들릴 수 있거든요. 그러다가 세계 경제의 판까지 새로 짜이기도 합니다.

고작 금융상품 좀 대충 팔았다고 너무 과장하는 것 아닌가 싶지만, '대침체(Great Recession)'라고 불리는 2008년 세계 금융위기가 바로 주택담보대출을 잘못 팔아 생긴 어두운 역사인걸요.

세계 경제를 대침체로, 중국을 대왕으로

우리나라에도 부동산 가격이 하염없이 추락하던 시절이 있었습니다. 2010년부터 2014년까지가 바로 부동산 시장 침체기입니다. 정부가 규제를 굉장히 완화하고 각종 경제부양책을 썼는데도 얼어붙은 부동산 시장은 꿈쩍도 하지 않았습니다. 집값이 폭등해도 큰 문제지만, 가격 조정 이상으로 너무 떨어져도 문제입니다. 일단 많은 주택에 담보대출이 걸려 있어서 집을 팔아도 빚을 모두 상환하지 못하는 사람들이 생겨납니다. 특히 우리나라 사람들은 자산 중 부동산 비중이 가장 큰 편이라 부동산을 팔거나 임차를 놓아 얻을 수 있는 수익이 줄어들게 됩니다. 건설이나 인테리어 등 관련 산업의 생산과 투자 활동도 쪼그라들겠죠. 그만큼 경기가 가라앉는 거예요. 주택을 포함해 모든 물가는 꾸준하고 적당하게 올라줘야 합니다. 물론 인건비, 즉 월급도 마찬가지예요. 그게 바로 경제 규모가 커지고 경제가 성장한다는 증거입니다.

그래서 2015년 경제부총리 겸 기획재정부장관이었던 최경환은 경기 부양을 위해 '2016 경제대책'을 내놓았습니다. 이 대책의 골자는 한마디로 말해서 '빚내서 집 사라'였어요. 집값이 적당히 올라줘야 하는데 오히려 내려가기 시작하니 사람들이 대출이라도 받아서 주택을 구매하길 바랐죠.

세계 금융위기 이야기를 하겠다면서 갑자기 부동산 경기침체 이야기를 하는 이유가 뭘까요? 2008년 세계 금융위기 당시 2008년 4분기부터 2009년 1분기 사이 벌어진 세계 경제 수축 규모는 1929~1931년 대공황과 맞먹었습니다. 금융위기가 2009년 OECD 가입국 경제성장률을 평균 -3.2%까지 추락시킨 직후 세계는 경제성장을 멈추다시피 했습니다. 주식이며 부동산이며 각종 자산 가격도 얼어붙었죠. 2010~2014년 전 세계가 겪은 부동산 경기침체도 세계 금융위기의 영향입니다.

하지만 우리나라는 미국과 EU에 비해 위기 극복이 빨랐어요. 타격도 비교적 덜 받았습니다. 2008년 금융위기가 우리나라에 미친 영향 중에서 보통 사람들이 피부로 느낀 어려움은 부동산 침체와 KIKO 사태 정도일 겁니다.

우리나라 사람 외환위기 때에 비하면 뭐. 다들 세상이 뒤집혔다는데 진짜 그런가 싶네.

왜 충격을 덜 받았냐 하면, 일단 10년 전 아시아 외환위기 때 너무 얻어맞은 나머지 금융위기에 대한 대비를 상대적으로 철저히 했습니다. 세계 금융위기 이전인 2006년 11월 이미 주택담보대출비율(LTV)과 총부채상환비율(DTI) 같은 부동산 규제와 단기 외채 유입 억제 대책 등 엄격한 규제를 도입했어요.

2006년 당시 우리나라는 부동산 가격이 크게 오르고 있었습니다. 만성적인 주택 공급 부족에다가 저금리, 무역흑자 덕에 늘어난 단기부동자금, 은행 외화 대출 증가와 국가균형발전을 추진하면서 풀린 토지보상금 등 커다란 유동성이 부동산을 가장 매력적인 투자처로 삼은 게 부동산 급등의 원인입니다. 국내 사정으로만 보면 유동성 관리가 좀 늦은 감이 있었어요. 하지만 세계 금융위기 국면에서는 이 정책들이 위기 전염을 방어하는 역할을 해주었습니다.✢

게다가 커다란 중국 시장도 든든한 방패막이가 되었습니다. 세계적인 경제위기에 다들 해고되거나 사업이 망해 쓸 돈이 없을 때 중국에서 온 저렴한 물건들은 거의 기적이었거든요. 기업도 더 싼 인건비를 찾아 중국으로 밀려들었습니다. 그때부터 중국이 무럭무럭 자라서 2010년대 후반에는 미국과 경쟁하는 거대한 경제대국이 된 거죠. 미국 연방준비이사회(FRB)의 '양적완화✢✢'라는 말도 그때 처음 나왔습니다. 미국은 2008년부터 2013년까지 3조 6,000억 달러를 공중에 살포하다시피 했죠. 유럽도 마찬가지였고, 일본의 경기부양책인 아베노믹스도 세계 금융위기에서 탄생한 엔화 약세 유도 정책입니다. 경기침체에서 기업과 가계를 구원하려면 돈을 하염없이 찍어낼 수밖에 없었던 겁니다.

그렇다면 이렇게 세계 경제의 모습을 바꿔놓은 미국의 '서브프라임 모기지론'이란 도대체 무엇일까요?

◆ 우리나라 금융회사들이 미국에서 문제가 된 서브프라임 모기지론 관련 상품에 큰 투자를 하지 않았던 것도 우리나라 경제가 직격타를 피하는 데 도움이 되었습니다.

◆◆ 금리를 더는 낮추기 어려울 때 중앙은행이 직접 돈을 찍어내서 시장에 유동성을 공급하는 것을 말합니다. 중간 과정에 채권 매입 같은 단계가 있지만, 일단 돈을 마구 풀어버린다고 생각하시면 편리해요.

서브프라임 모기지론(Subprime mortgage loan)은 우리말로 비우량 주택담보대출입니다. 주택담보대출이면 주택담보대출이지, 비우량은 뭐냐고요?

일단 주택담보대출은 주택을 담보로 잡아두고 돈을 빌려주는 것입니다. 보통 주택을 살 때 모자란 돈을 충당하려고 빌리곤 하지만, 빚이 없었던 주택이라도 담보로 잡히고 돈을 빌려서 사업자금이나 자녀 결혼자금을 대주기도 하죠. 어쨌든 빌린 돈을 갚지 못하면 은행이 담보된 주택을 팔아서 그 돈을 갖습니다.

모기지론은 여기서 한 단계가 더 추가된 금융상품입니다. 주택담보대출이 20~30년 장기 대출이다 싶으면 모기지론일 거예요. 은행이 가만히 앉아서 원리금이 들어오기만 기다리는 게 아니라, 담보대출 자체를 중개기관에 다시 팔아버리는 거죠. 이걸 주택저당증권(MBS)이라고 하는데, 우리나라에서는 주택금융공사가 주택저당증권 중개기관 역할을 하고 있습니다.

은행 주택 공급은 솔직히 국가적인 일이기도 하잖아요. 사람들이 살 곳이 없으면 사회가 엄청나게 불안해지니까요.

정부 그렇죠. 그래서요?

은행 비싼 집을 한 번에 사라고 하면 살 수 있는 사람이 별로 없으니까 20년 만기, 30년 만기 대출상품 만들라고 하신 거 이해해요. 그런데 저희 입장도 있잖아요.

정부 입장이 어떠신데요?

은행 주택담보대출 이거 워낙 목돈이라 금리도 높게 못 받는 거 아시죠? 수익도 별로 안 되는데 20년, 30년 빌려줬다가 중간에 채무자가 다 못 갚고 뻗어버리면요? 그리고 수억 원 빌려줬는데 매달 찔끔찔끔 몇십만 원 들어오는 거 너무 손해라고요.

정부 그럼 그 담보, 싼 가격에 나한테 넘겨요. 내가 돈 줄게. 아예 주택금융공사를 세워서 이런 일만 담당하게 만들어야겠네요.

은행 정말요? 저야 좋죠. 계속 굴릴 수 있는 유동성도 확보되고 돈 못 받을 리스크도 줄어들고…. 여기 증거로 주택저당증권 들고 가세요.

은행에게 조금 할인된 가격으로 값을 치르고 주택저당증권을 가져간 주택금융공사는 이 증권을 시장에 뿌립니다. 주택금융공사도 계속 증권을 사주려면 돈을 벌어야죠. 그럼 시장에서 이 증권을 누가 사냐면, 여기 투자하고 싶은 다른 금융기관이나 회사, 사모펀드 등이 삽니다. 이게 바로 모기지론이에요.

서브프라임 모기지론은 서브프라임 등급의 모기지론이라는 뜻입니다. 서브프라임 등급은 저신용자나 저소득자에게 부여되는 '비우량' 등급이에요. 그러니까 은행이 내놓은 주택담보대출이 애초부터 영 불량한 대출이었다는 겁니다. 원리금 상환을 못 받을 가능성이 큰 대출이라는 거죠. 처음부터 위험한 상품이었어요. 그런데 이게 글로벌 투자가 가능한 금융상품이다 보니 전 세계로 빠르게 팔려나갑니다. 위험한 만큼 수익률이 높았거든요. 이 서브프라임 모기지론이 세계 금융위기의 원인이 되었습니다. 미국 어디선가 주택담보대출을 받은 개인이 돈을 갚지 못했을 뿐인데 독일의 거대 은행이 휘청거리고 영국과 프랑스의 경제성장률이 곤두박질치는 일이 발생했습니다.

주택담보대출을 증권으로 만드는 걸 유동화시킨다고 하는데, 주택금융공사 말고 다른 중개기관이 유동화를 진행할 수도 있습니다. 금융이 발전한 미국에서는 유동화전문회사(SPC)와 투자은행이 여기에 적극적으로 뛰어들었어요. 주택저당증권은 몇 번이나 다시 유동화되면서 다른 채권들과 묶여 부채담보부증권(CDO)이라는 신용파생상품이 됩니다. 그런데 이 부채담보부증권을 팔 때는 수익률도 좋은데 안전하기까지 하다면서 팔았죠. 서브프라임 모기지론 말고 신용카드론이나 자동차론처럼 안전한 론이랑 묶었으니까 비교적 안전해졌다는 거죠.

무슨 말인지 잘 모르겠다고요? 그게 오히려 정상입니다. 자꾸 뭘 갖다 붙이다 보니 나중에는 어디의 무슨 대출이 어느 회사를 어떻게 거쳐서 몇 번이나 유동화돼서 누구에게 팔렸는지조차 알기 힘든 '뭔가'가 되어 있었거든요. 실제로 망할 때쯤 가서는 상품을 개발한 사람들도 사실 그 안에 든 내용을 잘 몰랐다고 해요. 물론 그 '뭔가'가 진짜 팔아도 되는 존재인지 위험성을 따져서 등급을 매기는 신용평가기관들도 몰랐습니다. 몰랐는데 투자해도 된다고 인증해 준 건, 그걸 파는 투자은행이 신용평가기관에 로비를 했기 때문입니다. 경제는 불확실성을 제일 싫어하는데 정체도 모를 '뭔가'에 최고로 안전하다는 도장이 찍혀서 전 세계로 수출됐다니까요.

　　당시 미국 금융업계의 부도덕한 행위에 대해 그 누구도 우호적으로 평가하지 않습니다.◆ '월가를 점령하라(Occupy Wall Street)'라는 사회운동이 세계적으로 번질 정도였어요. 아무리 돈을 벌기 위해서였다지만 이렇게 위험한 짓을 도대체 왜 했을까요?

시작은 닷컴버블 붕괴와 9·11 테러, 그리고 미국의 무역적자

닷컴버블이 꺼지면서 함께 무너진 경제를 살리기 위해 미국은 금리를 한껏 낮춥니다. 이자 적게 받을 테니 돈 빌려 여기저기 투자하며 경제를 살리라는 뜻이지요. 그런데 닷컴버블이 무너

◆ 경제학계에서는 정부실패가 먼저라고 주장합니다.

진 원인 중 하나가 실제로 물건을 거래하는 실물경제는 영 부진한데 금융경제만 혼자 잘나가다가 차이가 너무 벌어졌기 때문인 거잖아요. 투자할 실물경제가 갑자기 뿅 나타날 리는 없었던 것이죠. 게다가 닷컴버블이 붕괴한 2001년은 9·11테러가 발생한 해이기도 합니다. 미국은 아프가니스탄·이라크와 전쟁을 시작하죠. 어마어마한 전쟁 비용을 치르느라 경제성장률은 계속 떨어집니다.

그럴 때마다 달리 갈 곳을 찾지 못하고 남는 돈이 흘러드는 시장이 있습니다. 바로 부동산입니다. 부동산 시장에 돈이 모여드니 주택 가격이 막 오릅니다. 자고 일어나면 집값이 오르는 세상에서는 저신용자나 저소득자가 무리하게 대출을 받아서 집을 사도 괜찮아요. 정 갚기 힘들면 집을 팔면 되니까요. 어차피 다들 집을 못 사서 안달이라 일단 집을 사기만 하면 조금만 있다가 팔아도 내가 살 때보다 오른 값에 팔 수 있거든요. 금리도 낮아서 이자 부담도 적고요. 이런 상황이니까 서브프라임 모기지론 같은 금융상품이 나올 수 있었던 거예요.

그런데 미국만 갈 곳 잃은 돈이 시장을 떠돌고 있던 건 아니었거든요. 2000년대 들어 우리나라를 포함해 세계 주요 국가들은 미국을 상대로 장사를 굉장히 잘 해냅니다. 미국은 계속 무역적자를 보고 다른 나라는 계속 무역흑자를 봤어요. 달러로 이익을 남겼다는 얘기예요. 그런데 이 돈도 마땅한 실물경제 투자처가 없습니다. 그러다 보니 그 돈 일부는 본인 국가의 부동산 시장으로 들어가서 주택 가격을 폭등시키고, 또 다른 일부는 너무 유동화가 돼서 형체를 알아보기 힘든, 서브프라임 모기지론이 섞인 부채담보부증권을 잔뜩 사들입니다. 안전한데 이자도 많이 준다잖아요.

그러던 어느 날, 미국 정부는 부동산 가격이 올라도 너무 올랐다고 판단합니다. 주택 가격이 10년 사이 평균적으로 약 200%쯤 올랐거든요. 100% 오르면 두 배고, 200% 오르면 세 배예요. 금리를 아무리 내려도 실물경제는 시들시들한데 부동산만 세 배 뛰어오르면 경제가 제대로 돌아갈 리 없죠. 그래서 정부는 부동산 가격이라도 진정시키려고 금리를 올립니다. 미국은 2004~2006년에 금리를 17차례나 올렸어요. 이렇게 이자율이 치솟으니 대출을 잔뜩 받아 집을 샀던 저소득자와 저신용자는 감당을 못하고 급매물을 내놓습니다. 그런데 무리해서 집을 산 사람이 너무 많아서 급매물도 너무 많습니다. 저렴한 주택 공급이 갑자기 늘어나니까 주택 가격이 곤두박질치면서 부동산 시장은 얼어붙게 되죠. 그 매물을 사줄 사람이 없으니까요.

물건이 안 팔리는 데다 주택 가격 자체도 떨어지니까 서브프라임 모기지론은 당연히 부실한 존재가 되어 버립니다. 연체되면 5억짜리 담보를 팔아서 메꾸기로 했는데, 담보인 집값이 폭락해서 팔아봤자 3억밖에 안 나오잖아요. 이제 서브프라임 모기지론이 잔뜩 들어가 복잡하게 얽혀 있는 부채담보부증권이 휴지 조각이 되어 버립니다. 각국 금융기관이 사들인 파생상품까지 모두 말이에요. 비싼 돈 들여 휴지 조각을 산 꼴이 된 각국 은행과 투자회사들이 줄줄이 부도를 냅니다.

    서브프라임 모기지론이 엄청나게 부실했다는 사실이 드러난 시점이 2006년이고, 미국의 금융기관들이 약한 고리부터 파산해 나간 것이 2007년입니다. 미국의 4대 투자은행 중 하나인 150년 역사의 리먼브라더스가 끝내 파산을 신청한 날이 2008년 9월 15일입니다. 여기가 바로 2008년 세계 금융위기의 시작점이에요. 이제 전 세계의 금융기관과 부동산 시장이 연쇄적으로 무너집니다. 우리나라 주택 시장이 깊은 수렁으로 빠져들던 2010년, 남유럽 국가들은 재정위기를 맞닥뜨리지요.

나름대로 준비를 했다곤 하지만 우리나라도 세계시장의 플레이어인 이상 혼란을 겪기는 마찬가지였습니다. 일단 수출 증가 폭이 줄어들었습니다. 다들 남의 나라 물건을 사갈 여유가 없으니까요. 그렇다고 상품이나 서비스 수출이 마이너스는 아니었는데 2008년 1~3분기는 결국 적자를 봅니다. 원유와 원자재 가격이 폭등했거든요. 특히 에너지는 거의 전량을 수입하기에, 에너지 수입 가격이 오르면 아무리 장사를 잘해봐야 본전 건지기도 어렵습니다. 그런데 이렇게 적자를 보면 다음 문제가 따라옵니다. 바로 달러 빚, 외채입니다.

기업 활동에서 빚은 항상 있는 존재입니다. 장사가 되고 현금이 돌아야 제때 이자를 내요. 이게 안 되면 아무리 건실한 기업이라도 당장 발밑의 흙구덩이에 빠져서 넘어지는 것이죠. 이렇게 넘어진 게 10년 전 외환위기 때였습니다. 우리만큼이나 외국 사람들도 우리나라의 외환위기에 트라우마가 있었죠. 2008년에도 외신은 한국이 1997년 외환위기 때처럼 무너질 거라고 외치고 다니기 시작합니다. 특히 영국《파이낸셜타임즈》(2008. 10. 14)의 〈A sinking feeling in South Korea〉라는 기사는 강만수 기획재정부장관이 국회에서 "수출만을 제외하고는 IMF(1997년 외환위기) 전과 유사한 트렌드"라고 발언한 부분만을 문제 삼아 비관적인 분석을 내놓았습니다. 사실을 왜곡한 기사였고 기획재정부에서는 상세한 보도자료를 내며 반박했습니다만, 빗발치는 부정적인 외신 기사를 막기는 어려웠어요. 어두운 정보를 입수한 외국인 투자자들은 우리나라 금융 시장에서 얼른 돈을 회수합니다. 은행이나 기업의 단기 외채도 연장 없이 상환을 독촉받죠. 이러면 또 다른 문제가 생깁니다. 바로 환율이에요.

다들 우리나라 경제가 망할 거라고 여겨서 원화를 팔고 달러로 환전합니다. 그럼 달러는 비싸지고 우리나라 돈은 가치가 떨어지죠. 이전까지만 해도 1달러에 900원대 환율이었거든요. 시장에서 폭증하고 있는 달러 수요에 더해 수출 증대를 노린 정부의 의도적인 고환율정책까지 겹쳐서 환율은 쭉쭉 오릅니다. 얼마나 올랐냐면 2009년 3월에는 최고 1,590원까지 찍습니다. 에너지 가격 자체도 급등했는데 환율까지 이 모양이라 가격 부담이 거의 두 배, 이자 부담도 두 배가 됩니다. 이렇게 위기가 진행되면 정말 나라가 망하게 돼요. 하지만 외환위기를 겪은 후 10년간 단단히 준비해둔 달러 보유고가 여기서 빛을 발합니다.

정부는 2008년 10~12월 3개월간 270억 달러를 풀어버립니다. 수출입금융을 지원하기 위해 수출입은행이 만들어둔 82억 달러도 긴급 지원하고, 미국과 통화스와프를 체결해 164억 달러도 당겨옵니다. 그렇게 2008년 위기에서 가장 급박했던 4분기를 넘기고 나서는 한결 나아졌어요.

그런데 여기서 안 터질 수도 있었던 문제가 터지지요. KIKO라고, 수출입기업들이 가입했던 환헤지상품이 어마어마한 손해를 낸 겁니다.

수출입을 하는 기업은 항상 환율이 골칫거리입니다. 장사를 잘해서 달러를 많이 벌어와도 환율이 너무 낮으면 환전했을 때 원가보다 낮아 손해를 볼 수도 있고요, 장사를 못한 편인데 환율이 높아서 오히려 이익을 볼 수도 있어요. 무엇보다 큰 문제는 예산 책정입니다. 기업도 조직인 만큼 예산을 짜서 움직여야 효율적인데, 환율이 매일 바뀌니 올해 들어올 수익이 어느 정도일지 도저히 예측하기가 어렵다는 겁니다. 그래서 거래처와 물건 대금 계약을 할 때 합의하고 특정 환율에 고정하곤 하죠. 그래도 환율 때문에 손해를 보고 싶지 않을 때 선택하는 금융상품이 바로 환헤지상품입니다.

KIKO도 바로 이런 환헤지상품이었죠. 2008년 세계 금융위기 전까지 환율은 계속해서 떨어지고 있었습니다. 1달러에 800원 대로 내려간다는 이야기까지 나왔어요. 이러면 수출기업은 손해입니다. 똑같이 1달러어치 팔았는데 이전에는 환전하면 900원이 들어오던 게 800원이 들어오잖아요. 자체적으로 환율 위험을 관리할 수 없었던 중소기업들은 은행이 내놓은 환헤지상품을 구입합니다. 녹인 녹아웃(Knock-In Knock-Out)이라고, 환율이 특정 금액 이하로 떨어지면(Knock-Out) 계약이 무효가 되고, 특정 금액 이상으로 올라가면(Knock-In) 계약 금액의 2~3배를 약정환율로 환전하는 계약이었어요. 환율이 상단과 하단 사이에 머물면 은행이 그것보다 조금 더 비싼 약정환율로 계약 금액을 환전해

주기로 했기 때문에 환율의 급격한 변동만 없으면 기업이 약간
의 수익을 볼 수도 있는 상품이었습니다.

중소기업 상품 내용이 어려운데요.

은행 지금 환율 얼마예요.

중소기업 1달러에 950원이요.

은행 그러면 하단을 930원으로 잡고 상단을 1,030원으로 잡아봅시다. 여기
까지 이해가 가십니까?

중소기업 네.

은행 매달 장사 어느 정도 하세요? 매출 금액이요.

중소기업 한 10만 달러 해요.

은행 그러면 환율이 930원에서 1,030원 사이에 있을 때는 매달 10만 달러
를 저희가 약정환율 970원에 환전해 드릴게요. 현재 950원이니까 지금
환전하시면 1달러당 20원 더 가져가시겠죠?

중소기업 환율이 1달러에 1,000원이면요?

은행 좀 손해 보시는 거죠. 환율이 뭐, 950원 했다가 990원 했다가 하는 거
아닙니까. 월 10만 달러씩 3년 계약 맺으면 3년간 그게 그걸 겁니다.

여기까지는 아무 문제가 없습니다. 진짜 위험은 환율이 하단
인 930원 밑으로 떨어지거나 상단인 1,030원 위로 올라갈 때 시
작됩니다.

환율이 700원까지 떨어졌는데 은행이 10만 달러를 970원에
환전해 줘야 하면 은행의 손해가 너무 커지죠. 그래서 환율이 하

단금액인 930원 밑으로 떨어지면 계약은 원천 무효가 됩니다. 반대로 환율이 1,200원으로 올랐는데 은행이 1달러에 970원밖에 안 주면 기업의 손해가 너무 커집니다. 그럼 이때도 상단금액인 1,030원을 넘어서면 계약이 무효가 돼야 공평한 설계입니다. 그래야 서로 이익과 손해가 1:1이 되지요. 하지만 KIKO는 그렇게 설계된 상품이 아니었습니다.

중소기업 환율이 상단금액을 넘기면 계약한 10만 달러가 아니라 20만 달러를 약정한 1달러당 970원에 환전해야 한다고요?

은행 도박을 걸어보시는 거죠. 요즘 어차피 환율 내려갈 거 걱정하고 계셨잖아요.

분명히 그랬습니다. 그런데 2008년에 세계 금융위기가 터졌네요. 환율이 1,400~1,500원대로 치솟아 버렸죠. 이 중소기업은 3년간 매달 10만 달러 환전을 계약했습니다. 아, 환율이 1달러당 1,030원을 넘었으니 매달 20만 달러 환전을 강제로 해야 하는군요. 한 달에 물건 팔아 10만 달러 버는 중소기업인데 매달 10만 달러를 어디서 더 구해와야 할까요? 따로 대출을 더 받을 수밖에 없겠네요. 그렇게 대출받은 돈은 다시 두 배 이상 손해를 보는 환전을 해야 합니다.

1달러당 1,400원 기준일 때 다른 데서 20만 달러를 환전하면 2억 8,000만 원인데, KIKO 약정대로 환전하면 1억 9,400만 원만 손에 들어와요. 그런데 환전해야 하는 20만 달러 중 10만 달러는 원화를 주고 대출받아 굳이 환전해야 하니까 1억 4,000만 원을 주고 10만 달러를 빌려서 내가 번 10만 달러와 합쳐 환전해 1억 9,400만 원을 갖는 거죠. 그리고 그중 1억 4,000만 원을 다시 10만 달러로 환전해서 갚으면 5,400만 원 남네요. 2억 8,000만 원어치 환전해서 손에 쥐는 게 고작 5,400만 원이라니 중소기업은 기가 막히죠.

이 돈으로는 아마 인건비도 못 건질 겁니다. 그런데 이 상단금액, 하단금액이 얼마인지도 은행마다 달랐고요, 상단금액을 넘었을 때 약정 금액의 몇 배를 더 환전하기로 했는지도 달랐어요. 예시로 든 기업은 5,400만 원이라도 건졌지만, 현실에서는 오히려 마이너스를 보는 기업이 더 많았을 겁니다. 그러니까 수출경쟁력이 건실하던 우량 기업도 이 계약을 치르느라고 수백 곳 망해나가는 사태가 벌어졌지요.

KIKO 사태로 가장 큰 피해를 본 업종이 바로 조선사입니다. 배는 만들면 대부분 수출합니다. 배 한 척 건조하는 데 수년 걸리기 때문에, 계약 시점과 실제로 배를 건네고 돈을 받는 시점이 몇 년씩 차이가 나곤 해요. 그러면 두 시점 사이에 환율이 달라질 확률이 높습니다. 그래서 다른 업종보다 더 환율 위험을 완화할 필요가 있죠. 거기다가 오가는 돈도 목돈이니, KIKO 사태에 얼마나 큰 영향을 받았겠어요. 안 그래도 세계 금융위기에 물동량이 줄면서 경영이 어려워졌는데 KIKO 피해까지 보니, 수출용 중소형 선박을 만들던 작은 조선사들은 전멸하다시피 합니다. 조선업이 번성하던 경남지역 경제가 지금처럼 어려워진 것도,

2017년 세계 7위 선사였던 한진해운이 파산한 것도 여기서부터 시작되는 이야기예요.

중소기업중앙회에 따르면 700개 넘는 중소기업이 KIKO 계약으로 손해를 입었고, 이 중 200여 곳이 부도나 파산을 맞았다고 합니다. 32만 명이 실업자가 됐다는 주장도 있어요. 2차, 3차 피해까지 추정하면 피해 규모는 더 컸을 거예요. 피해 기업들은 불완전판매·부당 계약이라며 소송을 시작했습니다. 미국, 독일, 이탈리아 등 해외에서는 KIKO 계약이 사기이며 불공정하다는 결론을 냈습니다만, 우리나라는 2013년 대법원에서 불공정 계약이 아니라는 판결을 내렸습니다. 위험 부담이 공평하지 않은 비대칭 계약이라도 서로 내용에 합의했으면 불공정 계약은 아니라는 거죠. 위험에 대한 설명을 제대로 해주지 않았다는 항의는 인정되지 않았습니다.

거기다 당시 대법원장이었던 양승태가 은행 편을 들어줄 것인지, 중소기업 편을 들어줄 것인지를 두고 박근혜 전 대통령과 상의한 내용이 2018년에 밝혀져 큰 논란이 되기도 했지요. KIKO 사태의 시작부터 마무리까지, 상도덕 생각이 안 날 수가 없습니다.

2.

금모으기운동,
정말
도움됐을까?

#IMF #외국인투자 #신용불량자

2000~2003년 카드 대란
1997년 외환위기

그놈의 베네수엘라 타령

사람들이 나라 경제를 걱정할 때 앵무새처럼 반복하는 두 가지 레퍼토리가 있습니다. 바로 베네수엘라와 IMF죠.

걱정하는 남자 이러다 우리나라도 베네수엘라처럼 된다.

걱정하는 여자 이거 IMF 다시 오는 거 아니야?

우리는 이 문장이 무슨 뜻인지 압니다. 어쨌든 창대하게 망하리라는 거죠. 베네수엘라가 아프리카에 있는지 아메리카에 있는지, 사람들에게는 별로 중요하지 않습니다. 이미 속담 내지는 관용구가 되었으니까요. 어쩌다가 남의 나라 이름과 국제기구 이름이 경제위기의 대명사처럼 되었을까요?

두 이름의 공통점은 금융위기 중에서도 외환위기와 관련 있다는 것입니다. 외환위기는 무역에서 적자를 계속해서 심하게 내거나, 단기적으로 미국 달러나 유로화, 엔화 같은 기축통화가 부족해서 외국과 거래할 때 사용할 돈이 부족해지면 찾아오는 경제위기예요. 사실 꼭 외환위기가 아니더라도 경제를 무너트릴 수 있는 요소는 많습니다. 식량 부족, 에너지 부족, 물류 봉쇄, 공장 가동률의 급감, 급격한 인플레이션, 깊고 어두운 디플레이션…. 그중에서도 외환위기가 우리에게 가장 인상적이고 두려운 경제위기로 자리 잡은 건, 역시 1997년 외환위기가 깊은 상처를 남겼기 때문이겠죠.

베네수엘라는 산유국임에도 불구하고 외환위기를 맞아 침몰한 국가입니다. 1970년대 베네수엘라는 남미 최대의 산유국이었습니다. 1976년에는 남미에서 1인당 GDP가 가장 높았어요. 남북한 체제 경쟁이 계속되던 1970~1990년대까지는 공산주의·사회주의 국가가 많은 남미 사정에 우리나라 언론의 관심이 꽤 컸어요. 베네수엘라는 신문에 매년 수백 건씩 언급될 정도였습니다. 처음에는 베네수엘라가 석유 가격을 인상해 우리나라에 경제적 충격을 준다는 이야기가 많았고요, 그다음에는 베네수엘라가 중국과 국교를 트고 북한과도 공식적으로 교류를 시작했다는 이야기, 그리고 1990년대쯤 되면 베네수엘라의 정치·경제적 혼란상에 초점을 맞춘 기사가 많아졌죠.

베네수엘라는 오일쇼크 당시 무척 잘나갔어요. 오일쇼크는 유가가 폭등하는 현상이라서 산유국인 베네수엘라는 높은 가격에 석유를 팔아 큰돈을 벌었습니다. 그러나 앞으로도 고유가가 유지될 것이라 여겼는지 국가 경제를 방만하게 운영했어요. 결국 국제유가가 안정된 1980년대부터는 석유로 충분한 외환을 마련하지 못해 국가 전체가 굉장히 불안정해졌습니다. 석유 말고 다른 상품을 생산할 역량이 없었거든요. 2010년대 이후에도 외환위기와 재정위기를 연달아 맞으며 어려움을 겪고 있어요.

경제위기를 겪은 나라가 한둘이 아닌데도 굳이 베네수엘라가 우리나라에서 경제위기의 상징처럼 돼버린 건 ① 한때 나름 잘 나갔다, ② 수출에 절대적으로 의존하는 우리나라처럼 석유에 절대적으로 의존했다, ③ 절대적으로 의존하던 석유산업이 흔들리자 나라가 정치적인 혼란으로 망했다 정도 아닐까 해요.

우리나라 경제는 대외의존도가 높습니다. 외환위기가 와서 수입과 수출이 어려워지면 경제 전체가 스르륵 녹아버리죠. 외환위기를 극복해보려는 과정에서 연쇄적으로 다른 금융위기를 불러오기도 하는데, 대표적인 사례로 2000년대 초반에 발생한 신용카드 대란을 들 수 있어요.

외환위기 이후 내수를 살리고 경제를 투명하게 만들기 위해 신용카드 사용을 장려했는데 어마어마한 신용불량자를 양성하고 말았습니다. 외환위기 후유증과 마찬가지로 카드대란의 후유증은 2020년대에도 완전히 해결되지 않았습니다. 그때 신용불량자가 된 사람들의 신용 회복도 다 이뤄지지 못했고, 급증한 가계대출도 아직 한국 경제의 지뢰라고들 해요.

당시 신용카드사들의 광고 멘트, 아직도 기억하는 분들이 많을 거예요. 여러분, 부~자 되세요!(BC카드) 열심히 일한 당신, 떠나라!(현대카드)

2000년대 초반 카드사 신문 광고

경제를 살리기 위해 미성년자에게도 신용카드를!

정부 우리는 올해 11월 21일부로 IMF 구제금융을 신청합니다.

사람들 IMF가 왔다! 우리나라는 부도를 맞았다!

정부 아니, 그게… 외환위기가 와서 IMF를 부른 겁니다.

사람들 여름부터 대기업이 줄도산을 하고 나라가 엉망이긴 했어요.

　우리나라는 2001년에 IMF를 조기졸업했어요. 2003년 벌어진 신용카드 대란은 IMF를 졸업해 나가는 과정에서 생긴 경기 침체를 북돋아 보려다 일어난 사건입니다. 사람들이 돈을 써야 시장이 살아나고 경기가 올라오지요. 현금 거래는 탈세 걱정도 있으니 거래 내역을 잡아서 제대로 세금을 걷을 겸, 소비도 북돋울 겸 정부는 신용카드 사용을 장려합니다.

정부 돈이 왜 돈인지 아십니까? 돌아야 돈이라 돈인 겁니다. 사람들이 돈을 써야 물건이 팔리고! 물건이 팔려야 물건을 만들고! 물건을 만들어야 만들 사람이 고용되고! 고용돼야 월급이 나오고! 월급이 나와야 돈을 쓰고! 그런데 '외환위기는 지나갔어도 언제 또 망할지 모른다, 모아놓자, 대비하자!' 이러니까 돈이 안 돌고 경제가 안 돌고 이거 이러다 진짜 망한다고요!

사람들 틀린 말은 아닌데….

정부 그래서 결정했습니다. 카드사 대출 제한 폐지! 현금서비스 한도도 폐지! 신용카드로 쓴 금액은 연말정산 때 소득공제 어마어마하게 해준다!

사람들 그렇게 다 제한을 풀어버리면 부작용이 있을 텐데요.

정부 카드사도 망하기 싫으면 알아서 건전하게 영업하겠죠.

카드사 과연 그럴까?

정부의 순진한 기대를 간단하게 배신한 신용카드사는 예상했던 거의 모든 부작용을 현실로 만들어버립니다. 신용카드 대란이 뭔지 간단하게 말하자면, 신용카드를 무분별하게 사용하고 연체한 사용자가 너무 많아서 은행과 카드사가 연쇄 부도 직전까지 간 거예요. 채무가 연체되어 금융제재를 받는 신용불량자는 2002년에 100만 명, 2003년에는 380만 명으로 늘었고, 네 개 이상의 신용카드로 돌려막기를 하던 잠재적 신용불량자는 50만 명이 넘었습니다. 당시 언론은 그 원인을 무분별한 신용카드 발급으로 꼽았는데요. 도대체 어느 정도로 무분별했기에 그 난리였을까요?

일단 카드사는 소득이 없는 미성년자에게도 카드를 발급하기 시작했습니다. 누가 신청하든 상환 능력 심사 따위는 하지 않았죠. 15세 이상이라면 한 사람당 신용카드가 평균 다섯 개씩 지갑에 꽂혀 있던 시절입니다. 당시만 해도 지금처럼 신용경제가 발달하지 않아서, 대형 쇼핑몰에서 현금 말고 신용카드로도 결제 가능하다는 사실이 신문에 보도될 정도였어요. 그러다 보니 사람들은 카드사 마케팅을 철석같이 믿습니다.

카드사 카드 만들면 무조건 가입 축하 상품 드려요. 상품만 받고 카드는 한 번도 안 쓰시고 잘라버리셔도 돼요. 이자 뭐 잘 모르겠고요, 한도 없으니까 할부로 쫙쫙 긁으세요. 현금서비스도 심사 없이 드려요! (신용카드: 현금서비스 이자 15~24%, 할부수수료는 12~17%랍니다)

덕분에 카드사는 2001년 한 해 총 2조 5,000억 원의 순익을 내요. 2002년 월드컵의 부가가치 유발효과를 약 4조 원으로 환산하던 시절입니다. 카드사가 과장 좀 섞어서 월드컵 개최한 만큼 번 거예요. 사상 최대의 이익이라고 연일 보도가 쏟아졌답니다. 그렇게 2002년 1분기, 단 3개월간 현금 대출이 100조 원에 도달합니다. 2001년 1분기엔 61조 원이었으니까, 지난 분기 대비 62.7% 증가한 금액입니다. 1999년 총 3,800만 장이었던 신용카드는 2001년 말 1억 2,000만 장이 돼요. 외환위기 직후인데, 3년 만에 사우디아라비아 수준의 유전이 터져서 벼락부자가 된 게 아닌 이상 분명히 과열이었죠.

카드를 카드로 돌려 막던 사람들이 더는 돌려막기를 못하면서 무슨 일이 벌어졌을까요?

사채업자 금융실명제로 망할 줄 알았더니 여전히 장사 잘되네.

2002년 금융감독원 조사에 의하면 사채 이용자의 절반이 카드값을 갚기 위해 찾아온 사람들이었습니다. 과소비한 사람들도 있었겠지만, 신용이 뭔지 잘 모른 채 생활비며 사업자금을 만들 기회라고 생각한 사람들이 더 많았어요. 저소득층과 영세 자영업자는 급증한 반면, 사람들이 얼마나 돈을 많이 쓰는지 나타내는 평균소비성향은 1990년대보다 2000년대 초에 훨씬 줄었으니까요. 외환위기를 맞아 한계로 몰린 저소득층이 생활비 용도, 사업자금 용도로 카드론과 현금서비스를 받았던 거죠. 먹고살려면 조그만 가게라도 열어야 하니까요.

그런데 한 국가에 신용불량자가 400만 명이나 되면 그냥 400만 명의 인생이 망하는 것으로 끝이 아닙니다.

카드사 잠깐만… 이렇게 많이들 카드값을 못 갚는다고?

가맹점에 물건값을 먼저 결제해 준 카드사도 고객 대부분이 악성 연체자라면 망하기는 마찬가지예요. 신용카드는 결제할 당시 내 돈이 빠져나가는 게 아니라, 한 달 치를 모아서 결제일에 한 번에 빠져나가는 구조입니다. 손님의 카드를 받아 결제한 사장님도 마찬가지입니다. 카드사가 한 달 치 결제 건을 모아서, 카드 수수료를 뗀 금액을 가맹점에 보내줘요. 결제하자마자 손님 돈이 내 돈 되는 건 현금밖에 없습니다.

그런데 카드 이용자가 카드값을 못 갚는다면? 카드 빚으로도 감당이 안 되는 상황이 온다면? 중간 역할을 하던 카드사는 망하게 됩니다. 카드사가 망하면 결제를 받지 못하는 가게들도 함께 망하겠죠? 그렇게 LG카드가 망합니다.

거기다 SK글로벌의 회계조작 사건이 터집니다. SK글로벌이 채무잔액증명서를 위조해 1조 1,881억 원의 빚을 '없는 척'한 사건이에요. 회계장부에는 1조 5,587억 원의 이익이 허위로 작성돼 있었지요. SK글로벌이 조작된 장부를 이용해 신한금융지주, 우리은행, 조흥은행, 하나은행 등 여러 금융권에서 돈을 빌렸기 때문에 해당 회계조작 사건이 밝혀지자마자 은행주 주가가 폭락합니다. 은행이 SK글로벌에 빌려준 돈을 못 받을 수도 있는 거니까요.

뱅크런이 일어날까 불안해진 사람들은 MMF*를 마구 팔아

◆ Money Market Funds의 약자로, 고객의 돈을 모아 단기 금융상품에 집중투자해서 짧은 시간 내에 이자를 받을 수 있도록 해주는 금융상품입니다. 30일 이상 운용하기만 하면 언제든 사고팔 수 있어요. 보통 이자가 높고 수익률에 비해 위험도는 낮지만, 원금은 보장되지 않습니다.

현금으로 바꾸기 시작합니다. MMF는 그냥 '언제든 해지할 수 있는 펀드'라고 이해하시면 편해요. SK글로벌과 은행에 문제가 생겼는데 사람들이 왜 하필 MMF를 던지기 시작했냐면, SK글로벌이 발행한 회사 채권에 투자한 펀드가 많았기 때문이에요. SK글로벌이 망하거나, 망하지 않더라도 장부를 부풀려야 할 정도로 실적이 안 좋다면 그 회사의 채권은 앞으로 수익률이 떨어질 일만 남은 거니까 더 망하기 전에 얼른 파는 것이 합리적인 결정이지요.

은행은 펀드를 돈으로 바꿔주느라 금고가 고갈될 지경에 처합니다. 정부와 은행은 SK글로벌 때문에 금융권이 통째로 망할까 봐 MMF 전체를 모니터링하기 시작해요. 그런데 여기서 또 다른 문제가 발견됩니다. MMF가 투자한 채권에는 SK글로벌 회사채뿐 아니라 여러 카드회사의 채권이 있었습니다. 은행은 펀드를 환매하러 오신 고객님께 이 채권, 저 채권 팔아서 돈을 마련해드립니다. 그런데 카드회사 채권은 아무도 안 사가는 거예요. 얼른 팔아서 고객님께 돈을 돌려드려야 하는데!

왜 카드회사 채권이 안 팔렸냐고요? 카드사가 부실투성이여서 아무도 카드회사가 발행한 채권은 사지 않으니까요. SK글로벌 덕분에 카드사가 단체로 부도나기 전에 부실을 잡아낸 것은 좋았지만, 이제 은행이 연쇄 부도를 맞게 생겼습니다.

정부 자칫하면 또 금융위기 오겠네요.

사람들 (욕)

F 받자마자 재시험 치면 A 받겠어요? 복습하기 전엔 또 F지.

다행히 신용카드 대란 수습은 비교적 간단한 편이었습니다. 2003년 4월 11일 정부가 발표한 금융 시장 종합안정대책이 어느 정도 먹혔거든요. 정부 지시로 은행들이 울며 겨자 먹기로 돈을 모아 만기 카드 채권을 사주게 됐습니다. 카드사가 비실비실해진 몸으로 채권 대금까지 치르지는 않아도 되니 최소한 연쇄 부도는 막을 수 있었죠. 이게 바로 관치금융입니다. 정부가 금융을 쥐고 있는 거죠. 2020년대, 관치금융 때문에 핀테크 혁신이 안 된다는 언론 보도가 쏟아져 나왔어요. 그런데 관치금융이 없었다면 우리가 아는 금융회사 대부분은 이미 망하고 없었을 겁니다. 물론 관치금융이 좋다는 건 아닙니다. 사기업 일에 언제까지 정부가 개입해서 굶으면 밥 차려주고 아프면 손잡고 병원에 데려가줘야 하겠어요. 관치금융 생태계에 익숙해진 기업과 소비자를 어떤 준비 과정도 없이 당장 시장경쟁 허허벌판에 몰아넣을 수는 없다는 게 문제일 따름이지요.

이때 생긴 신용불량자 400만 명에 대해서는 이자와 원금의 30%를 감면해주었습니다. 이후 새로운 정부가 들어설 때마다 빚 탕감 대책이 계속됐죠. 72만 명의 저신용자를 사면하거나, 국민연금에서 빚의 절반을 대출받도록 해 악성 채무를 갚아주거나…. 하지만 사람들의 망가진 삶을 돌이키기엔 너무 늦었어요. 한번 빚의 구렁텅이에 빠지면 다시 일어서기 쉽지 않아요. 2018년 말 기준으로 우리나라 성인 100명 중 한 명은 여전히 평균 이자율 46.4%, 최고 대출 금리 60%에 달하는 사채를 사용하고 있다고 합니다.

카드대란은 그것이 우리나라 경제에 미친 영향이나 개인의 삶을 뭉갠 정도에 비하면 유명세가 덜하지요? 2003년에 다른 큰 뉴스가 있었기 때문에 그렇습니다. 북한이 핵확산금지조약(NPT)을 탈퇴하고 핵 개발을 시작해서 다들 그쪽으로 관심이 쏠렸거든요. 복잡한 금융 이야기보다는 나쁜 놈이 나쁜 짓 하는 이야기가 훨씬 자극적이니까요. 그나마 신용카드 사용 장려의 원래 목적이었던 지하경제 축소와 탈세 방지에 성공한 것은 다행이에요.

달러가 있었는데요, 없었습니다

'금모으기운동'은 외환위기 시절의 대표적인 장면입니다. 1998년 1월부터 4월까지 정부는 물론 국회, 언론, 삼성, 농협, 노조와 종교단체, 시민단체까지 나서서 금을 모았습니다. 순금을 모아 수출해서 벌어들인 달러로 나라의 빚을 갚겠다는 거였어요. 고철도 모아서 달러로 바꿀 수 있는 건 모두 내다 팔았죠. 공짜로 징발하지는 않았고요, 정부가 우리나라 돈으로 시세에 조금 얹은 값을 쳐주었습니다.

금모으기운동에는 249만 명이 참여해 약 4개월간 총 225톤

외환위기 직후의 금모으기운동 모습
(1998)

의 금이 모였고, 그중 196.3톤이 수출됐습니다. 당시 시세로 약 22억 달러 정도예요. 외환위기 직전인 1997년 11월 당시 우리나라 외환보유액이 고작 20억 달러였음을 생각하면 어마어마한 수치입니다. 1998년 1월, 우리나라 외환보유액은 1997년 말보다 31억 달러 늘어났는데, 그중 6억 달러가 금 수출분이었습니다. 금 말고는 팔아서 돈으로 만들 게 없었던 셈이죠. 그때 한국은행의 공식 금 보유량은 14.4톤이었어요. 2017년에는 한국은행 금 보유량이 104톤까지 늘어났지만, 1998년 금모으기운동으로 모았던 금의 절반밖에 되지 않는 양입니다. 그 정도로 금모으기운동의 결과는 대단했어요.

공교롭게도 1998년 1월 5일 뉴욕 선물 시장 국제 금값은 온

스당 283달러로 1979년 6월 29일 이후 18년 만에 최저를 기록했다고 해요. 그러다 보니 우리나라가 많은 양의 금을 내다 팔아 세계시장에 금 공급량이 갑자기 늘어나는 바람에 금값이 휘청였다는 보도가 연이어 나왔습니다. 그런데 이 이야기는 사실 확인이 어려워요. 1990년대 중후반 각국 중앙은행은 수익성이 떨어진다며 보유하던 금을 내다 파는 추세였거든요. 특히 1997~1998년에는 스위스가 보유하고 있던 금의 절반 이상을 매각한다는 이야기가 나올 정도였습니다. 아르헨티나, 오스트리아, 오스트레일리아, 벨기에, 캐나다, 룩셈부르크, 체코, 인도는 실제로 금을 팔았고요. 그러니까 금값 폭락은 우리나라 때문이 아니라 금을 매도하던 세계적인 분위기 때문이었을 가능성이 큽니다. 각국 중앙은행이 금을 사재기하는 2010년 이후 분위기와는 정반대죠. 어쨌든 금을 모아 파는 것의 효과는 일회성일 수밖에 없었기 때문에, 실제 외환위기 극복과 직접적으로 연결되지는 않았습니다. 물론 금모으기운동이 세계적으로 강한 인상을 남기기는 했습니다. 국난 극복 의지가 무척 대단하다는 평가를 받았어요.

　세계적으로 보면 국가와 정부가 위기에 처했다고 일반인이 적극적으로 나서는 경우는 의외로 많지 않다고 해요. 하지만 우리나라는 국가의 문제를 해결하기 위해 개개인이 가진 자원을 끌어오는 모습이 꽤 익숙합니다. IMF 체제 이후 우리나라 기업들이 일종의 무기력증에 빠져 있다는 사실과 비교해 보면 좀 씁쓸해요. 무리하게 투자했다가 재정이 모자라서 부도를 맞을까 봐 기업들의 투자 활동이 상당히 위축되었다는 연구 결과가 여럿 있거든요. 외환위기 이후 감소세로 돌아선 기업의 총자산 대비 투자 비율은 2021년까지도 계속 하락하고 있습니다.

기업이 투자를 안 한다는 건 기계 설비를 안 산다는 뜻이기도 하고, 연구 개발을 덜 한다는 뜻이기도 하고, 인건비를 최소한으로만 지출한다는 뜻이기도 하죠. 그러니까 전반적으로 이익을 극대화하기보다는 비용을 최소화하는 쪽으로 보수적인 경영을 하고 있다는 거예요. 이전에는 과잉 투자라는 말이 나올 만큼 기업이 돈을 많이 쓰는 방향으로 경영을 해왔으니, 외환위기 이전과 이후 우리나라는 완전히 다른 나라가 되었다고 할 수 있습니다. 하루에 최소 8시간 이상을 보내는 직장에서 나한테 사용하는 돈의 형태도, 액수도 180도 달라져 버린 거잖아요. 입사할 때 제시하는 비전도 달라졌지요.

그렇다는 건, IMF가 외환위기를 맞은 우리나라를 구제하기 위해 외화금융을 빌려주는 대신 이것저것 뜯어고치라고 요구했는데, 우리나라가 그대로 잘 이행했다는 것을 의미합니다. 실물 경제와 비교하면 금융 부문이 놀라울 만큼 뒤처져 있었던 데다 정경유착이 너무 심해, 그 어떤 외국 정부도 우리나라 정부의 공식 통계를 믿지 못할 정도였어요. 그러니 우리로서는 IMF의 개혁 요구를 받아들일 수밖에 없었습니다. 외환위기 이전에도 구조조정에 대한 국민적 공감대가 있는 상황이기도 했고요.

금융이 어땠기에 그랬냐고요?

일본 뒤에는 미국이 있고, 우리나라에는 대통령 레임덕이 있고

퀴즈 개발도상국과 선진국의 기준은?
사람들 오버 더 국민소득 1만 달러!

1995년, 1인당 국민소득 1만 달러 돌파가 한국사회의 큰 이슈였습니다. 이 1만 달러가 가진 상징적인 의미가 굉장히 컸어요. 당시 세계은행(WB)은 1인당 국민소득이 9,076달러 이상인 국가를 '고소득국가(high-income countries)'로 분류◆했는데, 1만 달러는 그걸 넘어서는 금액이니까요. 전쟁으로 세계의 원조를 받던 나라가 반세기도 되지 않는 기간에 자랑해도 좋을 만큼 먹고살 만해졌다는 거죠.

시간을 돌려 1995년 이전, 1인당 국민소득 1만 달러 돌파를 향해 달려가던 그때, 한국은 세계 선진 25개국 경제정책협의기구인 OECD에 가입하기 위해 열심히 준비 중이었습니다. 가입을 위해 맞춰야 할 조건은 금융을 포함한 각종 무역과 서비스 관련 160여 개. 조건들을 한마디로 요약하면 '금융자유화'입니다. 국가 간 자본의 이동을 쉽게 하는 것이죠.

금융자유화가 이루어지면 이런 것들이 가능해집니다.

◆ 세계은행은 2021년 기준 1인당 국민소득 1만 2,536달러 이상을 고소득 국가로 분류합니다. 2021년 기준 우리나라 1인당 국민소득은 3만 5,373달러예요.

① 외국 은행에서 달러(외국 돈) 빌려오기

② 외국인이 한국 회사 주식을 해외/국내에서 제한 없이 사고 팔 수 있게 하기

③ 외국인이 우리나라 땅이랑 건물 살 수 있게 하기

④ 외국인이 우리나라 돈을 선물옵션으로 거래할 수 있게 하기 등

OECD 가입을 위해서는 높은 수준의 금융자유화가 필수였어요. 우리나라는 OECD 가입이 간절했음에도 금융 시장 개방에 선뜻 나서지 못했습니다. 무엇보다도 그게 뭔지 잘 몰랐거든요. 그런 상태에서 외국자본에 문을 확 열어버리면 망할 것 같으니, OECD에는 차례차례 해나가겠다고 약속하고 조금씩 문을 열고 있었습니다.

사람들 얼른 1만 달러를 넘겨야 한다니까? 더 열심히 일합시다!

정부 기업 여러분들, 수출 힘내고 있습니까?

기업 일단 덩치를 불리고 있습니다! 글로벌 경쟁을 하려면 규모의경제죠!

경제학자 (규모의경제가 그 뜻이 아닌데)

기업 그런데 말입니다. 정부의 도움이 좀 필요한데 말입니다.

정부 아, 어차피 금융자유화도 해야 하고. 외국에서 돈 빌리는 거, 기업 키우기와 수출이 목적이면 무조건 허가! 일단 질러요! 안 되면 되게 한다! 못 갚으면 정부가 도와드려요.

1인당 국민소득 1만 달러를 넘기기 위해 마구 달려가는 동안, 기업과 정부도 손발을 맞춰 가며 달렸습니다. 먼저 1993년, 우리 정부는 금융자유화를 하겠다며 무역 관련 금융과 해외 지사 단기 차입◆을 허용했습니다. 상환 기간이 짧아서 바로바로 갚아줘야 한대도, 일단 필요하면 외국에서 빌려와도 된다고 한 거죠.

21세기인 여기저기 투자하셔서 사업 확장하시는 건 좋은데요. 지금 사업 확장하느라 빌린 돈 못 갚고 계신 거 아닌지….

기업 아, 또 빌리면 됨. 요새 다들 돌려 막던데? 못 갚으면 정부가 갚아준다고 함.

21세기인 은행 여러분, 계속 빌려주고 계신 거예요? 심사해서 부적격이면 잘라야 하는 거 아닌가요?

은행 기업이 돈 필요하다는데? 물 들어올 때 노 저어야지, 요새 세계 금리가 낮아서 우리도 외국 은행에서 돈 빌려다가 기업들 빌려주는 중.

21세기인 근데 일본에서 너무 많이 빌려오신 거 아닌가요? 일본이 회수 결정하면 부채의 반 이상을 당장 갚아야 할 텐데요….

은행 일본도 요새 돈 빌려주면서 투자한다고 바빠. 이자 쌀 때 빌려야지.

외국 자금 단기 차입은 회사의 주식을 국내 주주들에게 팔아서 자본금을 마련하는 것보다 리스크가 큽니다. 주식이야 주주

◆ 원금 상환 및 이자 납입 기한을 1년 이내로 정하고 돈을 빌려 쓰는 일. 또는 그 돈을 가리키는 용어예요.

가 워낙 여럿이니 웬만하면 한 번에 무너지지 않는 데다 상환 일정 같은 것도 없지만, 외국에서 빌려온 돈은 이자도 내야 하고 상환 일정도 있잖아요.

그렇지만 정부에게는 개방이 우선이었습니다. 기업이 무역한다고 하면 일단 다 허가를 내줬어요. 그 와중에 기업들은 그렇게 빌려온 돈으로 동남아시아에 투자합니다. 외국에서 투자를 받았으니, 우리도 다른 곳에 투자해서 거기서 번 돈으로 빌려온 돈을 갚아야죠? 그런데 동남아시아는 1997년 연초부터 아시아 외환위기로 도미노처럼 무너지는 중이었습니다. 빌린 돈으로 투자했는데, 투자금을 회수할 길이 사라졌네요. 상환 시점은 계속 다가오는데 말이죠.

은행 & 기업 요새 세계적으로 금리 엄청 낮은데? 일단 빌려서 뭐라도 하자.
미국 우리 경제 지금 너무 활황인데? 버블이다. 금리 올려.
동남아 야야, 큰일이다. 투자금 빠진다. (와르르 경제 무너지는 소리)
한국 아니, 우리 투자금 돌려줘야죠. … 여보세요? 듣고 있니?

당시 우리 못지않게 투자금 못 받게 생긴 나라가 있었으니 바로 일본입니다. 그런데 우리나라 은행과 기업이 어느 나라에서 돈을 제일 많이 빌렸을까요? 그것 또한 일본입니다.

일본 우리도 지금 빌려준 돈 못 받게 생겨서 급하거든.
한국 무슨 얘기할지 알 거 같은데 한 번만 봐주라.

미국 일본아. 거절해라. 나는 한국을 IMF에 보낼 생각이다.

일본 들었지? 만기 안 된 대출도 오른 금리 적용할 거야. 못 갚겠으면 정부 나와.

우리나라 정부가 능력이 아예 없었던 건 아닙니다. 1997년 3/4분기까지 산업생산 증가율이 평균 10%가 넘었거든요. 시간이 조금만 더 있었다면 평소처럼 재정을 운용하여 넘길 수 있었죠. 하지만 일본은 도움 요청을 거절합니다. 일본 뒤에는 미국이 있었어요. 미국은 우리나라가 IMF에 구제금융을 신청할 때까지 도와주지 말라는 메시지를 일본 정부에 전달해 두었다고 합니다. 이미 세계 20위권 경제 규모였던 우리나라에 개별 국가가 선

엔 블록

한때 일본 경제는 미국을 넘어설지도 모른다는 평가를 받았어요. 그 위상이 어느 정도였냐면, 1970년대부터 1990년대 초중반까지는 엔 블록 이야기가 심심찮게 나오곤 했어요. 엔 블록은 일본 엔화가 동아시아 지역의 기축통화로 작동하며 동아시아 국가들이 엔-자국 통화 환율을 안정적으로 유지하는 경제체제예요. 유럽연합에서 여러 나라가 단일 통화인 유로화를 사용하는 것과 비슷한 개념입니다. 엔 블록도 세계의 기축통화인 미국 달러를 보완하는 성격이 강하기는 하지만, 엔 블록이 현실화된다면 일본 경제가 동아시아 경제의 기준이 된다는 점에서 기축통화적 성격이 있지요. 일본이 IMF처럼 아시아통화기금(AMF)을 창설하자고 했던 것이 1997년이었는데, 이러면 엔 블록이 형성되는 것이었지요. 이는 일본의 영향력이 너무 커질 것을 우려한 미국과 중국의 반대로 무산되었습니다.

불리 지원했다가 위기에 같이 휘말리지 않을까 하는 우려도 있었고 나름의 세계질서 구상도 있었어요. 미국은 당시 중국이 추진하던 화교경제권 구성, 그리고 관치금융과 연공서열을 중심으로 하는 일본식 경제체제에 맞서 우리나라의 경제체질을 미국식 자유시장경제체제로 바꾸고 싶어 했습니다. 당시 IMF를 통해 자금을 지원받은 국가들은 모두 미국식 시스템을 따르도록 요구받았어요.

정부 달러를 더 쌓아둘걸….

다른 나라들이 어떻게 머리를 굴리고 있든, 우리나라 정부는 일단 억울합니다. 달러 그까짓 거 더 쌓아놓으려면 쌓아놓을 수 있었는데… 모자랄 줄은 몰랐던 거죠. 원래는 달러를 최소한 '단기 외채'만큼은 쌓아놔야 해요. 그래야 빚을 한 번에 갚으라고 할 때 갚을 수 있죠. 하지만 1993년에 금융 시장을 일부 개방하면서, 빌려오는 건 쉽게 만들어놓고 빌려오는 만큼 쌓아놔야 하는 외화준비금은 1993년 이전과 똑같은 수준을 유지했던 겁니다. 그러나 아시아 외환위기로 돈 빌려올 곳이 막혀버리자 더는 빚을 돌려 막을 수 없게 된 기업들이 줄지어 쓰러져 나갔습니다. 외국 투자자들은 우리나라 주식을 마구 팔았죠.

주식을 팔아 한국 원화를 손에 쥔 외국인 투자자들의 다음 스텝은 뭐였을까요? 바로 환전해서 차익을 실현하는 것입니다. 다들 자기 나라에서 돈을 쓰려고 해외 주식에도 투자하는 거니까요. 하지만 이미 환전해 줄 달러마저도 바닥난 상황. '금모으기운동'은 이런 이유로 시작된 겁니다.

결국 정부는 IMF에 외화를 빌려달라며 SOS를 쳤고, 우리가 받은 처방전은 이러합니다.

① 고금리정책
② 전면적 구조조정
③ 전면적 시장개방

1997년 외환위기는 사실 구조조정과 상관없이 1998년 겨울에 해소됐습니다. 그즈음엔 빌려온 만큼의 달러가 생겼거든요. 그렇지만 우리나라 경제가 단기 외채 하나만 막는다고 괜찮았던 건 아니었죠. 고통스러운 구조조정이 시작되었습니다. 스스로 구조조정을 하면 그 과정에서 생기는 피해자들을 구제하는 방안도 마련할 수 있습니다. 하지만 국내의 이해관계에 얽혀 있지 않은 사람들이 구조를 뜯어고칠 땐 사심 없이 칼을 휘두를 수 있다는 장점과 부작용은 전혀 신경 쓰지 않는다는 단점이 함께 따라옵니다. IMF 체제 구조조정이 딱 그랬답니다.

빚을 내가며 무리한 확장을 하던 대기업이 허술한 회계와 함께 연쇄적으로 무너지고 부실한 어음이 부도를 초래하며 시장에 돈이 말라버릴 때, 정부와 국회는 무엇을 하고 있었을까요?

사실 위험 신호는 1995년부터 울리기 시작했습니다. 그해 10월 전두환·노태우의 불법 비자금 축적 사실이 밝혀지면서 국내 기업금융에 대한 신뢰가 무너졌죠. 약 4,500억 원에 달하는 이 비자금은 외환위기의 시초가 되는 한보그룹 부도로 이어집니다. 정경유착으로 내수 경기가 가파르게 추락한 데다 엔저 현상에 수출까지 줄기 시작했어요.

그때부터 아시아에 외환위기가 닥치면서 증시가 추락하고 환율이 급등하며 세계가 우리나라를 더는 믿을 수 없다고 말하던 1997년까지 그 2년 동안, 정부와 국회가 좀 빠르게 움직였으면 IMF 체제까지는 막을 수 있지 않았을까 하는 생각도 해봅니다.

사실 1997년 초에는 나름대로 금융개혁이 추진되고 있었습니다. 그런데 대통령 선거가 코앞이었기 때문에 금융개혁법안 통과가 늦어지다 무산됐어요. 금융권 반발도 어마어마했고요. 취임하자마자 금융실명제를 밀어붙였던 김영삼 대통령이, 외환위기를 막을 수도 있었던 금융개혁은 왜 하지 못했냐 하면 가족의 비리로 레임덕을 맞고 민심을 잃어버렸거든요.

정부가 민심을 잃으면 정부 정책은 신뢰를 잃죠. 아무리 좋은 정책이라도 시장의 신뢰를 잃으면 그 정책은 의도대로 풀리기 어렵습니다. 금모으기운동이 외국에 좋은 평가를 받은 것도 이 부분이었어요. 개혁에 다들 협조하겠구나, 안심할 수 있었던 것이지요.

분식회계의
진짜 이름은
'회계 사기'

#부실기업 #회계부정

2003년 SK글로벌 사태
1997~1998년 대우그룹 부도

회계장부 예쁘게 꾸미고 싶겠지만 그거 불법이야

투자자들은 물건을 많이 팔고 이득도 많이 남기며 투자자들에 대한 보상 의지가 확고하고 미래를 위해 연구 개발에도 노력을 아끼지 않는 기업을 좋아합니다. 그런데 그런 기업이 되기가 어디 쉽나요. 그래서 회사는 경영 활동을 보고하는 서류인 재무제표를 예쁘게 꾸미고 싶어 합니다. 바로 '분식회계(粉飾會計)'죠. 떡볶이, 김밥, 순대 같은 분식이 아니라 장부에 분칠했다는 거예요.

회계사 지망생 '분식회계'라는 단어 말인데요, 한자를 그대로 풀어보니까 대충 '여름에도 보송보송하게 밀착되는 수분에센스 함유 퍼펙팅 파운데이션 (21호) 회계' 정도 되던데, 대체 이게 무슨 소리예요?

학원 강사 회계장부를 거짓말로 보기 좋게 꾸며놨단 뜻이랍니다. 일본말이라 이해하기도 어렵고 무척 쓸데없는 비유라서 요새는 직관적으로 '회계 부정'이라든가 '회계 사기'라고 해요.

회계 부정은 중대한 불법으로, 기업의 대표적인 부정부패 중 하나예요. 2001년 미국의 에너지기업 엔론이 회계 부정으로 파산했을 때는 세계 경제가 휘청였죠. 우리나라는 1970년대부터 지금까지도 회계 부정이야말로 기업 부정부패의 꽃이 아닌가 싶을 만큼 회계 부정이 만연해 있답니다. 1997년 외환위기의 큰 요인 중 하나인 기업의 정경유착과 부정부패도 회계 부정과 사기 없이는 불가능했을 거예요.

1977년 3월 《매일경제》 기사를 보면, 상장법인 220개 중 약 52%인 114개가 공인회계사 감사 결과 부적정한 회계 처리를 하고 있었는데, 그중 80%는 순이익을 부풀렸다고 해요. 최근의 대규모 회계 부정 사태로는 2015년 대우조선해양 회계 부정과 2018년 삼성바이오로직스 회계 부정 등이 있습니다. 하지만 금액의 크기와 파급효과로는 2003년 카드대란 발견에 큰 도움을 주신 SK글로벌의 회계 부정과 1997~1998년 우리나라 경제를 주저앉히는 데 한몫한 대우그룹의 41조 회계 부정만 한 사건이 없어요.

2003년 SK글로벌 사태

신용카드의 무덤에 불을 지른 회계 부정

약 400만 명의 신용불량자를 만들어낸 2003년 카드대란은 앞서 간단히 설명했듯이 SK글로벌의 회계 부정으로부터 시작합니다. 무직자도 신용카드를 5장씩 긁고 다닐 수 있었던 것이 통신사업하는 SK글로벌 때문이라니 무슨 소린가 싶을 거예요. SK글로벌이 회계 부정으로 망해버리는 바람에 SK글로벌에 투자했던 카드사와 은행이 발목을 잡혔습니다. 경영 상태가 안 좋아져서 소비자 대신 가맹점에 카드 결제 대금을 지급할 능력이 부족하다는 게 드러났거든요.

SK글로벌은 SK네트웍스의 2003년 9월 이전 이름이에요. SK네트웍스는 지금의 SK그룹을 만든 모회사고요. SK그룹은 선경직물주식회사라는 중소기업으로 시작해 1980년 대한석유공사를, 1994년에는 한국이동통신을 인수해 재벌기업이 됐어요. 이 과정에서 정경유착을 의심받기도 합니다. 특히 노태우 전 대통령의 딸과 결혼한 최태원 회장에 의혹이 집중되었죠.

1999년에서 2001년 사이에 1조 5,587억 원의 회계 부정을 저지른 사람도 최태원 회장입니다. 2003년 회계 부정이 밝혀지자 1월 최고 666.71을 기록했던 코스피지수가 530 밑으로 폭락합니다. 5년 만기 국고채 금리가 연 5%로 올라서고, 환율은 1,238원

코스피

코스피는 우리나라 증권 시장에 상장된 주식 가격으로 만든 지수입니다. 시간의 흐름에 따라 상장된 회사 전체의 주가가 평균적으로 얼마나 오르고, 얼마나 내렸는지 비교하려고 만든 기준이에요. 코스피는 1980년 4월에 상장된 회사 전체의 주가지수를 100으로 설정합니다. 현재 코스피가 2,000이라면 1980년 4월에 비해 증권 시장 전체가 20배 성장한 거예요. 상장된 회사도 늘어나고, 주가도 전반적으로 높아졌다는 뜻이죠.

위로 폭등하죠. 숫자가 어렵다면 이렇게 생각하면 돼요. 외국 투자자들이 한국 금융 자산은 휴지 조각이라고 생각했다는 겁니다. '망하기 전에 얼른 팔아서 큰 손실이나 면하자!'

SK글로벌은 왜 이런 짓을 했을까요? 시작은 대략 아래와 같은데, 너무 복잡하면 그냥 건너뛰어서도 됩니다.

① 1998년, SK증권은 JP모건의 인도네시아 채권파생상품에 투자했다가 외환위기로 인한 통화 폭락에 큰 손실을 봅니다.

② SK증권은 JP모건이 불완전판매를 했다며 소송을 걸죠. JP모건은 반소(맞소송)를 제기합니다.

③ 이 싸움은 양사가 평화롭게 화해하며 마무리됐는데, SK증권이 JP모건에 손해배상금 3억 2,000만 달러를 주는 대신 JP모건은 SK증권의 유상증자 주식 1억 7,000만 달러어치를 사면서 투자를 하기로 한 거죠.

④ 그런데 이게 JP모건 측은 언제든 특정 가격에 주식을 되팔 수 있다는(풋옵션) 이중계약이었네요.

⑤ 거기다 SK글로벌 해외 법인이 SK증권의 주식을 언제든지 특정 금액에 살 수 있다는 콜옵션도 걸어버립니다. 이 또한 JP모건이 취득한 SK증권 주식을 웃돈을 얹어주고 되사겠다는 이중계약이었어요.

⑥ 이 풋옵션과 콜옵션 그리고 다른 계열사인 SK캐피탈과 워커힐호텔을 적절히 동원해 SK그룹은 계열사인 SK글로벌에 1,100억 원의 손해를 입히면서 JP모건에 이익을 안겨다 주죠.

⑦ 이렇게 손해를 보면서까지 아주 복잡하고 어려운 불법을 저지른 것은 SK증권을 지키기 위해서였습니다.

⑧ 외환위기를 겪으면서 정부가 시장을 건전하게 만들려고 증권사에 이런저런 규제를 적용했는데, SK증권은 그 규제를 맞출 능력이 없었던 거예요.

⑨ 하지만 규제를 맞추지 못하더라도 나라에 달러가 부족하니까 SK증권이 JP모건 같은 미국 회사를 끌어들여 투자를 받으면 봐주리라 생각한 겁니다.

⑩ 실제로 정부는 SK증권을 봐줬습니다. 손해를 보면서 이중계약을 한 보람이 있었죠.

⑪ 그런데 이런 계약이 합법적일 리 없잖아요. 합법적이지 않은 계약을 회계장부에 투명하게 기록했겠어요? SK글로벌은 아예 계약의 존재 자체를 숨겨버립니다.

위에 적힌 내용을 다 알 필요는 없습니다. 저렇게 어렵게 해가면서까지 회계 부정을 저질렀다는 게 중요하죠. 이건 시작일 뿐이었습니다. SK그룹이 SK증권을 유지하기 위해 JP모건과 이중계약을 하면서 동원한 계열사가 바로 SK글로벌입니다. 왜 그랬냐면, SK글로벌은 품목에 상관없이 돈이 되는 거라면 뭐든 수입·수출을 하는 종합무역상사이기 때문이에요.

한 품목을 전문적으로 다루면 충성도 높은 거래처가 중요하지만, 트렌드에 맞게 돈 되는 품목을 끊임없이 발굴해야 하는 종합무역상사는 계속 신규 거래처를 확보하는 것이 중요합니다.

아무래도 신규 거래처가 들락날락하는 회계장부는 훨씬 복잡하고, 성실하게 관리하기도 어렵죠. 그래서 SK그룹은 아예 SK글로벌에 그룹 전체의 부실을 다 전가해 버립니다. SK글로벌은 떠안은 부실을 예쁘게 조작해 나가고 있었고요.

이를테면 이런 겁니다.

사장님 올해 실적 보고해봐!

재무팀장 (시무룩) 5,000억 원 영업 손실이 났습니다.

사장님 영업 이익이 2조 원 났다고 해!

재무팀장 네?

사장님 장부에서 건드릴 수 있는 데는 다 건드려서 그렇게 만들어놔!

재무팀장 하, 하지만….

사장님 우리가 그 만큼이나 손해를 봤다고 솔직히 밝혀봐! 주가가 얼마나 내려갈 거야? 은행이 우리한테 대출해 주겠어? 오히려 만기 연장 안 된다고 할걸? 정부도 구조조정을 해야 하니 어쩌니 할 거고, 기업 이미지도 나빠질 텐데. 내년에 더 많이 벌어서 메꾸면 되잖아!

재무팀장 그럼 안 판 거 팔았다고 하고, 망해서 우리한테 돈 못 준 거래처는 아직 안 망했다고 할게요. 이중장부도 만들고 잔고증명서도 위조하고 회계감사인도 매수하고….

사장님 우리 재무팀장이 사회생활 참 잘하네!

회계 부정이 중범죄인 이유는 정상적인 다른 기업들까지 물귀신처럼 끌어당겨 함께 망하게 만들기 때문입니다. 많은 회사가 회사를 운영하면서 은행 대출을 받습니다. 상장기업이라면 주식도, 채권도 발행하죠. 서류로는 멀쩡하던 회사가 갑자기 무너지면 대출금 회수가 불가능해진 은행도 쓰러지고, 그 회사가 발행한 주식과 채권도 휴지 조각이 됩니다. 실제로 SK그룹의 계열사들은 SK글로벌 때문에 주식이 하한가까지 떨어지고, SK글로벌에 대출을 해줬던 우리은행, 신한금융지주 등 여러 은행의 주식도 폭락했습니다.

여기서 끝나면 다행이게요. SK글로벌을 포함해 SK 계열사는 서류상 신용등급이 좋고 재무구조가 아주 건전해서 회사채를 발행할 권한이 있었죠. 채권을 발행한다는 게 돈 빌려주면 나중에 비싸게 갚아준다는 건데, 부실한 회사에 채권 발행할 권한을 주겠어요? SK쯤 되니까 금융 시장에서 채권도 발행하게 해준 건데, 알고 보니 구멍투성이인 회사가 거짓말로 돈을 빌려다 쓴 거잖아요. 다들 얼른 SK그룹의 회사채를 환매해서 돈으로 바꾸려고 달려듭니다. 바로 이 회사채가 카드대란을 일으킨 주인공이에요.

2003년 참여연대가 회계 부정 혐의로 SK그룹을 고발했습니다. 관련 수사에 들어간 금융감독위원회는 SK글로벌의 회사채 환매 동향을 확인하다가 깜짝 놀랍니다. 채권과 채권 관련 상품(MMF 같은)을 굴리던 자산운용사들이 고객에게 SK글로벌 채권을 환매해 줄 돈을 마련하려고 다른 채권을 헐값으로 마구 팔고 있었거든요. 그런데 그 헐값 채권이 바로 카드채였던 거죠.

카드회사는 일반인이 예금이나 적금을 들러 오는 회사가 아니어서 돈을 직접적으로 만질 방법이 없습니다. 그래서 카드채

참여연대의 SK그룹 회장 사퇴 요구 시위(2003)

라는 채권을 발행해서 돈을 빌려요. 그런데 카드채가 90조 원어치나, 그것도 평소보다 훨씬 저렴한 가격으로 쏟아져 나오는데 아무도 그걸 안 사네요? 아무도 채권을 안 사줘서 카드채가 만기 연장에 실패하면, 그러니까 안 그래도 높은 연체율 때문에 불안하던 신용카드회사들이 갑자기 그 돈을 다 갚아야 하면….

금감원 … 갚아야 하면, 카드회사들은 지금 즉시 부도라고 생각하십쇼.

정부 이걸 발견했으니 망정이지 이 폭탄이 진짜 터졌으면 어쩔 뻔했어.

금감원 한 6개월 있었으면 와장창 무너졌을 겁니다.

정부 이건 뭐야. 오히려 내가 고맙다고 해야 하는 상황이야? 미리 사고 쳐서 지뢰 밟은 덕분에 너만 죽고 핵폭탄은 안 터졌다고?

SK글로벌의 회계 부정을 수사하다가 시한폭탄처럼 웅크리고 있던 카드사의 총체적인 부실을 발견하게 된 겁니다. 덕분에 나라가 정말로 망해버리기 전에 정책적인 수습이 가능했습니다. 2003년 3월 17일 '신용카드사 종합대책'을 발표하고 강력한 구조조정을 시행했거든요. 무슨 공포영화의 열린 결말도 아니고, 어둠 속에서 음습한 존재들이 기어 나오기 직전이었던 신용카드의 무덤에 SK글로벌의 회계 부정이 제때 불을 지른 셈이죠. 어떻게 보면 운이 좋았다고도 할 수 있어요.

하지만 이 분야의 전설, 대우그룹은 운이 따라주지 않았습니다. 하기야 세계 최대라고 불렸던 회계 부정에 행운이 따른다면 그건 그것대로 이상할 거예요.

1997~1998년 대우그룹 부도

위기를 불법으로 돌파하다가, 실패

1997년 말, 국가가 외화 부족으로 부도를 맞았습니다. 기업 경영인인 당신의 선택은?

경영인1 찢어지는 가슴을 붙잡고 부실자산 매각하겠습니다. 쓸데없는 덩치는 줄여야죠.

경영인2 어제 한숨도 못 잤습니다. 구조조정으로 인건비 줄여서 빚부터 갚겠습니다.

상식적인 반응입니다. 하지만 대우의 선택은 좀 달랐습니다.

대우그룹 위기는 기회라고, 빚을 왕창 내서 다른 기업이 판 부실자산 사들일 건데요.

위험이 크기는 하지만 잘못된 전략은 아니죠. 주식이든 부동산이든 평소에 현금을 쟁여두고 있다가 경기가 나빠져서 좋은 매물이 저가에 나올 때 냉큼 구매하는 '줍줍' 전략은 유명하잖아요. 회사도 마찬가지입니다. 외환위기 직후 외국 투자자들이 우리나라 금융기관에 그런 식으로 싸게 잘 투자했어요. 대우그룹도 그러려고 했던 거예요. 대우는 원래 그런 방식으로 커온 기업이거든요. 1967년 서울 명동에서 다섯 명으로 시작했던 대우는 1970년대 중화학공업으로 방향을 틀면서 정부의 전폭적인 지원을 받았습니다. 1987년에는 10만 명이 넘는 대기업으로 성장했는데, 내수보다는 수출을 지향했고, 부실한 기업을 공격적으로 인수하면서 순식간에 덩치를 키웠습니다. 금융업에 교육업에 운수업부터 전자업이나 조선업까지 일단 '되는 것'이면 무엇이든 먹어 치우려고 했어요.

1987년 한국경영자총협회(경총)가 낸 《월간 경영계》의 대우그룹 20주년 기념 특집글을 보면 이런 내용을 확인할 수 있어요.

내수에만 치중하던 타 기업과는 달리 수출 전선에부터 뛰어들었던 대우가 그 뒤 73년 종합무역상사로 지정되고 자기 몸체보다 더 큰 기업들을 자회사로 만들다 보니….

1980년대 고도성장기까지 이 전략은 성공적이었습니다. 그런데 1990년대는 좀 달랐죠. 인구증가율과 노동시간이 줄어든 반면 사회의 교육 수준이 높아집니다. 그러니까 사람들은 '부모로서 최대한 많이 해줄 수 있는 수준'을 고려해 출산 계획을 잡게 됐고, 회사에서 새벽 일곱 시 출근 밤 열한 시 퇴근, 주말 출근 같은 걸 '당연히' 요구하면 웬만한 사람들은 상식에서 벗어났다고 생각하게 됐어요. 게다가 1980년만 해도 48.8%밖에 되지 않던 고등학교 취학률이 1990년에는 79.4%로 훅 올라갑니다. 대학 취학률도 1980년 11.4%였다가 1990년에는 23.6%, 외환위기 직전인 1997년에는 45.3%까지 뛰어요. 근면, 성실, 협동, 산업보국을 외치던 사회 분위기가 개인의 역량 향상과 경쟁을 추구하는 방향으로 변하기 시작한 거예요. 대우처럼 '일단 저지르고 인력을 한없이 갈아 넣어 정상화시키는' 경영은 더 이상 굴러가지 않게 되었습니다.

기업의 경영 환경도 변화를 겪었습니다. 내수가 커지면서 수출의존도가 좀 줄었고, 세계화에 맞춰 나라를 개방하면서 무엇이든 물건을 팔려면 세계적인 기준에 맞추는 것이 무척 중요해졌어요. 어쨌든 이전에 해왔던 방식대로 하면서 똑같이 잘 나가기는 어려워졌습니다.

대우그룹은 그렇게 생각하지 않았죠. 부실기업을 싸게 인수해서 성공하려면 인수한 부실기업을 얼른 건전하게 만들어야 하잖아요. 그러려면 돈도 들여야 하고 시간도 들여야 합니다. 그럴 때 시장이 빠르게 성장하고 있고 금리나 환율도 우호적이고 법 같은 건 신경을 쓸 필요도 없다면 훨씬 쉽겠죠. 이게 1980년대까지는 그럭저럭 가능했는데, 이후에는 어려워졌다는 이야기예요. 그런데도 대우는 외환위기를 맞아 옛날처럼 확 질러버렸어요.

당시 대우그룹은 우리나라 부실기업만 인수한 게 아니라 공산주의 진영이 무너지면서 함께 무너진 동유럽 기업을 중심으로 세계의 부실기업들을 주워 담았습니다. 1998년에는 전 세계에 법인 396개, 지사 143개, 연구소 15개 등 총 589개의 기업 네트워크를 갖춥니다. 이런 해외 진출에 성과가 없었던 것은 아니에요. 건전한 경영을 통해 끝까지 성공했다면 정말 좋았을 거예요.

당시 대우 신입사원 잠깐만요. 정리해 볼게요. 그러니까 제가 취직하자마자 회사가 망한 이유가, 돈도 없으면서 돈 있는 척 부실기업 인수를 글로벌하게 무리해서 했기 때문이라고요?

당시 대우 임원 아, 그게 내가 신입일 때는 잘 먹히던 작전이야.

당시 대우 신입사원 돈 없으면서 있는 척을 한 것도 불법이고, 있는 척을 해서 부실기업 먹은 것도 불법인데 그게 먹혔다고요?

당시 대우 임원 1970~1980년대에 우리나라에 불법이 어딨어, 불법이. 하면 되는 거지. 아, 정부도 하라고 등 떠밀었어!

당시 대우 신입사원 그때도 법 지키는 사람들이 있었으니까 사회가 발전해 온 거라고요! 대우만 법 없는 딴 세상에 산 거 아니잖아요!

당시 대우 임원 우리 창업주 김우중 회장님이 "세상은 넓고 할 일은 많다"고

하셨다고…. 뭐라도 해내려고 달려들다 보니 그렇게 된 걸….

회사가 돈이 많은 척을 하려면 한 가지 방법밖에 없습니다. 회계를 조작해서 사기를 치는 것입니다.

탱크처럼 밀려다가 탱크로 밀린 듯 망해버린

1990년대 대우그룹은 재계 서열 4위의 커다란 기업이었습니다. 회사가 작을 때부터 수출을 중요하게 여겼던 대우는 대기업이 되고 나서는 더욱더 세계경영을 외쳤어요. 1993년 대우전자는 '탱크주의'를 선언합니다. 탱크처럼 튼튼하고 고장 없는 제품을 제공하겠다는 마케팅이었는데, 그룹의 경영철학과도 딱 맞아떨어졌어요.

하지만 1990년대부터는 기업 실적이 나빠지기 시작합니다. 공격적으로 대출을 받아 부실기업을 인수하면 자연스레 회사에 부채가 많아져요. 그런데 매출과 이익이 안 나오면 원리금을 상환하기 위해 또 대출을 받아야 하고, 그러다 보면 신용평가가 나빠져서 새로 대출을 받을 땐 더 높은 금리를 적용받게 됩니다. 원리금 상환 부담이 더욱 커지죠. 이런 악순환에도 불구하고 공격적인 차입경영을 계속하려면 결국 회계조작을 해버리는 수밖에 없어요.

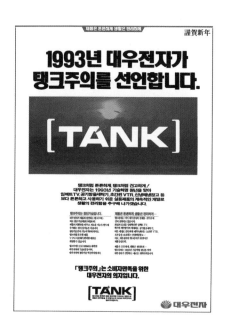

김우중 (결산 서류를 보고) 아니, 이게 뭐야. 우리 회사 자산을 다 팔아도 빚을

못 갚을 지경이잖아. 경영 상태가 왜 이래.

회계팀 (그걸 자기자본 잠식이라고 합니다. 망했다는 거죠.)

김우중 장부 고쳐.

　1998년 2월, 김우중 회장은 대우전자 1997년 결산을 보고 놀

랍니다. 자산이 3조 2,283억 원이었는데 부채는 4조 1,254억 원

이었어요. 회사 인턴사원의 사무용 의자까지 싹싹 내다 팔아도

갚아야 할 빚이 1조 원 가까이 남아 있다는 거예요. 1997년 한

해 순손실만 1조 6,701억 원이었던 상황. 김우중 회장은 대우전

자 대표이사에게 지난해 순이익이 410억 원 정도가 되도록 회계를 조작하라고 지시합니다. 대표이사는 그 밑의 직원들에게 사업장마다 회계 부정을 저지르도록 시켰죠. 이 서류를 감사한 회계법인은 회계 처리가 아주 적정하다는 의견을 내주었어요. 1999년에는 1998년 서류도 비슷하게 조작하는 등 경리팀장들이 큰 수고를 하게 됩니다.

그런데 이 시점에 무슨 일이 벌어지고 있었냐면, 삼성자동차와 대우전자가 서로 사업 교환을 추진하는 '빅딜' 중이었습니다. 1998년 말, 삼성자동차의 빚은 4조 원이 넘었습니다. 이건희 삼성 회장이 자동차를 워낙 좋아해서 손을 대기는 했는데 이미 국내 자동차 시장은 포화 상태였어요. 그래서 자동차산업을 잘 운영해왔던 대우가 삼성의 자동차를 가져가고, 전자에서 훌륭한 실적을 낸 삼성이 대우전자를 가져가면 경쟁력이 생길 것이라는 게 정부의 큰 그림이었죠. 하지만 두 회사는 결국 사업을 교환하지 못하고 각자도생하게 됩니다. 1999년 1월, 삼성그룹과 대우그룹의 구조조정 협의에서 오간 대화 내용은 다음과 같아요.

삼성 구조조정본부장 서로 현금이 오갈 필요는 없다는 생각입니다.
대우 구조조정본부장 삼성자동차를 떠안으려면 최소 3조 5,000억 원은 받아야 합니다.

서로의 이런 입장은 끝까지 변하지 않습니다. 그래서 삼성자동차는 법정관리 신청을 하고 프랑스 르노그룹에 팔리게 돼요.

여기서 발등에 불이 떨어진 쪽은 대우입니다. 삼성자동차를 인수해서 돈이 생기면 꼭꼭 숨겨놓은 부채를 해결할 생각이었는데, 그만 없던 일이 돼버렸으니까요.

대우의 경영이 엉망이었다는 건 1999년 7월에 알려집니다. 6월 이후 빅딜이 사실상 무산되고, 김우중 회장이 자금 지원을 공식적으로 요청하거든요. 다음 달인 8월, 대우그룹은 채권단에 워크아웃(재무구조 개선 작업)을 신청했지만 거절당합니다.

대우그룹 함께 힘을 합쳐 회사를 살려봅시다.

채권단 좋습니다. 그럼 서류를 봅시다. 뭘 살리고 뭘 쳐낼지….

대우그룹 (불안)

채권단 잠깐만. 서류가 좀 이상한데.

거절당할 만도 하죠. 조작한 회계로도 대우는 이미 가망이 없었고요. 심사 과정에서 외부 회계법인이 살펴본 결과 어마어마한 회계 부정이 밝혀졌으니까요. 그해 11월, 대우그룹은 사실상 해체됩니다. 22조 원의 추징금을 두고서 김우중은 베트남으로 도피하죠. 당시 금융감독원 조사 결과를 보면, 1998년 대우가 조작한 회계 부정 총금액이 22조 9,000억 원이나 됐어요. 모든 계열사를 합친 자산 규모가 90조 원이었으니, 회사의 4분의 1은 거품이었던 셈이죠. 검찰 조사 결과 1997년과 1998년의 조작까지 더하면 회계 부정 총금액이 41조 원에 달합니다. 언론은 '기네스북에 오른 슈퍼 분식'이라고 비판했어요.

고도성장기를 거치고 외환위기를 지나며 우리나라에서는 꽤 많은 재벌이 생겼다가 사라졌어요. 대우그룹은 그중 하나입니다. 역사에 만약(if)이란 없다지만, 지금의 현대 대신 대우가 살아남은 세상을 상상해 봅니다. 그럴 만한 이유가 있어요.

1980년대 전두환 정권이 8·20조치*를 내려 기업들의 중화학공업 중복투자를 강제로 조정했을 때, 현대는 자동차를 택하고 대우는 발전설비업을 택했거든요. 지금 시점에서 보면 발전설비보다는 자동차가 한눈에도 좋아 보입니다. 하지만 당시에는 현대가 발전설비 기술에서도 앞섰고 투자도 많이 했기 때문에 둘 다 잘하던 현대에게 하나를 포기하라고 하는 건 부당한 조치였어요. 대우는 시장경쟁이 아니라 정부 정책의 수혜를 입어 살아남은 셈이죠.

다들 현대가 발전설비를 선택하리라 예측했지만 현대는 자동차를 골랐고, 8·20조치는 삐걱대다 무산되었습니다. 하지만 현대 정주영 회장은 대우 김우중 회장에 대한 감정이 내내 좋지 않았다고 해요. (다 하는 것이긴 하지만 그중에서도) 정경유착을 너무 심하게 했다 이거죠. 실제로 8·20조치 같은 산업합리화 정책의

◆ 산업합리화 정책의 일부입니다. 전두환 정권 시기는 박정희 정부가 추진한 중화학공업 육성 정책의 부작용이 드러나고 있었습니다. 중화학공업이 자리 잡으며 고도성장이 가능했으나, 살인적인 인플레이션이나 인위적인 저환율정책의 실패, 커다란 기업과 산업에 대한 중복투자 문제가 심각했어요. 전두환 정권은 금융자율화와 함께 대기업과 중소기업 간 차이를 줄이기 위한 중소기업 지원을 강화하고 부실기업을 정리했습니다. 부실기업을 단번에 도산시키는 것이 아니라 정부 주도로 제삼자에게 인수·합병시키는 방식을 주로 사용했어요.

최대 수혜자가 대우그룹이긴 합니다. 정부가 직접 이자 상환 유예나 저금리정책 적용 등 특혜를 주어 정리된 부실기업을 인수해 갈 수 있도록 했거든요. 여기서부터 시작된 갈등이 얼마나 심했냐면, 정주영 회장이 전경련 회장을 맡았던 1980년대 내내 김우중 회장은 전경련 공식 모임에 한 번도 나타나지 않을 정도였습니다.

대우그룹이 해체된 지도 벌써 수십 년이 지났습니다. 하지만 회계 부정은 아직도 만연하죠. 대우그룹 계열사였다가 분리·독립한 대우조선해양이 2조 원대 회계 부정을 일으켰다가 2015년에 발각된 모습을 보면 옛날 생각이 나기도 합니다. '옛날 생각'의 맛은 맵고 써요. 1997년 대우그룹이 회계 부정을 숨기고 쌍용자동차를 전격 인수한다고 했던 일의 후폭풍이 2020년대에도 이어지고 있는 것을 생각하면, 당시의 회계 부정은 정말 사상 최악이었다고 할 수 있어요. 회계 부정은 회사와 투자자 모두에 직접적인 피해를 줄 뿐만 아니라 시장에서 도태돼야 할 기업을 부자연스럽게 남겨놓아 산업 전체의 경쟁력을 갉아먹기도 합니다. 중대한 경제 범죄예요.

단군 이래 최대 사기 사건에 비하면 가상화폐 그까짓 거

#금융실명제 #비트코인 #사채시장

1993년 금융실명제
1982년 장영자 어음사기

법은 멀고 주먹은 가깝고, 이상은 핑계고 수익은 달콤해

가상화폐, 혹은 암호화폐 이야기입니다. '비트코인'으로 대표되는 가상화폐는 2009년 처음 등장했습니다. 2008년 미국의 월스트리트에서 시작해 세계를 휩쓸고 지나간 세계 금융위기가 탄생 배경이라는 것이 정설입니다. 세계 금융위기의 출발점이 된 월스트리트 기업들의 파산을 이해하려면 저금리 기조에 대한 굳은 믿음, 갑작스러운 금리 인상 정책, 주택담보대출 저당증권이라든지 비우량 파생상품이라든지 채무불이행에 트랑쉐, 풀링 같은 전문용어들을 동원해서 설명해야 합니다. 어렵죠. 정말 어렵습니다. 그러니까 '내가 내 돈 날아간 이유를 이렇게까지 복잡하게 이해해야 하는 게 정상이냐!'고 생각한 사람들이 있었습니다. 이 사람들의 불만은 각국에 쌓인 부(富)가 월스트리트의 대기업과 금융회사의 파산을 수습해 줄 때 폭발하게 되죠.

익명의 개발자 정부가 말이야, 이렇게까지 금융상품을 꼬아놓은 주제에 제대로 관리도 못하고 흥청대다가 제풀에 망한 금융회사들을 살리자고 내

폭발한 사람 중에는 익명의 개발자가 있었습니다. 각국 정부가 돈을 독점적으로 통제하고 관리하는 지금의 화폐경제를 믿지 못하게 된 익명의 개발자는 정부가 개입하지 않아도 되는 화폐를 만들게 되죠. 그게 바로 비트코인입니다. 정확히 말해서 가상화폐는 '화폐'가 아니기는 합니다만, 어쨌든 비트코인의 탄생에는 나름의 철학이 있었습니다. 거의 무정부주의에 가까운, 개인의 자유를 무한정 확장하고자 하는 철학입니다. '언제까지 자유롭고 존엄한 개인이 자격도 능력도 없는 정부에 규제당하면서 살아야 해?'

비트코인은 큰 성공을 거뒀습니다. 변동성이 심해서 '지금이 순간' 시가총액(시총)*이 얼마인지 특정하기는 어렵지만, 2021년 11월 기준 1조 3,000억 달러 정도 된다고 합니다. 우리나라 돈으로 대강 1,600조 원 정도예요.** 이렇게 많은 '진짜 돈'이 들어가 있다니 어마어마하죠. 그러니까 처음 비트코인이 탄생하

◆ 현재 증시에 상장한 전체 회사의 상장주식 수를 각 시가만큼 곱한 금액입니다. 시가총액으로 증시 전체의 규모를 나타낼 수 있어요. 시가총액이 늘어나면, 그만큼 증시에 들어와 있는 돈이 늘어났다고 생각할 수 있습니다. 한 국가의 GDP 규모와 그 나라 증시의 시가총액 규모가 비슷할수록 적정 가치로 평가받고 있다고도 해요.(개개의 기업에도 시가총액이라는 용어를 자주 사용합니다. 그럴 때는 전체 증시에서 개별 회사의 총 주식 가치를 나타냅니다.)

◆◆ 비트코인 시가총액이 반토막 난다고 해도 비트코인이 성공한 상품인 것은 분명합니다. 어떤 장사를 시작해도 전 세계적으로 그만한 돈을 끌어모으기는 힘들어요.

게 된 철학과는 멀어졌을지 모르지만, '돈을 벌기에 괜찮은 투자 상품'이 되는 데는 성공한 거예요.

친구1 요새 코인 한다며?

친구2 비트코인에 좀 넣었다. 역시 주식은 대장주, 코인은 대장코인.

친구1 탈중앙화를 지향하는 아나키스트가 된 거냐.

친구2 뭐라는 거야?

현재 가상화폐는 금융계에서 무시할 수 없는 금융자산이 되었습니다. 또 어떤 사람들은 경제위기가 닥쳤을 때 자산을 안전하게 저장해 둘 수 있는 인플레이션 회피용 기능이 있다고 주장하기도 해요. 이렇게 되니 '어떻게 가상화폐 따위가 화폐의 중앙 시스템을 대체하냐'라며 팔짱 끼고 코웃음 치던 정부도 태도를 바꿉니다. 사람들이 정부의 시스템 바깥에서 돈을 벌고 있으니까요. 지하경제의 가장 큰 특징은 과세가 불가능한 데다, 범죄가 일어나도 가해자를 처벌하고 피해자의 회복을 도울 수 있는 근거와 절차가 없다는 것입니다.

2010년 5월 22일, 한 개에 2원 하던 비트코인은 조금씩 가치가 오르더니, 7년 후인 2017년에는 우리나라에서도 가격이 급등합니다. 같은 해 11월 26일에는 한 개에 1,000만 원을 넘기죠. 법이 감시와 보호를 할 수 없는 곳에서 일반인 재산이 급변동하며 거래되는 상황. 당황한 정부는 일단 관련 법이 마련될 때까지 거래소를 폐쇄하기로 합니다. 2018년 1월 폐쇄 발표에 비트코인

가격은 30% 이상 폭락했어요.

특정금융정보법이 개정된 2021년에는 법적 요건을 갖춘 거래소만 원화 거래를 하는 것으로 일단락됩니다. 우리나라는 물론 세계적으로도 가상자산에 어떻게 과세를 할지 활발히 논의하고 있어요. '저성장시대에 빠르게 돈을 벌 수 있는 유일한 수단'에 세금을 꼭 물려야겠냐는 반발도 있지만, 정부는 당당하게 말합니다.

정부 수익 있는 곳에 과세 있다. 법과 제도 마련할 테니 계좌 인증해.

국가의 보호 아래 수익 활동을 한 사람은 누구나 국가에 세금을 납부해야 하고, 세금을 납부한 사람은 누구나 선거권을 갖는 체제야말로 근대 민주주의의 출발이라고 하죠. 그러니까 18세기 미국 독립혁명의 기폭제가 된 "(나를 대리하여 나의 권리를 주장할) 대표 없는 곳에 과세 없다"라는 말이 가상화폐에 어떻게 세금을 물릴지 실랑이하는 데까지 소환된 셈입니다. 뒤집어 생각하면 과세되지 않는 행위를 보호해달라고 요청할 권리와 근거는 빈약해지는 것이지요. 세금을 물리려면 기본적으로 신분이 증명되어야 합니다. 누가 언제 어디서 어떤 거래를 했는지 알아야 세금을 계산해서 부과할 수 있잖아요. 가상화폐 거래를 하려면 실명 인증이 된 은행 계좌를 인증하라는 정부 방침은 바로 이러한 맥락에서 나왔습니다. 그런데 이렇게 중요한 금융거래 신분 증명이 말이죠, 우리나라에서는 1993년에야 처음 시작되었어요.

내 통장 내 이름으로 만든다는데 왜 싫어해

은행 거래를 시작할 때 신분증을 내고 내 이름으로 통장을 만드는 것이 금융실명제입니다. 사실 이런 당연한 설명을 하는 것도 이상하게 느껴지죠. 아니, 그럼 도대체 누구 이름으로 금융거래를 한다는 거야 싶으니까요. 내가 내 마음대로 동생 명의로 통장을 만든다든가, 주민등록번호 확인 절차도 안 거치고 '아무도 저를 모르고 돈이 많았으면 좋겠어요'라는 닉네임만으로 주식 거래를 시작할 순 없거든요. 그런데 1993년 8월 12일까지는 이게 가능했습니다.

금융 비실명거래는 금융제도가 발달한 선진국에서는 있기 어려운 일입니다. 만약 발생한다 해도 처벌이 강력합니다. 금융회사의 고객 확인 의무는 전 세계 보편이에요. 그게 안 되면 거래가 전혀 투명하지 않잖아요. 현금을 주고받는 것뿐 아니라 부동산이나 회사 간 물건 대금 지급까지, 돈이 오가는 모든 거래를 어둠 속에서 해치울 수 있으니까요. 금융경제가 발달한 서구에서는 금융업계가 주도적으로 고객 확인과 자금세탁을 방지하려 한 반면 우리나라는 정부가 제도를 이끌어야 했다는 점에서 차이가 있어요. 1990년대 초반까지만 해도 우리나라는 금융 비실명제가 너무 당연했습니다. 당연한 것을 고치려고 하면 누구나 반발하죠. 일단 뭔가 고치려니까 번거롭고, 내 시간과 내 가치관을 침해당하는 것 같잖아요. 특히 실명을 사용하지 않고 금융거래를 했던 사람들의 반발이 심했습니다.

비실명제 이용자 도대체 금융실명제를 왜 합니까!

정부 금융거래가 투명해져야 정부와 금융기관이 통계도 내고, 세금도 공정하게 매기고, 부정부패도 근절하죠.

비실명제 이용자 아니, 개개인이 돈거래 하는 걸 들여다보고 통계로 만들고 세금도 매기겠다니, 이거 국가가 모든 걸 통제하려는 좌파적 발상이네요!

정부 이게 이념적인 문제인가요? 저(전두환) 군사독재 정권인데요….

사회지도층 내지는 기득권층의 거부감이 너무 컸던 나머지, 금융실명제는 전두환·노태우·김영삼 정부가 차례로 시도했지만, 김영삼 정부에 이르러서야 겨우 성공할 수 있었습니다. 1993년 김영삼 정부가 금융실명제를 도입해 냈을 때는 얼마나 반발이 심했던지, 경제에 사소한 문제만 생겨도 금융실명제 탓을 했다고 합니다. 김영삼 정부가 퇴진한 후 한 일간지가 정리한 당시의 분위기는 이렇습니다.

'어떤 동맹국도 민족보다 우선할 수 없다'는 취임사 내용에서부터 문민 정부의 정체성에 의구심을 보여온 우파와 보수 세력의 반발은 이씨 송환을 계기로 갈수록 거세졌다. 특히 김 대통령이 이해 8월 금융실명제를 전격 단행한 후 "가진 사람들을 고통스럽게 만들겠다"고 발언한 것은 이들의 경계심을 한층 증폭시킨 계기가 됐다. 우파 인사들과 보수 진영은 "청와대 내부와 새 정부

안에 좌파들이 침투, 김 대통령이 포로가 됐다"며 '좌파 시비'를
본격적으로 제기했다.

—〈'문민개혁'의 탄생〉,《동아일보》1998. 2. 2

우리나라는 한국전쟁 전후로 심각한 좌우 대립을 겪었습니다.
군사독재 기간에는 '좌파'나 '용공' 딱지가 사법절차 없이도 누
군가를 살해할 수 있는 도구로 쓰이곤 했죠. 금융실명제 개혁을
처음 시도한 정부도, 결국 성공한 정부도 모두 대중이 우파로 여
긴 정부인데도 좌파 시비가 붙었던 걸 보면 그것이 얼마나 충격
적인 정책이었는지 알 수 있어요.

실제로 금융실명제는 우리나라 경제에 어마어마한 변화를 가
져왔습니다. 실제 소득액이나 거래액이 통계로 잡히기 시작하
여, 정부의 소득세 수입과 법인세 수입이 증가하고 합리적인 세
율을 정할 수 있게 되었습니다(과표 양성화). 기업 회계도 훨씬 투
명해진 데다 도입 즉시 지하경제 규모를 GDP 대비 4.8%나 감소
시켰다고 해요. 그래서 금융실명제는 우리나라 경제정책 중 잘
한 것을 꼽으라면 항상 이름을 올립니다. 그런데 그렇게 좋은 거
라면 처음부터 실명으로 거래하게 하지 왜 첫 단추를 잘못 끼웠
냐, 전두환·노태우 정부는 왜 실패했고 김영삼 정부는 어떻게 성
공했느냐, 이런 질문이 따라옵니다.

'묻지마 저축'이라고 들어봤나

은행이 기업에 빌려줄 돈조차 모자랐던 1950~1960년대에는 무기명식 정기예금제도가 있었습니다. 이름과 신분을 밝히지 않아도 은행에 돈만 넣으면 거래를 터주었던 제도입니다. 국가 전체가 돈이 급했으니까요. 1952년 2월부터 일부 시작되었다가, 1958년 4월에는 정기예금 전체로 확대됐습니다. 1961년 7월 29일에는 예·적금 등의 비밀보장에 관한 법률을 만들어 가명·차명·무기명 금융거래를 공식적으로 합법화했죠. 당시에도 이런 비실명 금융제도가 탈세는 물론 정치자금을 몰래 건네는 데도 악용되고 각종 불법을 저지르는 데까지 동원된다는 비판이 있었지만, 정부는 일단 은행에 돈이 모이는 게 더 시급하다는 입장이었습니다. 1960년대 초중반만 하더라도 미국의 원조자금이 정부 1년 예산의 절반 이상인 데다 평균 국내 저축률은 국민총생산(GNP) 대비 6~7%여서 GNP의 연 17%씩 빠져나가는 투자 지출을 감당하기 어려웠거든요. 여기서 투자 지출이라고 하면 고속도로와 철도를 깔거나 하천을 정비하는 등 정부가 공공인프라를 위해 사용하는 돈이에요.

요즘 사람 저축률 높이는 데 효과가 있긴 했나요?

연구자 없었죠. 오늘부터 익명으로 저축해도 된다고 하면 저축 많이 하실 거예요?

요즘 사람 아뇨.

연구자 어떻게 하면 저축 많이 하실 거 같으세요?

요즘 사람 월급 많이 주고 이자 많이 주면 부지런히 돈 아껴서 저축하죠.

연구자 연구 결과도 그래요. 부양하는 사람이 줄어서 생활비 쓰고도 남는 돈
이 생기고 금리도 높아지고 그래야 저축이 늘어요.

그러니까 금융거래를 익명이나 무기명, 다른 사람의 이름인
차명으로 하게 허용한 법은 부정부패와 탈세만 부추겼을 뿐이
라는 겁니다. 1960년대와 1970년대에는 금융실명제 논의가 활
발히 이루어지지 않았습니다. 금융실명제 도입을 진지하게 논의
하기엔 금융비실명제로 이득을 보는 사람들이 사회·경제적으로
너무 영향력이 컸기 때문이에요. 이를테면 대기업도 은행 대출
대신 고리 사채를 빌려 회사를 경영하던 때였으니 말이에요.

당시 사채 금융 시장은 너무 커서 1972년 8·3긴급금융조치
때 밝혀진 규모만 5,000억 원 이상이었어요. 좀 더 감이 오도록
비교해보자면, 그해 GDP가 4조 2,677억 원이었으니 사채가 국
가 1년 경제 활동의 약 12%나 차지했다는 거예요. 그런데 이 사
채를 지하시장에 공급하는 업자들이 내가 누군지 묻지도 따지지
도 세금을 물리지도 않는 비실명거래를 선호할까요, 모든 것이
투명한 실명거래를 선호할까요. 이 업자들과 거래하는 기업들
은 어떨까요? 돈 많은 사람들은요? 이 사람들에게 뇌물을 받은
정치인들은요? 그래서 1993년 국민을 상대로 '어떤 계층이 제일
금융실명제를 반대하고 있냐? 두 계층만 꼽아봐라'라고 물어봤
을 때, 사람들은 사채업자(63.9%)와 정치인(50.3%)이 가장 반대하

고 있다고 응답합니다. 대기업 경영자와 고위공무원이 그 뒤를 이었고요.

민주주의에 대한 열망이 높아지고 국가 경제도 궤도에 오른 1980년대쯤 되면 각종 금융 사건·사고에 얽힌 정경유착과 부정부패에 대한 불만이 몹시 높아집니다. 거기다 IMF까지 우리나라에 금융실명제가 꼭 필요하다는 내용의 보고서를 발표하는 상황이다 보니, 전두환이나 노태우 같은 군부독재자도 금융실명제 이야기를 꺼낼 수밖에 없었습니다. 하지만 비실명제를 통해 정치자금을 받고 있던 정권이 실명제를 도입하자는 건 자해 행위죠. 전두환 정권은 1982년과 1983년 금융실명제 관련 법률 시행규칙까지 만들었다가 그만뒀고, 노태우 정권은 1991년부터 꼭 실명제로 금융거래를 실시하겠다고 했다가 어려운 경제 사정에 부작용이 너무 클 거라며 무기한 연기하고 말았습니다.

정부 아, 실명으로 거래하면 증권 시장이 붕괴하고 부동산 투기가 기승을 부리고 돈 많은 사람들이 우리나라에 실망해서 해외로 자금을 도피시킬 거에다가 저축률은 곤두박질치고 중소기업이 자금난을 겪으며 무너져 내리면서 대기업은 투자 의욕을 잃어버릴 거라니까요?

일반인 나라 망한다는 이야기네. 망하겠냐?

개혁이 기존 생태계를 파괴하는 만큼, 금융 시장 혼란으로 인한 경기침체 우려는 당연했습니다. 하지만 금융실명제 반대론자의 주장은 과격한 면이 있었어요. 게다가 혼란을 핑계로 비실명제 금융거래 관행을 언제까지 방치할 수도 없는 노릇이었지요. 이런 상황에서 김영삼 정부는 금융실명제 도입에 어떻게 성공했을까요?

① 비실명제를 이용한 장영자·이철희의 어음 사기 사건이 사회적으로 너무 큰 충격을 주었고(1982), ② 김영삼의 문민 정부는 그런 사건을 겪고도 부정부패에 절어 있는 독재 정권에 대한 국민의 분노를 풀어주겠다는 약속으로 세워진 정부인 데다, ③ 대통령 본인이 강력한 의지를 갖고 치밀한 타이밍을 계산해 단숨에 해치웠거든요.

무슨 여야 논의를 또 해? 그냥 해치워

김영삼 대통령은 1993년 8월 12일 오후 8시를 기해 대통령 긴급재정경제명령으로 금융실명제를 전격 실시했습니다. 원래대로라면 입법권을 가진 국회에서 여당과 야당이 논의를 통해 법안을 상정하고 시행령을 만드는 등의 절차를 거치게 되죠. 하지만 금융실명제는 이전에 논의를 많이 했던 데다, 국민 찬성 여론도 높았거든요.

부정부패가 원체 심하다 보니 금융실명제는 금융개혁을 넘어 사회개혁에 가까웠습니다. 김영삼은 대선 공약에 금융실명제를 포함시킬 만큼 강력한 정책 의지를 갖고 있었어요. 다만 언제, 어떻게 실시할지는 비밀로 하고 있다가 한 달 보름 만에 후다닥

준비해서 실시하도록 합니다. 재무부와 KDI가 대치동 휘문고등 학교 앞 빌딩과 과천 시내 주공아파트에 비밀 작업실까지 마련 해 가며 첩보작전 하듯 정책을 설계한 뒷이야기들을 찾아보면 굉장히 재미있어요.

이렇게 아무도 예상하지 못했을 때, 그리고 정기국회가 개최 되기도 전에 긴급명령권을 행사해 빠르게 실시한 덕분에 행정 부며 정치권, 재계에까지 널리 존재하는 반대 세력의 저항을 넘 어설 수 있었다고 해요. 아마 정보가 샜으면 어려웠겠죠. 우리와 여러모로 비슷한 사회구조를 가진 일본만 해도 아직도 비실명제 를 유지하고 있어요. 개혁을 시도했다가 실패했거든요.

대통령 내일부터 2개월 안에 실명 등록 완료들 하십시오. 이후에 적발된 돈
은 그냥 나라에 바치는 것으로 한다. ◆(과장)

거대한 지하경제의 원인으로 지목돼 왔던 비실명제가 이렇게 사라집니다. 실상을 까보니 비실명거래는 전체 금융 거래자의 단 2%가 저지르던 관행이었어요. 그동안 2%의 목소리가 나머 지 98%보다 컸던 셈입니다. 금융 시장 혼란은 1년 안에 수습됐

◆ 긴급재정경제명령으로 금융실명제 적용을 발표한 직후, 실명 확인을 하지 않은 계좌는 지급이 정지되었습니다. 기존 비실명 계좌에 들어 있는 자금은 2개월 안에 실명 확인 절 차를 거친 후 실명 계좌로 전환해야 하며, 이때 전환금액이 5,000만 원(미성년자 1,500 만 원)이 넘으면 자금 출처를 조사해, 그 결과에 따라 증여세 등을 추징하기로 했어요. 전환 기간인 2개월 후에 실명 전환을 할 경우 시행일로부터 1년이 지날 때마다 10%씩 세율이 붙어, 최고 60%까지 과징금을 추징했습니다.

고 실명거래는 자연스러운 관행으로 정착됐습니다. 그간 금융전산화가 진전되어 기술적 여건이 뒷받침해 준 것은 덤입니다. 다만, 우리나라의 금융실명제는 자금세탁 방지 기능이 다소 약해요. 일단 금융실명제 자체에는 차명 계좌를 금지하는 조항이 없습니다. 차명 계좌, 즉 실사용자가 아닌 다른 사람의 이름을 빌리거나 도용해 만드는 대포통장은 2014년에야 금지됩니다. 그전까지는 여러 대기업이 차명 계좌를 이용해 비자금을 조성하거나 불법적인 거래를 행하며 문제를 일으켰어요. 금융위원회도 주민등록상 실명으로 개설된 계좌는 차명이라고 해도 금융실명제에 따른 비실명이 아니어서 괜찮다고 했습니다. 다시 말해 다른 사람의 이름을 빌려 만든 통장이라도 일단 그 이름이 누군가의 실명이기만 하면 괜찮았습니다. 그러니까 1993년의 금융실명제 실시는 정말 첫걸음이었을 뿐이죠. 하지만 시작이 반이란 말은 언제나 유효한 것 같아요. 방향성이 분명해지는 거잖아요.

드디어 우리는 금융실명제를 실시합니다. 이 시간 이후 모든 금융 거래는 실명으로만 이루어집니다. 금융실명제가 실시되지 않고는, 이 땅의 부정부패를 원천적으로 봉쇄할 수 없습니다. 정치와 경제의 검은 유착을 근원적으로 단절할 수가 없습니다. 금융실명거래의 정착이 없이는 이 땅에 진정한 분배정의를 구현할수가 없습니다. 우리 사회의 도덕성을 확립할 수가 없습니다. 금융실명제 없이는 건강한 민주주의도, 활력이 넘치는 자본주의도

'금융실명제에 관한 특별담화'를 지켜보는 시민들(1993)

꽃피울 수가 없습니다. 정치와 경제의 선진화를 이룩할 수가 없
습니다. 금융실명제는 신한국의 건설을 위해서, 그 어느 것보다
도 중요한 제도개혁입니다. 금융실명제는 개혁 중의 개혁이요,
우리 시대 개혁의 중추이자 핵심입니다.

—〈대통령 특별담화문〉 1993. 8. 12

1982년 장영자 어음사기

강남 아파트 10만 채 해먹고 대기업 부도낸 부부

정·재계 인사들과 달리 보통 사람들은 금융실명제 실시에 대체로 우호적이었습니다. 사람들은 기본적으로 변화에 보수적입니다. 해오던 대로 하는 게 편해요. 아무리 지하경제가 국가 세수를 좀먹고 금융경제 발전을 가로막는다고 바른 말씀을 읊어도 사람들은 생활 속에서 계니 일수니 막도장이니 세금계산서 누락이니 미신고 현금 거래니 하는 방식으로 만연해 있던 지하경제에 적응을 끝마친 상태였거든요. 중국의 유명한 격언도 있잖아요. 정부에 정책이 있으면 사람들에겐 대책이 있다(上有政策 下有對策)고요. 예상되는 변화를 감수하면서까지 금융실명제에 대한 여론이 우호적이었던 것은 바로 1982년에 벌어진 '장영자·이철희 어음사기 사건' 때문입니다. 줄여서 '장영자 어음사기'라고 부르기도 해요.

장영자는 전두환 씨의 배우자인 이순자 씨 집안과 결혼으로 연결된 사이였습니다. 이런 걸 혼맥(婚脈)이라고 하죠. 개인의 잘못은 스스로 책임지는 민주주의 법치국가에서 왜 집안 사정을 들먹이느냐 하면, 30대부터 명동 사채 시장의 큰손으로 이름을 날렸던 장영자의 종잣돈이 혼맥에서 나왔거든요. 남편이자 공범인 이철희도 5·16군사정변 당시 군에서 중요한 자리를 맡고 있었고, 중앙정보부 차장에 국회의원까지 지냈습니다. 이 두 사람이 1981년 2월부터 1982년 4월까지 1년 2개월 동안 대기업을 상대로 벌인 어음사기 금액은 7,000억 원이 넘습니다. 당시 잠실주공아파트 17평형이 1,300~1,600만 원대, 서초동 신동아아파트 25평형이 3,300만 원대였다고 하니까, 가장 비싼 아파트를 기준으로 헤아려봐도 수만 채어치 사기를 친 거죠. 아직 우리나라에

이 금액을 깨는 사기 사건은 나오지 않았어요.

대기업 상대로 사기 행각을 벌였기 때문에 피해 기업은 속속 부도를 맞습니다. 제철업계 2위였던 일신제강이 파산했고, 건설업계 8위였던 공영토건도 최종적으로 부도 처리가 됐어요. 태양금속이나 해태제과 같은 중견기업은 사채 돈을 받기도 전에 어음으로 담보부터 내놓았다가 큰 손해를 봤죠. 사채업자가 어떻게 기업을 상대로 사기를 치냐고 하면, 대기업도 은행 대출 대신 명동에 달려가서 사채를 쓰던 시절이었으니까요. 당시 명동 사채 시장을 겪어본 사람의 증언에는 제도권 금융인 은행의 기업 신용평가는 '후까시'가 들어가 부실하기 그지없는 반면, 차라리 사채 시장 업자들이 기업 경영 상태를 투명하게 잘 알고 있다는 평가도 나와요. 그런 시절에 '내 남편이 중앙정보부 사람인데' 한 마디를 더하면 안 될 일이 없었겠죠.

피해 기업 저희가 잘못을 안 했다는 게 아니에요. 돈 급한데 빌려주겠다는 데가 있으면 땡큐잖아요, 솔직히. 근데 이거는 너무하지 않나요?

경찰 그래서 돈을 받기는 받으셨어요?

피해 기업 받은 기업도 있대요.

경찰 귀사는 못 받으셨군요.

피해 기업 네⋯.

경찰 아니, 돈도 못 받았는데 왜 어음을 발행해 주셨어요?

피해 기업 남편이 국회의원에, 중앙정보부 높으신 분이시라잖아요⋯. 본인도 대통령 친인척에다가 명동에서 큰 쩐주로 이름 날리는 사장님이시니까⋯.

장영자는 빵빵한 뒷배경을 이용해 대기업 임원이며 은행장을 쉽게 만납니다. 인맥이라는 게 그런 거죠. 전화 몇 통 돌려 남편 후배의 친구라든가 언니의 종교 활동 파트너, 엄마 큰외삼촌의 처조카와 가볍게 점심 한 끼 먹으면서 즐거운 시간을 보냈는데 그 사람들이 모 기업 사장이고 모 은행장인 거요.

그런 자리는 분위기가 좀 가볍기 마련이라 높으신 분들도 힘든 이야기를 부담 없이 털어놓을 수 있습니다. 경영자금이 모자란다는 소리를 들은 장영자는 자연스레 우리가 사채를 좀 굴린다고 응답합니다.

장영자 한 200억까지는 빌려줄 수 있어요. 연 20%로. 요새 이렇게 돈 빌리면 50%까지도 받는 거 알죠? 근데 나는 2년 동안은 이자도 안 받을게. 회장님한테 어떻게 야박하게 굴어, 내가….

1980년대 초반 당시의 200억은 지금 수천억 원의 가치가 있죠. 은행에서는 절대로 내주지 않는 돈, 다른 사채업자를 통하면 두 배는 되는 이자를 감당해야 하는 돈을 장영자는 파격적인 조건에 빌려주겠다잖아요.

너무 잘해주면 의심부터 해봐야 하는 법이지만, 또 그런 상황에서 솔깃하는 게 사람이죠. 100~200억 원에 달하는 돈인데 연 20%~22% 이자로 2년 거치 후 3년 분할 상환 조건이라는, 꿀이 뚝뚝 떨어지는 거래를 다들 덥석 물어버립니다. 물론 장영자는 담보를 받아두죠. 정해진 기간이 되면 이 정도의 돈을 내어주겠

다는 증표, 어음으로요. 그런데 그 어음을 빌린 금액의 두 배가
되는 금액으로 받아놓습니다. 이 어음은 담보로 받은 거니까 기
업이 돈을 제때 갚으면 그냥 고스란히 돌려주고, 돈을 갚지 않으
면 두 배를 징벌적으로 추심해서 가져가겠다는 뜻이었죠. 여기
까지는 이게 사기 맞나 싶죠. 굉장히 후진 금융거래긴 하지만 사
기라고 하기에는 다소 부족하게 느껴집니다.

그런데 장영자는 담보로 받은 어음을 그냥 모셔두지 않고 그
것으로 사채 장사를 시작합니다. 모 대기업이 발행한 어음이라
며, 만기가 되면 큰돈을 받을 수 있다고 해서 고객에 할인한 가
격에 어음을 팔아넘기죠. 200억 원짜리 어음을 현금 180억 원 받
고 파는 식이에요. 그럼 어음 판 돈이 들어왔죠? 그 돈에서 차익
을 챙긴 다음 다시 대기업에 돈을 빌려주고 두 배 정도 되는 금
액이 적힌 어음을 담보로 받습니다. 그럼 또 그 어음을 다른 데
다 팔아요. 그러다가 만기에 그 어음을 가진 사람이 대기업에 어
음 상환 요청을 하면 어떡하냐고요? 대기업이 어음에 적힌 금액
을 지급해야죠. 그런데 처음부터 그 금액의 절반도 안 되는 돈이
없으니까 사채를 빌린 거잖아요. 대기업은 어음을 상환하지 못
해 부도를 맞습니다.

대기업 장영자 씨! 계약 위반이잖아요! 담보로 맡긴 걸 팔아버리면 어떡합
니까?

장영자 제가 팔았다는 증거 있나요? 실명거래도 아니고, 증명 못 하실 텐데.

법원 증명이 돼도 문제입니다. 어음에 법으로 정한 필수 기재 사항이 다 적

혀 있지 않아서 처음부터 무효예요.

대기업 법적으로 무효라도 사채 시장에선 수십 년간 유효했거든요?! 대한민국 모든 기업이 그렇게 돈을 주고받았거든요!

법원 (자랑이다)

사채 자체도 불법이지만 그 불법 거래조차 실명으로 하지 않은 데다, 어음 거래도 판 사람이 누군지, 산 사람이 누군지 제대로 된 증거가 하나도 남아 있지 않습니다. 물론, 증거가 남았어도 처음부터 법적 효력이 없었던 부분도 많았지요. 그렇게 강남 아파트 10만 채가 훅 날아갔어요. 장영자 부부가 받은 어음의 총액은 7,111억 원, 할인해서 유통한 어음의 총금액은 6,404억 원, 실제로 챙긴 사기 수익은 1,400억여 원이라고 하네요. 사기 사건이 밝혀지자 부부는 징역 15년형을 선고받았습니다. 40만 달러, 800만 엔을 몰수당했고 추징금 액수는 1억 6,254만여 원이었습니다.

나라가 뒤집힐 만하죠. 안 그래도 전두환은 정권의 정통성 시비에 예민했어요. 대통령을 직접 뽑고 싶어 하던 사람들을 무시하고 군사 반란을 일으켜 장충체육관에서 대통령선거인단이 뽑게 만들었으니까요. 체육관 대통령이라는 비아냥을 들었을 정도였는데, 여기다가 대통령이 된 지 1년 만에 친인척이 비실명제를 이용한 사기로 대기업 두 개를 부도 시켰네요.

회사가 망한다는 건 거기서 일해 먹고살던 노동자들이 단숨에 일자리를 잃고, 그 회사의 주식을 산 투자자들도 하루아침에 돈을 날리게 된다는 이야기예요. 큰 회사가 망하면 큰 단기 실업이 생깁니다. 기관 투자금이 크면 다른 회사에까지 연쇄적인 충격이 전해지기도 하지요. 아무리 독재 정권이라도 금융실명제 이야기를 안 꺼낼 수 없는 상황이었던 겁니다. 그러나 비실명제를 이용해 돈을 은닉하고 있었던 자산가들과 당시 여당이었던 민정당의 반대로 실명제 실시는 슬그머니 뒤로 밀리고 말았습니다. '우리 경제가 이뤄야 할 궁극적인 목표지만 지금은 부작용이 많아서 안 돼, 아무튼 안 돼'라는 태도였어요.

이런 식으로 매번 부정부패를 옹호한 전두환의 신군부는 결국 1987년 6월항쟁으로 무너졌습니다. 다음 대통령이 된 노태우도 금융실명제를 도입하려 했지만, 본인의 지지 세력에 밀려 계속해서 미루기만 하다가 흐지부지 그만뒀어요. 이런 상황이라 김영삼 대통령은 금융실명제 실시를 공약으로 내걸고, 임기 초반에 기습적으로 해치울 수밖에 없었던 거예요. 1993년 도입된 금융실명제가 모든 금융거래를 투명하게 만든 것은 아니지만, 금융 비리를 해결하는 첫걸음이었다는 것만은 분명합니다. 아무도 금융실명제에 근본적인 반대를 할 수 없게 되기도 했고요. 어느 미국 법률가의 말대로 '햇빛이야말로 가장 훌륭한 방부제'니까요.

경제사에는 왜
삼성·현대 이야기만 있고
네이버·카카오는 없어요?

#IT #벤처기업 #플랫폼경제

2020~2021년 빅테크버블
2000년 닷컴버블

1950년대생과 2010년대생의 공통점은

전쟁 후 세대인 1950년대·1960년대생과 밀레니얼, 젠지(Zen-Z) 이후 알파세대라 불리기 시작한 2010년대·2020년대생의 공통점은 무엇일까요?

5060 윈도가 뭔가요. 창문인가요? 방금 선생님이 창 닫으라 그랬으니 창문 맞지요?

1020 선생님, 이 모니터 고장 났어요. 터치도 안 되고 음성인식도 안 돼요.

정답은 데스크톱 컴퓨터(PC)보다 스마트폰에 훨씬 익숙하다는 겁니다.

2008~2009년부터 세계를 지배하기 시작한 스마트폰은 10여 년 사이에 세상을 완전히 바꿨습니다. 우리나라의 60대와 70대는 소위 '컴맹'이 많습니다. 컴퓨터를 이용하라는 요구가 생업을 위협할 수도 있을 만큼 그들에게는 큰일이에요. 계란 유통업체를 예로 들어볼까요? 대부분 60~70대 소상공인들로 구성된 계

란 유통업계는 계란이력제 전산화 전면 시행을 반대하고 있습니다. 계란이력제는 2017년 살충제 계란 파동 이후 도입됐는데, 업계는 반대 시위를 하며 법정 소송까지 준비하고 있어요. 현실적으로 PC 사용이 어려우니까요. 그런데 스마트폰에는 나름 익숙합니다. 2021년 60대의 91.7%, 70대의 60.1%가 스마트폰을 보유하고 있습니다. 같은 설문조사에서 60대의 44.4%는 스마트폰이 일상생활에서 필수적인 매체라고 응답했죠. 2010년 이후 태생도 마찬가지입니다. 스마트폰과 태블릿으로 다 되는데 군이 PC를 켤 이유가 없습니다. 2011년 이후 가정의 PC 보유율은 줄어들고 있어요. 2011년에 69.2%던 보유율이 2021년에는 53.2%까지 떨어졌습니다. 하지만 스마트폰이나 태블릿 같은 디지털 기기는 유아 때부터 접하고 있습니다.

스마트폰과 함께 IT는 우리의 일상이 됐습니다. 뉴스를 보면 미국 경제나 미국 증시 관련해서는 애플이나 아마존, 구글 같은 글로벌 IT기업 이야기만 나오고, 우리나라 주제로는 부동산 아니면 삼성, 네이버, 카카오입니다. 배달의민족이나 쿠팡도 결국 IT 인프라를 활용한 플랫폼 이야기예요. 그런데 경제사를 공부하겠다고 책을 펼쳐보면 이런 기업들 이야기는 하나도 안 나오고, 대규모 공장을 굴리는 굴뚝산업 이야기만 잔뜩 나옵니다.

이유는 간단합니다. 산업화는 1800년대에 시작했는데 우리가 아는 IT산업은 아무리 이르게 쳐줘도 1990년대부터 발전하기 시작했거든요. 이야기가 쌓인 시간이 비교적 짧아요.

비대면 서비스와 플랫폼경제

하지만 시점을 최근으로 옮기면 IT산업의 위상은 대단합니다. IT가 미국의 GDP에서 차지하는 비중은 10% 전후고, 우리나라 수출 중 반도체 비중은 2017년 이미 15%를 넘었습니다. 코스피에서는 2020년 기준 IT 업종이 시총의 63.3%를 차지했어요. 2000년에 시총의 25.4%를 차지한 것과 비교하면 20년 만에 엄청나게 커졌죠.

코로나19 팬데믹 기간에 글로벌 IT기업들은 온라인 플랫폼, 금융, 인공지능과 반도체 등에서 활약했습니다. 'FAANG'이라는 약자로 불리는 페이스북(메타), 애플, 아마존, 넷플릭스, 구글(알파벳)은 2021년 봄, 하루에 10억 달러씩 벌어들였습니다. 우리나라 돈으로는 약 1조 1,500억 원이죠. 테슬라나 엔비디아 같은 IT 제조업체까지 합치면 천문학적인 규모입니다. 사람들이 코로나19 바이러스를 피하려고 바깥에 나오지 않는 사이 OTT와 동영상 플랫폼이 급성장했고, 그런 서비스를 뒷받침해 주는 클라우드라든가 서버, 반도체 등 IT 제조업이 같이 웃었습니다. 우리나라 증시도 비슷한 움직임을 보였어요. 2019년 말 시총 13조 2,338억 원으로 23위 규모였던 카카오는 2021년 6월 시총 63조 원을 넘어서면서 네이버와 시총 3위 자리를 놓고 다퉜습니다. 현대자동차나 포스코, 삼성물산 같은 오래된 기업들은 몇 계단씩 내려갔죠. 그런데 이런 어마어마한 성장이 거품이 아닐까 걱정하던 사람들이 있었습니다.

거품(버블)은 자산이 실제 가치보다 지나치게 높은 평가를 받아 비싼 가격에 거래되는 현상을 말하죠. 그러니까 가격에 거품이 긴 건데, 언젠가 거품이 걷히고 가격이 조정되기 때문에 투자자에게 위험한 현상**입니다.

2022년, 세계적인 인플레이션과 금리 인상 기조가 겹치고 지정학적 분쟁이 악화하면서, 전 세계 증시는 대규모 IT기업을 중심으로 코로나19 팬데믹 기간에 올랐던 만큼 떨어지고 말았어요. 2008년 세계 금융위기 이후 시장에 돈이 풀리면서 10년 이상

◆ 2023년 4월 16일 기준 네이버는 주가 19만 9,000원(주당)으로 시총 11위, 카카오는 주가 6만 500원(주당)으로 시총 12위입니다. 시장에 유동성이 줄어들면서 거품이 꺼지는 모양새예요.

◆◆ 거품이 긴 채 유지되면 모두 행복하지 않을까요? 자산 가격은 시장에 풀린 돈의 영향을 받을 수밖에 없습니다. 자산 거품이 유지된다는 건 끊임없이 가격이 상승해야 한다는 뜻이에요. 집값이든 주가든 올해 10% 올랐으면 내년에도 10% 올라야 안정적으로 오르고 있다고 느낍니다. 작년에 10% 오른 주가가 올해는 5% 올랐다면, 가격이 더 비싸졌음에도 불구하고 '왜 이러지? 이거 예전 같지 않네' 하고 만족하지 못하는 것이 사람 마음입니다. 이제 10% 오르는 게 아니라(10%도 높은 상승률이지만) 70%, 100%씩 오르는 진짜배기 거품을 생각해 보자고요. 100원이 100% 오르면 200원이지만 200원이 100% 오르면 400원입니다. 같은 상승률이라도 모수가 계속 커져요. 처음 100% 오르는 데는 100원이 더 필요했으나 그다음 100% 오를 때는 200원이 더 필요한 거죠. 100%씩 가격이 두 번 뛰었는데 증가분이 두 배가 되었습니다. 한 번 더 뛰면 증가분은 처음의 네 배가 됩니다. 이 지수적 상승률을 맞추려면 결국 돈을 무한히 찍어내야 해요. 하지만 무한한 통화량 증가는 애초에 불가능한 데다, 여기 맞춰서 돈을 찍다 보면 다른 물가도 같이 오릅니다. 중앙은행은 돈을 거둬들일 수밖에 없습니다. 중앙은행이 손쓰기 전에 시장이 스스로 무너질 가능성도 크죠. 매년 100%씩 오르던 부동산이 갑자기 50%만 오르면 사람들은 불안해하기 시작하니까요. 자산이 이자율보다 높은 가격 상승률을 보이기만 해도 파국으로 치닫지는 않겠지만, 그거 맞춰준다고 돈을 계속 찍을 수는 없으므로 영원한 거품은 불가능해요.

지속돼왔던 IT기업 호황이 2008년 유동성 거품과 함께 사그라진 겁니다.

물론 돌이킬 수 없는 변화라는 것도 있습니다. IT는 언젠가 다시 잘나갈 테고 증시도 회복될 가능성이 큽니다. 문제는 그때 어떤 기업이 살아남고 어떤 기업이 도태될 것이냐죠. 이는 곧 어떤 투자자가 수익을 보고 어떤 투자자가 망해서 나가떨어지느냐의 문제이기도 하고요. 왜냐하면 2020년과 2021년에 잘나갔던 이 기업들은 20년 전인 2000년 전후, 미국의 닷컴버블이 터졌을 때 거의 망할 뻔했다가 악착같이 살아남은 기업들이거든요.

초보 투자자 어쨌기에 망할 뻔했다는 이야기까지 나오나요?

부자 그 시절은 아마존 주가가 2년간 90% 넘게 폭락하던 때예요.

유동성

유동성은 크게 두 가지 의미를 갖고 있습니다. 첫 번째는 내 돈이 얼마나 빠르고 쉽게 다른 자산으로 교환 가능한지 여부예요. 예를 들어 글로벌시장에서 미국 달러는 우리나라 원화보다 언제나 유동성이 좋습니다. 달러는 모두가 받아주지만 우리나라 돈은 잘 안 받아줄 테니까요. 자유입출금 통장에 있는 돈이 주식보다 유동성이 좋습니다. 체크카드를 긁으면 통장 돈이 바로 빠져나가는데, 주식으로 물건을 사려면 주식을 팔아서 현금으로 바꾸는 과정을 거쳐야 합니다. 그래서 두 번째 의미로, 내 자산이 얼마나 빠르고 쉽게 현금으로 전환되는지 그 정도를 나타내는 용어이기도 합니다. 시장에 유동성이 커졌다고 하면 대충 현금이 많이 풀렸다 내지는 사람들이 활발하게 물건을 사고팔 수 있도록 시장에 풀린 돈이 넉넉하다 정도로 이해할 수 있습니다.

초보 투자자 그때 투자 시작하셨다면서요?

부자 운이 좋았죠. 지금 거품이 아무리 꺼진다고 해도 당시에 비하면 몇십, 몇백 배 오른 가격일 테니까요. 덕분에 이른 은퇴를 하고 경제적 자유를 찾을 수 있었습니다.

초보 투자자 그렇다면 저도 지금 투자를 시작하겠어요!

부자 지금 휴지값으로 주운 주식이 진짜 휴지가 될지 다시 날아오를지는 아무도 모르니 조심하세요. 저와 함께 투자했던 친구들 대부분은 끝이 좋지 않았답니다.

2000년 닷컴버블

터져버린 거품 속에서 미래의 대기업이 피어오른 거야

미국 증시가 떨어지면 다음 날 우리나라 증시도 영 시들합니다. 미국 증시가 좋으면 다음 날 우리나라 증시도 기대해 볼 만하죠. 사실 세계 금융 시장은 대부분 미국 증시의 영향을 받습니다. 이런 증시 동조화현상은 1999년 즈음부터 심해졌습니다. 세계화가 진전돼 각국 시장이 개방되고, 무역 가치사슬이 단단하게 연결되기 시작한 시점이에요. 이런 동조화현상은 실물경제뿐 아니라 금융 시장에서도 마찬가지였습니다. 시장을 개방하며 외환위기를 극복해 나가고 있던 우리나라에 병과 약을 동시에 주게 됩니다.

초보 투자자 병은 뭐고 약은 뭐였는데요?

부자 정확히는 약부터 주고 병은 나중에 줬어요. 약은 금융주와 IT주 중심의 코스피·코스닥 부흥이었죠.

초보 투자자 그럼 증시에 자금도 유입되고 덕분에 기업에도 돈이 돌았을 테니 경제가 빠르게 살아났겠군요.

부자 금방 초보 티 벗으시겠네요. 맞아요. 외환위기 극복에 큰 도움이 되었습니다.

초보 투자자 병은 뭔가요?

부자 2000년에 미국에서 닷컴버블이 꺼지면서 우리나라도 폭삭 주저앉았지요. 뭐, 저가매수의 기회였다고는 하는데 누구나 잡을 수 있으면 그게 기회입니까, 복지죠. 하하하.

1999년 12월, 코스닥지수가 사상 최고치를 경신하고 있었습니다. 미국 나스닥의 강세 소식이 매수와 투자를 부추겼고, 인터넷주와 정보통신주는 장을 주도하며 상한가를 갈아치웠죠. 두 달 전인 10월에 거래량과 거래 대금이 최초로 1억 주, 1조 원을 돌파한 이후 멈출 줄 모르고 달리고 있었습니다. 당시에는 기술을 가진 벤처기업이 상장하는 코스닥이 전통의 코스피만큼이나 인기를 끌었습니다. 아무래도 성장이 느린 코스피에서 자금이 뭉텅뭉텅 넘어오곤 했어요. 2000년에 코스피에 새로 상장한 기업은 10개였는데, 코스닥에는 벤처기업 117개, 일반기업 61개나 될 정도였어요.

IT 호황은 외환위기가 찾아온 지 딱 2년 후였습니다. 1999년

12월 3일, IMF 체제 2주년을 맞아 개최된 국제 포럼에서 김대중 대통령은 우리나라가 외환위기를 완전히 극복했음을 선언했죠. 미셸 캉드쉬 IMF 총재도 그 자리에서 우리나라의 성과를 인정했습니다.

김대중 오늘 한국 경제는 2년 전과는 비교도 되지 않을 만큼 놀라운 성과를 이루어 냈으며 이제 외환위기는 완전히 극복됐습니다.

캉드쉬 한국 경제는 IMF 체제 이전보다 더 높은 수준으로 발전하게 됐습니다.

각종 경제지표가 화려한 부활을 알리고 있었거든요. 정부가 외환위기를 수습하며 구체제를 대신할 성장 동력으로 선택한 IT산업은 무척 성공적이었습니다. 빚을 갚을 외화가 없어서 일본이며 미국에 건너가 돈 좀 빌려달라고 빌던 게 딱 2년 전인데, 1999년에는 순 채권국으로 돌아서서 남들에게 빌려줄 위치에 섰죠. 경제성장률은 다시 연 9~10%에 달했죠. 406.1포인트까지 떨어졌던 코스피지수도 1,000포인트 안팎까지 올랐습니다. 외환위기 전에는 보통 600포인트대였던 것을 감안하면 경제는 회복을 넘어 새로운 단계로 진입한 것이었어요.

우리가 떠올리는 '우리나라'의 모습은 바로 이때 만들어졌습니다. 초고속인터넷망 같은 IT 인프라도 1999~2000년에 깔렸고, 1997년 163만 명에 불과하던 인터넷 이용자 수는 1999년에 1,080만 명, 2000년에는 1,904만 명으로 늘어났어요. PC 보급도 1997년 693만 대에서 1999년 1,153만 대, 2000년에는 1,862만

대로 늘어났죠. 더 극적인 변화는 홈페이지의 증가입니다. 인터넷을 기반으로 회사를 소개하고 전자상거래를 하는 벤처기업이 어마어마하게 늘어나서 1997년 8,000개 정도였던 '.kr 도메인'이 1999년에는 약 21만 개, 2000년에는 약 52만 개가 됩니다. 회사 이름 끝에 '컴'이라든가 '텔', '테크' 같은 단어가 붙지 않으면 투자받기 힘들 정도라고 했죠. IT 호황을 목격한 글로벌 신용평가사들도 우리나라의 신용등급을 경쟁적으로 올려줍니다. 신용등급이 올라가니 외화를 빌리기도 쉽고, 빌릴 때 금리도 낮았죠. 2년 만에 국가 부도를 딛고 일어서는 데는 이런 환경이 큰 도움이 되었습니다.

바로 이 시기에 카카오의 전신인 다음커뮤니케이션이 코스닥에 상장하며 국내 대표 벤처기업으로 떠오릅니다. 1995년 창업한 다음은 1993년부터 이미 반도체로 증시를 이끌었던 삼성전자와 함께 국내 최고의 주식으로 등극하죠. 1999년 11월 11일 코스닥 등록 이후 12월 말까지 약 두 달간 주가가 34배나 상승했거든요. 지금은 다음을 제치고 국내 최대의 플랫폼으로 떠오른 네이버, 우리나라 공공기관과 일하려면 필수인 '아래훈글'의 한글과컴퓨터도 1999년 창업했습니다. LG반도체와 현대전자가 합병해 하이닉스가 된 해도 1999년이에요. PC방이 전국에 보급된 것도 1998년과 1999년 사이죠. PC방 전국 보급과 함께 게임업계도 급속히 성장했습니다. 넥슨은 1994년, 네오위즈는 1997년, 엔씨소프트와 한게임은 1998년 설립 등 오늘날의 IT 중견기업이 여럿 탄생한 시기였습니다.

경제연구원들 국민 여러분, 최고의 재테크는 주식입니다. 부동산보다 주식이 낫습니다. 이것은 데이터로 증명된 것입니다.

이렇게 산업 구조조정과 경제 방향 자체를 IT로 잡았으니, 미국의 IT 호황에 우리나라도 덩달아 신이 날 수밖에 없었죠. 물론 산이 높은 만큼 골도 깊었습니다. 단기간에 빨리, 많이 오른 만큼 단기간에 빨리, 많이 떨어졌다는 이야기예요.

2000년 4월, 멸망의 날이 찾아왔습니다.

컴퓨터 판매가 시들한데 반도체 주가가 오를 리 있나

주식이든 채권이든 기본적으로는 회사가 장사를 잘해야 가격이 쭉쭉 오르는 법입니다. 그런데 장사란 콘텐츠나 미디어를 제외하고는 판매자와 구매자가 실제 재화·서비스와 돈을 교환하는 것입니다. 사실 콘텐츠나 미디어도 해당 상품을 감상할 수 있는 기기가 필요하다는 점에서 결국 실물에서 벗어나기 어려워요. 다들 OTT를 시청하고 싶어 하면 결국 태블릿이나 스마트TV 같은 장비 판매량이 늘어나겠죠. 유튜브 동영상이 대세라면 촬영 장비 수요가 늘어나게 되고요.

하지만 다들 장사도 안되고, 서비스 이용하러 나오는 사람도 없는데 기업들 주가만 마구 오르고 있다면 이건 돈 놓고 돈 먹는 돈놀이 게임이 된 것이에요. 그것 자체가 불법이거나 큰 문제인

건 아니지만, 실물이 받쳐주지 않는 금융은 취약합니다. 현실보다는 기대심리에 의존하게 돼서 그런지도 모르겠어요.

2000년 4월에 발생한 미국의 닷컴버블 붕괴도 같은 맥락이었습니다. 1994년 넷스케이프가 인터넷 브라우저를 처음 출시한 이후 야후와 아마존이 연이어 등장하면서, 사람들은 모두 미래는 온라인과 디지털에 있다고 믿었죠. 그 믿음은 1995~2000년 나스닥지수가 400% 폭등하는 모습으로 먼저 나타났습니다. 미국 경제는 성장과 인플레이션을 모두 잡은 골디락스 경제라고 불렸지요. 그러니까 미래가 온라인에 있다는 것은 옳은 믿음이었습니다. 그 믿음이 현실이 된 지금은 다들 온라인에서 살다시피 하느라 신체 활동 부족으로 평균수명 감소 예상까지 나오고 있으니까요.

하지만 미래는 미래고, 현재는 현재입니다. 사람들이 비싼 PC를 반년에 한 번씩 바꾸지 않는 이상(요즘 같아서는 스마트폰이나 전기자동차가 더 정확한 예시겠지만) PC에 들어가는 반도체라든가 네트워크 구축에 필요한 장비 수요는 어느 수준에서 멈출 수밖에 없었어요. 서비스나 콘텐츠도 수요에 한계가 있기는 마찬가지입니다. 소비자도 사람인지라 하루 24시간이라는 한정된 시간이 있거든요. 하지만 기업은 지속적인 성장을 믿고 과잉 투자를 했고, 투자자들은 어느 순간 실물, 그러니까 기업 실적이 너무 따라오지 않는다고 의심하게 됐죠. 미래와 성장에 투자했는데 기업들의 실적이 좋지 않고, 화려하게 발표했던 전시장의 첨단 기술도 상용화 시점이 자꾸 미뤄지는 거죠. 그러면 의심과 불안으로부터 붕괴가 시작됩니다. 실물이 받쳐주지 않을 때는 한 번 흐름이 꺾이면

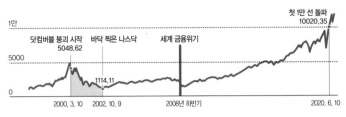

미국 나스닥지수 추이

(나스닥지수)

첫 1만 선 돌파
10020.35

1만

닷컴버블 붕괴 시작
5048.62

바닥 찍은 나스닥

세계 금융위기

5000

1114.11

0

2000. 3. 10   2002. 10. 9   2008년 하반기   2020. 6. 10

자료: 블룸버그

2000년 닷컴버블은 2000년 3월 최고점을 찍은 후
2년 7개월만에 최저점으로 추락했다.

내려가는 속도가 어마어마해요. 어디가 바닥인지 아무도 모르죠.

투자자들이 와르르 무너지기 전에 정부가 금리를 올리는 등 거품을 살살 빼야 하는데, 당시 미국은 좀 늦었습니다. 저금리를 통해 IT산업을 키우고 있던 미국은 거품이 너무 많이 끼자 기준금리를 4.75%에서 1년 만에 6.5%까지 급격하게 올렸어요. 하지만 늦은 대응에 금리 인상은 오히려 급속한 파괴의 촉매가 됐죠. 시장이 바닥을 친 2001년에는 투자자들이 총 5조 달러의 손실을 본 것으로 나타났어요. 5조 달러면 우리나라 돈으로 6,000조 원 가까이 되죠.

그럼, 우리나라는 어땠을까요?

나스닥 무너진다, 가자.

코스닥 이 손 놓지 그래?

나스닥 넌 나의 그림자 같은 존재잖아. 내가 아플 땐 너도 아파야 해.

코스닥 그림자가 더 빨리, 많이 부서지는 건 불공명하다고!

미국 그래? 금리 올릴 건데 그럼 더 불공평해지겠네?

한국 잠깐만. 그럼 우린 IT산업도 고꾸라지는 통에 금리까지 올려야 해? 우리 기업들, 우리 국민, 이자 부담 때문에 다 죽어!

미국 그럼 올리지 마.

한국 안 올리면 외국자본이 우리 시장에서 다 빠져나갈 텐데?

미국 자기의 일은 스스로 하자, 알아서 척척척, 스스로 어린이~ 금융 교육~.

1999년 주당 113달러로 고점을 찍었던 아마존 주가가 2년 후인 2001년에는 95% 가까이 하락하며 최저 5.51달러까지 떨어집니다(2021년 7월 최고가 주당 3,773달러). 아마존뿐 아니라 나스닥 자체가 고점 대비 74% 추락했는데 우리 사정은 어땠겠어요. 2000년 4월, 코스닥은 순식간에 3분의 1 토막이 나버렸습니다. 언론에서 최고의 재테크는 주식이라고 추켜세운 지 두세 달도 안 된 시점입니다. 버블이 꺼지면서 개인 투자자는 큰 손해를 보았습니다. 벤처기업 대부분은 도산했죠. 미국 나스닥은 씩씩하게 회복하고 더욱더 성장했지만, 코스닥은 아직도 닷컴버블 시기의 30~40% 수준에 머무르고 있습니다. 다만 당시 바뀐 우리나라 경제체질은 고스란히 남아, IT는 현대 한국을 정의하는 상징이 되었어요.

참, 2021년까지만 해도 익숙했던 저금리* 환경은 사실 닷컴버블 수습 과정에서 시작됐습니다. IT기업들이 모두 죽어가자 당황한 미국이 다시 금리를 연 1%까지 내려버렸거든요. 경기가 슬 그머니 다시 살아나자 올리려고 했는데, 얼마 안 가서 서브프라임 모기지론이 세계 금융위기를 터트리는 바람에 다시 경기 부양을 위한 저금리정책을 펼칠 수밖에 없었습니다.

왜 미국이 저금리이면 우리도 저금리이냐 하면, 우리나라는 미국의 정책 방향을 크게 벗어나기 힘들기 때문입니다. 물론 우리나라만 그런 것은 아닙니다. 웬만한 나라는 다 그렇지요.

◆ 이제는 저금리 시대가 저물고 있습니다. 팬데믹 이후 공급망 교란과 러시아-우크라이나 전쟁이 겹치면서 급격한 물가 상승이 세계 경제의 가장 큰 문젯거리가 되었거든요. 각국 중앙은행은 인플레이션을 잡기 위해 금리를 올리고 나섰습니다.

Part 4

정치와
경제

왜 아버지가
'주식 하면 삼대가 망한다'고
말씀하시나면

#주식투기 #공매매 #불하

2021년 자산버블
1962년 증권파동

주식이 도박과 다른 이유

개미 A회사 주식을 사려는데, A회사주 주가가 오르면 A회사가 그만큼 부자
가 되나요?

전문가 아니요. 오른 상태에서 주식을 팔아야 A회사 주주가 부자가 됩니다.
만약 팔지 않고 그대로 두면, 부자가 된 기분만 듭니다.

개미 그런데 왜 주식이 오르면 회사에서 좋아하나요?

전문가 회사 임직원들은 보통 주주◆거든요. 회장님이 좋아하시면 회사는 좋
아합니다.

개미 농담하지 마세요.

전문가 농담 아닌데요.

정말로 '농담'은 아닙니다. 주가의 오르내림은 임원의 경영
권 방어를 제외하면 회사와 직접적인 상관이 없어요. 하지만 그

◆ 임직원이 주주라니 의아하겠지만, 상당히 많은 주식회사에서 직원은 우리사주조합 형
태로 자사주를 보유하고 있습니다. 2021년 카카오페이와 카카오뱅크 등이 상장하면서
우리사주가 워낙 많이 보도되어 이제는 많이 익숙해진 개념이에요.

게 다는 아닙니다. 회사 입장에서는 언제나 '주식이 처음 발행될 때'가 중요합니다.

그게 무슨 뜻이냐면요,

① 주식 발행은 회사를 세울 때 자본금이 모자라서 여러 사람의 돈을 모은 다음, 돈을 낸 만큼 소유권 증서를 나눠주면서 시작합니다. 보통 이 시기에 자본금을 내고 주식을 가져가는 사람들이 '지분'이 있는 임원이 됩니다.

② 살아남기만 한다면 회사는 빠르게 성장합니다. 그러면 성장하는 만큼 돈이 더 필요해지지요. 이때 회사가 외부 사람들에게 사업설명회니 기업공개니 해가면서 '우리가 이렇게 잘나가는데 앞으로도 잘나갈 거니까 투자 좀 해주세요' 하는 대표적인 방

기업의 자금 조달

(a) 채권 발행은 말 그대로 투자자에게 큰돈을 먼저 빌려온 다음, 꼬박꼬박 이자를 갚다가 만기가 되면 원금까지 갚아주는 일종의 대출이죠.

(b) 주식을 추가로 발행한다는 건 보통 '유상증자'인데요, ①과 같이 자본금을 납입받고 주식을 추가로 찍어내는 겁니다. 물론 이렇게 되면 기존에 지분을 가지고 있던 사람의 지분이 줄어듭니다. 전체 주식 수가 100개일 때 50개 갖고 있던 사람의 지분은 50%지만, 전체 주식 수가 200개일 때 50개를 갖고 있으면 25%로 줄어드니까요. 그런데 이때 추가로 발행된 주식의 시장거래가가 100원이면 1,000원 납입한 투자자에게 주식을 10개 줘야 하지만, 시장거래가가 1,000원이면 1,000원 낸 사람에게 주식을 1주만 줘도 돼요. 시장거래가가 비쌀수록 똑같은 돈을 받으면서 지분은 적게 줘도 되니 얼마나 좋아요.

법이 바로 채권 발행(a)과 주식 추가 발행(b)입니다.

③ 게다가 주가가 높다는 건 시장에서 회사의 실적과 성장 가능성을 인정받고 있다는 뜻이기 때문에, 주식을 추가로 발행하면 투자자들이 많이 몰려옵니다. 우리가 앞서 살펴본 질문에서 주식이 오르면 회사가 좋아한다는 건 사실 이런 의미예요. 다시 말해 주가가 높다는 말은 회사의 성장에 필요한 자금을 비교적 쉽게 조달할 수 있다는 뜻입니다.

이런 식으로 회사와 연결되어 있는 부분을 모르고 일반 주식 시장만 보면 도박이나 다름없어 보이죠. 돈 놓고 돈 먹기니까요. '개미' 입장에서는 내가 싸게 산 주식을 누가 비싸게 사준다고 해야 돈을 벌 것 아니겠어요?

2021년 자산버블

월급으론 답이 없고 주식만이 희망인 시대?

세계적인 자산버블이 있던 2020년과 2021년은 주식으로 돈 벌기 참 좋은 해였습니다. 2022년 1월 통계청 기준 우리나라 인구수는 약 5,200만 명입니다. 2021년 9월 우리나라의 주식 활동계좌 수는 6,000만 개를 넘어섰죠. 활동계좌니까 실제로 돈이 거래되고 있는 계좌예요. 한 사람이 두세 개의 계좌를 가지고 있다 하더라도, 전 국민이 주식 거래를 하는 세상이 왔다고 우겨

볼 수도 있는 규모인 거죠. 한국예탁결제원에 따르면, 2020년 3월까지만 해도 활동계좌는 약 3,000만 개였어요. 코스피지수는 2019년 내내 1,900~2,100포인트 사이에서 박스에 갇힌 듯 움직이다가, 코로나19 팬데믹이 선포된 2020년 3월에 최저 1,400대로 떨어지더니 꾸준한 상승세로 2021년 1월에는 3,000을 넘기게 됩니다.

무슨 뜻이냐면, 2020년 3월에 어떤 주식을 사서 보유하고 있었다면 2021년 1월에는 10개월 만에 수익률 100%를 달성할 확률이 컸다는 이야기죠. 최저임금이 1만 원을 넘네 마네, 청년 실업률이 최악이네 하는 세상에서 원금이 두 배로 불어나는 주식 투자는 엄청나게 매력적인 대안으로 느껴지지 않았겠어요? 연봉 협상에서 연봉을 두 배로 올려달라고 하긴 어려우니까요.

알바생 사장님! 저 이번 달부터 월급 두 배로 주시면 안 돼요?

사장님 회사 그만두고 싶다는 거지?

알바생 주식 한창 하는데 시드머니가 아쉬워요. 이럴 줄 알았으면 대학 안 가고 알바비 모아서 주식 투자부터 할걸 그랬어요.

사장님 그럼 부모님이 무척 싫어하시겠네.

알바생 부모님은 주식의 존재 자체를 싫어하세요. 주식 공부 시작하면서 만난 선배들도 자조적인 말을 많이 하고요.

사장님 '주식으로 1년 만에 1억을 만드는 방법은 2억으로 시작하는 거다.'

알바생 물론 투자에는 언제나 위험이 따르지만, 그게 아니라도 너무들 뭐라고 하는걸요.

사장님 다 그럴 만한 이유가 있어. 나도 주식으로 돈 날리고 고생 많이 했지. 너도 주식 그거 조심해서 하고, 선물옵션은 절대 손대지 마라.

사장님은 왜 이렇게 충고했을까요? 우리나라에 증권 시장이라는 게 처음 생긴 1950~1960년대, 첫 투자자들은 그야말로 전 재산을 날릴 수밖에 없었거든요. 어쩌면 요새도 주식 투자 하는 사람들이 '허구한 날 박스권에서 맴도는 국내 주식에 돈을 묶느니 해외 주식, 특히 미국 주식을 하라'고 추천하는 이유도 그런 경험에서 비롯됐는지 몰라요.

1962년 증권파동

4개월 만에 상장종목이 남김없이 파산

우리나라의 첫 증권 시장은 열리자마자 닫힙니다. 그 당시에 투자한 사람들은 대체로 큰 손해를 보았죠.◆ 도대체 어떻게 된 건지 처음부터 이야기해 볼게요.

◆ 주식이 폭등한 역사도 있습니다. 1939년 9월, 제2차 세계대전이 발발합니다. 서울 을지로 2가에 있던 주식거래소인 조선증권취인소에서는 주식이 그야말로 폭등했어요. 일본이 군수물자를 어마어마하게 수출하게 될 테니, 일본 회사들 주가가 크게 오르지 않겠어요. 그런데 1932년 설립된 조선증권취인소가 우리나라 증권 시장이라고 하기에는 좀 어렵습니다. 주로 일본 사람들만 식민지 조선에 세운 일본 회사 주식을 거래했달까요. 정말로 우리나라 정부가 관리하는 우리나라 증권 시장은 해방 이후인 1949년부터 실질적으로 논의되기 시작합니다.

1949년 11월, 우리나라 최초의 증권사인 대한증권(현 교보증권)이 설립돼요. 증권사는 주식과 채권을 사고파는 회사인데요, 증권사를 만든 지 1년도 안 돼 한국전쟁이 터지면서 모든 게 물거품처럼 사라지나 싶었죠. 그런데 의외로 피란 임시수도였던 부산에서 증권 시장이 활발하게 돌아가기 시작합니다. 갓 생긴 신흥국이었던 우리나라는 국채를 찍어 팔면서 민간인 자산가의 돈으로 정부가 필요한 자금을 대려고 했어요.

정부 그래도 불행 중 다행 아닙니까? 정부는 돈이 없어도 민간인은 돈과 땅이 있어요. 식민지 시기에 잘 살았던 조선인도 있고, 일본인이 놓고 간 재산도 있고….

일반인 그게 왜 다행입니까?

정부 다 같이 가난해 봐요. 세금이건 뭐건 돈 나올 곳이 아예 없잖아요.

일반인 그럼 불행인 건 뭔데요?

정부 민간인 돈을 합법적으로, 자발적으로, 그에 상응하는 대가를 주고 달라고 해야 하니까요. 마구 몰수해서 쓸 수 없다는 게 참 비효율적이죠.

일반인 어쩌겠어요. 법에 근거하지 않고 맘대로 몰수하면 그게 무장범죄조직이지 국가인가요.

정부 그래도 우리나라의 미래를 낙관적으로 보는 사람들이 많아서 국채는 잘 팔리네요. 이 돈으로 나라를 발전시켜서 만기 때 이자 꼭 드릴 수 있도록 노력할 거예요.

이런 사정으로 이 국채는 아주 신나게 팔립니다. 이때 대한증권의 위상이 지금의 삼성전자나 현대자동차 정도였달까요. 단, 주식을 발행할 수 있는 기업이 드물던 탓에 자본 시장은 주식보다는 채권 위주였지요. 상장주식이라고 해봤자 경성방직, 조선무진, 조선철도, 조선생명보험, 조선면자, 동아일보 6개 종목뿐이었습니다.

전쟁이 끝난 후인 1956년, 정부와 기업인들은 다시 서울에 대한증권거래소를 설립하고 증권 시장을 육성하기로 했습니다. 돈이 있어야 식민 지배와 전쟁 끝에 폐허가 된 나라를 복구할 수 있습니다. 외국에서 원조를 받는 것도 한계가 있어요. 결국은 국내 자본 시장이 커져야 합니다. 그런데 2년 후인 1958년, 증권사들이 국채 거래를 갖고 스포츠토토 수준의 도박을 합니다. '올해 국회에서 국채 추가 발행 계획이 통과된다', '아니다' 편을 갈라 돈을 걸어요.

이런 선물 거래는 지금 당장 돈이 없어도 돈을 빌려서 거래하는 공매매가 가능합니다. 증권사 대부분은 회사조차 감당 못 할 수준의 거액을 걸고 선물 거래를 하다가 국채 가격이 폭등하자 결국 증거금을 내지 못합니다. 사태가 이 지경에 이르자 정부는 일정 기간 동안 발생한 국채 거래 자체를 무효로 돌리며 투기를 주도한 증권사 네 곳의 면허를 빼앗습니다. 이후 경영이 부실해진 증권사 24곳도 연쇄적으로 폐업하게 돼요. 이게 바로 채권 시장을 엉망으로 만든 1958년 1월 16일의 국채파동입니다. 이후 외환위기 때까지 채권 시장은 기나긴 암흑기에 들어갑니다.

원래 기업은 주식 시장보다 채권 시장을 선호하기 마련입니다. 주식과 달리 채권은 기업이 직접 돈을 빌리므로 편리하게 자금을 조달할 수 있기 때문이에요. 그런데 국채파동 후유증으로 우리나라 채권 시장은 1980년대 초까지 발행 잔액이 10조 원을 밑도는 기형적으로 작은 규모를 유지하게 돼요.[*] 기업들이 건전한 방법으로 돈을 구하기가 굉장히 어려웠다는 뜻이에요.

그런데 증권 시장에서 벌어진 사고는 이번이 끝이 아니었어요. 더 유명하고 큰 건이 기다리고 있었습니다. 1962년 5월에 벌어진 증권파동이에요. 결론부터 말하자면 채권 시장과 비슷하게 주식 시장도 파탄에 가까운 성적표를 받았습니다. 모두가 주식을 도박처럼 투기의 대상으로 본 데다, 정치권에서 주가조작에 참여했거든요. 결국 주가는 폭락했고 거래소는 결제 불이행 상태로 1년간 문을 닫았어요. 일반인은 재산을 크게 날릴 수밖에 없었죠.

채권이며 주식이며 사람들이 속수무책으로 당한 이유는 무엇이었을까요? 다들 너무 옛날 사람들이라 주식에 대해서 뭘 너무 몰랐던 걸까요? 아닙니다. 당시 피해자들은 주식에 대해 주변 사람들보다 지식이 풍부한 사람이었습니다.

1961년에 상장되어 1962년에 사람들이 직접 거래할 수 있었던 주식은 경성방직, 조흥은행, 증권거래소(대증주), 증권금융(연증주), 해운공사, 상업은행, 제일은행, 한일은행, 한국운송, 한국전력(한전주), 동양화재, 한국전력, 미곡창고 13종이었어요. 이때

―――――――――――――――――――――――――

◆ 2022년 기준 우리나라 국채 발행 잔액만 1,000조 원을 넘습니다.

상장된 회사는 단순히 우량하기만 한 것이 아니라 국가의 알짜배기 기업들이었죠. 나 자신의 이득을 극대화하는 합리적 의사결정을 할 수 있었던 경제적 주체들은 이렇게 생각합니다.

엄마 얘들아, 경제 공부하자. 지금 주식들 중에서 대증주, 연증주, 한전주 세 개가 제일 인기 많아. 왜일까?

딸 대증주는 증권거래소가 자체적으로 발행한 주식인데 증권거래소가 망하지 않는 한 계속되는 주식이니까?

아빠 정답! 연증주도 대증주처럼 증권금융이라 그런지 쑥쑥 오르던데?

아들 한전주는요?

엄마 현대 국가 중에 전기 안 쓰는 나라 있어? 앞으로 더 많이 쓰게 될걸. 엄마가 우리 아들딸 명의로 사둘게. 그러면 너희는 20년 후에 공기업의 주요 주주가 되어 있을 거야.

물론 이 가족은 증권거래소가 망하게 될 줄 꿈에도 몰랐을 겁니다. 이 가족은 쌀 한 포대를 참기름 한 병과 바꾸며 물물교환하던 1960년대의 평범한 서민이 아닙니다. 일제강점기와 한국전쟁 시기를 모두 거치면서도 수중에 돈이 있고, 주식이 뭔지 아는 5만 명 정도의 사람들이에요. 권력층이거나 영민한 장사꾼 또는 갓 생겨나기 시작한 중산층이 대부분이었죠. 소비 여력이 있고 성실하게 세금을 내는 중산층은 국가가 발전하는 데 있어 무척 중요합니다. 이들이 이때 주식으로 망하지 않고 계속 부를 쌓아가며 다른 여유자금까지 시장에 끌어낼 수 있었다면 역사는 다르게 전개되었을지도 몰라요.

어쨌든 대한민국이라는 나라가 망할 게 아닌 이상, 그 당시 한 전이나 증권거래소 주식을 사놓으면 단기적으로는 시세차익을 엄청나게 벌 테고, 장기적으로는 공기업의 주요 주주가 될 수도 있는 상황이었습니다.

주식 가격이 가파르게 치솟는 게 당연했습니다. 사려는 사람은 많고 주식 발행 개수는 한정되어 있었으니까요. 그래서 돈도 벌고 미래 한국의 큰손도 되고 싶었던 사람들은 '공매수'를 써가며 거래를 시작합니다. 바로 이 공매매*가 문제였어요.

채권 시장도 그렇고 주식 시장도 계속 공매매 이야기가 나오지요? 공매매, 즉 공매수와 공매도는 주식 거래 기법입니다. 공매매를 하려면 그냥 돈을 주고 현재 가격으로 주식을 사는 것이 아니라 홀짝 도박처럼 '가격이 오를 것이다' 혹은 '가격이 내릴 것이다'라는 주가 방향에 베팅하게 됩니다. 주식을 갖고 있지 않은 상황에서 돈을 빌려 매수나 매도 주문을 넣고, 만기가 돌아오기 전에 진짜로 사거나 (사서) 판 다음 차익을 버는 겁니다.

좀 어려운 부분이니까 예시를 들어볼게요. 증권파동은 공매수 때문에 생긴 일이니 공매수 예시를 들어보겠습니다.

◆ 일제강점기와 해방 직후, 전쟁 직후까지 우리나라 증권 시장은 매일매일 유가증권을 사고파는 평범한 거래보다 공매매가 포함된 청산거래 비중이 훨씬 높았습니다.

공매수와 공매도

공매수가 없을 때

① 오늘은 6월 22일입니다. 이 종목이 앞으로 오를 것 같습니다.

② 하지만 나는 주식 살 돈이 없어요.

③ 공매수가 금지이니 '외상거래'를 할 수 없습니다.

④ 내가 오를 거라 생각한 주식 가격이 속절없이 오르는 걸 보며 흐느낄 수밖에 없습니다.

공매수가 있을 때

① 오늘은 6월 22일입니다. 이 종목이 앞으로 오를 것 같습니다.

② 하지만 나는 주식 살 돈이 없어요.

③ 공매수가 가능하니 '외상거래'를 합니다. 일정 정도의 보증금만 맡기고요.

④ 지금 한 주에 100원 하는 A주식을 10주 사기로 합니다. 결제는 나중에 하기로 약속하고요.

⑤ A주식 가격 1,000원(100원×10주)은 '청산일'이라고 하는 지정 결제일에 지급하면 됩니다.

⑥ 청산일에 가격을 확인해봤더니 A주식은 한 주에 200원! 10주에 2,000원이 되었습니다.

⑦ 주식 가치가 올라 돈 갚을 능력이 되니, 어디서 돈을 빌리기가 쉽습니다. 돈을 빌려 A주식 10개를 산 대금 1,000원을 냈습니다.

⑧ 사놓은 주식을 파니 2,000원이 내 손에 들어오네요.

⑨ ㉠에서 빌린 1,000원을 갚고, 나는 시세차익 1,000원을 갖습니다.

사람1 이거 꼭 오르는데. 진짜 오르는데.

사람2 너 돈 없잖아?

사람1 공매수 된대. 일단 사려고.

사람2 돈은?

사람1 지금 당장 안 내도 돼. 청산일에 내면 돼. 그때까진 돈 빌려줄 사람 생길 거야.

사람2 돈 빌리는 게 그렇게 쉽냐?

사람1 청산일에 이득만 나봐. 금세 높은 이자를 받을 수 있으니까 너도나도 빌려주려고 할걸?

　(진짜 오름)

사람2 야, 진짜 엄청나게 올랐어.

사람1 그것 봐라. 주식 창 보여주고 당일 상환에 이자 10% 주겠다니까 바로 빌릴 수 있더라고.

이렇게 공매수에 공매수를 거듭한 결과, 증권파동 사건 당시 상장된 주식의 가격은 4개월 만에 50배에서 200배까지 올랐습니다. 대한민국의 공기업 주식이 오를 건 당연했으니, 너도나도 주가가 오른다에 베팅을 한 다음 공매수 주문을 넣고, 넣고 또 넣은 것이죠. 2000년대 초반 닷컴버블 시기의 주식이나 코로나

19 팬데믹 시기의 비트코인 정도가 이렇게 올랐을 겁니다. 오를 거라고 생각해서 공매수를 했고, 실제로 200배나 올랐는데 무슨 문제냐고요?

'공매수가 있을 때'의 ㉠을 주목해 봅시다. 주식이 올라 값을 능력이 되니 돈을 빌리기가 쉽습니다. 공매수는 돈이 없는 상태에서 먼저 외상으로 주식을 산 다음, 청산일에 이익이 나면 돈도 갚고 나도 벌고 하는 구조입니다. 공매수까지 해가면서 주식을 사는데 주식을 고작 한 주, 두 주 살까요? 많이 사겠죠. 1만 원짜리 주식 1만 주 사면 1억 원에, 200배 뛰면 200억 원입니다. 거품이 끼어 주식 가격 자체가 주당 200만 원이 되었다고 생각해 보자고요. 여기서 공매수를 하면 200억 원이 필요해지는데 갑자기 200억 원을 어디서 빌리겠어요. 이를 감당할 만한 부자가 없는 것은 물론이거니와 은행이 빌려줄 수 있는 한도도 훌쩍 넘을 만큼 금액이 커졌습니다.

맞아요. 빌려서 주식값을 갚기엔 주식값 자체가 너무 올라버린 겁니다. 망했죠. 주문은 들어갔고, 돈을 빌려서 갚아야 되는데 아무도 그만한 돈을 가진 사람은 없고. 어쩌겠어요. 거래소가 일단 물어줘야죠. 1962년 1월에 증권거래법이 개정되면서, 거래자가 매수 대금을 내지 않으면 증권거래소가 대신 결제를 해주고 나중에 이자까지 쳐서 거래자에게 반환받는 보통거래제도가 도입된 상태였거든요. 하지만 거래소에도 그런 돈은 없는 겁니다.

예를 들면 이런 상황인 셈이에요.

햄꼬마 나 내일 도시락으로 햄 싸울 거임!

첫주문 우와! 내가 100원 줄 테니까 나눠주라.

햄꼬마 그래!

초등학생1 첫주문아, 200원 줄게, 햄 먹을 권리 나 줘!

첫주문 와, 앉아서 내 것도 아닌 햄으로 100원 벌었네. 그래!

초등학생2 어, 그럼 난 300원 줄게. 누가 400원에 사가겠지?

…

초등학생248 나는 300억 줄게! 내가 300억에 사면 누가 400억에 사가겠지? 응? 400억 가진 애가 없다고?

다음 날

햄꼬마 햄 가져왔다. 식기 전에 먹자.

초등학생248 어, 이게 아닌데.

햄꼬마가 햄을 가져와 초등학생248과 나눠 먹은 다음 날,

초등학생248의 부모 아니… 저희한테 300억은 없어요…. 대출도 그렇겐 못 받죠….

법원 하지만 법적으로 유효한 거래입니다. 파산 신청이라도 하시겠습니까?

이런 맥락의 거래에 법적 효력이 있었다고 보시면 됩니다.

그렇게 1962년 5월, 거래소가 문을 연 지 4개월 만에 한 달이나 거래를 정지합니다. 거기 들어간 돈은 모두 휴지 조각이 됐고, 돈을 빌린 사람들은 빚더미에 앉았습니다. 짧은 기간에 큰돈

을 만지고, 막 일어서는 나라의 공기업을 손에 넣으려는 욕심에 모두 달려들어 투기를 벌인 결과예요. 마치 도박하듯 주식 시장을 대했던 거죠.

일이 벌어지고 나서 개인의 도덕성과 윤리를 탓해봤자 아무런 소용이 없습니다. 눈앞에 일확천금이 보이고 공매수가 불법도 아닌데, 이런 자연스러운 욕망을 근엄하게 자제할 수 있는 사람이 얼마나 되겠어요. 처음부터 시스템을 잘 갖춰서 사람들이 적절하게 행동하도록 유도했어야 하는 거죠. 어쨌든 일이 벌어졌으니 누군가는 책임을 져야 했겠지만 책임지는 사람이 아무도 없었습니다. 나중에 알고 보니 처음부터 타짜들이 짜고 치는 판이었어요.

주식 시장 타짜들이 정권의 높은 분들이었다

예고된 파국은 1961년 11월 어떤 '세력'이 미리 한전 주식을 시가보다 낮게 불하받으며 시작되었습니다. '세력'의 핵심은 윤응상이라는 사람이었죠. 윤응상은 황해도 출신 금융인으로, 군사 정권과 친했습니다. 5·16군사정변 이후 군사 정권은 시장경제를 돌리려니 돈이 필요했고, 그러려면 증시가 활발해져야 했어요. 주식 시장이 활발하게 돌아가야 기업이 사업자금을 조달하기 쉬워지니까요. 여기까지는 옳은 생각입니다. 다만 정당한 방법으로 시장을 끌어올리려고 했던 게 아니라, 타짜 노릇을 하려고 했던 것이 문제였죠. 또 거기서 나온 돈을 불법 정치자금으로 쓰려고 했던 것도 문제입니다. 중앙정보부는 윤응상을 만나 '주가조작 작전'을 계획합니다.

1962년 1월 윤응상은 중앙정보부에서 세 차례에 걸쳐 작전자금으로 9억 환을 받고 다음 '쩐주'를 농협으로 결정합니다. 당시 농협은 한국전력의 대주주였습니다. 농협은 재무부장관의 결재를 조건으로, 갖고 있던 한전주 12만 8,000주를 윤응상에게 시가보다 싸게 팔기로 하죠. 정상적인 상황이라면 재무부에서 바로 검찰에 고소하겠죠? 하지만 부패한 관료는 오히려 얼른 결재합

불하

국가나 공공기관이 소유하고 있던 토지나 건물 등의 재산을 민간인에게 팔아 넘기는 일을 불하라고 합니다. 밑으로 내려보낸다고 이해하면 직관적이에요. 국영기업을 민영화할 때도 기업이나 주식을 불하합니다. 하지만 불하라는 단어가 가장 많이 쓰인 건 일본의 식민지에서 벗어나는 시점이었어요. 일본이 항복한 직후, 우리나라에 들어온 미군정은 일본인이 경영하던 기업, 공장, 건물, 토지 등을 압류했습니다. 이 압류 재산을 다시 우리나라 기업이나 민간인에게 싸게 팔았는데 이것이 바로 불하예요. 적의 재산을 불하받았다고 해서 적산불하(敵産拂下)라고도 합니다. 우리나라 재벌과 대기업 중 많은 곳이 불하 재산을 기반으로 형성되었습니다. 그런데 당시 행정 처리가 원활하지는 못했어요. 불하를 받을 수 있다면 '로또'에 당첨되는 것이나 마찬가지인데, 불하 대상자를 선정하는 기준에 일관성이 없었다고 합니다. 부정부패가 심해 정치인과 관료들이 청탁을 받기도 했어요. 당시에는 염가불하(廉價拂下)라는 단어도 흔히 사용했습니다.

니다. 게다가 중앙정보부에서 추진하는 일이잖아요. 이거야말로 정치자금이 필요한 대통령 각하의 '뜻'인데 누가 뭐라고 하겠어요. 물론 군사 정권에서도 양심을 지키며 일한 사람이 있었겠지만, 이 사람은 아니었던 거죠.

본인이 한전주를 보유하고 있다는 사실을 숨긴 채 시세조작과 공매매를 통해 큰돈을 벌어들인 윤응상은 그 돈을 자본금으로 사용합니다. 그는 통일증권과 일흥증권이라는 금융회사를 연이어 설립하며 증권거래소 주식(대증주)을 모으기 시작해요. 당시 증권거래소는 주식회사였기 때문에, 대증주를 많이 갖고 있으면 대주주로서 증권거래소 인사를 마음대로 할 수 있었습니다. 대증주가 일종의 '작전주'였던 셈이죠.

1962년 대주주 윤응상은 거래소를 정상적으로 관리하려고 했던 사람들을 사임시키고, 시장질서를 지키기 위한 각종 규제를 없앴습니다. 중앙정보부에서 한일은행 등 은행에 압력을 넣어 작전자금이 필요할 때마다 돈을 대출해 주었고, 주식 청약 판매 실적 목표까지 강요했기 때문에 은행에서는 주식을 잘 모르는 일반인들도 어떻게든 주식을 사게 만듭니다. 요새도 얼떨결에 보험이며 고위험 펀드에 가입하는 사람들이 많은데 이때는 어땠겠어요. 1962년 5월 한 달간 명동의 대한증권거래소에서 거래된 주식 거래 총액은 2,446억 환으로, 1956년부터 6년간 거래된 주식 거래 총액에 맞먹는 액수였습니다. 그러면서 연초 한 주에 5전이었던 대증주는 4월이 되자 21환 10전까지 폭등합니다. 1환이 100전이니까 순식간에 400배 넘게 올랐네요.

조작한 시세 수준에 만족한 윤웅상은 드디어 대중주 증자를 추진합니다. 주식을 추가로 발행할 테니 투자자들에게 미리 돈을 내고 나중에 주주가 될 권리를 사라고 했어요. 청약이라고도 하는데, 요즘엔 대개 IPO(기업공개절차)라고 부릅니다.

그런데 대중주 신주 청약 가격이 28배 프리미엄이 붙은 가격이었어요. 그래도 주식이 28배 이상 폭등할 거니까 사람들이 달려들 거라고 생각한 거예요. 만약 성공한다면 윤웅상은 앉아서 재산을 28배 불릴 겁니다.

윤웅상 지금 대중주가 주당 50전인데, 주당 14환(1,400전) 내고 청약하쇼.
일단 사기만 하면 어마어마하게 될 거야.

하지만 윤웅상의 시도는 실패합니다. 청약 신청률이 67%밖에 되지 않았거든요.

윤웅상 67%밖에 안 돼?!
사람들 그걸 67%나 성공시켰어?!

반응이 사뭇 다르죠? 모든 사기와 조작은 계획대로 굴러가지 않는 순간부터 파국입니다. 영원히 내 계획대로 풀리는 세상은 없거든요. 뭐든 적당히 하고 그만둬야 하는데, 나쁜 마음을 먹고 큰 사기를 칠 때는 적당히 멈추기가 어렵습니다. 5월, 청약 실패에서 윤웅상의 운이 다했음을 깨달은 다른 증권사와 투자자들이 먼저 발을 빼기 시작합니다. 발을 뺀다는 건 아직 주가가 높을 때 얼른 던진다는 이야기입니다. 그렇게 모두 투매를 시작하니 당황한 윤응상은 공매수까지 동원해 자기주식을 사면서 가격 방어를 시작했습니다만, 선주문한 금액을 어디 빌릴 수도 없어서 망하고야 맙니다. 망한 건 거래소도 마찬가지예요. 선주문 공매수를 넣어놓고 갚지 못하는 경우가 늘어나 거래소가 그 금액을 대신 갚아주면서 회사가 큰 빚을 떠안게 됐습니다. 재무부는 한국은행이 반대하는데도 한국은행에 '한도 외 융자(대출)'를 강요해 국가 금고까지 털어가면서 이 어마어마한 금액을 갚아주고, 또 갚아줬습니다. 그러던 5월의 마지막 날, 결국 거래소는 부도를 선언합니다.

윤응상 개인만 망하고 끝나면 좋았을 텐데, 정경유착은 여기서 또 한 번 얼룩을 남겨요. 증권거래소의 대주주이자 중앙정보부와 함께 작전 중이었던 윤응상은 부당한 압력을 넣어 본인 소유의 증권사가 결제해야 하는 미지급금을 정부에서 갚게 합니다. 이때 갚아준 돈이 280억 환에 달하는데 당시 총통화량, 그러니까 우리나라에 풀린 모든 돈의 8%나 되는 어마어마한 금액이었습니다.

1962년 5월의 증권파동으로 5,300여 명이 피해를 입었고, 날마다 자살 소동이 벌어졌습니다. 피해 금액은 무려 138억 6,000만 환인데, 지금 가치로는 60조 원 정도예요. 다음 해인 1963년 5월 거래소가 다시 열릴 때까지 1년간 거래소는 열었다 닫았다를 반복하며 신뢰를 땅에 떨어트렸습니다. 황당한 것은,

한국증권거래소 개소식(1963)

윤응상과 그 조력자들이 재판에서 모두 무죄를 선고받았다는 거예요. 주가조작을 해서 만든 자금을 공화당 창당자금으로 사용했다는 의혹은 영원히 풀지 못했죠. 책임지는 사람이 없으니 주식 거래에 참여했던 5,300여 개인 투자자가 날린 돈을 물어주는 사람도 없었죠.

당시 신문에 실린 법원 판결문을 볼까요.

육군본부보통군법회의는 27일 상오 11시 50분 증권파동 사건의 피고인 10명 전원에 무죄를 선고했다. … 이날 판결에서 330억 환의 한도 외 융자, 한전주 12만 8,000주의 염가불하, 대증주의 부당한 '프리미엄' 공모 등은 피고인들이 증권 시장을 육성하고

혁명 과업 수행을 위한 애국적 충정에서 나온 결과이며 어느 특
정인에게 이익을 주거나 손해를 입히려던 것은 아니었다고 판시
했다.

—〈증권파동 전원에 무죄〉, 《경향신문》 1963. 6. 27

이렇게 흐지부지 마무리된 이 사건은 대한민국 금융 역사에
큰 상처를 남겼습니다. 일반인은 '주식'이라고 하면 일단 '도박'
을 연상하게 되어버렸어요. 증권파동은 1960년대에 있었던 사

공매매제도의 역사

공매수와 공매도는 튤립버블이 일어났던 17세기 네덜란드에서 처음 발생한
것으로 추정됩니다. 튤립 구근 가격이 하루가 다르게 높아지니 상인들은 아직
구매하지 않은 튤립 구근을 높은 가격에 선주문을 받고 판 다음, 실제 튤립 구
근을 가져다 줄 때는 낮은 가격으로 사들여 차익을 챙겼어요. 튤립 구근 가격
이 반드시 오를 거라고 확신했기 때문에 가능한 베팅이었습니다. 이 금융 기
법은 19세기 뉴욕증권거래소에서 공식적으로 허용됐습니다. 공매매는 시장을
효율적으로 만듭니다. 공매매란 결국 미래 가격이 지금보다 오를지, 떨어질지
예측하고 맞추는 작업이기 때문이에요. 많은 사람들이 특정 회사 주식의 주가
를 보며 현재 가격보다 크게 오르거나 떨어질 것이라고 생각한다면 그럴 만한
이유가 있다는 거죠. 공매매는 시장에 특정 기업에 대한 최신 정보가 정확하게
반영되도록 하는 역할을 합니다. 또 자본이 충분하지 않은 사람들도 주식 시장
에 참여할 수 있도록 함으로써 자금과 주식의 유동성을 풍부하게 만들기도 합
니다. 또 수많은 기업과 투자자가 움직이는 주식 시장에서 공매매는 정보를 정
확하게 판단할 수 있는 투자자들에게 다양한 포트폴리오 구성 전략을 제공할
수 있어요.

건이니, 이때 부모님이 큰 재산을 잃는 모습을 본 사람들이 지금 60~80대입니다. X세대와 밀레니얼세대의 부모님 세대예요. 이와 비슷한 주식 투기 열풍이 1969년에도 다시 한번 발생했습니다. 공매매제도도 필요에 따라 생긴 기법이지만, 금융질서가 자리 잡지 못해 아직 미숙한 자본 시장에는 부작용이 더 많았습니다. 이후에도 외환위기, 닷컴버블, 세계 금융위기를 거치며 우리나라 증권 시장은 호황과 불황을 반복했습니다만, 이 시기처럼 거래소 자체에 대한 신뢰가 무너진 적은 없었습니다.

증권 거래에 대한 신뢰 자체가 한 번 크게 주저앉았기 때문에 우리나라는 금융자본주의를 도입하는 데 꽤 오랜 시간이 걸렸습니다. 기업은 채권 발행을, 사람들은 주식 투자를 두려워하게 되었기 때문에 국내 금융 시장에서 국내 자본을 조달하기가 어려워지기도 했지요. 우리나라 주식 시장이 외국인 투자자금의 영향을 많이 받는 이유이기도 해요. 그때부터 외국인이 우리나라 사람들보다 우리나라 시장에 훨씬 많은 투자를 하게 되었으니까요.

참, 농협이 윤응상에게 한전 주식 12만 8,000주를 불하해 줄 때 재무부장관이 결재를 해줬다고 앞에서 이야기했죠? 그런데 원래 재무부장관에겐 그럴 권한이 없었습니다. 그래도 장관님 명령이니까 산을 옮기라면 삽으로 땅이라도 파야 하는 것이죠. 부패한 정권과 기업의 결탁은 이렇게 시장 규칙을 엉망으로 만든답니다.

2.

이건희는
장남도 아닌데
삼성그룹 물려받음

#삼분폭리사건 #대기업밀수 #정치자금

2021년 국정농단
1966년 사카린 밀수

3분 카레보다 손쉽게 부당 이득 만드는 삼분폭리

한때 인스턴트 믹스커피가 우리나라 직장인의 필수품이었듯이, 19세기 말 설탕은 유럽의 일터에서 사람들이 더욱 오래 일할 수 있게 해주는 역할을 했습니다. 더욱이 중부유럽에서 가격이 폭락한 밀 대신 사탕무를 대량 재배하기 시작하면서, 설탕, 특히 우리가 지금 맛보는 형태의 정제당은 19세기 말 세계에서 가장 중요한 교역품 중 하나가 되었습니다. 영국 회사가 홍콩을 설탕 무역 거점으로 삼으면서 하얀 정제당은 서구와 근대화의 상징이 되었어요. 우리나라, 당시 조선에서는 개항 후 1885년부터 1914년까지 30년간 설탕 수입량이 200배로 대폭 증가했습니다. 설탕을 한 번 맛본 사람들은 다시는 이전으로 돌아갈 수 없죠.

1899년 인천의 일본영사 음식 기호는 한번 좋은 것을 맛보면 바꾸기가 어렵단 말이야. 조선에서 설탕하고 밀가루는 엄청 팔릴 거야.

조선에 막 건너오기 시작한 일본 사람들도 바로 이 부분을 노렸습니다. 조선으로 이민 오는 사람들에겐 과자상이 추천 직업이었죠. 일본 정부의 예측은 들어맞았습니다. 이후 두 차례 세계대전이라든가 미국의 금주법, 대공황과 쿠바혁명 등 세계 경제를 뒤흔드는 사건들이 발생했고 설탕 시장도 요동쳤지만, 우리나라에서 20세기 내내 설탕의 인기가 식는 일은 없었거든요.

한국전쟁 이후 우리나라 산업 재건 계획에 제당업이 포함되었습니다. 삼성물산 이병철이 뛰어들었죠. 1953년 제일제당이 설립됩니다. 설비 도입에 필요한 자본 18만 5,000달러는 정부에서 지원받았어요. 삼양 같은 후발 주자도 몇몇 등장합니다. 제일제당만큼의 대우는 아니었지만 특혜를 받은 것은 같았습니다. 정부가 설탕의 원료를 수입할 수 있는 자격을 제당업자에게만 주었고, 환율도 시중 환율보다 낮게 해주어서 판매 수익은 어마어마했습니다. 심지어 저렴하게 생산한 설탕을 시장에 비싸게 팔기 위해 가격을 담합한 것도 눈감아 줬어요.

1963년 삼분폭리 사건이 터집니다. 제1차 경제개발5개년계획이 본격적으로 추진된 첫해였어요. 밀가루와 시멘트, 설탕을 일컬어 '하얀 가루 세 종류'라고 해서 삼분(三粉)이라고 했는데, 환율이며 대출금이며 자격 제한을 통한 진입장벽이며 각종 특혜를 받은 삼분 기업들이 정작 시장에 내다 팔 때는 정가의 세 배까지 올려 받아 폭리를 취했던 거예요.

요즘 같으면 시장의 수요와 공급이 알아서 균형가격을 맞춰줄 테지만, 이때는 정부가 가격을 정해주었습니다. 수요에 따라

삼분폭리에 관한 1964년 2월
1일자 《동아일보》 만평

공급이 탄력적으로 반응할 능력이 없는, 그러니까 정말로 먹을
것이 모자라니 시장경쟁에 맡겼다간 대부분 굶게 될 것이 뻔한
상태였죠. 그런 데다 기업들도 각종 보호와 특혜, 지원을 통해
상품을 생산하고 있었으니 지원받은 만큼 사회적 역할을 해야
했거든요.

하지만 기업들은 담합을 통해 삼분을 부당한 가격으로 팔았
습니다. 사람들이 밀가루와 설탕을 구하지 못해서 새벽마다 상
점 앞에 줄을 섰어요. 가격이 통제되었던 직매소와 달리 대리점
이나 암시장에서는 더더욱 비싼 가격에 거래되었습니다. 커다란
사회 문제가 되었으나 책임은 묻지 못했습니다. 기업이 챙긴 부
당 이득이 공화당의 정치자금으로 흘러 들어갔으니까요.

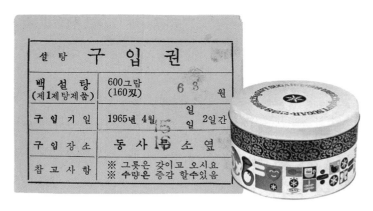

삼분폭리 문제와 조선방직회사의 특혜 문제는 8일 국회재경위
원회에서도 크게 말썽이 나 여야 의원들은 정부에 대해 그 진상
과 대책을 맹렬히 추궁했으며 답변에 나선 김유택 경제기획원장
관은 "삼분관계에 폭리가 있은 것은 사실이나 생산과 유통 어느
단계에서 폭리를 한 것인지는 지금 조사 중"이라고 말하여 주목
을 끌었다.

—〈'삼분폭리'는 사실〉,《조선일보》1964. 2. 9

박근혜 잘못인가, 이재용 잘못인가

우리나라 대기업들은 이상할 만큼 정치면에 자주 등장하죠.

20세기 우리나라를 대표했던 현대그룹 주식이 대북 관련 테마 주인 '남북경협주'로 분류되어, 남북관계가 좋아질 때마다 주가가 오르는 것만 봐도 알 수 있어요. 요새는 정치면에 현대그룹보다는 삼성그룹이 자주 등장합니다. 21세기 들어 우리나라를 대표하는 기업은 삼성이에요. 특히 박근혜 전 대통령이 탄핵당하고 난 후 집중적으로 보도가 이어졌지요. 박근혜가 대통령직을 박탈당한 이유는 '국정농단'이었어요. 국정농단에 해당하는 21개 혐의는 대부분 직권을 남용해 다른 사람들의 권리행사를 방해하거나 부당한 행위를 하도록 강요한 죄, 그리고 뇌물수수죄로 이루어져 있었습니다.

삼성전자 이재용 부회장도 박근혜 전 대통령의 국정농단에 가담했다는 혐의가 제기됐습니다. 여기서 문제는 이재용이 박근혜에게 뇌물을 주고 부당한 행위에 대해 눈을 감아달라고 부탁했느냐, 아니면 박근혜가 직권을 남용해 이재용에게 부당한 짓을 하라고 협박했느냐 하는 것이었죠.

박근혜 삼성이 먼저 돈 줄 테니까 불법 승계 눈감아 달라고 로비를 했다니까요? 게다가 그 돈은 제가 받은 게 아니라 최순실 씨가 받은 겁니다. 저는 몰랐습니다.

이재용 박근혜 전 대통령이 대통령 권한을 이용해 최순실 씨에게 돈을 주지 않으면 각종 불이익을 주겠다고 협박했습니다!

법원은 최종적으로 이재용 삼성전자 부회장이 최순실 씨에게

86억 원을 뇌물로 주었다고 판결했어요. 86억 원을 바친 이유는 삼성그룹 경영권의 불법 승계를 눈감아 달라고 청탁하기 위해서였고요. 이재용은 2년 6개월의 징역형을 선고받습니다.

재벌에 감정 이입한 사람 그 불법 승계라는 게 처음부터 웃긴 거예요. 부모가 뼈 빠지게 열심히 사는 이유가 뭡니까. 자식한테 물려주려고 그런 것 아니겠어요. 이병철 창업주가 대구에서 국수 팔던 삼성을 세계의 삼성으로 키워놓은 게 왜겠어요. 다 이재용 부회장 잘 먹고 잘살라고! 행복하라고!

사실 이병철 창업주가 처음부터 회사를 이재용의 부친인 이건희 전 회장에게 물려줄 계획은 없었을 겁니다. 이건희는 장남이 아니거든요. 그러니까 이건희의 아들 이재용도 후계자는 아니었던 셈이죠. 게다가 옛날 자료들을 보면 당시 대기업 회장님들의 공식 입장은 '우리 가족 대대손손 잘 먹고 잘살자'보다는 '기업보국(企業保國)'에 가까웠습니다. 지지리도 못사는 나라, 재주 있는 사람들이 산업 전사가 되어 나라에 애국하자는 거예요.

이 이야기는 조금 나중에 하기로 하고, '회사를 물려준다'는 개념에 대해서 먼저 살펴볼게요.

삼성그룹에 속한 수많은 회사들은 주식회사입니다. 주식회사는 주주들이 나눠 갖는 법적 공유물이죠. 아무리 창업주라도 주식회사가 되는 순간 나만의 것이 아니기 때문에 '주식회사를 후계자에게 물려준다'는 개념은 원칙적으로 옳지 않습니다. 그런데 우리나라 재벌그룹에서는 경영자 2세, 3세라는 용어가 쓰일

만큼 혈통 승계를 당연시하잖아요. 그래서 '재벌'은 옥스퍼드 영어사전에도 'Chaebol'이라는 한국식 고유명사로 등재되어 있습니다.

그러면 외국은 보통 어떻게 하느냐. 주주총회를 열어서 능력이 있다고 판단된 사람을 최고경영자로 선임합니다. 물론 창업주가 압도적인 지분을 가진 대주주일 경우, 다른 주주의 의견과 상관없이 마음대로 할 수 있죠. 이건 법적으로도 가능합니다. 그런데 천문학적인 투자를 받고, 그룹 계열사 하나의 시가총액이 100조 단위에 달하는 기업에서 대주주 한 명이 압도적인 지분을 갖는 건 불가능해요. 거기다가 자회사가 수백 개라면 이 회사가 저 회사의 지분을 갖고 저 회사가 또 다른 회사의 지분을 갖는 식으로 지배구조가 엄청나게 복잡해집니다. 이런 상황에서 불법을 저지르지 않고서는 '후계자'에게 물려주기가 어려워요.

결국 이재용 부회장은 삼성그룹을 통째로 물려받기 위해 불법을 저지릅니다. 2015년, 그가 최대 주주로 있던 제일모직이 그룹의 주요 계열사인 삼성물산을 합병하는 과정에서 삼성물산 주식 평가를 낮게 조작하는 등 삼성물산 주주들에게 손해를 끼친 것입니다. 아무리 계열사라도 두 회사가 합병하려면 각 회사의 경영진이 경영에 대한 합리적 판단을 내리고 주주총회를 열어 의견을 수렴하는 등 독립적으로 일을 추진해야 합니다. 그런데 합병 결정이 일방적이었어요.

당시 삼성물산의 최대 주주는 국민연금이었습니다. 국민연금은 국민의 돈으로 기금을 운용하기 때문에 누구보다도 법을 잘 지키고 국민의 이익을 우선시해야 할 의무가 있습니다. 그런데 이런 불법 승계에 국민연금이 최대 주주로서 동의를 해버렸네요. 당연히 국민연금은 8,000억 원이라는 큰 손실을 입었습니다. 투자한 삼성물산의 주식이 임의로 평가절하 됐으니까요.

박근혜 이재용 씨와 단둘이 면담하면서 제가 약속했습니다. 국민연금에게 합병에 찬성하라는 지시를 내려주겠다고 했어요.

판사 그렇다면 뇌물이군요. 인정합니다.

21세기에 벌어진 삼성그룹과 전직 대통령 박근혜의 정경유착은 바로 이렇게 진행된 것이죠. 문제는 이게 처음이 아니라는 거예요. 발단이 된 사건이 바로 창업주 이병철이 삼성그룹을 장남 이맹희에게 물려주지 못하고 삼남인 이건희에게 물려주게 만든 '사카린 밀수 사건'입니다.

1966년 사카린 밀수

사카린 밀수하자 국회에 똥 뿌림

개발도상국에서 재벌체제는 상당히 효율적인 경영체제입니다. 이미 시장질서가 안정되고 다양성이 더 큰 강점이 되는 선진국이라면 모르겠지만, 개발도상국에서는 탁월한 능력을 가진 창업주가 혼자서 빠른 의사결정을 내리는 편이 낫기 때문이에요. 그러면 회사의 움직임도 민첩해지고 회사를 크게 도약시키기 위한 과감한 선택도 가능해지는 거죠.

이런 장점을 영원히 합법적으로 누리고 싶다면 주식회사가 아니라 유한회사를 설립하면 됩니다. 대표적인 유한회사가 바로 샤넬이에요. 샤넬은 2020년 한 해 우리나라에서만 9,300억 원의 매출을 올렸습니다. 이쯤 되면 샤넬 주식을 사고 싶은 마음도 들지만, 아쉽게도 샤넬은 유한회사라서 주식이 없습니다. 주식회사가 받아야 하는 각종 감사도 대부분 받지 않고, 매출이나 영업이익, 인건비 같은 재무제표도 공개하지 않아도 됩니다. 다만 유한회사를 경영하려면 공개적인 증권 시장을 통해 자본금을 끌어들이는 건 포기해야 하죠. 창업할 때 함께 뜻과 돈을 모은 사람들로 충분하다면 유한회사가 훨씬 낫습니다.

우리나라 재벌이 쓴소리를 듣는 이유는 주식회사를 유한회사처럼 경영하기 때문이에요. 그러니까 1960년대에 이미 재벌이었던 삼성그룹이 생계형 보따리 장수처럼 고작 사카린이나 밀수하다 걸리는 일이 벌어지는 것입니다.

재벌에 감정 이입한 사람 왜 우리나라 대기업만 갖고 그래요? 일본 대기업이랑 같이 저지른 사건인데.

맞습니다. 사카린 밀수 사건은 삼성그룹 계열사 한국비료공업 주식회사(이하 '한국비료공업')와 일본 최대 기업집단 중 한 곳인 미쓰이그룹의 계열사 미쓰이물산이 협업해 요소비료공장을 건설

인기 감미료 '뉴슈가' 신문 광고(1963)

하면서 건설자재인 척 사카린 약 55톤을 밀반입한 사건입니다.

1966년 5월 24일 한국비료공업은 부산세관을 통해 사카린 2,259포대를 밀수해 판매하려다 걸립니다.

요즘 사람 사카린이 도대체 뭐기에 굳이 밀수까지 해서 들여왔대요?

옛날 사람 '뉴-슈가'라고 들어보셨어요? 사카린의 상품명이었는데, 1960년대 국내에서 최고의 인기를 끌던 감미료였어요.

요즘 사람 그냥 사카린이라고 해서 팔지, 뉴-슈가라니….

옛날 사람 그 시절에 설탕이 얼마나 비싸고 귀했는데요. 이것도 나름 설탕이다, 이렇게 브랜딩을 한 거죠. 사카린이 설탕보다 300배쯤 더 달거든요. 뒷맛은 쓰지만요.

요즘 사람 왜 설탕이 아니라 사카린을 밀수했을까요? 훨씬 싼데. ◆

옛날 사람 설탕은 이미 매점매석으로 엄청 비싸게 잘 팔고 있었거든요. 밀수는 금방 현금으로 바꿀 수 있는 걸로 해야 한대요.

불법적으로 취득한 물건은 현금을 주고 사줄 사람이 많아야 합니다. 그래야 불법 거래에서 빨리 손을 털 수 있고, 나중에 추적도 잘 안 당해요. 그러니 수요가 많고 현금으로 지불할 만한 가격대를 가진 물건이 최고입니다. 우리나라에 3억짜리 수퍼카를 현금으로 살 수 있는 사람은 얼마 없지만 3,000원짜리 불량식품 살 수 있는 사람은 흔해 빠졌죠. 사카린은 1961년경 서울에서 시판되는 음료나 주류, 과자류의 66%에 포함돼 있었다고 해요. 일반 가정에서는 옥수수를 쪄 먹거나 단 음식을 조리할 때 으레 사용하는 생필품이었죠.

당시 한국비료공업이 밀수한 물건을 살펴보면 사카린뿐 아니라 전기밥솥이라든가 양변기, 냉장고, 에어컨, 전화기 등이 있습니다. 사카린을 제외하면 공통점은 모두 수입 금지 품목인 동시에 암시장에 내놓으면 순식간에 팔려 없어질 만큼 인기 있는 품목이었다는 거예요. 1960년대 우리나라 경제정책은 '무엇이든 수출하려고 노력하는 동시에 웬만한 물건은 절대 수입하지 않는 것'이었습니다. 수입하려면 소중한 달러 ◆◆를 써야 하니까요. 한

◆ 사카린은 원가 면에서 설탕보다 40배 이상 저렴한데, 훨씬 달기 때문에 경제성이 더 뛰어나다고 해요. 하지만 당류 중 사람들이 가장 선호하는 단맛은 설탕 맛입니다.

번 들어온 달러는 차곡차곡 쟁여놓고 절대로 사용하지 않으려고 했죠. 1960년대 우리나라의 가장 대표적인 수출 품목이 인모 가발이었던 이유입니다.

맞아요. 진짜 사람 머리카락으로 만든 가발이요. 부가가치가 붙는 상품을 만들어서 수출하려면 다른 나라에서 원자재를 수입해 와야 해요. 그래서 뭔가 사 오지 않아도 나라 안에서 자체적으로 만들 수 있는 걸 찾은 게 바로 가발이에요. 1970년까지 가발은 우리나라 수출량의 10%를 차지하는 수출 1위 품목이었습니다. 일반인들은 머리카락까지 잘라 팔면서 외화를 벌어오고 있는데, 대기업은 외화를 저축하거나 생산적인 데 사용하진 못할망정 암시장 밀수품을 유통하는 데 귀한 외화를 써버리다니 그냥 넘어가기 어려운 일이에요.

1966년 9월 15일 경향신문은 〈또 재벌 밀수―사카린 2,000부대를 건설 자재로 가장해〉라는 기사를 냅니다. 사실 사카린과 기타 밀수품을 들여오다가 세관에서 적발된 것은 그해 6월이었는데, 그때는 세관에서 조용히 묻고 넘어간 거예요. 하지만 한번

◆◆ 전쟁 직후 우리나라는 공장도 다 무너지고 논밭도 다 타서 없었기 때문에 자체적으로 상품을 만들 수가 없었습니다. 이게 무슨 뜻이냐면, 하나부터 열까지 수입해서 써야 했다는 거예요. 그런데 예나 지금이나 뭘 수입하려면 미국 달러로 거래해야 합니다. 프랑스나 캐나다나 일본에 가서 물건 사고 한국 돈 내밀면 아무도 안 받아줍니다. 그런데 절대빈곤에 시달리는 내전 국가가 어디서 미국 달러를 벌어오겠어요. 달러는 식량과 옷가지 같은 생필품은 물론 나라가 나라 꼴을 갖추기 위해 기본적으로 필요한 공장 설비, 물류용 자동차, 수입·수출용 선박이나 산업용 원자재를 구입하기에도 늘 모자랐습니다. 그래서 달러는 거래할 때마다 좀 깎아달라고 사정을 해서라도 아껴 써야 하는 귀중한 돈이었습니다.

들킨 이상 비밀이 계속 지켜지긴 어렵죠. 부패한 정부는 어떻게든 아무 일도 없었던 것처럼 무마하려고 했지만, 국회는 그러지 않았습니다. 여당 야당 할 것 없이 어떻게 된 거냐며 대정부 질의까지 했어요. 사실 삼성이 밀수를 했으면 정부가 법대로 처리하면 됩니다. 국회에서 대정부 질의를 한 건 정부가 삼성과 결탁했기 때문입니다. 당시 민중당 의원이었던 김대중은 '5·16 직후 밀수범을 사형시키지 않았느냐, 왜 재벌의 밀수는 두둔하냐'고 항의하기도 하죠.

'(김좌진) 장군의 아들'로 유명한 김두한이 정부 관료들의 어정쩡한 대답을 듣다 못해 파고다공원 공중화장실에서 퍼온 똥을 국무총리에게 뿌린 것도 바로 이때입니다.

이것이 도적질해 먹는, 국민의 모든 재산을 도적질해서 합리화하고 합리화시키는 이 내각을 규탄하는 국민의 … 국민의 사카린이올시다. 그러니까 이 내각은 고루고루 맛을 보여야 알지 … 똥이나 처먹어 이 새끼들아!(장내 소란)
　　　—〈제6대 국회 제58회 제14차 국회 본회의 회의록〉, 1966. 9. 22

1950년대에 이미 우리나라의 대표적인 재벌이 된 삼성이 밀수에 참여한 것은 비자금 조성 때문이었다고 합니다. 그 비자금의 일부가 정권 재창출을 위한 정치 뇌물로 흘러 들어갈 예정이었다는 건, 이병철 창업주의 장남 이맹희가 1993년 출간한 회고록에 직접 적어둔 내용이기도 해요.

처음부터 우리가 밀수를 생각했던 것은 아니었다. 처음 (밀수) 아이디어를 낸 사람은 박 대통령이었다. 박 대통령은 돈을 만든 다음 3분의 1은 정치자금으로, 3분의 1은 부족한 공장 건설 대금으로, 3분의 1은 한국비료의 운영자금으로 하자는 안까지 내놓았다. 군사쿠데타가 일어난 지 불과 3년여. 아직도 군사 정부 시절의 기강이 시퍼렇게 살아 있던 시기에 정부의 묵인이나 적극적인 협조 없이 대단위의 밀수를 한다는 것은 불가능했다.

—이맹희, 《묻어둔 이야기》

요소비료가 농작물도 키우고, 이건희도 키우고

2021년 디젤차의 매연절감장치 때문에 널리 알려진 요소는 사실 더 중요하게 쓰이는 곳이 있습니다. 바로 질소계 비료입니다. 질소는 토양에 뿌리면 작물을 더욱 빨리, 풍성하게 자라도록 해요. 이 비료가 얼마나 소중하냐면, 우리가 지금처럼 마음껏 음식을 먹을 수 있는 것이 모두 비료 덕분입니다. 농업 생산성은 비료가 개발되고 획기적으로 높아졌어요. 지금처럼 지구 전체가 소비하는 식량을 만들어내려면 비료 없이는 불가능하죠. 남한과 북한이 사이가 좋아질 때마다 남북경협 테마주로 비료생산회사 주가가 올라가는 것도 다 그런 이유입니다. 경제협력의 일환으로 우리나라에서 북한에 비료를 지원해 주거든요.

산업이 고도화되기 전, 농업 같은 1차 산업으로 인구를 부양

하는 시대에는 올해 농사가 얼마나 잘 되는지에 따라 한 해 풍족하게 먹느냐, 굶주리느냐가 결정되었습니다. 당시 우리나라는 전체 인구의 60%가 농업에 종사했어요. 1962~1966년 우리나라에 들어온 원조자금(차관)과 투자금 총 7억 2,600만여 달러 중 비료 수입에 약 1억 2,700만 달러가 들어갔습니다. 전체 자금의 17.5%로, 사용처 중 가장 많은 비중을 차지해요. 그래서 1960년 대 우리나라 정부는 일본에서 돈을 빌려와서라도 비료공장을 지으려고 했던 것입니다. 매년 나가는 비료 대금만 없어도 일본에 빌린 공장 건설자금은 금세 갚을 수 있었으니까요.

질문자 돈을 빌려서 비료공장을 지었으면 모두 행복했을 것 같은데 뭐가 문제였나요?

전문가 나라와 나라 사이에 돈을 빌려주고 갚는 일이 한두 달 만에 끝나는 과정은 아니거든요.

질문자 그렇겠죠.

전문가 최소 2~3년 전부터 이야기가 오갔다는 건데, 그때는 일제강점기에서 벗어난 지 얼마 안 됐을 때라 서로 절교한 상태였어요. 그게 어떻게든 정상화된 게 1965년입니다.

질문자 그러니까 국민감정도 나쁘고 공식적인 외교 채널도 없는 상황에서 비료공장 세우려고 일본에 돈을 빌렸다는 거네요?

전문가 네. 이병철이 요소비료공장을 건설하기 위해 미쓰이물산과 차관계약을 맺은 때가 1964년 8월이거든요. 그런데 삼성이 거기다가 슬쩍 사카린 밀수를 끼워 넣었으니 나라가 뒤집어지죠. 야, 국내 1위 기업이라는 게

철천지원수인 일본하고 어쩌고저쩌고하더니 밀수나 해서 부정축재 하고
있냐.

이 계약은 우리나라 기업이 민간 대 민간으로 외국과 맺은 최
초의 차관계약입니다. 예리하신 분들은 여기서 좀 이상한 점을
느끼셨을 거예요. '우리나라 정부가 돈을 빌렸다고 했다가, 삼성
이 차관계약을 맺었다고 했다가. 무슨 책이 이렇게 오락가락해?'
하고요. 하지만 정부와 삼성이 둘 다 얽혀 있어서 어쩔 수 없습
니다. 당시 기업이 정부의 허락 없이 외국에 나가서 직접 대출
을 받아 온다는 건 있을 수 없는 일이었거든요. 외국 입장에서도
마찬가지입니다. 우리나라 정부가 보증을 서주면 모를까, 찢어
지게 가난한 나라의 일개 기업에게 뭘 믿고 돈을 빌려주겠어요?
그래서 이 부분이 특혜라고 불리는 거예요. 아무래도 대통령이
예뻐하는 기업이 정부보증 대상자로 선발되기 마련이니까요. 그
것도 외교관계가 없는 나라의 돈을 빌려오는데 말이죠. 정부가
눈을 감아주지 않았다면 반역죄 감이죠. 지금으로 따지면 북한
에서 돈 빌려 온 거나 마찬가지잖아요.
　게다가 사카린 밀수 사건에는 또 하나의 스토리가 있습니다.
'차관'은 분명히 현금성 대출인데 미쓰이물산은 삼성에 돈을 주
지 않았다는 것입니다. 돈 대신 비료를 만들 수 있는 기계 설비
를 건네주면서 '리베이트'로 100만 달러를 내밀었죠. 리베이트
는 일종의 캐시백 서비스입니다. 예를 들어 100만 원어치를 사
면 10만 원은 다시 돌려주는 건데요, 이때 돌려주는 10만 원은

회계장부에 잡히지 않습니다. 돌려받은 10만 원은 받은 사람이 개인적으로 맛있게 먹으면 그만입니다. 그러니까 삼성이 받은 100만 달러 리베이트는 삼성의 기업주와 대통령이 개인적으로 어떻게 사용하든 상관없는 공돈입니다. 삼성이 사카린과 밥솥, 냉장고를 밀수한 건 이 100만 달러를 조금 더 불려보고자 저지른 일입니다. 일본에서 100만 달러어치의 사카린을 사다가 우리나라 암시장에 팔면 한 200만 달러는 들어올 테니까요.

당시 군사 정권이 수출을 장려하고 기업을 키우면서 적극적으로 개입해서 보증도 서주고 정책으로도 밀어준 것은 분명히 우리나라 경제에 좋은 성과를 가져다주었습니다. 비록 독재 정권이었지만 경제성장과 국민 생활 안정에 진심이었던 흔적은 여기저기 남아 있어요. 문제는 그 방법이 전혀 공정하지 못했다는 것입니다. 성과를 부조리하게 활용하기도 했죠. 외국에서 차관을 받아다 줄 때도 능력을 투명하게 심사하는 게 아니라 대통령과 기업주 둘이 만나서 사적으로 결정해 버리고, 일이 잘되면 특혜의 대가로 정치자금을 요구합니다. 이런 식으로 정치와 경제가 굴러가기 시작하면 처음에는 결과를 낼 수 있을지 몰라도 중장기적으로는 문제가 생길 수밖에 없습니다. 시장질서가 흔들리고, 시스템이 만들어지지 않기 때문이에요. 기업들은 경쟁력을 키우기보다는 정권의 비위를 맞추는 데 더 힘을 쓰기 시작하지요.

부패정부 그거 하나 똑바로 처리를 못해?

삼성1960 죄송합니다.

부패정부 걸리면 어떻게 하기로 했지?

삼성1960 예! 대통령님은 모르시는 일입니다.

잘못은 함께 저질렀지만 기업이 책임을 더 많이 떠안게 되었습니다. 정부는 총리와 이하 관료들을 자르는 것으로 슬그머니 발을 빼고, 오히려 특별진상조사위원회를 만들어 전면 재수사를 명령합니다. 그 결과 이병철 창업주는 경영 일선에서 물러나고, 고생해서 만든 한국비료공업은 비료공장 건설이 완료되자마자 국영으로 넘기게 됩니다. 한국비료공업의 상무였던 이병철 창업주의 둘째 아들 이창희가 모든 책임을 지고 감옥에 갔는데, 그후 다시는 삼성에서 중요한 자리를 맡지 못했습니다. 장남인 이맹희도 이 사건의 희생양이라고 할 수 있어요. 일반인들이 사카린 밀수 사건에 굉장히 분노했기 때문에, 삼성은 이창희가 감옥에 간 이후에도 이미지가 회복되지 않았습니다. 이때 이맹희가 비상경영을 맡았는데 경영 실적이 썩 좋지 못했어요. 게다가 집안에서도 후계 다툼이 있어 결국 이병철 창업주가 다시 경영을 맡습니다. 이후 후계자 자리는 삼남 이건희에게 넘어갑니다. 바로 현재 삼성전자 회장인 이재용의 아버지예요.

정상적으로 기업을 운영하고 싶어 하는 기업주들은 정치권의 요구가 별로 달갑지 않습니다. 처음에는 부패한 정부가 슬쩍 열어주는 지름길이 달콤하지만, 나중에는 준 것보다 훨씬 더 많이 요구하거든요. 사카린 밀수 사건 이후 이병철 창업주는 꼬리를 자르고 등을 돌린 부패 정권에 큰 배신감을 느꼈다고 합니다. 이런 정경유착과 부정부패는 1960년대에 끝났으면 좋았을 텐데, 2010년대에도 같은 일이 생겼으니 안타까울 따름이에요.

대기업이
중소기업 대리한테
돈을 빌려달라면?

#사채시장 #제2금융권 #관치금융

2011~2021년 저축은행 뱅크런
1972년 8·3사채동결조치

빚이 100억이면 부자일까, 거지일까

상담받으러 온 사람 결혼하기로 한 상대가 100억 빚이 있다고 합니다. 이 결혼, 해야 하나요?

상담 선생님 법인이 관련돼 있는 게 아니라 오로지 개인의 빚인가요?

상담받으러 온 사람 그렇다고 하네요.

상담 선생님 … 혹시 그분이 좀 유명한 분이신지?

포털사이트에 '빚 100억'을 검색해 보면 누구나 알 만한 연예인 이름들이 나옵니다. 그 정도가 아니면 도저히 빚지기 어려운 액수라는 거죠. 2014년에서 2015년 사이 핀테크서비스가 발전하면서 뱅킹 애플리케이션마다 제공하는 '내가 받을 수 있는 대출 한도 알아보기' 식의 안내가 익숙해졌습니다. 개인정보를 입력해 연이자 5%, 7% 하는 안내를 받아보면, 실제로 받을 수 있는 대출금 액수는 500만 원, 2,000만 원 대략 이렇습니다. 웬만하면 대출 가능 한도가 1억이 안 넘어가요. 담보 없이 신용으로 내 연봉보다 많은 액수의 대출을 받기는 참 어렵습니다. 그러니까 개인의 빚이 100억이 있다고 하면 엄청난 능력자라는 뜻이겠죠. 이런 상대의 경제적 상황을 군이 따져보자면 가난함보단 부유함에 가깝겠지만 100억 벌고 100억 빚지는 삶에서 안정과 평화를 찾기는 조금 어렵겠지요.

물론 예외는 있습니다. 처음에는 상환이 가능한 정도의 빚을 졌는데 제때 갚지 못한 채로 이자에 이자가 붙기 시작하면 100만 원이 100억 되는 건 생각보다 금방이에요. 이자가 불어나는 속도는 무서워요. 예를 들어 신용카드 할부는 2022년 2월 기준 할부 개월 수에 따라 최소 4%에서 최대 21.9%까지 높은 이자가 붙는 고금리 대출입니다. 100만 원 12개월 할부에 이자율 18%일 때, 가장 이자가 적은 원금균등상환 방식인 경우에도 총 이자는 9만 7,500원입니다. 110만 원어치 상품을 산 게 되어버려요. 미등록 대부업인 불법 사채는 더욱 놀라운 이자율을 보여줍니다. 2021년 1월 기준 불법 사채는 평균 이자율이 연 401%에 달합니다. 위와 같은 조건으로 급하게 100만 원을 빌리면 1년 후에는 217만 원을 갚아야 해요. 그런데 사채 쓰는 사람이 보통 얼마를 빌리냐면, 같은 기간 불법 사채 평균 대출금이 약 1,000만 원이에요. 그러면 해마다 두 배씩이니까 1,000만, 2,000만, 4,000만, 8,000만, 1억 6,000만… 이렇게 불어납니다. 5년만 지나도 1,000만 원이 1억 6,000만 원이 되는군요.

이제부터 할 이야기는 바로 이 이자의 힘을 잘 알고 있어야 감정 이입을 할 수 있습니다. 예로부터 우리나라는

① 그 짜다는 은행 예금 이자율이 최소 10%에서 최고 20%대였던 고금리 시대가 1990년대 후반까지 수십 년간 지속되었고

② 그럼에도 누구나 '일수♦'라는 단어를 들어봤을 정도로 은행보다는 사채가 익숙한, 그리고 그 사채의 이자율은 당연히 은행의 예금 이자율보다 훨씬 높은 나라였기 때문입니다.

10년 전 파산한 부산저축은행이 대선에 등장

2022년 3월 6일, 20대 대선을 사흘 앞두고 한 언론사가 부산저축은행의 장부조작과 부실대출 관련 녹취록을 공개했습니다. 해당 녹취록에 한 대선후보 이름이 등장했어요. 이 녹취록은 꽤 이슈가 됐지요. 부산저축은행 사건은 2011년의 일이라 사건이 벌어진 지 이미 10년 이상 지났는데도 말이에요.

2011년, 그간 부실한 대출과 회계 부정을 해오다 더는 감당할 수 없게 된 저축은행이 40일 만에 일곱 군데나 영업정지가 되면서 '뱅크런(bank run)'이 일어났습니다. 이 사태가 전국의 저축은

◆ 돈을 빌린 후 원리금을 상환할 때 월납이나 연납이 아니라 매일 일정 액수를 갚아나가는 방식을 말합니다. 영화나 미디어에서 조폭, 혹은 어르신이 전통시장 상인들을 대상으로 수금하는 장면이 많이 등장하는데, 전통시장에는 매일 현금이 돌기 때문에 가능한 일이었어요. 하지만 꼭 전통시장 상인을 대상으로 삼지 않더라도 일수를 취급하는 사채업자가 많이 있습니다.

　　　　　　　　　　　　　　Part 4. 정치와 경제

행 90여 곳으로 번지고 30곳 넘게 파산하면서 이자는커녕 원금조차 찾지 못한 사람들이 10만 명, 총피해액은 32조 원이 넘었죠. 퇴직금이나 전 재산을 넣어두었던 사람들도 많았다고 해요. 그중 부산저축은행 피해자만 3만 8,000명, 피해액은 6,800억 원에 달했습니다.

보상과 수습은 제대로 이뤄지지 않았습니다. 사태가 벌어진 지 1년이 조금 지난 2012년 5월 기사를 보면 약 5만 명이 원리금을 돌려받지 못했다고 언급됩니다. 2020년 기사에도, 정부가 부실 저축은행을 살리기 위해 투입한 27조 원 중 절반이 넘는 14조 원을 돌려받지 못했다는 내용이 있어요. 이런 사건에 대선후보가 엮여 있다는 주장이 나왔으니 사람들이 충격을 받을 수밖에 없었던 것이죠.

충격받은 사람 은행이 줄줄이 도산하면 경제 시스템 자체가 붕괴하죠?

뭘 좀 아는 사람 그렇죠. 신용으로 돌아가는 현대 경제인데 은행을 못 믿게 되면 어떻게 거래하겠어요. 일단 신용카드값부터 제때 빠져나갈지 걱정스러울걸요? 은행이 '사실은 저희가 고객님 계좌에 표시된 돈만큼 현금을 안 갖고 있어요' 이러면서 카드사에 돈 못 주면 어떡해요.

충격받은 사람 카드값 연체되겠네요. 그러다 은행이 진짜 파산하면 신용불량자 되고, 고생해서 번 돈 다 날아가고?! 안 돼요! 절대 안 돼요!

뭘 좀 아는 사람 은행이 망할 것 같다는 소문이 나면 그래서 다들 은행에 달려가는 거예요. '은행 현금 재고가 다 떨어지기 전에 내 돈부터 일단 찾아야겠다!' 말 그대로 뱅크(bank, 은행) + 런(run, 달리다)이죠.◆

2011년 1월 금융위원회는 삼화저축은행의 영업을 정지시켜 버립니다. 구구절절 사연이 많지만, 이유를 딱 두 가지만 꼽아보자면 '자기자본 잠식'과 '허위 공시'였죠.

① 손해가 너무너무 많이 나서 고객이 맡긴 돈까지 까먹었는데
② 그 사실을 숨기고 정부에까지 거짓 보고를 했다는 거예요.

그런데 더 큰 문제가 있었습니다. 다른 저축은행들도 상태가 안 좋기는 마찬가지였던 거죠. 2011년 2월 21일에는 전국의 저축은행에서 하루 만에 4,900억 원어치 뱅크런이 일어났습니다. 410억 원어치 뱅크런이 일어난 프라임저축은행을 비롯해서 토마토은행, 솔로몬저축은행과 부산저축은행에서도 뱅크런이 일어났지요. 이후 대전저축은행, 부산저축은행, 제일·제일2저축은행, 프라임상호저축은행, 토마토저축은행, 파랑새저축은행 등이 차례로 파산을 신청합니다.

충격받은 사람 저축은행은 대체 어떤 은행이에요? 저축 전용 은행인가?

뭘 좀 아는 사람 저축은행은 제2금융권이에요. 농협, 새마을금고와 같은 그 룹에 들어가 있답니다.

◆ 2023년, 미국의 실리콘밸리은행이 고객들의 잇단 폰뱅킹 예금 인출로 44시간 만에 무너지면서 뱅크런도 새로운 시대에 접어들었다는 평이 나왔어요. 은행에 직접 가야 돈을 찾을 수 있던 예전과 달리, 이제는 스마트폰에서 폰뱅킹 이체가 가능하니까요. 디지털 뱅크런이 대세가 된 거예요.

저축은행 금리는 대출을 받을 때도 높지만 예·적금 금리도 제1금융권보단 높은 편이에요. 은행이 고객의 예·적금으로 고수익 고위험 상품에 투자하기 때문이랍니다. 2000년만 해도 아직 고성장시대의 여운이 남아 기준금리는 5%를 넘었고, 정기예금 최고 금리가 7%에 달했습니다. 하지만 10년 후인 2011년에는 사정이 완전히 달라집니다. 2009년 한국은행 기준금리가 2%로 급락하죠. 2008년 세계 금융위기의 여파입니다. 2010년에서 2012년 사이 잠깐 기준금리 인상이 있기는 했지만 대세는 저금리였습니다. 2020년 코로나19 바이러스가 전 세계에 퍼질 때까지 우리나라를 포함해 세계는 제로금리 시대에 접어들었어요. 그런 상황에서 시중은행의 금리인들 홀로 꼿꼿하게 높을 수 있겠어요? 시중은행의 정기예금 금리는 3% 중후반에서 형성됩니다(특판 제외). 그 당시 예전과 비슷한 7~8%대의 금리를 제공하는 곳은 저축은행들뿐이었어요. 사람들은 높은 이자를 주는 저축은행으로 향하게 됩니다.

뭘 좀 아는 사람 제도권으로 올라올 만큼 저축은행은 역사가 오래됐어요.

충격받은 사람 (흥미진진)

뭘 좀 아는 사람 별 거 아녜요. 우리나라가 못살던 시절에 은행은 기업에 대출해 주는 것만으로도 바빠서 일반인은 돈 필요하면 계나 사채, 시장 일수 같은 사적 금융을 이용했죠. 1960~1970년대 사채 문제, 진짜 심각했어요. 하도 돈 떼어먹히고 난리가 나니까, 1972년에 '8·3사채동결조치'로 그 사금융들을 모아다가 '상호신용금고'라는 이름으로 제도권 금융을 만든 거죠.

충격받은 사람 상호신용금고. 서로 믿는 금고라… 직관적이네요. 그게 요즘의 저축은행이라는 건데, 2011년에 왜 망했어요?

뭘 좀 아는 사람 크게 두 가지 이유가 있었어요.

① 부정부패
② PF대출 부실화

은행이 대출 돌려막기를 하고, 경영 상태를 공시할 때 허위 정보를 공시하고, 수사를 못하도록 정치권에 로비하는 등 부정부패가 만연했어요. 그 와중에 대출을 가장 많이 해준 회사들이 제때 원리금을 갚지 못하게 됐죠. 저축은행은 높은 이자를 받고 건설사를 위주로 대출을 해줬거든요.

부동산 프로젝트 파이낸싱(PF)이라고, 아파트 한 단지 짓는 프로젝트, 지하철 몇 구간 건설하는 프로젝트, 한강 다리 하나 만드는 프로젝트 등 건설 프로젝트에 비싼 이자로 대출을 해주는 거예요. 그런데 2008년에 세계 금융위기가 터졌잖아요. 그 뒤로 부동산을 포함해 세계 경기가 침체됩니다. 저축은행의 PF도 건설사의 부도로 이자도 제대로 못 받게 되죠. 그렇게 2011년, 원래 안 좋았던 경영 상태와 PF 부실화가 지옥의 이름으로 합체합니다.

사실 이렇게 경영이 부실하면 한국은행이나 금융감독원, 금융위원회가 감독해서 걸러내야 해요. 현실은 비루했죠. 감독기관들이 분식회계도 못 알아채, 정밀검사를 했다고 하는데도 뭐가 잘못됐는지 잡아내지도 못해, 이 과정에서 금융감독원 출신 검사가 장부조작을 도와주기까지 했다고 해, 뱅크런이 벌어지고 있을 때는 일반인이 들어오지 못하게 은행 문을 막고 정치인이나 대주주, 임직원 친인척부터 현금을 빼가게 해… 정부와 기업의 부정부패가 화려한 꽃놀이를 벌이고 있었던 거죠.

충격받은 사람 이럴 거면 저축은행을 제2금융권이라고 해주면 안 되는 거 아닌가요?

뭘 좀 아는 사람 그것과 그것은 조금 다른 문제입니다, 고객님. 아, 아니 독자님.

충격받은 사람 저축은행이 제2금융권이어서 좋은 건 뭔데요?

뭘 좀 아는 사람 예금자보호법은 제2금융권까지만 적용되거든요. 1인당 5,000만 원까지 예금을 보호해 준다는 내용 익숙하시죠? 예금보험공사에서 제공하는 일종의 보험이랍니다. 저축은행 부실 사태 때도 5,000만 원 이하 예금자는 보호받았어요.

충격받은 사람 어쨌든 예·적금도 일종의 투자니까 개개인이 투자에 대한 책임을 지라는 거네요.

뭘 좀 아는 사람 그런 셈이죠.

2019년에는 저축은행에 예금자보호법이 적용되지 않는 돈이 6조 5,000억 원어치나 저금되어 있었답니다. 금융 사고 보호는 전 세계적으로 중요한 이슈지만, 한번 사고가 나면 현실적으로 피해자 구제가 어렵습니다. 개인의 책임 문제와 금융상품 판매 구조의 부조리함이 복잡하게 뒤엉켜 있기 때문이에요. 개인이 구조를 이길 방법은 없다고 봐도 좋아요. 그래서 불합리한 구조와 관행은 반드시 개선돼야 합니다. 하지만 당장 손해 보는 사람은 나 자신인 만큼, 내가 책임져야 하는 부분에서는 최대한 똑똑한 소비자가 돼야 합니다. 물론 이렇게 속 편한 소리도 21세기니까 할 수 있는 이야기고, 1972년 8·3사채동결조치 때는 그럴 수도 없었어요.

저축은행의 탄생이 1972년이었다고 앞에서 말씀드렸죠? 이제부터 기업이 서민들에게 사채를 빌려 쓰던 기이한 관습에 대해서 이야기를 풀어볼게요.

1972년 8·3사채동결조치

사채가 서민의 주식 투자와 같다면?

김 대리 안녕하세요, 김땡땡입니다. 중소기업 다녀요. 대리 2년 차고요, 결혼은 아직입니다. 대기업이 저에게 돈을 빌려달라는데 어떡할까요. 만약에 빌려주면 이자는 얼마나 받아야 하나요?

컨설턴트 김 대리님, 안녕하세요. 실례지만 우리나라 역사 중 어느 시점에서 질문하셨죠?

김 대리 아 지금 1970년대 막 들어섰습니다.

컨설턴트 그럼 연에 40%에서 50%는 받으셔야겠는데요.

김 대리 만약에 2022년이라면요?

컨설턴트 보이스피싱입니다.

이 대화는 사실에 기반하고 있으며 앞으로 나올 이야기에 등장하는 이름과 지명, 사건은 실화입니다. 일반 직장인이 대기업에 연 50% 이자를 받고 고금리 사채를 빌려준 사건 말이에요. 기업에 직접 투자하는 거니까 주식 투자보다도 더 적극적이고, 사실상 회사채를 산 것이나 마찬가지라고나 할까요('마찬가지다'라는 건 '비슷하지만 다르다'라는 뜻입니다).

1960년대부터 1980년대, 후하게 쳐줘서 1990년대까지 우리나라 고도성장기에는 예·적금 금리도 최고 연 20%에 달했다고 했죠. 은행 금리가 높다는 것은 두 가지 의미입니다.

① 은행에 예·적금을 하는 대신 조금의 위험을 감수하고 다른 자산에 투자하면 훨씬 더 벌 수 있을 만큼 경제 규모가 빨리 크고 있다.
② 그만큼 시중에 돈이 모자라다.

경제 규모가 커진다는 건 간단하게 말해 수요 측 인플레이션이 발생한다는 것입니다. 물건이 잘 팔려서 기업에 돈이 들어와 물건 가격과 인건비가 동시에 오르는 것이죠. 올해 우리 회사 매출이 작년의 열 배로 뛰었는데 사장님이 월급을 1,000원도 안 올려주면 그 회사에 누가 다니겠어요. 이런 상황이 국가적으로 발생하면 기업은 새로 투자할 돈과 인건비 올려줄 돈, 상품을 더 많이 생산할 돈이 필요해집니다. 소비자는 오른 물건값을 낼 돈이 필요해지죠. 어쨌든 돈이 더 필요해집니다. 그러면 정부와 중앙은행이 폭발하는 수요에 맞춰 돈을 많이 찍어내면 될 것 같은데, 현실은 조금 다르게 전개됩니다.

① 상품을 더 생산할 기계 설비나 원자재를 달러로만 사올 수 있고, ② 달러는 수출과 외국 대출로만 얻을 수 있다면, 경제 규모가 아무리 커져도 '구매력이 있는 진짜 돈(외화)'은 모자라기 마련입니다. 달러가 아닌 우리나라 돈으로는 실질적으로 살 수 있는 게 없으니까요. 이 상황에서 국가가 돈(원화)을 마구 찍어내면 괜히 물가만 올라갑니다. 살 수 있는 물건이 없는데 돈만 많으면 뭐해요. 괜히 명목가격만 올라가죠. 은행은 절대로 돈을 많이 찍어낼 수 없습니다. 그렇다고 국내에서 돈을 잘 돌게 만들 금융 시장이 따로 있느냐 하면 1960년대 증권파동으로 증시는 이미 맛이 간 상황이었죠. 정부가 최대한 보수적으로 금융정책을 편 탓에 은행은 돈줄을 꽉 쥐고 있었고요. 그래서 1970년대 초반까지 우리나라가 어떤 상태였냐 하면,

기업 당장 쓸 돈이 없어….

개인 진짜 엄청나게 없어….

기업 아무나 부자 선생님 계시면 제발 돈 좀 빌려주세요…. 은행은 기계 설비에 장기 투자할 돈 아니면 당장 비용 처리할 돈은 못 빌려준대요….

개인 에이, 은행에서 아무나 빌려주나요. 기업 선생님이 '아무나'라는 건 아니지만 어쨌든. 저희는 급전 필요하면 시장에서 일수 찍거든요. 기업 선생님도 그러실래요?

기업 그게 가능한가요? 목돈 갖고 계신 부자 선생님이 시장에 계세요?

개인 아, 돈 많은 분도 계시고요, 저희끼리 계 만들어서 목돈을 만들기도 하고요.

기업 그럼 그 곗돈이라도 빌려주시면 연에 이자 50% 쳐서 돌려드리죠! 아니면 그 시장 일수 부자 선생님을 소개해 주십시오!

이렇게 기업도 개인도 계를 적극적으로 이용하게 됩니다. 계는 공식 금융 시장이 없었던 시절부터 존재했는데, 목돈이 필요할 때를 대비하는 보험 성격의 사적 조직이라 할 수 있죠. 계에 참여하는 계원들이 정기적으로 돈을 모아서 목돈을 만들고, 계원들이 그 돈을 순서대로 타게 됩니다. 예를 들어 계주 1인에 계원 9인이 한 달에 100원씩 내기로 했다면 매달 목돈 1,000원이 모이죠. 추첨 내지는 계 만들 때 정한 순서에 따라 매달 누군가 1,000원을 가져다가 씁니다. 일종의 할부 내지는 대출이에요. 최근 유행하는 P2P대출과 비슷한 거죠. 여러 사람이 집단으로 한 사람에게 돈을 빌려주는 거니 당연히 금융업 허가가 필요합니다. 하지만 당시에는 그러지 못했어요.

여기서 한 걸음 나아가, 계에서 탄 목돈이 또 다른 진짜 사채 시장으로 흘러 들어가는 일도 많았습니다. 만기 적금이든 곗돈이든 목돈을 손에 넣어 고금리 사채를 빌려주고 이자를 받아 다시 계를 해서 목돈을 탑니다. 그런데 계를 여러 개 들어두고 곗돈을 타는 시점을 조절하면 나는 최소한의 돈만 내면서 매달 목돈을 만질 수 있게 되죠. 자본이 생기기 때문에 사채를 놓을 수 있습니다. 사채 시장에서도 계를 유동성 공급처로 생각했습니다.

정부가 고삐를 죄고 있는 제도권 금융과 달리 계와 사채가 맞물린 사금융 시장은 가계자금과 사채자금이 활발히 돌며 유동성이 풍부합니다. 특히 계는 제도권 금융에 접근할 수 없는 여성◆들의 사금융 조직이었는데, 1960년대까지는 계의 자금 동원력과 정교함이 제도권 은행보다 뛰어났습니다. 당시 산업은행 조사에 의하면 부산 시내 상공업자금의 약 70%가 계와 기업용 계인 무진(無盡)을 통해 조달됐을 정도라고 합니다.

이렇게 해서 중소기업 다니는 계주 김 대리에게 대기업이 연리 50%를 줘가면서 사채를 빌려 쓰는 아름다운 풍경이 펼쳐졌습니다. 이러다 보니 기업을 상대로 돈을 빌려주는 전문 사금융이 생깁니다. 기업 상대 사채업자는 대개 옛날 경찰 간부라든가 일제강점기에 군수나 면장을 지낸 지역 유지라든가 하는 토호인데, 개발도상국이란 대개 학연·지연·혈연이 시스템을 대신하는 인맥 천국이죠. 금융회사가 돈이 필요해 찾아온 기업에게 아는 기업 사채업자를 연결해 주겠다며 '커미션'을 받고 소개해 줄 정도가 됩니다. '삼거리투자금융 모 지점 이 과장이 소개해 줬다고 하면 그분이 사정 잘 봐주실 거야.' 다른 금융회사뿐 아니라 은행에서도 벌어지는 일이었어요.

언제나 그렇듯이 사채는 세금을 안 내니까 탈세도 문제지만 일단 이자율이 너무 높아서 사고 나기 쉽습니다. 아무리 기업이

◆ 우리나라에서 임금근로자의 배우자인 전업주부가 배우자가 아닌 자신의 명의로 은행 통장을 개설할 수 있게 된 것은 1981년입니다. 다만 임금근로자가 배우자 명의의 통장에 월급의 50% 이상을 매달 입금한다는 조건이 충족되어야 통장 개설이 가능했습니다.

라도 연리 50%는 감당하기 어렵죠. 어떤 사채업자는 100%까지
도 받아봤다고 하네요.

기업 저희 사채 원리금 못 갚아서 파산하겠어요….
정부 그게 말이 되는 소리야!

살다보면 말이 되는 일들만 일어나지는 않죠. 여기다 대고 정
부가 내놓은 대책도 21세기를 살아가는 현대 한국인 입장에서
는 말이 안 되는 방식이었습니다.

정부 사채 쓴 기업들 알아서 신고해라. 기회 줄 때 신고하면 봐준다.

기업 사채가 쌓이고 쌓여서 회사들이 연쇄 부도를 맞고, 제일
제당, 한국비료, 현대건설, 대한항공 같은 대기업들까지 사채 때
문에 휘청거리자, 정부는 1972년 '경제의 안정과 성장에 관한
긴급 명령'◆을 제정합니다. 이게 바로 8·3사채동결조치라고 불
리는 법이에요. 기업이 현재 사채를 신고만 하면 무조건 연리

◆ 당시 우리나라는 경제가 급격히 성장한 나머지 인플레이션이 극심했어요. 금융기관이
늘어나는 자금 수요를 감당할 수 없었기 때문에 금리가 굉장히 높았고, 계와 사채 같은
사금융이 발달했습니다. 회사들도 사금융을 이용해야 할 정도였어요. 정부는 기업의 사
채를 신고·탕감해 주면서 중소기업을 위한 금융을 새로 만들기로 합니다. 현재 저축은
행(상호신용금고)이나 신협, 종금사 등 은행법의 적용을 받지 않는 제2금융권 기관이
이때 많이 생겼습니다. 다만 금융 지원을 받으려면 정부가 내세운 특정 조건을 충족시
켜야 했어요. 정부는 이런 방식으로 금융을 통해 산업을 통제할 수 있었습니다.

16.2%에 3년 거치 5년 분할 상환 조건인 장기 저리 대출로 전환 시키는 법이었죠.

일반인 채권자 저 죄송한데요, 저희는 이자 수입이 3분의 1 토막 나고, 3년 안에는 원금도 못 돌려받는다는 건가요?

정부 어쩌겠어요. 기업을 살려야지.

일반인 채권자 아니, 대한민국 건국 이래 여태까지 이게 잘못된 거라고 한 적 없잖아요. 경고도 없이 이럴 거면 국가가 은행 같은 시스템을 잘 마련 했어야죠!

정부 앞으로는 그러려고요.

　제대로 된 법이 없어 회색 지대에서 민간인들끼리 돈을 주고 받은 걸 정부가 개입해서 마음대로 조정했다는 건, 사실 민주주의 시장경제 국가에서는 있을 수 없는 일입니다. 독재 정권이니까 할 수 있었던 일종의 국가폭력이에요. 하지만 그렇다고 해서 신고된 금액만 당시 통화량의 80%나 됐던, 시중은행이 갖고 있던 총잔고의 절반이나 되는 금액(5,000억 원 이상 추정)의 고리 사채를 그냥 내버려 뒀어야 할까요? 우리나라 경제사를 평가할 때 어려운 부분이 바로 이런 데에 있습니다.

　거시적으로 옳은 방향이고 결과적으로 성공했으니까 정당했던 것 아니냐고 물어본다면 그건 아니죠. 기업에 돈을 빌려주고 이자로 생활비를 감당하고 있었는데, 정부가 갑자기 3년간은 이자도 원금도 받을 생각 하지 말라는 바람에 생활이 어려워지거

사채 신고를 독려하는 표어가 걸린 국세청 사채신고상담소(1972)

나 거리로 나앉은 소액 투자자들이 많았으니까요. 신고된 사채 건수의 약 90%가 300만 원 미만 소액 채권자들의 사채였다고 해요. 사채를 빌려 쓴 기업들은 아무런 책임도 지지 않았으니, 기업이 서민의 돈을 떼어먹고 달아났다고 해도 틀린 말은 아녜요.

8·3사채동결조치 이후 돈이 묶인 서민들의 비관 자살 소식이 한동안 언론을 뒤덮었습니다. 당시 기사에는 일반인의 당황스러운 심경이 잘 드러나 있어요.

부산 동래구 민락동 하 모 여인(42)은 … 집을 300만 원에 팔아

70만 원짜리 전셋집으로 옮긴 후 동래구 연산동 C섬유회사에
4푼 이자로 200만 원을 빌려주어 매달 받는 이자 8만 원으로 일
곱 식구의 생계와 대학, 고교, 중학 등에 다니는 네 자매의 학비
를 대어왔으나 사채동결령에 따라 매월 2만 7,000원의 이자밖에
못 받게 돼 앞으로 살아갈 길이 막연하다고.

— 〈8·3쇼크··· 천태만상〉, 《동아일보》 1972. 8. 5

1970년대 우리나라는 실업률이 높았고, 노동 환경도 열악했
습니다. 여성의 취업은 더욱 어려워서, 사금융을 이용해 생활비
를 버는 사람들 가운데 제도권 금융에 접근할 수 없는 사회적
취약계층인 여성의 비중이 높았죠. 사금융으로 생계를 이어가
던 취약계층의 희생으로 기업이 살아난 거예요. 뒷맛이 영 씁쓸
한 것은, 기업 사채 신고를 받아놓고 보니 총금액의 3분의 1인
1,137억 원이 기업주가 직접 자기 기업에 사채를 놓고 이자를 받
아먹고 있던 돈으로 밝혀졌다는 거예요.

어쨌든 8·3사채동결조치는 대기업 연쇄 부도를 막고 떨어지
던 경제성장률을 다시 끌어올리는 데 큰 도움이 되었습니다. 해
당 조치 이후 저축은행(상호신용금고)에 이어 신용협동조합, 마
을금고 같은 단기금융회사가 생기면서 제도권 금융이 다양해졌
고요.

하지만 이런 노력에도 불구하고 사채 시장은 다시금 번성하
기 시작합니다. 오일쇼크라는 외부적 충격이 컸기 때문에 말이
죠. 은행과 사채업자는 외환위기 직전까지도 긴밀한 관계를 유

지했어요. 사채업자들은 단자회사(투자금융회사)라는 합법적이지만 원래 하던 사채업과 다를 바 없는 금융회사를 차립니다. 은행은 정부로부터 저금리를 강요받았기 때문에 수익을 내기 위해 '꺾기'를 하는데, 실제로 내주는 돈을 명목상 대출금보다 적게 주는 거예요. 1조를 대출받으면 7천억 원만 주고, 실제로 7천억 원도 현금을 주는 것이 아니라 어음으로 줍니다. 그 어음을 들고 단자회사로 가면 단자회사에서 수수료를 떼고 현금으로 바꿔줬습니다. 이 단자회사가 외환위기의 주범으로 지목된 종금사예요. 이처럼 '꺾기' 과정에서 돈세탁이 발생하는 것은 물론이고 사채업자들이 합법적으로 기업의 돈을 갈취할 수 있었습니다.

4.

재계 7위 그룹도
정부 눈치 안 보면
열흘 만에 공중분해

#기업길들이기 #기업회생절차

2017년 한진해운 파산
1985년 국제그룹 파산

'매도 먼저 맞는 게 낫다'는 속담의 경제학적 의미

똑똑한 사람 때리면 고소할 겁니다. 먼저 맞든 나중에 맞든 폭력이란 건 똑같잖아요.

상식적인 사람 그냥 빨리 맞고 치워버리는 게 정신 건강에 좋다는 뜻으로 이해해 주십시오.

불안은 사람들이 가장 고통스러워하는 감정 중 하나입니다. 오죽하면 심리학계에서 '비참해질지도 모른다는 불확실함보다는 확실한 비참함이 낫다'고 하겠어요. 공포나 외로움, 불편함 같은 감정이 언제 해결될지 예측할 수 없으면 스트레스 체계가 뇌성마비 수준으로 높은 각성 상태를 유지한다고 해요. 사람들이 괴로워하는 요소를 모으면 시장이 괴로워하는 요소가 되죠. 그래서 시장은 불확실성(uncertainty)을 가장 싫어합니다. 증시 뉴스에 '불확실성이 해소되어 증시는 상승세로 마감했다' 같은 표현이 자주 나오는 이유죠.

불확실성 이야기를 조금 더 해볼게요. 경제 분야에서는 위험

(risk)과 불확실성(uncertainty)을 확실하게 구분합니다. 위험은 데이터를 통해 어떤 확률로 망하겠다는 예측이 가능한 반면, 불확실성은 도대체 망할지 흥할지 평가할 만한 정보조차 없는 상황이라고 생각하면 편리합니다.

위험 자격증 시험을 보는데, 커트라인이 60점임.

불확실성 내가 몇 점을 받을지 아직 모름.

위험 모의고사를 열 번 정도 쳤는데 여덟 번은 커트라인을 넘기고, 두 번은 못 넘겼음.

불확실성 너무 긴장한 나머지 시험 당일 아침부터 속이 부글거림. 이런 적 없었는데!

느낌이 오나요? 그러니까 불확실성이란 어떤 일이 벌어질 것 같기는 한데, 도대체 판단 근거로 삼을 만한 데이터가 없는 것이죠. 데이터가 있는 위험은 어떻게든 방어 전략을 세울 수 있습니다. 그 전략을 헤지(hedge)라고 하죠.

그런데 말이죠, 세상에서 가장 위험한 불확실성이 뭔지 아세요? 바로 사람 기분입니다. 경제 활동에서도 똑같아요. 기분이 나쁘다고 하루아침에 회사를 때려치우는 직원, 마음 상했다고 1년째 진행되던 프로젝트를 단숨에 파기하는 사장, 어제 들른 공장에서 받은 접대가 더 마음에 든다며 10년째 신뢰를 쌓은 거래처를 하루 만에 바꿔버리는 파트너사 담당자…. 이런 사람들과 사회생활을 한다고 생각하면 고구마 열 개를 물 없이 먹은 기분이 되어버립니다.

누군가의 기분에 따라 우리나라의 경제정책이 어이없이 결정된 사례가 있냐고요? 그럼요. 1985년에는 국내 재계 7위의 국제 그룹이, 2017년에는 해운업계 국내 1위, 세계 7위의 한진해운이 미심쩍은 정책 결정의 영향을 받았습니다.

고작(?) 4,000억 때문에 세계 7위 기업 파산

일반인 정치인들은 자기편 잘못 참 인정 안 하죠.

기자 한번 인정하기 시작하면 꼬투리 잡혀서 이것도 저것도 다 책임져야 한다고 생각해서 그런 것 같아요. 실제로 그렇게 굴러가는 면도 분명 있고요.

일반인 그런데 우리나라 정치인 대부분이 인정하는 정책 실패가 있다면서요?

기자 네. 2016년에서 2017년에 걸쳐 진행된 한진해운 파산 사건입니다.

2017년까지 우리나라 국적을 가진 원양선사는 두 곳이 있었습니다. 바로 한진해운과 현대상선이에요. 원양선사는 직접 보유한 선박이나 다른 선사에서 빌려온 선박에 화물을 싣고 전 세계의 항구에 실어다 주고 실어 오는 물류회사입니다. 우리나라처럼 국토의 삼면이 바다와 접해 있고, 바다를 통하지 않으면 현실적으로 외국에 나갈 수 없는 나라에서 해운은 경제 활동의 기반입니다. 우리나라 수출입 물동량의 99.7%가 해운으로 이루어지고 있습니다. 원유와 가스 같은 에너지도 바다로 들어오죠. 시야를 전 세계로 넓혀봐도 마찬가지예요. 전 세계 교역 물동량의 90%가 해운으로 오갑니다.

이렇게 수출입의 절대량을 해운에 기대고 있는데, 물건을 배에 실을 때마다 다른 나라 선박을 빌려와야 한다고 생각해 보세요. 물건이 많이 팔릴수록 선박 임대료도 많이 나가겠죠. 비싼 해상 운임을 치를 때마다 아까운 달러를 쓰지 않으려면 우리나라 국적 선사는 반드시 있어야 합니다. 여기에 국적 선사를 위해 제때 선박을 만들어줄 조선업까지 발달하면 더할 나위 없겠지요.

1960~1970년대 고도성장기, 군사 정권조차 해운과 조선을 잡아야 나라가 잘살 수 있다며 해당 산업을 일으키려고 노력했습니다. 절박하게 조선소를 건설하고 선박 건조 기술을 익혔죠. 그런데 2017년, 세계 7위를 하던 한진해운이 파산해 버린 거예요.

이 파산을 이해하려면 해운과 조선업계의 특성을 알아야 합니다. 경기가 좋으면 당장 물건을 많이 실어나르게 되고, 경기가 가라앉으면 운반량이 곧바로 줄어들기 때문에 해운업은 경기 순환에 굉장히 민감합니다. 글로벌 경기가 호황일 때 해운은 자연스레 호황을 맞고, 배가 모자란 해운업은 조선업계에 신규 선박을 수주합니다. 그러면 조선업도 호황 사이클에 들어가요. 너도나도 물건을 운반해야 하기 때문에 운임이 급격히 상승합니다. 배를 더 주문하면 운임이 안정되겠지만 건조 시간이 최소 2~3년 걸리므로 주문한다고 신규 선박이 바로 도착하는 것이 아니에요. 그러다 글로벌 경기가 가라앉으면 해운은 경기와 함께 불황기에 돌입합니다. 수주한 신규 선박이 마침 운 나쁘게 이 타이밍에 들어온다면 안 그래도 물동량이 줄어들었는데 선박이 남아돌아 운임이 급격히 하락하죠. 선박이 다시 모자라질 만큼 글로벌 경기가 좋아질 때까지는 조선업계도 선박 주문이 끊깁니다. 이렇게 해운과 조선은 글로벌 경기 호황기에 벌어둔 돈으로 경기 불황기를 견뎌야 한다는 공통점이 있어요. 해운은 여기에 운임 급등락 변동성까지 버텨내야 합니다.

그런데 2008년에 세계 금융위기가 닥치고 말았습니다. 경기 침체가 이어지면서, 해운업계도 직격탄을 맞아 기업이 벌어둔 돈을 다 써버릴 때까지 주문이 거의 들어오지 않았어요. 국내 해운업계는 2000년 즈음부터 이럴 때를 대비해 새로운 해양 신사업을 개발하려고 투자를 해왔는데요, 2013년 이후에는 투자비를 건지지도 못할 만큼 어려워졌습니다. 방만한 경영을 해온 한진해운도 마찬가지였죠. 한진해운은 특히 2006년과 2007년 해운 호황기에 배를 빌려 쓰는 용선계약을 많이 했는데, 건마다 상당히 비싼 가격을 지불했습니다. 이렇게 비싼 돈을 내고 배를 빌리느니 선박을 새로 주문하는 편이 훨씬 나을 지경이었어요. 방만한 경영으로 지적받은 대표적인 지점입니다.

그런데 2016년 한진해운 부사장 인터뷰를 보면 외환위기 때 정부가 기업 부채 비율을 산업 종류와 상관없이 200%로 맞추도록 해놓았다고 해요. 선박을 건조할 때는 한 번에 큰돈이 들어가므로 해운사의 부채 비율이 폭증합니다. 200% 부채 비율 안에서 경영하기 위해서는 신규 주문을 하기보다는 비싼 값이라도 배를 빌려 사용하는 편이 안전하다는 거죠. 그래도 경영진에게 전문성이 있었다면 감당 가능한 범위 안에서 탄력적으로 조정할 수 있었을 겁니다. 하지만 총수 일가가 해운과 조선을 잘 모르는 금융권 출신 경영진을 선임하는 바람에 강박적으로 '깨끗한' 부채 비율을 유지하며 무리해서 용선계약을 했고, 경기 순환을 읽지 못하고 과잉 투자를 했습니다(이외에도 한진그룹 총수일가의 도덕적 해이는 극심했어요). 그러다가 2008년 세계 금융위기로 해운 물동량이 급격하게 줄어들면서 5년 만에 파산 위기를 맞았습니다.

그래도 기업의 숨통이 끊어지지 않도록 살려만 놓으면 어떻게든 다시 기지개를 켤 수 있었을 텐데, 당시 정부와 금융 쪽 채권단은 그 부분을 중요하게 생각하지 않았어요. 한진해운은 누적 결손금이 2조 5,000억 원이 넘는 시점에 채권단 관리*에 들어갔습니다. 한진해운은 기업회생** 요구 사항을 모두 채웠지만,

---

◆ 채권단협의회라고도 해요. 말 그대로 경영 위험에 빠져 있는 기업에 돈을 빌려준 채권자들이 모여서 앞으로 어떤 방침으로 기업 경영을 정상화할지 혹은 매각할지 논의하는 기구입니다. 기업에 돈을 빌려주는 주체가 대개 은행이어서, 채권단이라고 하면 여러 금융기관이 모이게 돼요. 이 자리에서 구조조정 형태는 물론, 돈을 더 빌려줄 것인지 말 것인지, 빌려준다면 얼마나 빌려줄 것인지 등이 결정됩니다. 회사 매각을 추진할 수도 있어요.

◆◆ 기업회생절차(이전 명칭 법정관리)는 경영 위기에 빠진 기업이 지금 당장은 사정이 어려워도 위기를 넘기면 사업을 지속할 가능성이 있을 때 선택하는 방법이에요. 법률로 보장된 권리로, 기업이 자료를 갖추어 법원에 신청하면 회생절차가 진행됩니다. 이 절차를 밟으며 채권자 등 이해관계자와 채무조정을 해나가게 되면 가압류나 경매 등 각종 강제집행이 모두 멈추게 돼요. 물론 모든 기업이 회생을 허가받는 것은 아니에요. 조건이 까다롭고, 회생절차를 시작한다고 해도 도중에 이행해야 하는 과제가 많습니다.

금융당국은 정식 회생절차를 밟는 대신 기업을 청산하기로 했습니다. 마지막으로 현금 4,000억 원 확보를 요구했는데 한진해운이 그 돈을 마련하지 못했거든요.

일반인 국가 기간산업인데 나라가 4,000억 원도 못 빌려주나요? 적은 돈은 아니지만, 대통령 선거 한 번 치르는 비용이 4,000억 원이 넘는데 선거 한 번 더 치를 정도의 여유는 있지 않나요, 우리나라?

기자 그러니 정계고 언론이고 학계고 할 것 없이 실수였다고 인정하는 거죠.

일반인 저는 관련 노조들과 경영계가 한편이 돼서 항의하는 거 그때 처음 봤어요.

기자 해운업계와 관련된 중소기업과 관련 업계 종사자 모두 어마어마한 피해를 봤으니까요. 당시 정부의 판단에 실수가 있었다는 게 전문가의 공통된 의견이에요. 오죽하면 국가 공영방송에서 정치적 음모 아닌가 하고 의문까지 제기했겠어요.

정치적인 음모 이야기가 나온 배경에는 2020년 대법원에서 유죄 판결을 받은 최서원(최순실) 씨가 있습니다. 조양호 한진그룹 회장이 최순실의 미르재단 사업을 도우라는 정부의 요구를 거절하고 돈도 적게 내는 바람에 미움을 샀다고 해요. 이 일로 해운업계 구조조정에서 불이익을 받았다는 보도가 이어졌습니다. 2016년 당시 더 나쁜 상황에 처해 있던 현대상선(현 HMM)은 정부 지원을 받아 살아남았거든요.

당시 한진해운의 매출이나 당기순이익은 현대상선보다 훨씬 높았고 부채 비율은 크게 낮았습니다. 산업경쟁력을 가늠할 수 있는 기업 규모도 한진해운이 세계 7위, 현대상선이 17위였죠. 둘 중 하나를 선택해야 한다면 한진해운을 살리는 것이 합리적입니다. 한국해양수산개발원 보고서라든가 다른 전문가의 분석에도 한진해운을 살리는 것이 유리하다는 내용이 있었어요. 이 부분은 2017년 열린 국정감사에서 큰 쟁점이 되었습니다. 당시 주채권은행이었던 산업은행장도 해당 결정에 대해 이해할 수 없는 부분이 많다고 대답했어요. 거기다가 한진해운 인수 의사를 밝혔던 부산시도 갑자기 계획을 철회하면서 뒤에서 누군가가 개입한 것 아니냐는 의심은 더욱 짙어졌습니다.

부산시 경남은 조선·해운으로 먹고사는 지역입니다. 한진해운 같은 지역 경제의 기둥을 어떻게 그냥 날립니까. 부산시가 인수하겠습니다.

한진해운 감사합니다! 이 고비만 넘기면 부산시는 세계에서도 손꼽히는 부유한 도시가 될 겁니다! 이렇게 뛰어난 국적 선사를 보유한 도시가 흔치 않습니다!

부산시 글로벌 물류 기지 부산 출발합니다!

한진해운 자, 그럼 계약서를….

부산시 (급히 어디선가 걸려온 전화를 받고 오더니) 어, 잠깐만요. 이거 안 되겠는데요.

한진해운 네? 왜요? 4,000억 원이 부산시에 그렇게 큰돈은 아닐 텐데….

부산시 미안합니다. 없었던 일로 합시다.

한진해운의 법정관리 신청 후 미국 오클랜드항에 화물을 하역하고
선적 화물 없이 출항하는 한진 그리스호(2016)

부산시에 압력을 넣었다고 의심받은 정부관계자는 물론 금융
당국과 현대상선까지 의혹을 부인하고 나섰습니다. 하지만 정치
적 의심이 사그라들 만큼 충분한 해명을 내놓지는 못했습니다.

한진해운의 갑작스러운 파산은 세계적인 물류대란을 불러왔
어요. 세계의 어느 누가 한국 정부가 고작 4,000억 원을 지원해
주지 않아 회사를 그냥 망하게 둘 거라고 예측했겠어요? 그때
한진해운이 운반하던 화물들이 전 세계 어느 항구에도 들어가지
못하고 유령선처럼 바다를 떠도는 모습이 충격적인 장면으로 남
아 있어요. 배에 실린 화물 주인 수만 2,000명에 달하던 한진 그
리스호는 열흘이나 공해를 맴돌았습니다.

이후 세계의 화물 주인들은 우리나라 선사에 보이콧을 선언
하기도 합니다. 한국 해운, 못 믿겠다는 거죠. 2022년 초에는 중
국 등 다른 나라 선사들이 우리나라 물건을 잘 실어주지 않아 수

출용 컨테이너가 대부분 취소되는 사태까지 벌어졌습니다. 해외 영업망은 붕괴했고 한진해운 소유의 알짜배기 물류 인프라는 해외 글로벌 선사들에 헐값에 팔려나갔어요. 우리나라 해운업계가 몰락했다는 이야기가 나왔습니다. 그러자 여기저기서 한진해운을 왜 파산하도록 놔뒀는지 비판하는 목소리가 커졌습니다. 다음 정부가 또 다른 국적 선사인 HMM에 수조 원의 공적자금을 지원해 배를 20척이나 주문하면서 죽어가던 산업은 위기를 넘겼고, 팬데믹 시기 다시금 호황을 맞았습니다.◆ 그러나 한진해운이 파산하기 전의 물동량이나 세계시장 점유율은 여전히 회복하지 못하고 있습니다.

사람 기분이 얼마나 변덕스러운지 생각해 보면 '권력자 마음대로 내리는 결정'의 위험은 어마어마하게 큽니다. 적어도 불확실성이 최고의 적인 경제 분야에서는 말이에요.

1985년 국제그룹 파산
현대 정주영이 전두환 욕함

1988년 5월 12일 인터뷰

동아일보 기자 지난 정부가 부실기업을 대대적으로 정리했습니다. 어떻게

◆ 해운업계는 호황으로 살아나는 듯했으나, 코로나19 팬데믹 이후 공급망 문제와 글로벌 경기침체가 겹치면서 다시 불황 사이클에 돌입했습니다.

평가하십니까?

현대 정주영 부실기업, 정리할 수 있죠. 해야죠. 하지만 법적 절차를 밟아서 합리적으로 해야죠. 지난 정부의 결정은 완전히 실패작입니다.

동아일보 기자 국제그룹 말씀이신가요?

현대 정주영 맞습니다. 기업인이 뼈를 깎는 노력으로 재계 7위 수출기업으로 키웠는데 단숨에 해체하다니요. 계열사가 20개가 넘었는데 그중에 살릴 회사가 하나도 없다는 게 말이 됩니까. 정치인들은 다시는 이러지 마십시오. 경제인들도 다시는 당하지 맙시다.

인터뷰를 할 때 웬만한 기업인들은 말을 빙빙 돌립니다. 말실수라도 하면 여러모로 어려워지니까요. 그런데 2001년 사망한 현대그룹 정주영 창업주의 1988년 동아일보 인터뷰는 아주 직설적이죠. 기업인들에게 "다시는 그렇게 당해서는 안된다"라고 말합니다.

인터뷰에 등장한 '지난 정부'는 바로 제5공화국*입니다. 재계 7위 대기업을 '단숨에 해체한' 제5공화국은 바로 11대, 12대 대통령을 지냈으나 내란죄로 전직 대통령 예우가 박탈된 전두환 체제였습니다.

일반인 전두환 씨가 본인 기분에 따라 하루아침에 대기업 하나를 날려버렸

◆ 뉴스를 보다 보면 5공이나 제5공화국 같은 단어가 등장하죠. 헌법 개정을 경계로 공화국에다가 순서를 매기는데, 제5공화국은 1987년 민주화 직후인 1988년 2월 끝난 정치체제예요. 지금은 87년 체제의 제6공화국입니다.

다는 거죠?

기자 그렇습니다. 요즘 같으면 상상도 못 할 일이에요.

일반인 2017년에 박근혜 전 대통령이 한진해운을….

기자 으음….

일반인 그런데 가만히 살펴보면 멀쩡한 기업을 갑자기 뿌리 뽑는 건 아니고, 뭔가 잘못했을 때 그걸 꼬투리 잡아서 벌금 10만 원 물릴 거 1억 내놓으라는 식으로 과잉 응징하네요.

기자 맞아요. 그래야 기업이 과잉 처벌을 받고 파산했을 때 내가 나쁜 게 아니라 저놈이 나빴던 거라고 홍보하기 좋습니다.

국제그룹은 서울 용산구 한강로 2가에 지금도 남아 있는 LS용산타워를 본사 건물로 사용하던 대기업입니다. 1947년 양태진 창업주가 부산 동구에 고무신 생산업체를 세우며 시작한 회사예요. 처음에는 고무신, 다음에는 운동화 등 신발로 회사를 빠르게 키웠습니다. 국제그룹의 운동화 만드는 실력은 세계적으로 인정받았습니다. 1962년에는 우리나라 최초로 미국에 농구화를 수출할 정도였으니까요. '프로스펙스'는 국제그룹이 1981년에 런칭한 자체 브랜드입니다. 프로스펙스의 대성공으로 국제그룹은 연 매출 2조 원을 달성하고 계열사 21개를 거느린 재계 서열 7위의 기업집단이 되죠.

일반인 프로스펙스 브랜드 성공 사례를 분석한 옛날 자료도 꽤 많이 남아 있네요.

왕자표 고무신으로 창업한
국제그룹의 운동화 브랜드
인 프로스펙스 광고(1986)

기자 '힛트상품 마아케팅 사례 프로-스펙스 편' 이런 거요?

일반인 네. 국내 최초로 스포츠화와 기능화를 구분했다는 이야기도 있고, 도
매상을 거치지 않고 직접 소비자와 만났다는 이야기도 있고….

기자 '명품 청바지'로 유명하던 리바이스 청바지를 우리나라에서 라이센스
생산하던 곳도 국제그룹이에요. 기업의 의류 잡화 분야 감각과 역량이 뛰
어났던 것으로 보입니다.

일반인 그런데 왜 망했을까요?

기자 기업 이야기만 하자면… 빚이 너무 많았습니다. 게다가 우리나라 기
업은 현금 결제가 아니라 어음 결제가 많아요. 특히 약속어음은 어음 발
행처가 파산하거나 은행에서 막아버리면 돈줄이 그냥 막혀버리거든요.

약속어음은 물건값을 당장 지불하지 않고, 한 달 후나 세 달

후 등 서로 합의된 시기에 값을 치르기로 하는 약속장입니다. 그런데 우리나라 어음 결제는 2015년 기준 대금 지급일이 평균 109.69일이고, 그 이전에는 이보다 더 길었거든요. 봄에 물건을 팔면 가을이 깊어 단풍이 떨어질 때가 되어야 대금이 들어온다는 거예요. 이런 식으로 회사를 운영하면 중장기적인 계획을 세우기가 어렵습니다. 어떤 돈이 언제 들어올지 알고 지출을 하겠어요.

물건을 잔뜩 팔아 놓고 물건값이 들어오기를 기다리는 사이 어음을 발행한 쪽이 부도라도 나버리면 그 돈은 영원히 받지 못해요. 중소기업이나 영세업체는 안 그래도 자금이 부족한데, 이런 일이 한 번만 발생해도 치명적인 타격을 입어요. 그러니까 어음 중심 결제체제란 무엇보다 확실해야 할 자금 회수 영역을 불확실성의 영역으로 떠밀어 버린 체제예요. 우리나라는 약속어음 부도가 너무 많아서 2017년에는 약속어음 폐지가 경제 분야 이슈로 떠올랐을 정도입니다.

국제그룹도 어음 중심 결제체제를 갖고 있었습니다. 재무구조가 취약했죠. 부채 비중도 컸습니다. 국제그룹의 주거래은행이자 어음 계좌가 거래되는 제일은행은 이미 몇 번이나 국제그룹에 구제금융을 제공해 주었어요. 말이 구제금융이지, 기업에서 돈이 많이 필요하다고 하면 얼른 대출을 해주는 방식이었죠. 방만하게 경영했고 갚아야 할 돈도 많았지만, 그렇다고 해서 그게 회사 문을 닫을 정도는 아니었어요.

1984년 12월 제일은행은 국제그룹의 어음을 대부분 부도 처리하고 구조조정에 합의합니다. 이때까진 기업이 잘못을 인정하고 순순히 노력하겠다고 했어요. 그런데 회사 체질을 어떻게 개선할 것인지 계획서를 내고 서로 합의한 직후인 1985년 2월 21일, 은행이 갑자기 어음 결제 자체를 거절해 버립니다. 어음 결제가 거절당하면 모든 대금을 당장 현금으로 치러야 하죠. 어음 중심 체제에서는 불가능한 일입니다. 그런 준비가 돼 있었으면 처음부터 어음을 사용하지 않았을 테니까요.

제일은행 돈 없어서 회사 못 굴리겠죠? 그럼 이제 채권자인 제가 당신의 회사를 팔아 돈을 받아야겠습니다.

국제그룹 여기까지는 처리해 주시기로 하셨잖아요?! 서로 노력하기로 합의했잖아요?! 이렇게 일방적으로 합의를 파기하는 게 어디 있습니까!

제일은행 이렇게 중요한 결정을 은행이 혼자 했다고 생각해요?

국제그룹 설마?

제일은행 '그분'께서 부산 총선 협조 부탁하셨는데 거절했다면서요? 지금도 감히 어음으로 드리고, 유세도 안 나오고 말이야.

국제그룹 아니, 협조를 안 한 게 아니에요. 죽은 아들 49재 날에 어떻게 각하 유세에 따라갑니까. 막내아들이 죽은 지 두 달도 안 지난 때예요. 그건 인간적으로 너무하잖아요.

제일은행 그러니까 공사 구분을 하셨어야지. 대통령 각하 모시는 일은 공적인 일이고 당신 아들 죽은 건 사적인 일이고. 이미 늦었어요. 각서 쓰세요. '국제그룹의 부동산·동산·계열기업체 등의 임의 처분권을 은행에 위임한다.'

국제그룹 4만 명 가까운 저희 직원들 다 길거리에 나앉으라고….

당시 우리나라는 12대 총선을 앞두고 있었습니다. 전두환은 몹시 불안했습니다. 김영삼과 김대중은 당시 야당에서 인기 있는 민주화 세력의 리더였는데, 이번 총선에서 두 사람을 중심으로 민주화 세력이 압도적 승리를 거둘 것 같았단 말이죠. 그래서 부산의 향토기업으로 지역에서 큰 인기를 끌던 국제그룹의 양정모 2대 회장에게 특별히 선거자금과 선거유세를 부탁했던 겁니다. 하지만 양정모 회장은 여러 차례 미지근한 반응을 보였다고 해요.

전두환 세력은 1985년 2·12총선에서 크게 지고 맙니다. 특히 부산에서요. 제일은행이 어음 결제를 거절하고 합의를 일방적으로 파기한 2월 21일과 불과 열흘밖에 차이가 나지 않는다고요? 맞아요. 기분이 몹시 상한 독재자가 열흘도 안 되는 사이에 대기업을 날려버리기로 결심한 거죠. '내가 진 건 너 때문이야!'

전두환 발가벗겨 내쫓아.

1987년 민주화 이후 대검찰청의 제5공화국 비리 수사에서 국제그룹 해체 당시 재무부장관이었던 김만제 씨는 국제그룹 해체가 전두환의 지시 때문이었다고 진술했습니다. 그 밖에 다른 사람들의 진술과 자료도 독재자의 기분이 무엇보다 중요한 의사결정 요소였다고 지적합니다. 국제그룹은 기업 사정이 어렵다며 전두환의 정치자금 요구에 다른 기업보다 적은 돈을 내놓아 괘씸죄를 적립했던 거죠.

이후 국제그룹의 알짜배기 계열사들은 한일합섬이나 동국제강, 극동건설처럼 정치자금을 잘 바치던 기업에 통째로 넘어갑니다. 우리가 잘 아는 해운대와 제주의 하얏트호텔도 국제그룹 소유였고, 동서증권과 국제제지 같은 유명한 기업도 국제그룹 소유였어요. 계열사와 주식 지분이 모두 다른 기업에 하사되고 난 뒤 창업주 일가는 빈털터리가 되었습니다. 현대그룹 정주영은 1988년 국회 청문회에서 국제그룹이 갈가리 찢기는 꼴을 본 이후 정치계에 바치는 뒷돈을 두 배로 증액해야 했다고 밝혔어요. 기업이라고 화수분이 아니어서 큰돈을 뇌물로 바치고 나면 인건비나 원가를 줄여 빈 금고를 채워야만 합니다.

정치권에서 정치자금을 내놓으라고 재계를 압박하는 문화가 이렇게 심했는데도, 기업이 정당에 정치자금을 기부하지 못하도록 하는 법은 2004년이 되어서야 생겨납니다. 2002년 16대 대선 도중 당시 야당이었던 한나라당이 '차떼기◆' 불법 정치자금을 받은 사실이 드러났기 때문이에요. 당시 여당이었던 새천년민주당도 여기서 자유롭지는 못합니다만, 양당 간 불법 정치자

◆ 2002년 대선에서는 새천년민주당 노무현 후보와 한나라당 이회창 후보가 맞붙었습니다. 금융실명제 이후 불법 정치자금 조성이 까다로워지다 보니 은행 거래를 피해, 현금이 가득한 사과 박스를 2.5톤짜리 차량에 꽉꽉 채워 전달하는 수법이 등장합니다. 한나라당 법률고문 서정우 변호사는 현금 150억 원이 든 트럭을 고속도로 휴게소에서 건네받아 직접 운전하고 오다가 걸리기도 했어요. 한나라당이 이런 식으로 차에 실어 받은 불법 정치자금이 840억 원에 달해 '차떼기'라는 별명이 생겼습니다. 사태를 수습하기 위해 당사를 매각해 불법 자금을 돌려준 한나라당은 2004년 여의도 공터에 '천막 당사'를 세웁니다. 이때 신임 당대표로 천막 당사를 주도한 사람이 바로 박근혜 전 대통령이에요.

금 액수 차이가 워낙 커서 사람들에게는 '차떼기'만 선명하게 각인되고 말았습니다.

1985년과 2017년, 30년을 사이에 두고 우리나라 산업 생태계에서 큰 역할을 맡고 있었던 두 기업을 어이없이 빼앗긴 손실은 복원하기 어려울 겁니다.

정경유착이
우리 건강에
미치는 영향

#저신뢰사회 #공유지의비극

1995~2011년 가습기살균제 사건
1990~1994년 낙동강 페놀 유출 사건

하수도가 의사보다 낫네

싱크대와 세면대에서는 깨끗한 수돗물이 나오고 변기 레버를 누르면 변기 물이 하수처리장으로 내려갑니다. 상하수도시설 덕분인데요, 상수도와 하수도가 분리된 역사가 사실 그렇게 길지 않습니다.

요즘 사람 그럼… 설마… 씻는 물하고 버리는 물하고… 같은….

옛날 사람 네.

요즘 사람 혹시… 마시는 물은….

옛날 사람 무엇을 상상하든 현실은 그것보다 더 더러웠습니다.

상수도와 하수도는 예방의료시설로 분류되기도 합니다. 개발도상국에서 사망 순위 1위와 2위를 차지하는 원인이 바로 감염성 질환과 설사거든요. 대부분의 감염성 질환은 병원성 미생물로 오염된 물을 통해 전염되는 수인성 질환이고, 설사도 위생 문제죠. 물이 '병원성 미생물로 오염'되는 이유는 식수로 이용되는 우물이나 강물 등에서 배변 활동까지 하기 때문입니다. 우리나라는 1957년까지 상수도 공급률이 20%가 되지 않았고, 대부분 우물에서 길어낸 지하수로 요리와 빨래 등 생활을 해결했습니다. 그러다 보니 수질오염을 방지하기 위해 당시 의학 교과서에서는 우물 가까이 변소나 외양간을 짓지 말 것을 권고할 정도였어요. 이런 상황은 도시에서도 1970년대까지 지속됐다고 합니다.

기후변화가 극심해지면서 계속 감시해야 하는 수질오염도 있습니다. 바로 구제역이나 조류독감, 아프리카돼지열병 등 가축 전염병에 걸려 집단 폐사한 동물 사체에서 나오는 침출수(沈出水)예요. 매몰지에서 침출수가 지하수를 오염시킬 가능성이 크거든요. 2014년에는 경기도에 있는 구제역 돼지 매몰지에서 지하수 오염이 발생한 적이 있었죠.

70년대생 잘 생각해 보면 어렸을 땐 수돗물을 끓여서 보리차 팩을 넣어 마시거나, 아버지가 주말에 등산 가셔서 '약수'를 떠오셨단 말이죠.

컨설턴트 그렇지요. 보리차를 넣어두던 두껍고 튼튼한 델몬트 오렌지주스 유리병이 아직도 기억납니다. 저는 씁쓸한 보리차보다 약수를 더 좋아했어요. 왠지 특별한 약리적 효과가 있을 것 같아서요.

70년대생 탄산수나 수입 생수 마시면 사치 부린다고 언론에서 욕하고 그랬는데 늘 마셔오던 깊은 산속 옹달샘이 제일 위험했을 수도 있다니, '자연산'이 무조건 좋은 것만도 아니네요.

컨설턴트 1990년대만 하더라도 물을 사서 마신다고 하면 차라리 돈으로 똥을 닦으라는 소리나 들었을 거예요. 그러나 이제는 생수 시장이 성장했으니 투자하셔도 됩니다.

국내 먹는 샘물 시장은 1998년 1,120억 원 규모에서 2021년 1조 2,000억 원 규모로 20여 년 만에 열 배나 성장했고, 정수기 시장은 2008년에 이미 세계 4위 규모로 올라섰어요. 정말 빠른 성장이죠? 그런데 우리나라의 수돗물 품질은 굳이 물을 사 먹지 않아도 될 만큼 높은 수준입니다. 세계보건기구(WHO)의 166개 기준을 모두 통과할 뿐 아니라 국내 기준은 300개로 세계 기준보다 훨씬 꼼꼼합니다. 유엔의 국가별 수질 지수에서는 122개국 중 8위이고, 신청하면 집마다 수돗물 수질검사를 무료로 해주기도 하죠.

그런데도 현재 우리나라의 수돗물 음용률은 5%가 채 안 됩니다. 우리나라보다 수질이 낮은 프랑스나 미국, 일본 등이 50~70%의 직접 음용률을 자랑하는데 말이죠. 우리나라 사람들이 수돗물 수질에 대한 불신이 강한 이유가 있습니다. 1991년, 경상도 1,000만 명의 식수원인 낙동강에 맹독성 화학물질인 페놀이 유출됐었거든요.

맹독이 아무렇지도 않게 오랜 기간 흘러 들어간 만큼, 수돗물 위생에 대한 집단적 트라우마가 생기고도 남을 만한 사건이었습니다. 그런데 이 트라우마를 이용해 돈을 벌려다 끔찍한 사건이 일어났어요. 바로 1995년에서 2011년 사이 조용히 진행된 가습기살균제 참사입니다.

초봄만 되면 폐가 굳어 죽다

물이 오래 고여 있던 곳에는 물때가 낍니다. 물이 증발하면서 녹아 있던 침전물이 결정을 만들어 가라앉거나, 물속에 살던 곰팡이, 효모가 번식하는 것이죠. 물때 자체가 더러운 것은 아닙니다. 사람의 신체는 물을 마시면서 무기질을 보충하게 되어 있어요. 하지만 무기질이나 곰팡이, 효모가 소화기관으로 들어가는 것과 호흡기로 들어가는 것은 엄연히 다른 이야기입니다.

겨울과 봄의 건조함을 견디려고 가습기를 사용하던 사람들은 가습기의 물받이에 자꾸만 물때가 끼는 모습을 보게 됩니다. 물이 더러운가 싶은 걱정은 얼마 안 가 여기까지 와 닿습니다. '물때는 물그릇을 자주 씻으면 안 낀다지만, 혹시 수돗물 자체가 오염돼 있어서 더러운 수증기가 폐로 들어가면 어떻게 하지?'

경상도의 식수원인 낙동강에 페놀이 유출된 지 얼마 되지 않은 시점이었습니다. SK케미칼의 전신인 주식회사 유공이 1994년 세계 최초로 가습기살균제를 출시합니다. 이후 옥시나 애경산업, 롯데마트, 홈플러스, 이마트 등 수많은 기업이 유사한 제품을 내놓죠. 건강에 관심이 많고, 조금 더 위생적으로 살고 싶은 사람일수록 이런 제품을 더 구매하기 마련입니다. 하지만 기업은 이 사람들의 선의를 배반합니다.

가습기살균제로 출시된 제품의 원료는 폴리헥사메틸렌구아니딘(PHMG)으로, 정화조 청소 약품과 같은 성분입니다. 이 화학

가습기살균제 출시 직후의 신문 광고(1994)

약품이 수증기에 실려 분자 형태로 호흡기에 닿았을 때 사람의 기관지와 폐에 어떤 영향을 끼치는지, 기업은 한 번도 검증해 본 적이 없습니다. 하지만 기업에 안전 검증을 요구하는 국가적인 시스템도 없었기 때문에 폐에 직접 유독물질을 뿌리는 화학무기가 버젓이 유통되었죠. 가습기살균제는 1995년부터 2011년까지 17년간 총 998만 개 판매되었고, 2020년 연구 결과 피해자 95만 명, 사망자 2만여 명으로 추산되는 참사를 일으켰습니다.

의사 초봄만 되면 아이들과 임산부들이 폐가 굳어서 죽는 거예요. 병이 있는 것도 아니고 어디 감염된 것도 아닌데.

질병관리본부 선생님의 의심이 합리적이어서 역학조사를 해봤는데요, 결론이 잘 안 나네요. 세상에 어떻게 전국적으로 이런 일이 생길 수 있나 싶어요.

의사 병도 아니고 감염도 아니면 유독성 물질을 직접 흡입한 것일 수밖에 없어요.

질병관리본부 혹시⋯ 가습기살균제?

정부 일단 가습기살균제 전량 수거합니다. 판매도 중지합니다.

기업 이건 영업 방해입니다! 증거도 없지 않습니까! 어제 대학에 의뢰해 실험해 봤는데 인과관계가 없다는데요!

의사 저기요. 그거 조작된 실험이잖아요. 가습기살균제 수거하고 나서는 이런 초봄 괴질이 싹 사라졌거든요!

법원 실험 조작한 교수, 징역 1년 4개월 확정.

재판은 길었습니다. 2011년 11월에 보건복지부에서 제품 강제수거명령을 내리고 2012년에 질병관리본부에서 동물독성실험 결과를 발표했지만, 검찰의 수사는 2016년 1월에야 시작됐습니다. 가습기살균제를 판매해 온 기업들은 그해 4월이 되어서야 공식적으로 사과했죠. 2017년 비로소 가습기살균제피해구제법이 제정됩니다. 다음 해인 2018년에 대법원 재판이 끝났고, 2019~2020년 일부 책임자가 구속됩니다. 아직 사법절차가 모두 완료된 것은 아닙니다만, 이 정도 결과가 나오기까지도 원인 규명 이후 10년이나 싸워야 했던 거예요.

길고 긴 가습기살균제 참사가 진행되는 동안 정부는 피해를 줄일 기회가 있었습니다. 2003년 가습기살균제의 인체 유해성을 심의했던 정부 측 심사위원이 가습기살균제 판매 기업 연구소장이 아니었다면, 2016년에 정부와 여당이 '소비자와 기업 사이의 문제'라며 피해구제법안을 뭉개지만 않았더라면 말이죠. 그렇다면 수돗물에 대한 불신을 일으킨, 그래서 소비자가 가습기살균제를 구매하게 만든 낙동강 페놀 유출 사건은 도대체 무엇일까요?

1990~1994년 낙동강 페놀 유출 사건

이때부터 돈 주고 물 사 먹게 됨

가습기살균제 판매가 시작되기 직전인 1994년까지는 생수 판매가 불법이었습니다. 정부가 금지한 이유는 두 가지였어요.

① 수돗물 이용률이 떨어질까 봐
② 빈부 계층 간 위화감이 조성될까 봐

조금 황당하지만, 사실 수돗물을 믿고 마실 수 있다면 정수기 임대 비용도 안 들고 편의점에서 생수 사 먹을 일도 줄어듭니다. 먹는 샘물 시장 규모가 1조 2,000억 원이라는 건 그만큼 기업이 돈을 벌고, 또 기업에 고용된 사람들이 임금을 받을 수 있다는 이야기도 되지만 일반 소비자들이 그 정도로 비용을 지출하고

낙동강 페놀 유출 사건을 보도한 1991년 3월 24일자 《동아일보》 기사

있다는 뜻도 돼요.

수돗물에 대한 우려가 커진 결정적 계기는 1990~1991년 두산전자에서 낙동강 상류에 페놀 약 400톤을 불법으로 방류한 사건입니다. 페놀은 나일론, 제초제, 세제 등의 원료가 되는 화학물질입니다. 소량이라도 피부 접촉이나 호흡, 음용 등으로 인체에 흡수될 경우 사망에 이를 수 있습니다. 2차 세계대전 때 나치 독일이 사용한 독가스의 원료이기도 해요. 이런 화학물질이 사람들이 마시는 수돗물에 들어 있었다고 생각하니 정말 아찔하죠.

페놀 유출이 적발된 시점은 1991년이에요. 두산전자는 경상북도 구미시 구미공업단지에서 3월 14일, 페놀 30톤을 낙동강으로 유출했습니다. 이때 정부는 강력한 조치를 취하지 못했어요. 수출에 지장을 준다며 공장을 다시 열어주었다가 4월 22일 또다시 페놀 2톤이 흘러나갔죠. 1991년의 두 차례 사고는 페놀 원액이 저장된 탱크에 연결된 파이프가 파손돼 발생한 것입니다만, 원인 조사 중에 더욱 심각한 문제가 발견됐습니다. 사고 전해인 1990년 10월부터 페놀 포함 악성 폐수 325톤을 구미 옥계천에 무단으로 방류해 왔던 것이죠.

기자 피해 규모는 얼마나 됐나요?

피해 주민 잘 몰라요. 사망자가 나오거나 하는 인명 피해는 없었습니다.

기자 인명 피해가 없는 건 다행이긴 한데….

피해 주민 직접적인 피해자가 없었던 건요, 페놀 탄 수돗물이 위험하지 않아서가 아니라 대놓고 악취가 나니까 아무도 안 마셔서 그런 거예요. 또 모르죠. 피해자가 있는데 신고를 안 해서 없는 일로 넘어간 건지.

기자 그럼 어떻게 수습됐나요?

피해 주민 처음엔 공무원 일곱 명이랑 두산전자 직원 여섯 명 구속하고, 나머지 관계자들은 징계받았어요.

기자 네? '처음'에요?

피해 주민 환경처(현 환경부)에서 두산전자, 얼른 수출해야 한다고 바로 조업을 재개시켜줘서 재개 보름 만에 또 페놀이 낙동강에 흘러 들어갔거든요.

기자 수출이 중요한 게 아닌데… 그래서요?

피해 주민 난리가 났죠. 당시 두산그룹 회장이 경영권 포기하고, 환경처장관은 경질됐어요.

기자 그랬군요.

Part 4. 정치와 경제

피해 주민 페놀 들어간 수돗물로 만든 맥주 마시고 싶지 않네요. 이제 수돗물도 못 믿겠어요.

이때까지 두산그룹은 맥주나 김치, 햄버거를 주요 상품으로 하는 소비재기업이었습니다. 하지만 페놀 유출 사건이 터지고 나자 소비자들은 두산그룹이 파는 맥주를 외면하기 시작했죠. 그 맥주가 바로 지금은 외국계 기업에 인수된 OB맥주입니다. 부동의 1위였던 OB맥주가 진로의 하이트에 밀려나는 순간이었어요. 그렇게 해서 두산그룹은 소비재에서 중공업과 건설로 방향을 틀었고, 사람들은 웬만하면 수돗물을 안 마시게 되었습니다.

이런 분위기가 지속되는 가운데 대법원은 생수 제조기업이 제기한 소송에서 생수의 국내 시판 금지가 위헌이라는 판결을 내렸습니다. 그러자 정부도 불법으로 지정하고 규제하던 생수사업을 합법화할 수밖에 없었죠. 위헌 판결 두 달 전인 1994년 1월에는 낙동강에서 다시 벤젠과 톨루엔이 검출되기까지 한걸요. 질병관리본부가 코로나19 바이러스 확산에 대처하면서 질병관리청으로 승격된 것처럼(2020), 1994년 환경처는 페놀 유출 사건을 비롯한 커다란 환경오염 사고들을 계기로 환경부로 승격되어 중앙 부처로 거듭납니다. 이전까지는 환경오염이나 환경보전이 우리나라에서 그렇게 중요한 주제로 다뤄지지는 않았습니다. 환경운동이 환경 그 자체보다는 민주화운동의 한 부분으로 받아들여지는 분위기였지요.

이후 두산그룹을 추적한 연구에서는 사회적 비용을 계산하지 않고 기업의 이윤만 따져보더라도 이런 사고를 발생시키는 것은 장기적인 손해라는 결과가 도출됐습니다. 사람들은 기업이 환경 오염을 유발할 경우 규제가 강화될 수밖에 없어서 해당 기업이 소속된 산업의 비용이 증가할 것이라는 합리적 예측을 하기 때문이에요.

저신뢰 사회가 치러야 하는 비용

기본적으로 시장경제체제에서는 특정 재화 시장이 형성되면 많은 장점이 따라옵니다.

① 시장경쟁이 일어나기 때문에 재화의 품질이 올라갑니다.
② 품질은 올라가지만 (경쟁이 공정하게 이뤄지면) 가격은 내려가죠.
③ 수요가 많으면 물건이 흔해져서 접근성이 좋아집니다.
④ 시장이 커질수록 일자리도 늘어나고 경제 규모도 성장하겠죠.

그런데 생수 시장 같은 경우 생각해볼 거리가 있습니다. 마시는 물의 품질이 더 얼마나, 어떻게 좋아질 수 있을까요? 우리나라 수돗물과 편의점에서 파는 생수의 품질은 얼마나 차이가 날까요? 수돗물과 편의점 생수의 가격을 비교해 보면 수돗물이 훨썬 저렴합니다. 수돗물은 접근성도 좋은 편이죠.

그리고 생수 시장 발달에는 예전에 예측하지 못했던 부작용이 있습니다.

① 플라스틱병 때문에 환경오염 문제가 생깁니다.

② 지하수 추출을 남발해 지반 붕괴, 지하수 고갈 등의 문제가 생깁니다.

지하수를 도 차원에서 관리하도록 한 제주도개발특별법(2000)과 제주특별자치도특별법(2006) 제정 이전, 제주도는 지하수 고갈과 지하수 감소로 인한 지반 침하 문제가 제기되는 상황이었어요. 주인 없는 자원은 개발자 입장에서는 많이 뽑아 쓸수록 이익입니다. 기업이 굳이 이것저것 따져가며 아낄 이유가 없거든요. 소유권이 명확하지 않은 공공재의 과다 이용 문제가 발생하는 거죠. 과다 이용된 공공재는 품질이 떨어지거나 물량이 줄어들어 고갈되고요. 이런 걸 '공유지의 비극'이라고 한답니다.

먹는 물이 상품화되면서 생겨난 시장이기 때문에 '공유지의 비극'이 발생했더라도 위에서 언급한 시장의 장점들이 사라지는 건 아닙니다. 하지만 우리는 언제나 장단점을 비교해서 어느 쪽이 더 큰지 따져보는 경제적인 사고방식을 가져야 합니다.

생수 시장이 만들어져서 생긴 이득과 생수 상품이 환경에 끼친 손실 중 무엇이 더 클까요? 지금으로서는 알 수 없는 노릇이지만, 앞으로도 먹는 샘물 시장이 성장하리라는 건 확실합니다.

이유는 단 하나죠. 막상 누군가가 나에게 수돗물을 정수기 없이, 끓이지 않고 그냥 마시라고 하면 마음이 영 불안하기 때문이에요. 물론 각 지역마다 수질을 꼼꼼하게 관리하는 기관들이 있지만, 여전히 내가 마시는 수돗물이 안전하다고 확실하게 믿을 수는 없습니다.

반면 사 마시는 생수는 비교적 책임 소재가 명확합니다. 품질 관리에 실패하면 소비자가 돈을 주고 사 먹지 않을 테니, 수돗물보다는 더 엄격하게 관리할 거라는 믿음이 생기죠. 공장이 아무리 커도 전국의 수돗물을 다 관리하는 것보다는 힘이 덜 들 것 같고요. 어떻게 보면 편의점이나 슈퍼에서 사 마시는 물값은 이런 책임과 신뢰에 지불하는 비용이랍니다.

서로를 믿지 못하는 저신뢰는 문화적 문제이기도 하지만 동시에 경제적인 맥락을 품고 있습니다. 기본적으로 시장거래는 신뢰를 기반으로 이뤄지므로 이렇게 사고가 잦거나 문화적으로 충돌하는 문제가 생기면 비어 있는 신뢰를 채우기 위해 그만큼의 비용이 더 듭니다. 이렇게 문화와 경제는 긴밀하게 연결되어 있습니다.

저신뢰 사회가 치러야 하는 비용은 이것뿐만이 아닙니다. 사회에 만연한 부정부패와도 연결 지어 생각해 볼 수 있죠. '유능하면 조금의 부정부패와 비리는 괜찮아!'라는 사고방식이 위험한 이유도 마찬가지입니다. 장기적으로 엄청난 비용으로 돌아오거든요. '믿을 수 있는' 상품을 검증하기 위해서는 수많은 장치와 가동인력 등이 필요하니까요. 그래서 시장에는 명확한 규제가 필요하고, 그 규제를 어길 땐 강력한 처벌이 뒤따라야 합니다. 미래의 더 큰 비용을 막기 위한 현재의 작은 노력인 셈이죠.

Part 5

국제관계와
경제

1.

한국·미국·일본이 로맨스 찍으면 주인공은 누구죠?

#한미일 #다자주의 #글로벌가치사슬

2020년 코로나19와 GVC
1965년 한일청구권협정

국제적 분쟁지역에 다소곳이 앉은 우리나라

2017년은 북한이 대륙간탄도미사일(ICBM) 시험 발사와 핵실험에 잇따라 성공하며 전쟁 위기를 고조시킨 해입니다. 당시 주한미군 사령관이었던 빈센트 브룩스는 2020년 일본 아사히신문 인터뷰에서 "미국 정부가 당시 모든 군사 행동의 선택지를 검토했다"라며 "전쟁 발발에 매우 근접한 상황이었다"라고 주장했습니다. 2016년 트럼프 미국 대통령이 '화염과 분노'를 언급하며 "북한을 완전히 파괴하는 것 외에 다른 선택지가 없다"라고 발언한 직후였고, 핵추진 항공모함을 한반도 근처에 파견하기까지 했어요. 매티스 전 국방장관 등 미국의 다른 유력 군부 인사들도 여러 매체에서 2016년과 2017년 전쟁 위기가 고조되었던 점을 언급했습니다. 다행히 우리나라 정부는 2018년 평창동계올림픽과 세 차례에 걸친 남북정상회담을 통해 정세를 안정시킬 수 있었습니다. 2018년 3차 남북정상회담에서는 9·19남북군사합의를 통해 군사적 적대 행위를 일절 금지하기로 했어요.◆

사실 동북아시아는 언제 다시 전쟁이 나도 이상하지 않은 분쟁지역이에요. 어느 나라를 중심에 놓고 봐도 그렇습니다. 우리 나라는 일본과 서로 멱살 잡고 으르렁거리지, 콧대 높은 중국에 의존하면서도 감정 안 좋지, 일본과 러시아는 쿠릴열도로 갈등을 빚고 있지, 중국은 홍콩 다음으로 타이완을 완전히 차지하려고 하는 데다 러시아와 힘을 합쳐 동북아시아에서 미국을 걷어차 버릴 생각을 하지, 한국전쟁 이후 시간이 멈춰버린 북한은 핵 카드를 틀어쥔 채 강짜를 부리지….

바깥으로 한 발짝만 나가봐도 이렇게 불안정한데, 사람들은 어떻게 평온함을 유지하며 살아가고 있는 걸까요?

친미주의자 미국이 있잖아요. 우리나라는 미국이랑 군사동맹이니까 다른 나라가 우리나라에 쳐들어오면 미국이 자동으로 참전하고, 그러면 미국이랑 싸우게 될 텐데 누가 감히 건드리겠어요?

회의주의자 미국이 약속을 지킬 것 같아요?

친미주의자 미국을 못 믿으시는 거예요?

회의주의자 국제관계를 '믿음'만 갖고 판단하기엔 너무 불확실하지 않습니까?

친미주의자 미국이 그냥 포기하기엔 우리나라가 너무 중요해요!

회의주의자 왜요?

친미주의자 우리나라에서는 21세기 최고 전략물자인 반도체를 생산하니까

◆ 그러나 2023년 4월 기준, 2022년부터 북한이 잇달아 미사일을 발사하여 9·19남북군사합의는 파기 기로에 서 있습니다.

요! 반도체 기술이 중국이나 러시아에 넘어가는 건, 미국도 원하지 않을걸요?

회의주의자 글로벌가치사슬(GVC) 이야기로군요.

미국 팀장과 함께하는 GVC 팀플

2019년 말, 코로나19 바이러스가 처음 확산되기 시작하자 중국은 신종 바이러스의 진원지 우한이 있는 후베이성을 포함해 14개 성과 시를 봉쇄해 버렸죠. 아무도 나오지 말고 아무도 들어가지 말라고 막아버린 건데요, 문제는 해당 지역에 우리나라와 유럽, 미국의 자동차부품공장이 몰려 있다는 거예요.

봉쇄령에 그쪽 공장은 모두 멈춰버렸죠. 부품이 공장 바깥으로 운반될 수 없으니 부품 수입이 끊긴 우리나라 공장도 모두 멈춰야 했습니다. 미국 공장도, 유럽 공장도 자동차공장이라면 모두 생산을 멈췄습니다. 라면을 끓이려는데 면만 있고 수프가 없으면 멈춰야죠. 물에 사리만 팔팔 끓여 라면이라고 우길 순 없잖아요. 전 세계적으로 자동차 주문이 밀리고, 주문이 밀리니까 신차 가격도 중고차 가격도 치솟고….

공장을 한 곳에 몰아 짓지 말고 여러 군데 지었으면 이런 일은 없을 거 아니냐고요? 하지만 우리는 이미 '국가 간 분업체제'인 GVC 속에서 살아가고 있는걸요. 중국에서는 부품 A를 몰아 만들고, 인도네시아에서는 부품 B를 몰아 만들고, 한국에서는 부품 조립을 하고, 미국에선 신기술 개발을 하는 식인 거죠. 그러니까 '팀플' 같은 거예요.

공동의 목표를 달성하기 위해 너는 자료 조사, 나는 PPT 만들기, 너는 발표, 이런 식으로요. 물론 이 팀플에는 각 분야의 전문가들만 모여 있습니다. 우승하면 다국적기업의 정규직 입사가 보장되는, 엄청난 공모전을 위해 모인 드림 팀이거든요. 각자 제일 잘하는 분야를 맡아 최고의 결과를 낸 뒤 합치면 부가가치가 엄청나게 붙습니다. 이 드림 팀은 자유무역을 통해 세계의 빈곤을 해결하는 데 큰 성과를 내지요.

그런데 이 가치사슬 팀플은 좀 무섭습니다. 성과를 못 내는 팀원은 팀에서 나가야 해요. 현재 팀원보다 발표를 더 잘하는 프리랜서가 있으면 당장 팀원을 쫓아내고 그 사람을 데려옵니다. 예를 들어, 필리핀에 공장을 몽땅 지어놨는데 인건비가 비싸지면 비슷한 조건에 인건비가 더 싼 베트남으로 공장을 옮깁니다. 필리핀은 실업자가 대량 발생하고 베트남은 갑자기 경제가 성장합니다.

또 한 가지 무서운 점이 있습니다. 발표 자료를 엄청나게 잘 만드는 팀원이 있다면, 그 팀원보다 더 잘 만드는 사람이 나타날 때까지 그가 무슨 짓을 하더라도 쫓아낼 수 없어요. 심지어 각종 범죄를 저질러도 못 쫓아냅니다. 이를테면 중국의 IT기업인 화웨이가 제품에 해킹 프로그램을 심어 개인정보를 중국 정부에 빼돌렸다는 의혹이 있더라도 화웨이 제품을 대체할 기업이 없다면 대응이 어려워요. 조사는 오래 걸리는 반면 불편함을 참지 못하는 소비자는 결코 기다려주지 않거든요.

하나 더. 자료 조사를 잘하는 사람은 널려 있지만, 발표를 잘하는 사람은 드뭅니다. 그러니까 한번 발표 멤버로 들어오면 '철밥통'이 됩니다. 미국 같은 존재 말이에요. 각종 과학 기술에서 미국을 능가하는 나라는 없습니다. 전 세계의 우수한 사람들이 미국으로 기술을 배우러 오니 미국은 인재가 점점 더 늘어나고, 기술은 더 발전하죠. 기술을 배우러 오는 세계의 인재를 미국이 나서서 쫓아내지만 않는다면 이 선순환구조는 영원할 겁니다.

반대로 자료 조사 분야는 경쟁이 치열합니다. 그 분야에 들어가고 싶은 사람들은 '저는 최저시급만 받고 일해도 되는데요!' '저는 주말 출근도 가능합니다!' 하면서 출혈경쟁을 합니다. 일단 팀에 들어가는 게 중요하니까요. 이런 식으로 선진국은 부가가치가 높은 분야를 가져가고, 개발도상국은 돈은 안 되고 환경오염물질은 많이 배출하는 공장을 가져갑니다. 또 선진국의 저임금 저학력 노동자들은 개발도상국에 일자리를 빼앗기고, 개발도상국의 고학력 노동자들은 선진국으로 이민을 가야만 전공을 살릴 수 있습니다.

이렇게 GVC 체제는 세계에 경제성장을 불러오는 대신 불평

복잡한 GVC 교역 네트워크에 나타난 글로벌 공급망 중심국가들

2000년에는 일본이 미국과 강력한 연계를 형성하며 아시아 지역의 허브 역할을 했는데, 2017년에는 일본을 제치고 중국이 그 자리를 차지한 것을 확인할 수 있습니다. ICT GVC도 17년간 극적인 변화를 보이며, 한국과 타이완을 비롯한 아시아·태평양 국가들이 핵심적인 위치에 올라섰습니다.

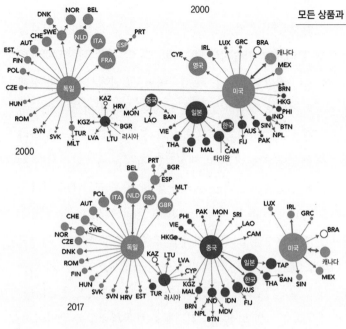

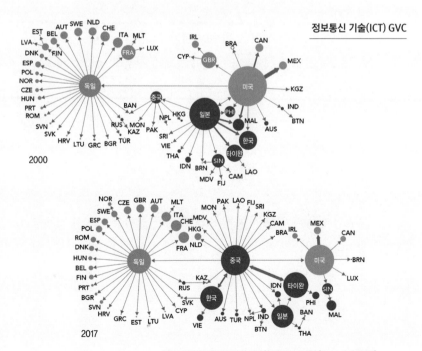

자료: ADB 2018 ICIO 표에 기반한 VIBE GVC지수(Meng et al, 2018)

등을 고착시킵니다. 하지만 이미 세계 경제는 산업별 가치사슬을 통해 굴러가고 있습니다. 우리나라는 여기서 반도체 생산을 포함해 여러 역할을 맡은 주요 멤버이며, 그 안에서 중국과 경제적·지정학적으로 밀접하게 묶여 있어요. 그래서 미국과 중국이 패권 경쟁을 시작하며 경제안보가 다시 중요해진 지금, 우리나라는 미국 중심의 GVC에서 핵심적인 자리를 유지하면서도 자꾸만 미국 팀장을 도발하는 중국과 별 탈 없이 교류해야 한다는 과제를 안고 있어요. 경제적으로 양 진영을 중개해야 생존할 수 있다는 조언도 들려옵니다. 미국도 중국도 진영을 혼자 책임지는 부담을 덜기 위해 여러 국가가 동시에 참여하는 다자주의를 추구하고 있으니까요. 어쨌든 수출을 통해 경제성장을 이뤄온 우리나라로서는 세계 경제가 진영별로 블록화될수록 국익이 줄어들어요.

그런데 여기서 강력한 변수 하나가 더 등장합니다. 우리나라가 소속된 GVC는 물론, 우리나라 경제에 꾸준히 영향을 미치는 존재가 있습니다. 바로 일본입니다. 미국과 단짝 친구지요.

우리나라 최초의 뱅크런은 조선총독부로부터

오늘날 한국과 일본 사이에 놓인 가장 큰 걸림돌은 역시 일제강점기라는 비극적 역사입니다. 일제강점기를 생각하면 대개 독립운동가가 무자비한 고문을 당하는 장면이 떠오릅니다. 하지만 평범한 사람들이 겪는 경제·구조적 차별 역시 고문만큼 강하고 질긴 법이죠. 특히 교육과 일자리에서 그렇습니다.

조선인이 받을 수 있는 교육은 일본인이 받을 수 있는 교육과 양적·질적으로 달랐고, 그런 조건에서 좋은 일자리를 구하기는 어려웠습니다. 게다가 출신에 따른 임금 차별이 합법이었어요. 당시 신문을 보면 임금 차별 때문에 동맹 파업이 벌어졌다는 보도가 종종 등장합니다. 똑같은 일을 하고도 조선인이라는 이유로 임금이 훨씬 낮은 상황에 화가 나 스스로 사업을 시작하려고 해도, 일본 본토에서 온 사업가들이 대자본으로 밀어버리면 사업이 크기도 전에 망하기 십상이었습니다. 일본의 사업가들이 조선에서 번 돈은 조선에 재투자되는 게 아니라 일본으로 흘러 들어갔죠.

게다가 1945년 8월 패망한 일본이 갑자기 철수한 뒤에 국토에는 제대로 굴릴 수 있는 비즈니스가 없었습니다. 남은 사업도 없는데 남은 인력도 없어요. 조선인들 대부분은 수십 년간 낮은 교육 수준과 극심한 실업에 시달리면서 노하우를 제대로 쌓지 못했거든요. 조선인은 끼워주지 않고 국가 경제를 굴리던 일본인들이 모두 떠나자, 운전자가 사라진 경제는 그야말로 혼돈의 도가니가 됩니다. 게다가 운전자가 핸들을 놓고 떠나기 직전에 '어차피 이제 내가 운전할 거 아니니까!' 하고 심술을 부리기도 했죠. 조선총독부가 있는 대로 돈을 찍어냈거든요. 그렇게 통화량을 늘린 결과, 화폐 가치가 폭락하며 하이퍼인플레이션이 찾아왔습니다.

한국인 하이퍼인플레이션이 오면 순대국밥 한 그릇에 오억 원씩 하고 그러
　잖아요.

조선인 그렇죠.

한국인 아니 조선총독부는 왜 마지막까지 그렇게 똥을 싸질러 놓고….

　1945년 패전 분위기가 짙어지자 조선 거주 일본인들은 일본
본토로 도망갈 준비를 하며 그간 벌어놓은 돈을 인출하려고 은
행에 달려가죠. 그렇게 한반도 최초의 뱅크런이 일어납니다. 일
본 본토와 조선총독부가 이 뱅크런을 어떻게 해결했냐면, 돈을
사람들이 달라는 만큼 무차별적으로 찍어내서 뿌립니다. 순식
간에 통화량이 두 배 가까이 불어났죠. 엎친 데 덮친 격으로 그
런 환경에서 미군이 들어와서 자유로운 시장경제체제를 도입해
버린 거예요. 1945년 하반기, 서울의 도매 물가는 1944년 대비
2,364% 상승합니다. 놀란 미군정이 얼른 다시 통제경제를 도입
했지만 인플레이션을 돌이키기에는 이미 늦었습니다.

　패전 직후 일본 본토도 하이퍼인플레이션에 시달리기는 마
찬가지였습니다. 일본 정부가 일본 본토와 식민지 조선, 양쪽에
서 무책임하게 돈을 찍어냈거든요. 그야말로 새로운 지옥이었
죠. 그렇게 조선과 일본이 함께 가난의 구렁텅이에 빠지나 싶
었던 순간, 한·중·일 세 나라의 운명을 가르는 사건이 터집니
다. 바로 한국전쟁이에요. 한국전쟁 때문에 중국은 타이완의 국
제적 지위를 실질적으로 인정할 수밖에 없게 됐고, 일본은 전쟁
특수로 경제대국이 되었으며, 우리나라는 철도며 공장이며 그

조선 특수에 따른 일본의 외화 수입

1억 4,890

(단위: 만 달러)

1950	1951	1952	1953	1954	1955	1956
	5억 9,100	8억 2,410	8억 950	5억 9,620	5억 5,660	4억 8,380

자료: 일본 경제기획청

───

패전 이후 극심한 불황에 시달리던 일본 경제는
한국전쟁(1950~1953)으로 인한 조선 특수로 크게 살아났습니다.

나마 식민지 시기에 건설해 두었던 인프라마저 모두 날리고 말
았습니다.

　1950년대 미군은 한국전쟁을 치르기 위한 기지를 가까운 일본
에 건설하고 군수물자를 대량으로 주문했습니다. 일본의 공장은
미국의 주문을 받아 쉴 새 없이 돌아갔죠. 인플레이션 따위는 미
국에서 직접 받은 달러로 충분히 해결 가능했습니다. 일자리도
어마어마하게 생겨났습니다. 일본에서는 이때의 부활을 '조선
특수'라고 부르죠. 조선 특수를 통해 일본은 한때 G2 자리까지
올라갔습니다. 1970~1980년대 버블시대 때만 하더라도 일본이
미국과 함께 세계를 양분할 거라는 이야기가 나올 정도였어요.

1965년 한일청구권협정

일본은 우리 덕, 우리는 베트남 덕

식민지 시기에 살았던 사람이나 해방 직후에 경제 활동을 해야

했던 사람이 어떻게 일본에 좋은 감정을 갖겠어요. 식민 지배를 청산한 후 서로 말로 잘 풀었으면 좀 나았겠지만 안타깝게도 그러지 못했죠. 우리나라는 전쟁터가 되어서 불타고 있는데 일본은 그 전쟁 덕에 나날이 발전하고 있으니 얼마나 화가 나요.

한국인 말로 잘 풀 수 있기는 했던 거예요?

조선인 아니요. 일본은 식민 지배가 아니라 평화로운 합병이라고 주장하고 있기 때문에….

한국인 그러니까 M&A요? 기업 인수합병 할 때 그거요?

조선인 네. 그 입장은 1940년대부터 지금까지 변하지 않았습니다. 어쨌든 당시 한반도를 통치하던 대한제국과 합병조약을 체결했고, 왕가도 일본 제국의 작위를 받지 않았느냐는 논리예요.

한국인 우리나라는 그런 말을 듣고도 가만히 있었고요?

조선인 대체로 가만히 있어서 문제가 깔끔하게 해결되지 않았습니다.

뉴스에서 일본군 성노예나 강제징용 배상 판결, 혹은 독도 영유권 주제가 보도되면 '언제 적 이야기를 아직도 하고 있어'라는 반응을 접할 때가 있습니다. 그 이야기를 아직도 하는 이유는 하나예요. 우리나라와 일본 사이에 아직 명쾌한 합의나 결론이 난 적이 없기 때문이죠. 해방 후 80년 가까이 지난 지금도 관련 뉴스를 검색해 보면 '일본이 식민 지배의 불법성을 인정하도록 할 수 있을지도 모를지도 모를지도 모른다…' 같은 기사가 수두룩하게 나옵니다.

여기에 대해 미국은 좋은 게 좋은 거라는 식으로 그냥 넘어가기를 원하는 듯해요. 미국의 큰 그림에선 우리나라와 일본이 사이좋게 지내면서 중국과 러시아를 견제해 줘야 하거든요. 우리나라도 미국이 제공하는 시장과 안보가 꼭 필요한 것이 현실이고요.

한국 잘.못.했.음. 그 한마디가 그렇게 어렵냐?

일본 우리가 군대 끌고 쳐들어갔어? 너희 왕이 자기 나라 팔아먹은 거야.

한국 아무 일도 없었는데 왕이 냅다 바쳤냐? 너희가 먼저 온갖 협박으로 강요했잖아? 협박에 의한 계약은 무효인 거 알지?

일본 그 이야기도 1965년에 끝냈잖아. 관점을 바꿔 생각하면 식민 지배가 오히려 너희한테 유익했을 수도 있다는 생각은 안 해봤어?

미국 두 분 입장 잘 들었고요, 적당히 하자. 둘 다 지금 선진국 아니냐. 때로는 그냥 잊고 넘어가야 하는 일도 있는 거야. 이제 미래를 생각해야지. 우리 셋에서 중국과 러시아를….

일본으로부터 독립하고, 대한민국 정부를 수립하고, 우리 땅에서 내전 겸 국제전을 치르고, 휴전하고 숨을 고르는 동안 우리나라는 일본과 정상적인 국교를 맺지 못했습니다. 그럴 정신도 없었지만, 사람들의 상처도 아주 컸거든요. 1965년에도 사정은 비슷했습니다. 독립한 지 20년이 지난 시점인데, 20년이란 생각보다 짧은 기간이에요. 식민지 시기에 청소년기를 보내고 성인이 된 사람이 경제의 허리인 40대에 막 진입하는 때잖아요. 아픈 기억이 얼마나 사무치겠어요. 하지만 우리나라 정부 입장은 좀 달랐습니다.

정부 외화가 부족해. 어디 돈 나올 데 없나?

국민 왜 자꾸 일본을 봐?

정부 일본이랑 국교를 정상화해야 제대로 된 무역을 할 수 있을 것 같은데.

국민 싫어.

정부 배상금도 좀 받아서 써먹고 말이야.

국민 싫다고. 내 말 듣고 있냐.

정부 경제를 개발하려고 그러는 건데 자꾸 싫다고 하네. 빨갱이인가?

1960년대, 정부가 일본과 수교하려는 움직임을 보이자 사람들은 일제히 들고 일어납니다. 1964년 6월 3일 일어난 6·3항쟁이 바로 한일국교정상화 반대 시위예요. 하지만 정부는 설득에 나서는 대신 계엄령을 내리고 시위를 무력으로 진압합니다. 감정을 풀고 대화에 나설 기회가 또 한 번 사라진 셈이죠. 다음 해인 1965년 6월, 정부는 일본과 국교를 정상화하는 한일기본조약을 맺으며 한일청구권협정도 마무리를 짓습니다. 1910년 8월 22일 및 그 이전에 대한제국과 일본제국 간에 체결된 모든 조약 및 협정을 무효로 하고, 독립 축하금 명목으로 경제발전을 도와주기 위해 10년간 단계적으로 총 3억 달러의 무상자금·2억 달러의 차관·1억 달러의 민간 지원을 제공하기로 한 거예요.

하지만 정식 사과와 정식 보상은 아니었습니다. 일본은 1955년

한일국교정상화 반대 시위 모습(1964)

에서 1959년 사이 미얀마, 인도네시아, 필리핀, 남베트남에는
정식으로 사과와 보상을 합니다. 하지만 우리나라와 중국에 대
해서는 그러지 않았어요. 경제협력 명목으로 조금씩 지원해 주
는 정도로 갈음한 거죠. 1950년대까지 우리 정부는 한일관계 정
상화에 강경한 입장이었지만, 박정희 정권이 들어서면서 '좀 적
으면 어떠냐. 얼른 뭐라도 받아서 빨리 공장 세우고 기술 익혀
서 잘살아 보자'는 입장으로 선회했습니다. 다른 식민지에 대한
보상 정도에 비해서도, 현금이 아닌 '일본국의 생산물과 일본인
의 용역'을 제공하기로 한 방식에서도 썩 정당하지 않은 협정이

었어요. 그 돈은 결국 일본으로 돌아가게 되어 있고, 우리나라에 대한 일본의 시장지배력도 유지되지요. 그보다 큰 문제는 정부가 협정을 반대하는 자국민을 대화로 설득하기는커녕 총칼을 들이댔다는 점이고요.

그렇다고 그 돈이 아무 의미도 없었냐고 하면 그건 아닙니다. 1960년대와 1970년대에 걸쳐 우리나라도 베트남전쟁에 파병하면서 꽤 많은 돈을 벌어옵니다. 이때 벌어온 돈이 1965년 한일청구권협정을 통해 일본에서 받은 것과 함께 경제개발의 종잣돈이 돼요. 미국이 그동안 무상으로 원조해 주던 자금을 끊었기 때문에 스스로 일어서야 했던 우리나라의 경제발전에 현실적으로 많은 도움이 되었습니다.

국가 자원을 전쟁 수행에 쏠어 넣는 경제 시스템을 전쟁경제라고 합니다. 일본은 한국전쟁을 통해, 우리나라는 베트남전쟁을 통해 전쟁경제를 이용했어요. 미국은 한국전쟁 이후 동북아시아 경제질서를 일본 중심으로 재편하고, 주한미국경제협조처(USOM)나 한미합동경제위원회(CEB)를 통해 우리나라 경제에 개입했어요. 이 개입이 느슨해진 것은 우리나라가 베트남전에 파병한 이후입니다. 미국이 그린 그림은 기본적으로 일본이 기술과 자재를 제공하면 한국이 단순 가공해서 미국에 수출하는 한·미·일 트라이앵글이었어요. 물론 이승만 정부부터 박정희 정부까지 모두 자립적 공업화를 원한다는 입장이었지만요. 여기서 시작된 정치·경제적 맥락이 지금까지 이어져 내려오고 있습니다.

미국이 우리나라와 일본의 갈등을 싫어하는 것도 GVC 때문입니다. 일본 기업은 GVC에서 주로 소재·부품·장비를 공급합니다. 우리나라는 반도체와 함께 일본산 소재·부품·장비를 이용한 중간재를 생산하죠. 우리나라와 일본 사이에 문제가 생기면 GVC가 깨지면서 글로벌 산업 전반이 삐걱거리게 됩니다. GVC 팀플의 팀장인 미국으로서는 용납하기 어려운 갈등이에요. 우리나라와 일본으로서는 결국 미국의 의향을 따라가게 되겠지만, 미국의 힘이 예전만 못한 모습을 보면 좀 불안하긴 해요.

2020년 이후 세계적인 역병이 글로벌 공급망을 무너트리고 러시아가 우크라이나를 침공하면서 GVC는 다시 지역가치사슬(RVC)과 신뢰가치사슬(TVC)로 분화합니다. 똑같은 가치사슬인데, 세계적으로 효율성에 기반해 일거리를 나누겠다는 게 아니라 안보를 함께하는 동맹국끼리만 중요한 무역을 하겠다는 이야기예요. 그러니까 우리나라가 일본과 함께 미국의 정치·경제·군사적 동맹에 참여하는 한 일본과는 완벽하게 화해할 수도, 아주 끝장을 낼 수도 없는 애증관계를 계속 이어나가겠지요. 일본 하나 때문에 모든 경제 시스템을 버리고 미국 주도의 RVC와 TVC에서 이탈할 순 없잖아요. 오히려 전쟁 억제를 위해서는 GVC에서 더욱더 중요한 위치를 차지하려고 애써야 하는 것이 현실이에요.

2.

에너지 가격이
올라가면
정권이 바뀐다?

#에너지 #오일쇼크

2016년 전기 요금 폭탄
1979년 오일쇼크와 부마민주항쟁

비틀즈는 TV로 4·19 뉴스를 봤을까

일렉기타를 치는 영국 밴드 비틀즈의 라이브 영상과 이승만 전 대통령이 4·19혁명으로 물러나는 장면, 어느 쪽이 더 먼 과거일 까요?

사실 별 의미 없는 질문입니다. 비틀즈 데뷔는 1962년이고 4·19혁명은 1960년이라서, 2년 차이밖에 나지 않거든요. 어쩌면 존 레논이나 폴 매카트니 같은 비틀즈 멤버들은 데뷔 전에 밤샘 연습을 하다 BBC라디오로 4·19혁명 소식을 듣고 한국의 민주 화를 응원했을지도 모르죠. 우리나라 정치 상황은 은근히 글로 벌 인기 콘텐츠라서, 4·19혁명 때도 미국이 직접 개입해 이승만 전 대통령에게 사퇴하라고 했을 정도거든요.

어쨌든 우리는 비틀즈(1940~1943년생)를 북한의 2대 독재자인 김정일(1942년생)이나 이명박 전 대통령(1941년생)과 비슷한 연배 라고 생각하지 않습니다. 〈렛잇비(Let it be)〉 같은 비틀즈의 명곡 들은 여전히 어디에서나 울려 퍼지고 있는 데다, 유튜브에 들어 가서 라이브 영상을 검색하면 컬러풀한 비디오가 재생되기 때문에 꽤 가깝게 다가옵니다. 반면 이승만이라든가 4·19혁명 같은 단어는 아주 먼 옛날로 느껴집니다. 그냥 시간적 거리뿐만 아니라 마음의 거리도 멀게 느껴져요. 그런 주제로 도대체 무슨 이야기를 하나 싶을 때도 있습니다. 그 시절 사진이나 영상이 비틀즈 노래만큼 흔하게 돌아다니지도 않고, 평소에 굳이 생각할 일도 잘 없거든요. 역사란 느끼기 나름이에요.

그런데 이 '느끼기 나름'이라는 게, 또 완전히 내 마음대로라는 이야기는 아닙니다. 어느 정도 가깝게 느끼는 이유가 있죠. 1960년대에 비틀즈가 무대 위로 가지고 올라와 연주한 일렉기타는 2020년대에 뮤지션들이 무대에서 연주하는 일렉기타와 별다를 게 없습니다. 그들이 입은 옷을 우리도 입고 있고, 가끔 레트로 열풍이 불 때면 비틀즈의 바가지머리가 유행하기도 합니다. 하지만 4·19혁명 사진에서 볼 수 있는 한자로 된 현수막이나 학생들의 검은 교복, 총을 들고 선 군인들은 지금 우리의 일상에서 찾아보기 어렵거든요. 그러니까 사람들이 시대감을 느낄 때는 절대적인 시차에 더해 등장 소품과 일상을 보내는 방식의 유사성에도 영향을 받는다는 거예요.

역알못 그럼 2014년·2019년 홍콩 민주화 시위하고 2021년 미얀마 민주화운동에서는 우리나라 사람들이 1960~1970년대에 부르던 〈임을 위한 행진곡〉이나 〈상록수〉 같은 노래를 번역해 불렀으니까 그쪽은 또 우리나라의 1960년대를 가까운 시대로 느끼겠네요?

역사학자 아무래도 그렇겠죠. 그런데 바로 여기에, 역사를 배우는 이유가 있

습니다! 예전에 있었던 일이랑 비슷한 일이 지금 또 일어나려고 할 때,
'어, 이거 어디서 봤는데?' 하고 돌아보기 위해서죠.

아무리 오랜 시간이 흘렀어도 당시 벌어졌던 사건 A의 주요
원인인 B가 오늘날에도 살아 있다면, B는 특정 조건이 갖춰졌을
때 언제든 A 같은 사건을 일으킬 수 있는 법입니다. B는 예컨대
유가나 전기 요금, 수도 요금 같은 거죠.

2016년 전기 요금 폭탄
그해 여름, 한 달 전기 요금 89만 4,000원

50년 전이나 지금이나 우리는 전기와 전기를 만들 때 필요한 석
유에 의지해 일상을 유지합니다. 유가 같은 에너지 가격이 오르
면 물가가 오르고, 물가가 오르는 데 적절한 대응이 없으면 경제
가 흔들리고, 경제가 흔들리면 정부 여당이 화살을 맞는 건 50년
전이나 지금이나 마찬가지죠.

자취생 독립해서 자취해 본 사람들은 알아요. 제일 무서운 게 월세 다음으로
각종 공과금이거든요.

고지서 넌 월급을 소중히 여기지 않았어. 자, 이제부터 게임을 시작해볼까?

자취생 아니 인생이 무슨 벌칙 게임도 아니고 에어컨 좀 틀었다고 전기료가
17만 원이 나와요. 알바하느라 집에 잘 있지도 않는데, 1994년 이후 처음

찾아온 최고 폭염에, 어디는 최고 기온이 40℃가 넘었다고 하고, 열대야가 24일째 계속되고… 적어도 밤에 잠은 좀 시원하게 자야 내일 나가서 제정신으로 일을 하죠.

고지서 그건 네 사정이고, 하여튼 1974년에 결정한 누진세제도에 따르면 에어컨 켜고 잔 값은 17만 원임.

그나마 자취생의 원룸은 전기 요금이 적게 나온 편이었죠. 2016년 폭염 당시 3~4인 가족 기준으로는 스탠드형 에어컨을 24시간 종일 가동 시 '냉방 요금만' 월 최대 89만 4,000원이 나올 수 있다는 기사가 보도됐습니다. 하루 평균 8시간만 틀어도 월 26만 원에서 32만 원을 부담해야 하니까, 말 그대로 전기 요금 폭탄이었죠. 최저시급이 6,030원이고 최저임금을 적용한 월급이 126만 원이던 시절이었어요. 요금 폭탄은 사회적으로 아주 큰 이슈가 되었습니다.

1974년에 결정한 전기 요금 누진제 때문인데, 가정에서는 전기 사용 시간이 늘어날수록 요금이 가파르게 올라서 산업용 요금과 최대 11.7배까지 차이가 날 수 있도록 했거든요.

자취생 그냥 가정집에서는 웬만하면 전기 쓰지 말라는 얘기잖아요.

고지서 맞음.

자취생 냉장고, 김치냉장고, 전기장판, TV, 전기밥솥, 컴퓨터, 에어컨, 공기청정기, 스마트폰 충전, 무선 청소기 충전….

고지서 1974년에는 일반 가정집에 그런 게 없었거든.

1970년대는 TV도 사치품으로 분류되던 시절이었죠. 안 그래도 석유 사올 달러가 부족한데, 1973년 1차 오일쇼크로 유가가 하늘 높이 치솟자 정부는 사람들이 에너지를 덜 써야만 나라가 잘된다고 생각합니다. 하지만 공장을 멈출 순 없었죠. 미안하지만 수출산업은 살리고 일반인들은 나라를 위해 희생해 주길 바라게 됩니다. 그래서 산업용 전기 요금에는 누진제를 적용하지 않지만 가정용 전기 요금에는 누진제를 적용합니다. 그때는 가정집에서 전기를 사용한다는 건 사치품이 있다는 의미였으니, 나름대로 명분은 서는 일이었죠. 하지만 어디 2016년에도 그런가요.

전기 요금 누진제가 불합리하다는 이야기는 꽤 오랫동안 나왔습니다만, 번번이 근본적인 개편이 좌절되곤 했습니다. 유가가 굉장히 낮아져서 한국전력이 전기 만드는 비용이 엄청나게 줄어들었던 게 2014년이고, 전 지구적으로 이상기후 문제가 수면 위로 올라온 것이 2015년경이에요. 그런 상황에서 2016년 요금 폭탄이 터지니 사람들의 불만도 같이 터져버린 거죠. 당시 여당은 전기 요금 인하에 반대했습니다만, 이쯤 되자 물러설 수밖에 없었죠. 국회에서는 경쟁적으로 제도 개편 법안이 발의됩니다. 그리고 2016년 연말과 2017년 연초, 대통령이 탄핵되고 정권이 바뀝니다.

에너지 비용 하나 때문에 정권이 바뀌는 건 아니지만, 사람들의 일상에 참기 어려운 불편함이 쌓이면 정권의 정당성이 크게 흔들리기 마련입니다.* 특히 에너지는 생활 전반에 작용하는 요소라서 더욱 큰 영향력을 지니고 있습니다. 2017년 이후 기후변화와 대체에너지, 원자력발전 등은 평범한 사람들도 관심을 기울이는 화제였어요. 2023년 가스비 급등도 뜨거운 감자였지요. 이 또한 정쟁의 빌미가 되었습니다. 시간을 거슬러 올라가 1979년, 장장 18년을 이어온 박정희 정권이 바뀔 때도 사정은 마찬가지였어요.

1979년 오일쇼크와 부마민주항쟁

부산은 박정희에게 그만 물러나라고 했다

박정희 전 대통령은 1963년부터 1979년까지 18년간 우리나라의 대통령을 지냈습니다. 정책 결과에 대한 평가가 어떻든, 박정희 정권은 집권 내내 경제정책을 세우고 실행하는 데 몹시 신경을 썼습니다.

연구들은 ① 북한과 체제 경쟁을 하느라 경제에 신경을 쓸 수밖에 없었다는 점, ② 처음 쿠데타를 일으켰을 때 사회경제적 위기를 해결할 수 있다고 주장했던 점, ③ 첫 집권 당시 민주당 출

◆ 경제성장을 하더라도 인플레이션이 뒤따르고 소득이 그만큼 오르지 않으면 실질소득은 감소합니다. 특히 삶에 필수적인 에너지와 식품 가격 인상은 더 큰 저항을 부르기 마련인데, 우리나라에서 에너지는 정부가 공급하는 것이나 마찬가지여서 정부에 불만을 표출하기 쉬워요. 2022년과 2023년에는 한국전력이 자본잠식 이야기가 나올 만큼 누적된 적자를 해결하려면 전반적인 에너지 요금을 올려야 한다는 주장이 힘을 얻고 있습니다.

신의 전직 대통령 윤보선과 고작 15만 표(1.5%)밖에 차이 나지 않았다는 점을 박정희 정권이 경제에 중점을 둘 수밖에 없었던 주요 이유로 꼽고 있습니다. 1960년대만 해도 북한이 우리나라보다 잘살거나 형편이 비슷했습니다. 그런 만큼, 사람들이 '이 정부는 경제적으로 실패했다'는 생각을 하기 시작하면 위험해집니다. 실제로 박정희 장기 집권에 마침표를 찍은 요인 중 하나가 사람들이 겪었던 경제적인 어려움이에요.

요즘 청년 그 시절은 고도성장기 아니에요? 1960년대 경공업에서 1970년대 중공업으로 산업구조 전환도 성공했다고 그랬고, '한강의 기적'이라는 말도 그때 생겼고, GDP도 연 7~12%씩 껑충껑충 뛰었다고 그랬는데요.

옛날 청년 맞아요. 우리나라의 경제 규모가 매일 기적처럼 부풀었어요. 하지만 빠르게 성장한다는 건 결국 '변화한다'는 뜻이거든요. 사람들은 변화를 잘 못 견뎌요.

요즘 청년 더 좋은 방향으로 변하는데도요?

옛날 청년 아무리 좋은 방향으로 변해도 모든 사람의 삶이 나아지지는 않거든요. 혜택은 아주 소수만 받을 수도 있고, 오히려 나만 빼고 다 잘돼서 소외된 소수는 더 상심할 수도 있어요.

이렇게 생각해 보자고요. 나는 아주 조그만 회사에 신입사원으로 들어갔습니다. 취직하기 어려운 세상에 뽑아주신 것만으로도 감사했죠. 월급은 적은데 일은 많아서 야근은 물론 주말까지 바쳐가며 일했습니다. 덕분에 회사가 나날이 번창합니다. 매달

회사 매출 규모가 쑥쑥 커지고, 거래처도 처음에는 동네 구멍가게뿐이었는데 이제는 대기업과 계약하는 일도 생기네요. 그러면 나는 연봉 인상도 바라게 되고, 여름에는 선풍기 대신 에어컨 나오는 사무실로 옮기는 것도 바라게 되죠. 그런데 사장님이 조용히 부르시더니 이렇게 말씀하시네요.

나쁜 사장님 내가 외제차를 샀다고 해서 회사가 잘나가는 것 같겠지만 그게 아니야. 우리 아직 어려워. 회사와 노동자가 고통을 분담할 때 진정한 행복이 찾아오는 거야. 그래서 말인데… 내년에는 월급이 동결될 거야. 경조사 지원금하고 탕비실 믹스커피도 없애기로 했어.

회사는 그만둘 수라도 있죠. 국적은 포기하기 무척 어려워요. 다른 나라는 뭐 나를 쉽게 받아주나요.

1970년대, 라디오를 틀면 세계 속의 한국, 위대한 한강의 기적 이야기가 주야장천 흘러나오는데 보통 사람들의 근무 조건은 계속 열악합니다. 1970년 평균 주당 노동시간은 51.6시간, 1980년에도 51.6시간이었어요. 만성적인 저임금도 문제였습니다. 1970년에는 평균 임금이 최저생계비의 51.8%, 1975년에는 46.4%로 낮아졌지요. 수십 년째 이 모양이니 사람들의 불만이 쌓일 대로 쌓입니다.

이 타이밍에 국제유가까지 올라가면 경기 불황에 무척 취약해집니다. 경기가 호황일 때도 장시간 노동과 저임금 때문에 힘들었는데, 오일쇼크로 경기 불황이 닥쳐 물가까지 치솟으면 어떻게 될까요? 그런데 정부가 여기다가 정책 실수까지 더하면요? 맞아요. 폭동 내지는 시위, 그리고 정권 교체가 일어나죠. 우리나라는 언제나 사람들의 정치적인 요구가 활발한 사회*였습니다. 1979년, 99℃를 유지하며 끓고 있는 냄비 같은 사회에 고유가와 부가가치세 신설이라는 화력이 더해집니다.

나쁜 사장님 우리 회사가 큰 기업이랑 경쟁할 수 있는 게, 사실 낮은 인건비하고 사원들의 헌신 덕분이에요. 우리 회사에서는 주말에 작업해 달라고 해도 즉시 처리가 가능하고, 새벽에 연락 와도 바로 응답하고, 계약서에 없는 내용 해달라고 해도 적당히 맞춰주죠. 그러니 거래처들이 아무리 우리보다 규모가 큰 기업이라고 해도 노동법 다 지켜가며 일하는 그 기업이랑 일하겠어요? 우리 회사랑 일하지. 월급 많이 못 주는 건 안타깝지만 여기서 또 월급을 올려주면 회사가 투자를 못 해요.

경제정책 내 말이 그 말이에요. 미국이 일본 제품 놔두고 우리나라 제품 사가는 게 왜겠어요. 싸니까. 근데 물건 싸게 팔려면 회사가 비용을 많이 쓸 수가 없잖아요. 월급 좀 적게 받고, 야근은 좀 많이 하고 그래야 가난한 나라가 수출이라도 하고 그러는 거죠.

◆ 1961년 5·16군사정변 직후 박정희의 국가재건최고회의는 해외에 쿠데타를 설명하기 위해 발행한 영문판 홍보자료에서 "데모로 밝아 데모로 저무는 데모크라시"라는 설명을 하는데요. 그 말이 꼭 맞습니다. 1960년 4·19에서 1961년 5·16 사이 1년간, 공식 집계된 전국의 시위 횟수만 1,876회라고 하거든요. 매일 7.3회의 시위가 열렸다는 이야기인데, 거리에서 정치깡패에게 맞아 죽기도 하던 시절에 이렇게까지 거리로 나왔다는 건 다들 그만큼 절박했다는 거죠. 희망이 없는데 도망갈 데도 없으면 사람들은 대단히 극단적으로 변하잖아요.

사람들 그런데 영원히 그렇게 살 수는 없잖아요.

나쁜 사장님 & 경제정책 때가 되면 해준다니까?

사람들 그게 대체 언젠데요? 지금 물가가 오르다 못해 땅값 집값이 두 배가 됐는데.

나쁜 사장님 & 경제정책 글쎄? 구체적으로 생각 안 해봤어. 어라… 기름값이 올랐네? 이거 나라에 상당히 부담되네. 우리는 힘드니까 너희가 세금 좀 더 내야겠다. 이거 꼭 필요한 세금이야. 부가가치세라고….

사람들 (대단히 심한 욕) 그렇게는 못 살겠다, 마!

이렇게 반독재·반정부 시위인 부마민주항쟁이 시작됩니다. 1979년 10월 16일 경상남도 부산과 마산에서 일어난 시위로 박정희 정권을 결정적으로 끝낸 계기가 됩니다.

지금의 정치 지형에서는 상상하기 어렵지만, 1970년대까지만 해도 부산은 전통적으로 진보 성향이 강한 지역이었어요. 경공업이 무척 발달했고, 임금 수준이 비교적 낮기는 해도 수출 항구와 공장이 있는 만큼 일자리가 많아서 인구가 끊임없이 밀려 들어오는 대도시였습니다. 단, 그러다 보니 실업률이 높았고 주택이 모자랐죠. 도시 인프라도 인구를 감당할 정도는 아니었습니다. 주택은 모자란데 사람은 몰려오니 집값과 땅값은 마구 뛰어오르고….

이런 상황에서 돈을 번 사람들이 고유가에도 불구하고 화려한 소비를 하며 물가를 올리고, 정부는 부가가치세라는 간접세를 도입합니다. 정부야 당연히 선의로 선진적인 세금제도를 도

부마민주항쟁 당시 부산 광복동에서의 시위 모습 (1979)

입한 것이죠. 정책이 좋은 의도대로 굴러가려면 사람들의 이해와 동의를 끌어내야 합니다. 하지만 1979년에는 불행히도 그러지 못했어요. 중소기업이나 소상공인은 대기업보다 더 비싼 실효세율이 적용된 세금을 내야 했는데* 이 부분에 대한 명확한 설명이 부족했습니다. 또 물건 파는 사람들은 정부가 세금을 더 걷어간다고 하니 새로운 세제가 적용되기도 전에 무조건 물건 가격을 10% 올려 받기 시작했습니다. 이런 상황에서는 언제나 처지가 어려운 사람들부터 불행해집니다.

Part 5. 국제관계와 경제

부마민주항쟁은 우리나라의 다른 민주화 시위보다 폭력적인 시위였던 것으로 알려져 있습니다. 당장 생활 위기에 직면하면서 분노가 폭발한 도시 하층민의 참여가 도드라졌기 때문이에요. 경찰서며 소방서에 불을 지르거나 마산에서는 민간 주택에도 돌을 던지는 등 폭력 시위가 번져서, 나름 질서를 지키고자 했던 학생과 운동권 세력이 이들에게 기세가 밀릴 정도였다고 하네요.

시위가 얼마나 격렬했는지 당시 대통령 경호실장이었던 차지철이 "캄보디아에서는 300만 명을 죽이고도 까딱없었는데 우리도 데모대원 100만~200만 명 죽인다고 까딱 있겠습니까"라고 말했다고 하죠. 당시 보안사령관 전두환이 군대 개입을 계획하기도 했고요. 하지만 다행히도 그런 비극이 일어나기 전인 10월 26일, 시위 열흘 만에 박정희는 중앙정보부장 김재규에게 총을 맞고 사망합니다.

1980년, 사상 첫 마이너스 경제성장률

고도성장으로 유명한 우리나라가 마이너스 경제성장률을 기록

◆ 부가가치세 실효세율은 일반적으로 역진성을 갖습니다. 역진성이란 소득이 높을수록 작은 세율을, 소득이 낮을수록 높은 세율을 적용받는다는 뜻이에요. 기본적으로 부가가치세는 소비에 매기는 세금이고, 소득이 낮을수록 소득 대비 소비액 비중은 커집니다. 1,000만 원 벌어 500만 원 쓰면 소득 대비 50% 사용하는 것이지만, 150만 원 벌어 100만 원 쓰면 소득 대비 66.7% 사용하는 셈이에요.

한 때가 딱 세 번 있는데, 바로 1980년(-1.7%)과 1998년(-5.5%), 2020년(-1%)입니다. 순서대로 2차 오일쇼크, IMF 외환위기, 코로나19 팬데믹 때예요. 2020년 연초에 발생한 코로나19 바이러스가 그해를 완전히 잡아먹은 것과 달리, 2차 오일쇼크(1979)와 외환위기(1997)는 사건이 터진 해보다 그 이듬해에 더 큰 여파를 몰고 왔습니다. 외환위기는 외환위기니까 그렇다 치고, 도대체 오일쇼크가 무엇이기에 매년 7~12%씩 성장하던 기적 같은 나

중동의 사정과 오일쇼크

1970년대 중동지역은 정치·경제적으로 큰 변화를 겪습니다. 이스라엘이 이집트와 벌인 4차 중동전쟁이 불러온 결과예요. 1973년, 이집트와 시리아는 3차 중동전쟁에서 이스라엘에 넘어갔던 시나이반도와 골란고원을 되찾으려고 합니다. 이 과정에서 미국이 이스라엘 편에 참전하고, 소련과 북한, 동독 등이 이집트와 시리아 편에 섭니다. 당시 중동과 북아프리카 산유국은 이스라엘에 협력한 국가에 석유 수출을 금지하며 자원이 무기가 될 수 있다는 사실에 주목하죠. 이전까지는 중동에서 나는 석유라도 미국과 영국계 석유회사들이 주로 개발해 저렴하게 팔았기 때문에 산유국이 지금처럼 부유하지는 않았어요. 하지만 4차 중동전쟁을 계기로 산유국은 석유를 국유화했고, 배럴당 3달러 하던 석유 가격은 한 달 만에 12달러로 뜁니다. 중동 석유 가격이 뛰니 다른 지역 산유국도 시장가격을 올렸지요. 바로 1차 오일쇼크입니다. 석유 가격은 오일쇼크 이전으로 돌아가지 않았어요. 2차 오일쇼크는 1979년 발생했는데, 이란에 이슬람혁명이 일어나면서 찾아왔습니다. 이란혁명 도중 파업과 혼란으로 석유 생산이 멈췄거든요. 이 상황이 계속될까 봐 공포에 질린 시장에서 유가는 배럴당 40달러 선으로 뛰어요. 석유 생산량은 곧 안정됐으나 이번에도 석유 가격은 다시 내려가지 않았습니다. 두 차례에 걸친 오일쇼크는 동유럽과 소련의 공산주의권 붕괴에도 복합적인 영향을 미쳤어요.

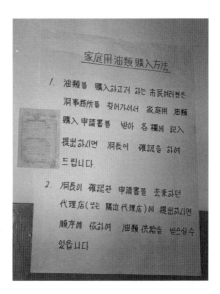

석유 구입 신청서에 동장의 확인을 받아 대리점에 제출해야 가정용 석유를 구입할 수 있다고 안내하는 연료대책본부의 차트(1973)

라의 무릎을 꿇렸을까요.

오일쇼크는 중동의 정치·경제적 사정으로 중동산 원유 가격이 1973년 1차 파동 때 서너 배, 1979년 2차 파동 때도 서너 배 폭등한 사건입니다. 현대문명은 석유가 없으면 돌아가지 못하지요. 특히 우리나라는 그즈음 경공업에서 중공업으로 산업구조 전환을 막 시도하던 차라 석유 공급 부족으로 그 기세가 꺾일 뻔했습니다.

훗날 2016년 전기세 폭탄을 불러온 가정용 전기 요금 누진세를 만들어야 했을 만큼 1차 오일쇼크 당시 경제는 큰 충격을 받았습니다. 1973년 1차 파동 직전 물가상승률은 3.2%였는데, 석유 가격이 네 배 뛰어오르고 난 후인 1974년과 1975년 물가상승률은 24.3%, 25.2%를 찍었단 말이죠. 그런데도 경제성장률은 여전히 9.5%, 7.8%를 기록했으니 우리나라가 얼마나 빠르게 경제 규모를 키우고 있었는지 짐작이 가시죠.

물론 물가가 그렇게 오르면 경제성장률이 올라도 사람들은 고통스러워요. 요즘 같은 시절에도 연봉 협상 들어가서 물가상승률이 10%니까 내년에는 연봉 11% 더 달라는 말을 못 하는데, 국가 차원에서 저임금정책을 추진하던 때이니 그 어떤 사장님도 월급을 그렇게 올려주지 않았던 것이죠. 부자가 되는 방법이 딱 하나 있기는 있었습니다.

중동 우린 석유 팔아 먹고사는데 유가 올라서 행복하다. 결제 대금 받을 때마다 짜릿하다.
한국 그 돈, 사막에 인프라 건설하는 데 쓸 거란 이야기 들었습니다, 헤헤.
중동 돈이 생겼다고 펑펑 쓰면 되나. 도시와 국가를 알차게 발전시켜야지.
한국 저희 진짜 일 잘하거든요. 일 없으면 앓아누워요. 저희 일 시켜주세요.

부자가 된 중동에 가서 일하고 돈을 후하게 받아오는 것이 바로 부자가 되는 방법이었죠. 우리나라 사람들은 헌신적으로 일했습니다. 현지인이나 서구인은 초과 노동을 기피하는데, 오직 목돈 마련의 꿈으로 중동에 건너간 우리나라 노동자는 오히려 추가 임금을 많이 받을 수 있는 초과 노동이 없으면 불평을 하며 일감을 더 달라고 했죠. 한술 더 떠 어떤 근태를 보이든 일한 시간만큼 돈을 주는 시급제가 아니라 '죽도록 할 테니 일한 만큼 돈을 쳐달라'는 '야리끼리 제도(성과급제)'까지 생겨납니다. 아래는 미장 기능공으로 3년간 아랍에미리트와 사우디아라비아에서 일했던 1942년생 김원복 씨의 인터뷰 일부입니다.

> 그때 그 사우디(아라비아) 실정이라는 것은 이제 … 한국 사람이 어디 갖다 놔도 참 부지런하고 … 그 현지인들 일하는 것 보면 진짜 가소롭지요. 이, 이게 한국 사람은 야리끼리라는 게 있어요. 그걸 주면 죽을 등 말 등이에요, 그건. 그 힘이 어디서 나오는지.
>
> ―김보현, 《사회와역사》 114

　여기서 벌어온 돈을 '오일머니'라고 해요. 석유 가격이 너무 올라서 대금을 지불할 돈이 모자라면, 아예 석유로 부자가 된 나라의 돈을 벌어오자는 천재적인 발상이었죠. 덕분에 1차 오일쇼크는 그럭저럭 넘길 수 있었습니다. 기업과 개인이 국내에 갖고 들어온 오일머니를 부동산이며 건설에 모두 갖다 쓰는 바람에 자산 가격이 천정부지로 치솟는 부작용이 있기는 했지만 말이죠.

　그런데 1979년의 2차 오일쇼크는 이렇게 넘어가지 못했습니다. 1979년은 정치적 격변의 해였습니다. 이란에서는 세속주의를 표방한 팔레비 왕조가 축출되고 이슬람 원리주의에 입각한 제정일치 정부가 들어섰어요. 소련은 이슬람 원리주의가 국경을 넘어 동유럽까지 번질까 봐 이란 바로 옆 나라인 아프가니스탄을 침공했습니다. 전쟁은 언제나 물가를 극한으로 끌어올리는 법이죠. 전 세계적으로 어마어마한 인플레이션이 찾아왔습니다.

미국은 인플레이션을 잡기 위해 금리를 21%까지 끌어올려요. 기준금리가 21%면 각종 시중 금리는 더 높겠죠. 이러면 우리나라 같은 개발도상국은 두 가지 문제가 생기는데, ① 미국의 높은 금리를 누리기 위해 투자금이 모두 미국으로 빠져나가고, ② 경제발전에 쓸 돈이 필요해서 미국, 일본 등 선진국에서 돈을 많이 빌렸는데 이자가 어마어마해진다는 것입니다. 1979년이면 중화학공업도 한창 돌아가기 시작할 때라 ③ 산업 원자재 가격 상승까지 감당해야 했죠. 미국 고금리 폭풍이 우리 경제를 쓸어버린 겁니다.

사람들의 일상에도 폭풍이 휘몰아쳤습니다. 공장은 석유가 없어서 가동을 중단했어요. 공장에 다니던 사람들은 월급을 받지 못하거나 해고됐죠. 심지어 끼니도 굶어야 했습니다. 우리나라는 1980년까지도 식량 절약 캠페인을 벌일 정도로 만성적인 식량 부족에 시달리고 있었거든요. 여기에 정부는 1979년 3월부터 석유 제품과 전기 요금을 비롯한 모든 상품의 가격을 크게 올리기 시작합니다. 그때는 정부가 시장가격을 통제하는 유사 사회주의 계획경제 시스템이 돌아가고 있었거든요. 직장에서 잘리고 월급은 밀리고 석유는 돈을 줘도 구하기가 어렵고 물가는 화장실에 나타난 꼽등이 뛰듯이 끔찍하게 뛰어오르면, 원망은 정부를 향할 수밖에 없죠. 도대체 무엇을 위한 경제성장이냐, 사람 여럿 죽여 가며 그 자리는 왜 지키고 있냐 이겁니다. 부가가치세 신설은 컵의 물을 넘치게 한 마지막 한 방울이었던 셈이죠.

1979년 10월 박정희 대통령 사망 직후 12·12군사반란과 1980년

금성사의 대용량·초절전 '한국형 냉장고' 신문 광고(1981)

5·17내란을 일으켜 정권을 잡은 전두환은 집권하는 동안 에너지정책을 꽤 강조합니다. 사람들도 정부의 에너지 절약 방향을 충실하게 따랐어요. '한국형'이라는 수식어가 소비재에 처음 등장한 것이 1981년인데, 금성(지금의 LG)은 연비를 개선해 전기료를 대폭 줄인 냉장고에 '한국형 냉장고'라는 수식어를 붙여 히트쳤다고 해요. 곧바로 삼성전자도 절전 냉장고를 선보이며 에너지 절감을 마케팅 포인트로 내세우죠. 에너지를 얼마나 절약할 수 있는지가 소비자가 가전제품을 선택하는 기준이었던 거예요. '한국 제품'이라면 마땅히 전기를 덜 먹어야 한다는 분위기였으니까요.

정권이 다시 교체된 2022년 대선 전후로 2013년 이후 약 9년 만에 휘발유 가격이 2,000원을 넘는 고유가를 기록했습니다. 에너지 가격이 언제나 정치에 즉각적이고 직접적인 영향을 주는 것은 아닐 거예요. 다만 에너지 가격이 오른다는 건 세계 정치와 경제에 무언가 큰 사건이 생겼다는 걸 의미하고, 그러면 수출의존도가 높고 세계 경기에 민감한 우리나라의 경제 활동이 불안정해지는 것만은 확실해요. 그런 불안정함에 제대로 대응하지 못하면, 정권을 지키기가 어려워지는 것이죠. 심지어 강력한 독재 정권이라고 해도 말이에요.

3.

유가와 환율이
멱살 잡고 가는
우리나라 경제

#유가 #환율 #무역협정

2006~2012년 한미 FTA
1986~1988년 3저 호황

'소국개방경제'라는 것의 정체

경제 뉴스 중급자쯤 되면 뉴스를 읽다 눈에 턱 걸리는 단어가 생깁니다. 바로 '소국개방경제'예요. 정확한 뜻은 모르지만 일단 기분이 찝찝합니다. 우리나라 경제구조가 소국개방경제라고 말할 때는 항상 안 좋은 이야기가 따라오거든요.

소국개방경제(small open economy)는 원래 거시경제학 용어입니다. 정확한 설명을 하려면 순자본 유출이나 세계 이자율 같은 용어가 줄줄 나오면서 각종 그래프와 공식까지 동원되어야 하는데, 여기서 다루기엔 과한 내용이지요. 우리는 그냥 이 정도로만 알고 넘어가도록 해요.

① 내가 아무리 잘살아도 나의 부유함이 세계 경제의 향방에 별 영향을 주지 못하는 나라

② 충분한 내수시장 없이 수출로 먹고살기 때문에 무역의존도가 높은 나라

여기서 '세계 경제에 별 영향을 주지 못한다'는 건 경제보다는 정책적 의미로 받아들이는 편이 이해하기에 더 낫더라고요. 한국은행에서 기준금리를 좀 높이거나 낮춘다 해서 세계의 다른 나라들이 따라 낮추거나 높이지는 않는다는 거죠. 왜냐하면 우리나라 금융정책이 세계 금융 시장에 거의 영향을 주지 못하니까요. 반대로 세계 금융 시장은 우리나라 금융 시장과 정책에 어마어마한 영향력을 행사합니다.

삼성이 반도체를 안 팔면 단기적으로 세계 공급망에 문제가 생깁니다. 그만큼 삼성은 반도체를 통해 한국은행보다도 세계시장에 큰 영향력을 지니고 있어요. 하지만 기업 활동에 있어서는 세계 금융 시장에 영향을 받는 우리나라 금융 시장의 특성상 ① 금리, ② 환율, ③ 증권 시장에 들어와 있는 외국인 자본이 삼성의 수출 대금과 주가에 영향을 끼치기 때문에 소국개방경제 국가에 속한 기업으로서 약점이 있는 것이죠.

이게 도대체 어떤 약점이며, 경제 뉴스에서 소국개방경제 이야기가 나오면 왜 기분이 나쁘냐면요. 이런 사정 때문입니다.

① 금리에 대한 정부의 입장: 우리나라 가계 부채가 아무리 폭발 직전이어도 미국에서 기준금리를 올리면 따라 올려야지, 국민 이자 부담을 낮추어야 한다고 역행하기는 어려움(동결해 두고 타이밍을 재며 시간을 벌기도 함).

② 환율에 대한 기업의 입장: 장사를 아무리 잘해도 환율이 불리하면 이익이 확 깎이는데, 그 환율을 결정하는 건 대개 미국이

나 중국임.

③ 외국인 자본에 대한 증권 시장의 입장: 우리나라 기업이 장사를 아무리 잘해도 코스피지수가 잘 안 오르는 이유가, 미국이나 중국이 자기들 필요에 따라 경제정책 방향을 바꾸거나 무슨 사고라도 치면 우리 기업 성적이랑 상관없이 시장에서 외국인 자금이 우르르 빠져나가기 때문임.

한마디로 우리 일인데도 우리가 결정할 수 있는 부분이 얼마 없다는 이야기예요. 경제 뉴스에서 소국개방경제가 등장하면 결국 '우리가 무슨 힘이 있어서' 하고 우는 내용이니까 기분이 나빠진다는 겁니다. 여기에 유가까지 더하면 한(恨)의 정서마저 발동합니다. 우리는 제조업 수출로 먹고사는 나라잖아요. 상품의 원재료 생산은 물론 공장 가동에 필수적인 석유는 100% 수입합니다. 그러니까 석유 수입 비용은 일단 까먹고 들어가는 고정비용인데, 유가가 비싸져 봐요. 어떨 때는 차라리 공장을 멈추는 게 이득일 수도 있다니까요. 그런데 국제유가에 우리나라가 한마디라도 얹을 수 있느냐, 부르는 대로 값을 드려야죠. 게다가 수출이 잘되려면 수출 대상국인 미국이나 중국 같은 나라에 호황이 와서 돈을 펑펑 써줘야 우리 물건이 많이 팔린단 말이에요. 근데 그건 우리가 조절할 수 없는 영역이잖아요.

한국 경제 우리 경제인데 우리가 마음대로 할 수 있는 게 하나도 없어요?

연구 결과 놀랍지만 대체로 그렇다고 하네요.

한국 경제 열심히 한다고 되는 것도 없네. 그럼 그냥 다 때려치우면요?

연구 결과 마음대로는 못 해도 열심히 하면 세계 6~10위를 할 수 있지만, 열심히 안 하면 60~100위 하게 됩니다. 그런 나라… 괜찮으시겠어요?

한국 경제 아니요. 안 괜찮아요. 나가자. 싸우자. 이기자.

결론적으로 우리나라 정부의 과제는 '어떻게 세계 경제의 방향을 제시할 수 있는 정책을 내느냐'가 아니라 '세계 경제를 얼마나 빨리 정확하게 읽고, 어떻게 잘 대응하느냐'를 고민하는 거예요. 분위기를 잘못 읽거나 미국과 중국이 불확실하게 굴면, 우리 경제는 부정적인 충격을 받게 됩니다.

이 분야에서 모범적이었던 정책적 의사결정 사례 중 하나가 한미자유무역협정 체결입니다.

2006~2012년 한미 FTA

이만큼 성공적인 통상 협정은 없다

한미자유무역협정(이하 '한미 FTA')의 공식 명칭은 'KORUS FTA' 입니다. KOREA의 'KOR'와 'US'를 붙인 이름이에요. 우리나라 영문 이름 약자가 미국 앞에 들어가 있습니다. 이름의 순서도 외교에서는 꽤 중요한 의미를 지닌다고 해요. 처음에는 미국 쪽에서 이 명칭을 받아들이지 않았지만, 합창을 뜻하는 코러스(Chorus)와 발음이 같아서 결국 공식 명칭으로 채택됐다고 합니다. 원체 까다로운 협상이어서 일본에서는 한미 FTA가 결국 체결되지 못할 것이라 생각했다고 하네요.

2017년 미국 트럼프 대통령이 우리나라 대통령과 정상회담을 하면서 미국이 너무 손해를 본다며 한미 FTA 재협상을 요구했을 때, 심장이 덜컹 떨어진 사람들이 많았습니다. 2012년 한미 FTA가 발효된 이후 2021년까지 약 10년간 우리나라의 미국 수출액은 585억 달러에서 959억 달러로 두 배 가까이 늘어났거든요. 누적 흑자는 약 1,873억 달러에 달합니다. 우리나라 입장에서는 이만큼 성공적인 통상 협정이 또 없죠. 특히 철강과 자동차수출이 늘었습니다. 소고기, 과일 등 농축산물 분야에서는 무역수지 적자를 기록하고 있긴 하지만 FTA 협상 당시 우려했던 것만큼 큰 피해는 없었습니다. 트럼프 대통령의 강력한 요구로 결국 2018~2019년에 협정 내용 일부가 개정되었습니다.

당시 중학생 좋은 말씀만 하시는데, FTA 협상 당시 우리나라 여론이 상당히 나쁘지 않았나요?

당시 실무자 아주 안 좋았어요. 협상이 처음 시작된 게 노무현 정부였던 2006년인데, 발효가 2012년이면 6년이나 협상에 추가 협상까지 했다는 이야기거든요. 반대가 많았던 만큼 꼼꼼하게 진행됐어요.

당시 중학생 대규모 촛불집회가 열렸던 미국산 소고기 수입 반대 시위도 한미 FTA와 관련이 있는 거죠?

당시 실무자 FTA 협상 몇 해 전인 2003년에 미국과 캐나다에서 광우병이라고 불리는 크로이츠펠트야콥병(CJD)이 이슈가 됐거든요. 미국산 소고기 협상은 한미 FTA가 미국 의회에서 비준되기 위한 조건이었는데, '광우병 소고기'를 수입하면서까지 FTA를 해야 하느냐며 사람들이 촛불집회를 시작한 것이랍니다. 정권이 교체되면서 정권 이양기와 겹쳐 정치적 의미가 부여되는 바람에 반응이 더욱 격렬해진 면도 있습니다.

당시 중학생 정치적인 의미 말고도 크게 반발한 이유가 있을까요?

당시 실무자 CJD가 세계적인 이슈인 상황에서, 수입 위생 조건을 협상할 때 미국에서 CJD 발생 시 수입을 중단할 수 있다는 조항을 넣지 않았거든요. 비슷한 시기 다른 나라와 협상할 때는 수입 중단 권한을 협상 조건에 넣었으니까 우리나라가 기분 나쁠 만하긴 했어요.

당시 중학생 시위로 얻어낸 이득은 있었고요?

당시 실무자 시위를 레버리지(지렛대) 삼아 우리에게 유리한 방향으로 추가 협의를 할 수 있었어요.◆

　한미 FTA를 추진했던 정부는 당시 우리 사회의 왼쪽과 오른쪽에서 모두 지지받지 못했습니다. 거래와 협상이라는 게 원래 그렇듯, 받는 게 있으면 주는 것도 있어야 하잖아요. 시장이 개방되면 손해를 보는 산업의 반발이 있었고, 다른 사람들도 그 산업 종사자들의 입장에 공감해 주었던 거예요. 게다가 FTA 협상을 시작하기 위해 소고기 수입 재개, 스크린쿼터 축소, 자동

◆ 일단 CJD 위험이 있었던 30개월 이상 소고기를 전면 수입하기로 했다가 소비자 신뢰가 회복되면 다시 논의하기로 변경했습니다. 30개월 미만 소고기에도 자율규제(한국 QSA)를 신설해 검수받지 않은 소고기는 반송할 수 있도록 했어요. 그 외에도 우리나라가 직접 미국 현지 도축장을 검역할 수 있게 하는 등 몇 가지 재협상이 이뤄졌습니다.

차 배출가스 기준 완화, 의약품 경제성 평가 계획 잠정 유보 등 미국이 요구한 네 가지 조건을 몰래 들어줬다는 사실이 밝혀지면서 사람들이 배신감을 느끼기도 했어요. 그게 아니면 그냥 당시 정부의 경제정책 방향을 전반적으로 나쁘게 평가했거나 말이죠.

하지만 시간이 지나자 한미 FTA 체결은 당시 글로벌 트렌드에 성공적으로 대응한 통상정책으로 밝혀졌습니다. 21세기가 막 시작될 즈음 세계의 무역 통상 트렌드는 여전히 여러 나라가 함께 참여하는 다자간 무역 협상이 중심이었고, FTA처럼 두 나라 간 무역 협상은 보조 역할로 여겨졌다고 해요. 하지만 향후에는 다자간 무역 협상보다는 양자 무역 협상이 더 중요해질 거라는 정부와 전문가들의 빠른 판단이 있었죠. 우리 경제가 어차피 세계 경제, 특히 미국의 영향을 강하게 받을 수밖에 없다면, 일단 미국을 잡고 보자는 전략이었어요

글로벌시장에서 국가 간 자유무역협정(FTA)이 주요 트렌드가 되자, 우리나라는 세계에서 가장 큰 시장을 가진 미국과 자유무역 협정을 먼저 해둔 덕분에 경제적 위상을 크게 높일 수 있었답니다.

외부 환경을 잘 이용한 덕에 우리 경제가 잘된 적이 또 있었느냐 하면 1980년대 말의 3저(低) 호황을 빼놓을 수 없죠. 3저 호황은 우리나라에 본격적인 소비사회를 연 중산층을 두텁게 형성시켰습니다.

1980년대에 지은 아파트에 주차공간이 부족한 이유

1980년대에 지어진 아파트와 빌라에 주차 공간이 형편없는 이유는, 그때까지 자가용이란 당연한 것이 아니었기 때문입니다. 아파트 같은 공동주택에 최소한 1가구 1주차 공간을 마련해야 한다는 생각은 1990년대에나 등장했어요. 1990년 가구당 0.17대 보유하던 자동차는 2009년 가구당 0.9대 보유로 20년 사이 5배 가까이 뛰어올랐습니다. 승용차 총등록대수는 1985년에 처음으로 100만 대를 넘어선 이후 1988년 200만 대를 넘고, 1997년까지는 매년 100만 대씩 가파르게 증가합니다. 그래서 1980년대 중반부터 외환위기 직전까지를 '마이카시대'라고도 해요.

그렇다면 그 시절 무슨 일이 있었는지 궁금해지는 것이 인지상정이죠. 1979년 우리나라 경제발전 전략은 전환점을 맞았습니다. 전 산업의 수출산업화와 규모의경제 실현을 목표로 달리던 경제정책은 목표 달성에는 성공했으나 중공업에 치우친 불균형 투자*와 과잉 투자로 매년 어마어마한 인플레이션 부작용을 낳았어요. 이런 지적을 받아들인 박정희 정부는 1979년 4월 17일 경제안정화대책을 발표합니다. 생필품은 물론, 가전제품과 자동차처럼 사람들이 일상에서 직접 사용하는 소비재 생산과 공

◆ 생필품을 제조하는 경공업 투자가 적어지니 생필품 공급이 모자랄 수밖에요.

급을 늘리고 물가를 잡는 데 중점을 두기로 한 거예요.

같은 해 10월 26일 박정희 사망 이후 들어선 전두환의 신군부는 소비재 공급을 확대한 데 이어 자유로운 시장경제를 주장했던 경제기획원 관료들을 중용하며 금융 영역부터 정부 개입을 줄이기 시작했습니다.◆ 사람들이 살 수 있는 물건도 많아지고, 금리가 내려가 일반인이 제도권 금융 시장에서 대출을 받을 수 있는 영역도 늘어났어요. 여기에 미국의 우리나라 시장개방 압력이 더해지고 1982년 물가상승률이 잡히면서 소비사회의 정체성이 생겨나기 시작합니다. 이런 배경에서 1985년 3저 호황이 시작되자 한국 사회는 걷잡을 수 없이 빠르게, 정부의 개발독재적 통제에서 벗어나는 방향으로 변화했어요.

1987년, 사회 전반적으로 누적된 변화에 대한 요구가 폭발하면서 우리나라는 이전과 완전히 다른 세계로 넘어갑니다. 6월 항쟁을 거치며 대통령직선제가 도입됐거든요. 앞서도 살펴봤지만 1987년 6월 개헌 요구 시위 이후 7월부터 두 달 꼬박 '노동자 대투쟁'이라는 파업 투쟁이 벌어졌습니다. 그런데 여기에 큰 경제적 의미가 담겨 있습니다. 이전까지는 국가 경제가 아무리 성장해도 저임금정책으로 월급은 낮았거든요. 1987년 항쟁 이후 많은 기업에 노조가 설립되고 임금이 큰 폭으로 올라갑니다. 1986년 2,658개였던 단위노조는 1989년 7,500개가 넘었어요. 노

◆ 1981년 발표된 제5차 경제사회발전계획은 민간 영역 시장 기능 보장이 그 의도라고 밝혔어요. 실물 거래 경쟁 촉진과 금융자율화, 산업 지원 합리화 추진에 관한 내용이 담겨 있습니다.

———— 마이카시대를 연 대표적인 자동차 중 하나인 현대자동차 포니 2(1982년 출시)

조가 생기면 임금 협상이 수월해지고, 임금 협상을 잘하면 연봉이 많이 오릅니다. 덕분에 사람들이 소비를 늘린 결과 자동차 구입이 폭발한 것이죠.

월급 좀 오른다고 냅다 자동차를 사기가 어디 쉽습니까. 그건 월급이 '좀' 오른 게 아니란 이야기예요. 1987년에는 명목임금이 대략 10%, 1988년에는 15%, 1989년에는 21% 오릅니다. 1986년에 연봉 1,000만 원 받던 사람이 3년 만에 연봉 1,531만 원쯤 받게 된 거죠. 그 이후로도 1997년 외환위기가 오기 전까지는 명목임금 인상률이 계속해서 10%가 넘었습니다. 위에 제시된 금액에 1990년부터 인상률 10%만 적용하는 단순 계산으로도

1986년에 1,000만 원 받던 사람은 1996년에 3,000만 원 정도 받게 되는군요. 10년 만에 연봉이 세 배라니, 월급 받는 사람에게 진정한 고도성장기는 바로 이 시기죠. 물론 업종별, 사업장 규모별, 지역별로 차등은 있었겠습니다만, 전반적으로 희망 가득한 시기였던 것만은 사실입니다.

1964년 미국의 경제학자 카토나는 대량 생산과 대량 소비가 가능한 사회를 소비사회라고 정의했습니다. 사회의 다수가 굶을 걱정 없이 가전제품이나 차량 같은 내구재를 구매하고, 가끔은 여행도 갈 수 있고, 휴일이 당연히 보장되는 소비사회 말이죠. 생산 능력뿐 아니라 소비 능력까지 갖춘 사회를 중산층 사회라고 한다면, 1987년 이후에는 드디어 우리나라에 소비사회에 걸맞은 유의미한 중산층이 생긴 겁니다. 사회의 불평등 정도를 측정하는 지니계수◆도 0.2를 기록하며 북유럽에서나 찾아볼 수 있는 소득 분배율을 기록했어요.

경영자 지망생 근데요, 회사가 없는 돈 짜내서 무리하게 월급 올려준 거 아닌가요?

성공한 사장님 그런 건 아니었고, 실제로 장사가 잘됐어.

경영자 지망생 그전까진 안되던 장사가 갑자기 잘돼요?

성공한 사장님 그냥 잘되던데?

◆ 지니계수는 0에서 1 사이의 수치로 표시되는데 소득 분배가 완전평등한 경우가 0, 완전 불평등한 경우가 1입니다.

경영자 지망생 오호, 주효했던 경영 전략이 무엇이었죠?

성공한 사장님 음… 기세랄까? 아니면 분위기가 좋았달까?

경영자 지망생 음…?

성공한 사장님 뭔가 판이 딱 깔린 것처럼 일이 술술 잘만 풀렸더랬지.

경영자 지망생 사장님이 특별히 잘해서 성공하신 건 아니네요.

성공한 사장님 그래, 뭐, 외부 환경에서 비롯된 실적에 취해서 월급 올려줄 줄만 알았지, 신성장 동력에 재투자를 안 해서 나중에 외환위기 때려 맞았다는 평가도 있긴 해.

기업으로서는 1986년, 정확히는 1985년 하반기부터 바깥 형편이 너무나 좋았습니다. 맞아요. 바로 연평균 12% 넘게 성장하던 3저 호황 3년간의 이야기예요.

3저 호황으로 우리나라 경제가 살아난 그때

3저 호황의 3저는 저환율·저유가·저금리를 뜻합니다. 소국개방 경제인 우리나라 경제는 환율과 유가에 큰 영향을 받습니다. 그런데 환율은 기축통화국인 미국의 금리정책에 따라 결정되는 부분이 상당합니다. 미국 금리가 오르면 세계시장에 풀려 있던 달러가 미국으로 돌아가면서 공급량이 줄어듭니다. 공급이 줄어드는 만큼 희소해지니까 달러의 가치는 올라가겠죠. 달러 가치가 올라가면(달러 강세) 상대적으로 우리나라 돈의 가치는 떨어집니다. 1달러에 600원 하던 게 1달러에 1,200원 하게 되는 거죠. 저환율은 이것과 반대입니다. 미국이 금리를 내리고 달러가 시장에 많이 풀려서 달러 가치가 떨어지는 만큼(달러 약세) 우리나라 돈의 가치가 올라갑니다. 1달러에 1,200원 하던 게 1달러에 600원 하게 되죠. 이것이 바로 저환율입니다. 우리나라 입장에서는 좀 더 쉽게 달러를 살 수 있어요.

수출회사원 그런데 달러 약세가 되면 수출기업 사정은 어려워지는 거 아닌가요?

경영컨설턴트 맞아요. 달러 강세일 때는 1달러짜리 팔면 우리나라에 1,200원이 들어왔는데, 달러 약세가 되면 1달러짜리 팔아서 600원밖에 못 벌거든요.

수출회사원 그런데도 3저 호황에 저환율이 들어가 있다니, 무슨 소리예요? 그냥 끼워준 거예요?

경영컨설턴트 아니요. 저환율이라도 수출 경쟁국보다 고환율이면 되거든요.

수출회사원 수출 경쟁국보다만 싸게 팔아서 많이 남기면 된다는 거죠?

경영컨설턴트 네. 우리의 주요 수출 경쟁국은 일본인데, 1985년에 그 유명한 플라자 합의가 있었어요. 일본의 엔화를 인위적으로 평가 절상해 버린 합의였어요. 합의 후 2년 동안 1달러에 240엔 하던 것이 1달러에 120엔까지 엔화 가치가 올라간 덕분에 우리는 수출 사정이 썩 괜찮았습니다. 우리는 1달러에 800원대에서 600원대로 원화 가치가 올랐거든요.

2차 오일쇼크 때문에 1979년에 금리를 21%까지 올렸던 미국이 경기를 부양한다며 10%대로 토막을 쳐서 생긴 저금리, 미국의 저금리에 따른 저환율(이지만 경쟁국인 일본보다는 높은 환율), 그리고 중동의 석유 증산 경쟁으로 인한 엄청난 저유가로 우리나라는 1986년 처음으로 무역흑자를 달성합니다.◆ 저유가로 생산 비용이 줄어들어 물건을 부담 없이 만들었어요. 그러자 다른 나라들이 한국산이 품질은 좀 떨어져도 일본이나 타이완보다 훨씬 싸다며 사려고 했습니다. 거기다가 세계적인 저금리 덕분에 여기저기서 빌려온 외국 투자자금(차관)에 내는 이자도 줄어듭니다.

지금이야 경제 뉴스를 보면 '월별, 분기별로 수출 실적을 경신했다', '경상수지가 흑자 행진이다가 흑자 규모가 줄었다' 하는 이야기가 나오지만◆◆ 1997년 외환위기 이전까지 우리나라는 만성적인 무역적자에 시달리는 적자 국가였어요.

1989년 이전 일반인의 해외여행이 사실상 금지되어 있었던 것은 일차적으로는 '순진한 사람들이 외국에 나가서 북한 공작원을 만나 간첩이 되어 돌아올 것'을 걱정해서였지만, 외화 낭비를 막는 측면도 있었습니다. 나가서 외화를 써버리면 경상수

◆ 1984년에는 14억 달러, 1985년에는 9억 달러쯤 되던 무역적자가 서울올림픽이 열렸던 1988년에는 약 89억 달러 흑자를 달성했습니다. 저환율 덕분에 부채 비율도 크게 개선됐어요. 1985년 GDP의 약 60%를 차지하던 외채가 1989년에는 18%까지 급락합니다. 1985년 163이었던 코스피지수도 1989년에는 1,007을 넘기며 일곱 배 이상 증가했어요.

◆◆ 1997년 외환위기와 2008년 세계 금융위기 이후 처음으로 2022년 4월부터 다시 12개월 이상 무역적자를 기록하기 시작했습니다. 특히 중국이 우리나라의 최대 흑자국에서 최대 적자국으로 돌아섰어요.

지 적자가 깊어지니까요. 2000년대 초반까지도 주요 언론에 해외여행과 해외유학은 외화 낭비라는 논조의 보도나 독자 투고가 보이곤 했죠.

대학생들도 해외연수를 다녀오기도 하는데 상당수는 그냥 남들이 가니까, 외국 바람이나 한번 쐬러 간다고 할 정도로 뚜렷한 목적의식도 없이 간다니 한심하기 짝이 없다. 이러다간 정말 어렵게 피땀 흘려 벌어들인 외화를 해외여행이나 어학연수로 너무나 손쉽게 지출하지 않을까 걱정된다.

—〈독자세상〉,《주간경향》2004. 4. 23

이렇게 오랫동안 사람들을 붙들고 놓아주지 않았던 경상수지 적자와 외화 부족의 와중에, 3저 호황이 경제를 구름 위에 띄운 3년간은 그토록 바라던 경상수지 흑자국일 수 있었습니다. 수출 증가율이 연간 30%를 웃돌았어요. 물론 우리 힘으로 흑자를 본 것이 아니어서 세계적인 3저 현상이 끝난 뒤 다시 적자로 돌아섰지만 말이죠. 그래도 사람들이 얼마나 신이 나서 소비를 했냐면 (그리고 걱정을 샀냐면) 1989년에는 "국민소득은 4,000불, 소비 수준은 2만 불"이라는 과소비 추방 공익광고가 방영되었을 정도예요.

3저 호황이 3년밖에 안 갔다니, 그럼 다시 원래대로 돌아갔냐고 하면 그렇지는 않습니다. 한번 커진 내수시장은 늘어난 중산층이 두텁게 버텨주면서 어느 정도 규모를 유지할 수 있었고, 우

과소비 추방 공익광고(1990)

리나라는 외환위기 전까지 매년 6% 이상의 경제성장률을 달성합니다. 반도체 같은 첨단산업도 1990년대 초반부터 두각을 드러내기 시작했어요.

'경제는 박정희보단 전두환'이란 말이 나오는데

1979년 2차 오일쇼크와 박정희 정권 몰락으로 한창 나라가 어수선할 때, 전두환은 12·12군사반란을 일으켜 전국에 계엄령을 내렸습니다. 1980년에는 부마민주항쟁에서 이어진 광주민주화운동을 무력으로 진압하고 11대 대통령, 그리고 이듬해에 12대 대통령이 되었습니다. 그는 1980년에서 1988년까지 8년간 정권을 유지했어요. 임기 내에 벌어진 1987년 6월항쟁으로 정치생명이 끝났고, 1990년대에는 광주민주화운동 피해자들의 고소로 국가

반역죄와 국가내란죄가 인정돼 사형 선고까지 받았습니다.

전두환 정권 당시 부정부패와 정경유착이 심각했어요. 자기 비위에 맞지 않는다며 하루아침에 재계 7위 대기업을 날려버리는가 하면, 기업들에 어마어마한 정치자금을 강요하고 본인의 친인척에게 각종 이권을 나눠주었습니다. 시장은 수준 높고 자유로운 문화 토양에서 세련되게 커나갈 수 있다는 점을 감안하면, 질 낮은 유흥을 장려해 성범죄를 양산하고 조직폭력배의 배를 불려주고 각종 문화상품에 검열을 들이댔던 건 중장기적으로 국가경쟁력을 심각하게 훼손한 행위였습니다. 게다가 3저 호황

박정희 vs 전두환

정책을 만들어 시행하고 그 효과가 나타나기까지는 시간이 좀 걸리는데요, 이를 정책시차(policy lag)라고 해요. 한국 경제의 골조를 만든 게 박정희 정권 때인데, 경제 성적이 눈에 띄게 좋았던 건 전두환 정권 때거든요. 박정희를 지지하는 사람들은 박정희 정권 때 중화학공업 수출 중심 산업구조가 정착했으니까 전두환 정권에서는 그대로 수출만 순조롭게 하면 되는 게 아니었나 하고 여깁니다. 전두환은 정책시차의 수혜자라는 거죠. 일단 박정희 정권 말기에 체감할 수 있는 경제 사정이 나빴어요. 중화학공업을 육성한다고 어떻게든 돈을 빌려와서 공장 세우고 설비 집어넣고 하다 보니 과잉 투자, 과잉 설비 문제가 생겼거든요. 거기다가 오일쇼크까지 일어나서 유가는 치솟고, 물가는 하늘 높은 줄 모르고…. 정책시차도 있지만 전두환 정권 당시 산업합리화 노력이 있었다는 점은 짚고 넘어가야 할 거 같아요. 부실기업을 정리하면서 경제성장이 아니라 경제안정을 최우선 목표로 삼고, 경제자유화를 추진하기도 했죠. 그 결과 1980년대엔 1970년대보다 대기업들이 정권의 명령을 기다리지 않고 알아서 경영하는 면이 있었어요. 권력형 비리와 부정부패는 훨씬 심했지만요.

이라는 유리한 조건에서도 당시 개발도상국형이었던 우리나라의 경제체질을 개선하지는 못했어요.

하지만 임기 초반 오일쇼크를 극복해 물가안정에 성공했고, 임기 막판에 호황을 누린 덕에 1980년대는 우리나라 사람들 대부분에게 경제적으로 나름 좋았던 시절로 남아 있습니다. 1986년 서울아시안게임과 1988년 서울올림픽의 성공적 개최가 가져온 지구촌 축제 분위기도 당시 한창 경제 활동을 했던 사람들이 이 시절을 '그래도 그땐 좋았지' 하게 만드는 이유일 거예요.

4.

이것도
다 먹고살자고
하는 짓

#식량위기 #기후변화 #식량안보

1993년 우루과이라운드
1945~1950년 토지개혁

1년에 커피만 1조 원어치 마시는 사람들

우리나라 사람들은 언제나 먹는 데 진심입니다. 19세기 영국의 여행가였던 이사벨라 버드 비숍이 조선을 방문해 남긴 기록을 보면 "조선 사람들은 엄청나게 먹는다 ⋯ 남성들뿐 아니라 여성들도 많이 먹는다 ⋯ 많이 먹는 훈련은 이미 어린 시절에 받는 것 같다"라는 묘사가 남아 있습니다. 19세기 말~20세기 초에 조선을 들렀던 서양인의 기록은 물론 임진왜란 당시의 문헌에서도 한반도에 사는 사람들은 많이 먹는다고 합니다. 21세기에 사는 우리도 친구를 만날 때면 포털사이트에 '맛집'부터 검색하고 보잖아요. 약속을 잡으면 당연히 밥 한 끼는 같이 먹는 거죠. 그런 우리나라가 식량안보 수준은 OECD 최하위에 가깝습니다. 밀 수입에만 매년 1조 원을 사용하지요. 커피 수입액도 1조 원이 넘었습니다. 1조 원이면 2020년 기준 우리나라 웹툰 시장 전체 규모예요.

식량이 왜 안보 문제인가 하면, 기본적인 먹거리의 자급률이 떨어져 외국에 의존하게 되면 국민의 안전이 위태로워질 수도 있기 때문이에요. 2022년에 편의점 '천 원 커피' 사라진 거 기억하시나요? 프랜차이즈 커피 음료도 줄줄이 가격을 인상했지요. 전 지구적 기후변화 때문에 커피 주요 산지에 가뭄이 들거나 한파가 몰아쳐서, 커피나무가 말라 죽어 원두 생산이 어려워졌거든요. 원두 가격이 1년 만에 두 배가 뛰었다고 해요. 그런데 우리나라는 커피 음용이 문화가 돼버렸잖아요. 2021년 기준 커피음료 판매점은 전국에 8만 3,000여 개로, 편의점의 1.7배, 패스트푸드점의 1.8배나 돼요. 이러니 원두 가격이 올랐다고 커피 수입을 중단할 수 있나요. 커피 수입이 중단됐을 때 사라지는 일자리와 시장까지 생각해 보세요.

이런 식으로 우리는 거의 모든 음식을 수입하고 있습니다. 우리나라는 세계 7위의 곡물 수입국으로 식량자급률은 45.8%이고, (가축 사료를 포함한) 곡물자급률은 20.2%예요. 만약 우리나라에 식량을 수출하는 나라들이 정치적인 이유로 수출을 거부하거나 수출을 할 수 없는 상태에 빠지면, 국내 인구의 절반은 굶주릴 수밖에 없다는 얘기죠. 이쯤 되면 우리나라에서 가장 중요한 산업 중 하나가 농축수산업이 돼야 할 것 같은데, 이런 산업들은 고령화와 종사 인구 감소 속도가 제일 빠른 사양산업입니다.

세계에서 식량을 가장 많이 생산하는 네 국가는 중국, 인도, 미국, 브라질입니다. 그중에서도 미국이 식량을 가장 많이 수출하고요, 우크라이나와 헝가리, 러시아 같은 동부 유럽의 흑토지대에서도 많은 농산물이 생산됩니다. 우리는 미국, 호주, 우크라이나, 브라질, 아르헨티나에서 가장 많이 수입하고 있어요. 식량 수입의존도가 어쩌다 이렇게 높아진 걸까요?

대통령이 먹을 것 때문에 대국민 사과

최근 농촌경제연구원의 연구 결과에 의하면 우루과이라운드 협상이 타결되어 내년부터 농산물 시장이 더욱 개방되면 콩·팥·옥수수 등 주요 농산물 값은 작목에 따라 최저 65.3%, 최고 85.6% 하락하고, 생산량도 최저 22.4%, 최고 35.3% 줄어들 것으로 분석되고 있다. 특히 우리나라 한우는 경쟁력을 완전히 상실하여 1993년부터 증식이 전면 중단되는 위기를 맞을 전망이라고 한다. 수입개방으로 재벌들을 비롯한 일부의 기득권층은 계속 재미를 볼 수 있을지 모르지만 그것이 이 땅 인구의 17%를 차지하는 농민들의 희생에 입각하는 것이라면 국민은 결코 이를 용납하지 않을 것이다.

―주종환(동국대학교 농업경제학 교수),

〈우루과이라운드와 우리 농업의 위기〉,《한겨레》1990. 7. 31

그로부터 30년이 지난 2020년 어느 화요일, 괜찮은 중소기업.

신입사원 대리님, 이번 주 금요일에 회식 잡혔던데요?

박 대리 맞아요, 참석할 거죠?

신입사원 음… 소고기 먹나요.

박 대리 법인카드 쓰는데 당연히 소고기죠.

신입사원 한우입니까?

박 대리 우리 신입 씨, 아직 사회생활을 모르는구먼. 법카로는 미국산이나 호주산까지. 한우 굵을 거면 팀장님 기분 좀 맞춰드려야 하는데.

신입사원 이번 회의 자료 진짜 잘 만들어보겠습니다.

직원들의 대화를 듣고 있자니 한우가 멸종할 거라는 농업경제학 교수님의 걱정은 다행히 현실이 되지 않은 것 같죠. 하지만 괜한 걱정은 아니었어요. 우리 한우 농가가 우루과이라운드가 타결됐다고 절망에 빠져 두 손 놓고 있었으면 진짜로 경쟁력이 사라져서 한우는 멸종했을지 몰라요. 하지만 프리미엄 브랜드 전략을 택하고 대형화해서 품질을 관리한 결과 2022년에는 한우 사육두수가 360만 마리를 넘어서며 역대 최대치를 기록했습니다. 그럼 되돌아와서, 우루과이라운드는 무엇일까요?

1986년 시작해서 1993년 12월에 타결된 다자간 무역 협상입니다. 2020년 이전까지는 무역 협상이라고 하면 양자간 무역 협상인 FTA가 대세였다가, 다시 RCEP나 CPTPP* 같은 다자간 무역 협상의 시대가 왔어요. 뜻 모를 영어 철자가 많아지면 괜히 머리가 아픈데요, 알고 보면 별거 아닙니다. 협상에 참여한 나라들끼리 시장을 개방하자는 거죠.

시장을 개방하자는 건 구체적으로 말하면 '수출입할 때 서로 세금 좀 작작 매기자'는 거예요. 우리끼리는 서로 세금 매기지 말고, 협상에 참여하지 않은 나라들에는 세금을 왕창 매겨서 우

◆ RCEP(Regional Comprehensive Economic Partnership, 역내포괄적경제동반자협정).
CPTPP(Comprehensive and Progressive Agreement for Trans-Pacific Partnership, 포괄적·점진적환태평양경제동반자협정).

리만 잘살자는 일종의 경제 전략이죠. 그런데 왜 한우 멸종 이야기가 나왔느냐 하면, 넓은 땅에서 대량으로 기른 미국산 소의 등심은 1kg에 1만 원 하고, 조그만 땅에서 영세 농민들이 조금씩 기른 한우의 등심은 1kg에 5만 원 하면 사람들이 미국산 등심만 먹을 게 분명하기 때문이죠.

이럴 때 보통은 국내 농가를 보호하기 위해 세금을 엄청 매겨서 수입산 상품 가격을 국산 상품 가격과 비슷하게 맞추거나 더 비싸게 만듭니다. 그런데 무역 협상을 해버리면 그런 세금을 물릴 수가 없잖아요. 이게 바로 시장개방이라는 건데요, 그래서 시장을 열면 개방 대상이 된 산업이 크게 반발하기 마련입니다.

무역 협상을 할 때 우리나라에서 계속 문제가 되는 시장이 바로 농축산업이에요. 세계에서 식량을 많이 생산한다는 나라를 보면 죄다 국토가 넓고 일 년 내내 농사에 적합한 기온에 비옥한 평야가 펼쳐져 있습니다. 농사도 축산도 사람의 노동 이전에 땅과 기후에 달려 있어요. 우리나라의 농업 생산성은 꾸준히 향상되었습니다만, 아무리 그래도 우리나라가 그 분야에서 미국을, 브라질을 어떻게 이겨요. 그래서 우리나라에서 무역 협상을 한다고 하면 보통은 농축수산업 시장을 버리고 제조업을 가져오는 지형이 됩니다.

1993년 타결된 우루과이라운드 때도 그랬어요. 특히 쌀과 한우가 그랬죠. 1990년만 해도 농업 인구가 전 국민의 17%나 됐던 시절입니다. 국민의 6분의 1을 망하라고 놔둘 수는 없잖아요. 그래서 당시 대통령은 우루과이라운드에서 소고기와 쌀만은 지켜

우루과이라운드 협상 타결을 보도한 1993년 12월 15일자 《경향신문》 기사

내겠다고 굳게 약속했답니다. 쌀을 주식으로 하는 일본도 쌀 시장에 엄청나게 민감하게 굴었죠. 미국하고 일본이 대놓고 날을 세우는 일이 잘 없는데, 우루과이라운드에서는 서로 장난이 아니었다니까요.

저의 약속을 끝까지 지키지 못하는 데 대하여 그 책임을 통감하면서 국민 앞에 진심으로 사과의 말씀을 드립니다. … 부존자원이 없는 우리나라로서는 자유무역을 통해 경제적 성장과 국부를 신장시켜 나갈 수밖에 없다고 생각했습니다. 우리가 가지고 있는 조건을 고려할 때 우루과이라운드 타결로 분명히 우리가 잃는 것보다는 얻는 것이 더 많습니다. 저는 진실로 이제 이 길밖에 없다는 절박한 심정으로 결단을 내렸던 것입니다. … 농어촌 구조 개선을 앞당기는 것, 농산물 개방과 관련한 이익을 농민에게 돌리고 우루과이라운드로 생기는 이익을 농촌에 환원하는 것은 물론 농가 보상, 농지를 비롯한 농업 관련 제도와 구조에 대해 종합적인 대책을 강력히 추진해 나가겠습니다.

—〈김영삼 대통령 특별담화 쌀 개방 사과〉, 1993. 12. 9

소고기와 쌀만은 지켜내겠다던 굳은 약속은 지켜지지 않았습니다. 소고기 수입 개방은 2000년, 쌀 관세화는 2004년까지 유예하기로 했지만, 결국 시장을 열기로 한 건 사실이니까요. 세계적으로 농축산물 시장을 지배할 자신이 있는 몇몇 농축산업 대국을 제외한 모든 나라의 농민들이 격렬하게 반대했습니다만, 혜택을 보는 다른 산업의 시장이 더 컸습니다. 우루과이라운드 협상 타결에 대한 저항은 우리나라 농민 단체장이 제네바의 협상장에서 할복자살을 시도할 정도라서, 대통령은 최소한 거짓말에 대해서는 공식적으로 사과해야만 했죠.

이쯤 되면 이런 궁금증이 살며시 고개를 내밉니다. 우리 농업이 세계적인 경쟁력도 떨어지고 새로운 노동력도 유입되지 않는 사양산업*인데, 농업과 농민들은 우리 사회에서 어떻게 이렇게 큰 대표성을 확보하고 있었던 걸까요? 비슷한 경쟁력을 가진 다른 산업이었다면 대통령이 사과하는 사태까지는 가지 않았을 것

Part 5. 국제관계와 경제

같습니다. 농업 인구 비중이 한 자릿수로 떨어진 지금도 시위 현장에는 농업단체의 깃발이 휘날리곤 해요. 그만큼 농업이 사회적 정당성을 인정받고 있다는 뜻입니다.

일제강점기 때부터 농업 인구는 정치적 목소리를 내고 있었고, 농지와 농사 같은 주제는 국가적 우선순위가 높았습니다. 먹을 것과 산업 인프라가 부족한 나라에서 농업은 과장을 좀 섞어 국가 경제 그 자체였습니다. 따라서 농사짓는 사람들의 처우를 어떻게 개선할지, 또 농사지을 땅을 어떻게 분배하고 세금을 물릴 것인지 등이 중요한 사회 문제였어요. 우리나라만 그런 것이 아니라 개발도상국 대부분이 그 문제를 가장 치열한 정치적 현안으로 삼았습니다.

소작농을 포함한 농민들은 수시로 쟁의를 일으켰어요. 일제강점기에는 이런 쟁의가 독립운동 성격을 띠기도 했지요. 식민지에서 해방된 후 지배층이 갖고 있던 토지를 공정하고도 효율적으로 분배하는 문제, 그리고 소작농 문제는 여러 독립 국가의 신임 정부가 그야말로 1순위로 처리해야 하는 사회적 현안이었습니다. 이 문제를 해결해 나가는 과정을 '토지개혁'이라고 합니

◆ 1990년 곡물자급률 43.1%, 식량자급률 70.3%였던 우리나라의 식량안보 상황은 이후 30년이 흐르는 동안 각각 20.2%와 45.8%로 떨어졌어요. 우리나라 농업 인구는 전 국민의 17%에서 4.5%로 줄어들었죠. 그 4.5%의 인구 중 65세 이상 고령층이 42.3%에 달하니 앞으로도 식량안보 사정은 더 나빠질 확률이 높습니다. 농업만 생각했을 때는 개방을 너무 일찍 한 셈이죠. 근대적인 농업 경영 환경이 갖추어지는 것이 늦어졌고, 저임금체제가 오래 유지되어서 충분한 시장지배력을 갖춘 대규모 농가가 만들어질 시간도 너무 부족했으니까요.

다. 토지개혁에 성공한 나라는 금방 경제성장을 이룩했고, 그렇지 못한 나라는 뒤처졌어요. 우리나라는 토지개혁에 성공한 나라에 속합니다. 농업은 산업화가 완료된 뒤에도 여러 분야의 역사와 전통을 통해 계속 중요한 주제로 인식되지요. 농자천하지대본(農者天下之大本)이라는 말은 오랫동안 힘이 셌고, 기후변화로 식량안보가 중요해지며 다시금 살아나고 있어요.

1945~1950년 토지개혁
나라의 운명을 바꾼 개혁이 있었으니

식민지였던 국가가 독립을 쟁취하면 그 땅에 살던 지배국 국민들은 본국으로 돌아갑니다. 그래서 해방 이후 우리나라에는 주인 없는 논과 밭, 공장과 건물이 수두룩하게 생겨납니다.

토지개혁은 주인이 없는 땅과 건물을 공정하게 나누는 기준을 만들고 실제로 집행하는 것입니다. 1945년 9월과 12월, 미군정은 군정 법령을 통해 우리나라에 있던 일본국과 일본인의 재산권을 몰수했습니다. 남한 경제 규모의 80%쯤 됐던 이 재산들을 귀속재산(歸屬財産) 혹은 적산(敵産)이라고 하죠. 일본 본국에서는 사유재산 몰수라며 반발했지만 들어줄 만한 내용은 아니었고요. 일본인 소유였던 재산보다 복잡한 문제가 된 것은 같은 조선인(한국인) 지주 소유의 땅이었습니다. 독립 직후 농지 중 75%를 한국인 지주가 갖고 있었거든요. 그들은 우리나라 사람인데 왜 개혁 대상에 포함되냐 할 수도 있지만, 그 '우리나라 사람'이라는 게 상당히 애매했죠. 일제강점기 36년간 누구보다 적극적으로 '일본인' 행세하던 사람이 대부분이었으니까요. 일본은 전국민을 적으로 돌리느니 '있는 집'을 내 편으로 만들어서 시골 구석구석까지 식민지 정부의 영향력이 미치도록 합니다. 분할정복(Divide & Conquer) 전략, 일명 '갈라치기'죠.

당시 우리나라 소작료는 아주 비쌌어요. 일단 평균적으로 수익의 11%에 해당하는 부대 비용, 즉 농사를 짓는 데에 드는 도구는 모두 소작인이 알아서 대야 했고, 생산량의 50%를 소작료로 내야 했으니 소작인이 가져갈 수 있는 이득은 산출물의 40%도 채 되지 않았습니다. 무조건 월급의 60%를 집세로 낸다고 생각해 보세요. 회사 뭐하러 다니나 싶을 거예요. 그래서 일제강점기 내내 소작 조건 조정 요구는 가장 큰 사회적 갈등 중 하나였습니다. 1920~1940년대의 세상이 소작료가 비싸다고 농사를 그만두고 다른 데 취직하면 되는 세상도 아니잖아요. 먹고살려면 그 길밖에 없는데 그 길이 무슨 험난한 가시밭길인 거죠.

전국의 소작인들은 1922년에서 1930년까지만 헤아려도 매년 680여 건의 소작쟁의를 일으켰습니다. 일본 본국에서도 소작쟁의가 일어나긴 마찬가지였는데, 일본에선 소작인들의 요구를 들어주면서 개선을 해나갔다면 식민지인 우리나라에서는 소작인들을 적극적으로 탄압하면서 지주 편을 들어줍니다. 조선인 지주들은 이때 일본에 찰싹 붙어서 이익을 추구했어요. 이러니 일본이 물러간 후 일반인과 지주 사이에 얼마나 감정이 나빴겠어요. 우리나라는 물론 식민 지배를 겪었던 나라는 모두 상황이 비슷했습니다.

그래서 토지개혁은 식민지 출신 국가에서 무척 중요한 국가적 과제입니다. 자본의 효율적 배분 문제이기도 하지만, 사회를 구축하고 사회 구성원들 간 감정적 앙금을 해소하는 일이기도 해요. 같은 식민지 출신이라도 토지개혁에 성공한 국가는 정치적 혼란이 비교적 덜했고, 빠른 경제성장을 이룰 수 있었습니다. 반대로 토지개혁에 실패한 국가는 현재까지도 정치·경제적으로 어려운 사정을 겪고 있지요.

① 어떤 방식으로, ② 누구에게, ③ 얼마나 나누어주는지는 새로운 국가의 법과 가치관을 그대로 드러냅니다. 영어를 잘하는 사람에게만 나눠줘서 영어를 기준으로 새로운 귀족 계층을 만들수도 있고, 선착순으로 나눠줄 수도 있고, 한 번 나눠줄 때 1인당 동일 면적을 나눠주는 공평함을 중요하게 여길 수도 있고, 미성년 자녀가 있는 부모에게는 무조건 많이 줘서 인구 번성이 제일의 가치라는 메시지를 줄 수도 있잖아요. 그래서 토지를 비교적 합리적으로, 모두가 납득할 수 있게, 그리고 토지의 생산성이 보장되도록 나눠준 나라는 중장기적인 경쟁력을 갖출 수 있었고, 부정부패가 너무 심해서 특정 세력에게만 토지가 집중된 나라는 오랫동안 힘든 시기를 보내야 했습니다.

1945년쯤 되면 대한민국임시정부는 꽤 능수능란한 경력직입니다. 1919년 4월 11일 활동을 시작한 이래 26년간 나름대로 독립 이후의 계획을 준비한 덕분에 뒷수습에 대한 최소한의 기준은 마련해 두었어요. 1941년 11월 대한민국임시정부 국무위원회가 발표한 건국강령 중에는 ① 모든 산업의 생산수단은 국유로 한다, ② 국제무역과 인쇄출판과 극장도 국유·국영으로 한다, ③ 소규모나 중등 기업은 사영을 인정한다, ④ 토지도 국유화하고 거래를 금지한다, 정도로 요약되는 내용이 들어 있는데요, 여기까지 읽으면 이런 생각이 들죠. 공산주의…?

자본주의 시장경제 세상에서 대한민국이 GDP 규모로 10등 안팎을 다투는 지금 상황에서 보면 당황스러운 기준입니다만, 1940년대에는 정상적 국가 운영이 가능한 상황은 아니었으니까요. 일단 국영화를 시켜두고 안정이 되면 나눠주는 편이 더 낫다고 생각한 것 아닐까요? 임시정부 내의 좌파도 우파도 동의한 기준입니다. 밑그림조차 없는데 빨간색으로 칠할지 파란색으로 칠할지 싸워봤자 소용없죠. 갈등을 일으킨 조건은 단 하나, 바로 유상과 무상이었습니다.

좌파 당연히 국가가 무상으로 몰수해서 돈 안 받고 나눠줘야지. 생각을 해보쇼. 지금 우리나라에 농사지으면서 자기 땅 가진 사람이 22.5%밖에 안돼. 그럼 농지는 다 누가 갖고 있냐, 이미 바다 건넌 일본인들 아니라도 친일파 지주들이 다 갖고 있잖아. 하루에 밥 한 끼 옳게 먹질 못해서 굶어 죽기 직전인 사람들한테 돈을 주고 땅을 사라고 해?

우파 누가 우리나라 소작체제가 괜찮대? 자본주의체제에서도 봉건적 소작 제도는 아주 별로야. 차라리 기업형 경작을 하면 몰라도, 땅 빌려 임대료 내고 소작료 내고 남은 곡물로 먹고살다가는 평생 생산성 개선도 없고 경

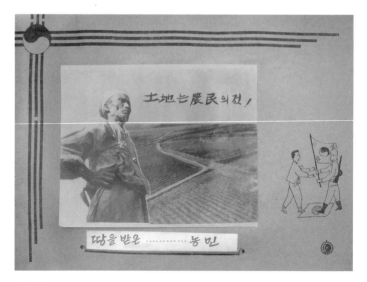

土地는 農民의 것!

땅을 받은 .... 농민

〈8·15해방일주년기념 북조선 민주주의 건설 사진첩〉에 실린
토지개혁 선전 포스터(1946)

제가 발전을 못해. 토지개혁 누가 하지 말자고 그러냐고. 그냥 사유재산
이니 국가가 돈을 내고 사가라는 거지. 그 시대에 자기 재산 지키려면 친
일을 안 하고 어떻게 살아. 그땐 다 그랬어. 무엇보다 지주는 대한민국 국
민 아니냐고.

좌파 지금 친일이 무슨, 그냥 일본 정부랑 친했다, 이런 이야기라고 생각하
나 본데, 일본에서 지주들이 소작인들 수탈하는 거 법으로 금지되니까 그
손해 메꾸려고 식민지에 와서 더 악랄하게 해 먹었잖아!

우파 그래, 근데 이제는 지주들이 그렇게 안 할 거야. 다 지나간 일 아니냐.
미군정이 최고 소작료도 정해줬고 지주 보호해 주던 일본 본국도 없어졌
는데, 끝난 일에 대한 징벌로 개혁을 하자는 게 너무 감정적이지 않냐?

소련이 북한에서 토지개혁을 시작했다는 이야기를 들은 한반도 남쪽의 미군정은 마음이 급해집니다. 저쪽이 먼저 토지개혁에 성공해서 사람들이 행복해지면 소련보다 통치 능력이 떨어진다는 비난을 받을 것 아니에요. 게다가 북한의 토지개혁은 꽤 괜찮았습니다. 무상으로 몰수하기는 했지만, 지주를 포함해 모두에게 무상으로 다시 나눠주었어요. 사유재산을 인정한다는 점에서 순수 공산주의는 아니었고, 사람들의 호응은 괜찮았습니다. 사실 소유권이 아니라 경작권만 준 데다 '영원히 준다'고 해놓고 1977년에 모두 다시 국유화를 시켜버렸지만, 1940년대에 예측할 수 있는 부분은 아니었으니 일단 북한이 한발 앞섰다고 치자고요.

우리나라에선 좌파나 우파나 같은 유교인

미군정은 1947년 초부터 적극적으로 토지개혁을 위해 움직이기 시작합니다. 1945년에 신한공사를 설립하면서 일본인 귀속재산 문제를 처리하긴 했지만, 같은 한국인 지주의 토지(농지)개혁 문제는 국내 좌파와 우파의 정치적 무한 대결 속에 미뤄지고 있었어요. 미군정은 중도좌파와 중도우파가 사이좋게 안정적인 체제를 유지해 나가기를 바랐죠. 하지만 좌파 정치인도 우파 정치인도 타협과는 거리가 멀었습니다.

1946년 미군정은 여론조사에 따라 중도적인 토지개혁법안을 다루려고 했는데, 우리나라 정치인들이 두 번 막아섰습니다. 그 뒤에 미국과 소련의 사이가 나빠져서 기존 법안은 폐기되고 말았죠. 1948년 남한만의 단독 정부가 설립되고 이승만이 초대 대통령에 취임한 후에야 토지개혁을 제대로 추진할 수 있었습니다.

이승만 대통령은 지주들의 정당인 한민당의 전폭적인 지원을 받고 있었습니다. 미군정도 한민당을 밀어줬어요. 일본과 마찬가지로, 외부 세력이 들어와 통치하려면 영향력과 돈이 있는 조직을 관리하며 실질적인 업무는 외주를 주는 게 제일 편하니까요. 게다가 처음에 한민당은 아무리 지주 위주의 세력이라 해도 엄청나게 무리한 주장을 하진 않았어요. 하지만 시간이 지나면서 조금이라도 사회주의적 가치가 들어간 내용은 견디지 못하게 됩니다.

일반인들은 나라가 완전히 망가진 상황에서 국가가 사람들을 경제적으로 포용해야 한다고 생각했기 때문에, 이승만 대통령은 곧 한민당의 강경 노선에 부담을 느꼈죠. 1948년 5월 10일 실시된 국회의원 선거에서 한민당은 198개 의석 가운데 29석밖에 얻지 못합니다. 제헌국회 유일의 정당인 데다 남한 최고의 우익 정당인 한민당이 그 정도 의석밖에 얻지 못한 거예요. 한민당계 사람들이 무소속으로 당선된 경우가 많았겠지만, 일반인들이 한민당에 더는 동의하지 않고 친일파가 많다고 생각했기 때문에 무소속으로 출마한 것이겠죠. 그해 7월 국회는 이승만을 초대 대통령으로 선출합니다.

이후에는 농림부장관 조봉암이 토지개혁법을 완성하면서 개혁이 그럭저럭 진행됩니다. 1949년에 정부가 한 번 더 거부하고,

1950년 2월에 수정안이 발표됐습니다. 이런저런 제어장치가 붙어 있었지만 한민당의 주장대로 유상몰수, 유상분배였어요. 국가가 한국인 지주의 농지를 유상으로 구매한 뒤, 분배를 원하는 농민들에게 유상으로 나눠주는 방식입니다. 돈을 주는데 무슨 몰수냐고요? 무조건 팔아야 해요. 거부권은 없어요.

가격은 다음과 같이 책정했습니다. 해당 농지에 주로 심는 산물이 1940~1942년 3년 평균 얼마나 생산됐냐를 따져서 그 생산량의 150%로 했어요. 돈을 모아둔 사람은 거의 없었을 테니까 현금, 일시불 이런 건 아니었고 30%씩 5년간 균등 상환하게 했죠.

그런데 1950년 6월 한국전쟁이 일어나요. 토지개혁은 제대로 시행되지도 못한 채 전쟁에 휩쓸리고야 맙니다. 전쟁이 끝나고도 한참 시간이 지나 1969년 10월이 되어서야 겨우 완료되죠.

요즘 사람 토지개혁이 다른 식민지 국가들에 비해 성공적이었다고 하셨잖아요.

옛날 사람 그랬죠.

요즘 사람 법이 발표되자마자 전쟁이 터졌는데 어떻게 성공을 해요?

옛날 사람 전쟁이 전 국토를 파괴한 데다 사회질서를 믹서에 넣고 갈아버리는 바람에 토지개혁에 저항할 지주계급이 다 죽거나 망해버려서요.

요즘 사람 지주계급만요?

옛날 사람 모두요. 전쟁 전에도 혼란스러운 나라였지만, 전쟁 후에는 더 혼란스럽고 가난한 나라가 돼버렸어요. 오래된 시대의 나쁜 점들마저도 다 처음으로 돌아갔다는 것만이 유일한 위안이에요.

토지개혁은 전쟁이 끝난 후에야 실질적으로 진전되었지만, 전반적으로 높은 점수를 받고 있습니다. 한국전쟁 때 남한 농민들이 북한 체제를 전폭적으로 지지하지 않았던 것은, 자기 땅이 있는 것이 좋아서였다는 설이 널리 인정받고 있거든요. 전쟁 몇 달 전에라도 토지개혁법이 실시되지 않았으면 지주들이 미워서라도 경작권이나마 보장해주는 데 붙었을지 누가 알겠어요. 유상몰수, 유상분배를 주장한 한민당은 자유당과 함께 21세기 대한민국 보수 정당의 뿌리인데요, 우리나라 농촌 지역의 전반적인 보수화는 바로 여기서부터 시작되었다고도 하지요.

또 하나 재밌는 점은 우리나라 좌파와 우파가 공통적으로 가졌던 굳건한 유교적 가치관이에요. 무상과 유상이라는 방법론에서 견해를 달리하긴 했지만, 좌·우파 모두 실제로 농사짓는 사람들만이 농지를 소유할 자격이 있다는 주장을 했었죠? 이게 바로 경자유전(耕者有田)이라는 원칙이에요. 21세기가 된 지금도 헌법 제121조에 경자유전의 원칙은 분명히 적혀 있습니다. 어쨌든, 농자천하지대본인 거죠.

세계 6위 국방력인데도
자꾸 불안한 건
기분 탓일 거야

#한중관계 #중립외교 #중국WTO가입

2016년 한한령과 사드
1980년대~ 북방정책

전쟁기념관의 또 다른 주인공은 중국일지도 몰라

전쟁기념관은 서울 용산구 이태원로에 있습니다. 실내만 1만 4,000㎡가 넘는 규모로, 선사시대부터 현대까지 수천 년간 우리나라에서 벌어진 전쟁 역사를 싹 훑었다고 해요. 1층은 지난 5,000년 동안 무슨 전쟁과 사건이 있었는지 복원해 두었고, 2층은 한국전쟁을 기념합니다. 고요하고 차분해요. 데이트 코스로 괜찮습니다.

그러던 어느 봄날, 한 한국인이 대학에서 만나 사귀고 있던 중국인 교환학생과 전쟁기념관에서 데이트를 하다가 충격을 받습니다.

한국인 솔직히 처음에는 조금 후회했어요. 1층을 도는데, 삼국시대부터 나오잖아요. 저야 재미있지만, 외국인인 애인하고 무슨 상관이 있겠습니까. 애인이 따분해할까 봐 걱정했죠.

기념관 에구, 그러셨군요. 안타깝네요.

한국인 그런데 의외로 재미있게 보더라고요? 애인이 그럽디다. 이거 중국

역사이기도 하다고.

기념관 임진왜란과 정유재란을 제외하면 한국전쟁까지 모두 다 중국과 전쟁한 이야기니까요.

우리가 치러온 전쟁은 대체로 중국 대륙에 있는 국가의 침략 전쟁입니다. 두 차례의 세계대전이 일어나기 전까지 각자의 문화권에서 한 국가의 왕은 다른 국가의 백성들에게도 세금을 걷어 부자가 되고 싶은 마음에 밥 먹듯이 전쟁을 했어요. 유럽도, 인도도, 중앙아시아와 아프리카도 예외는 없죠. 한반도에 있었던 '우리나라들'도 마찬가지였어요. 신라, 백제, 고구려는 서로 못 잡아먹어서 안달이었고, 고구려는 힘이 충분할 때면 먼저 대륙에 있는 중국 왕조를 침략하기도 했습니다.

그런데 서로 체급이 비슷해서 어느 때는 프랑스가 이기고, 어느 때는 영국이 이기면서 힘의 균형을 맞출 수 있었던 유럽 국가들과 달리 한반도는 '힘이 충분'하기 너무 어려운 조건입니다. 대체로 이쪽에선 살아남기 바빴고, 조선왕조가 세워진 이후에는 대륙에 있는 중국 왕조와 군신의 예를 맺고 전쟁을 면합니다. 근대 이전 동아시아 특유의 국제질서가 바로 이 사대(事大)죠. 사대는 동아시아의 경제적인 선택지였어요. 전쟁 중에는 농사도 못 짓고 아이들을 교육할 수도 없거든요. 평화를 누려야 문화·경제적으로 발전합니다.

중국은 강대국입니다. 강대국이라는 게 그 나라 시민이 누리는 삶의 질도 함께 강대하다는 이야기는 아니고요. 선진국으로 꼽히면서 1인당 국민소득이 높기로는 룩셈부르크하고 노르웨이가 제일인데 이 나라들은 글로벌 뉴스에 잘 등장하지 않지요. 국제질서에서 핵심적인 역할을 맡고 있지는 않으니까요. 19~20세기에 잠깐 골골거리긴 했어도 중국은 수천 년 동안 계속해서 세계적인 강대국이었고, 우리나라는 이런 중국 바로 옆에 위치한 나라예요.

최근 중국 옆에 있으면서 겪고 있는 어려운 상황이 뭐냐 하면, 2018년 3월부터 시작된 미국과 중국의 무역 전쟁입니다.[◆] 전쟁에서 탱크, 총, 폭격기로 싸우듯이 무역에서는 관세, 환율, 각종 거래 금지 조치를 무기로 삼아 싸우거든요. 미국과 중국이 서로 엄청나게 높은 관세를 매기는 바람에 양국 모두 수입과 수출이 굉장히 줄어들었어요.

가장 큰 피해자는 교역국 1위와 2위가 각각 미국과 중국인 우리나라입니다. 두 나라가 세계시장에서 차지하는 비중이 워낙 크다 보니 이들의 싸움은 세계 경기 침체를 불러왔어요. 그런데 전 세계가 똑같은 아픔을 공유하는 것은 아닙니다. 더 아픈 손가락은 늘 있기 마련이고, 이럴 때 더 아픈 손가락은 언제나 우리나라죠.

전 세계 200여 개 국가를 줄 세워보면 우리나라는 분명히 세계를 선도하는 나라 중 하나란 말이에요. 2020년 세계은행 기준

◆ 전문가들은 두 나라 사이의 갈등이 깊어지고 있기는 하지만 서로 적대 행위를 실행에 옮긴 건 별로 없다고 말하기도 합니다. 무역 '전쟁'이라고 표현하긴 했지만, 정말 두 나라가 전쟁 수준의 다툼을 벌였다면 세계 경제가 이 정도를 유지하지 못했을 거라는 거죠.

으로 우리나라의 1인당 구매력은 4만 2,381달러로 일본을 5% 정도 제쳤고, 같은 해 국방력은 6위인 데다 한국어 사용자 규모는 세계 18위나 돼요. 그런데도 바로 옆에 워낙 센 놈이 있다 보니 우리가 마치 세상에서 제일 억울하고 무력한 꼬마처럼 느껴지는 거예요.

군이 편을 가르자면 우리나라는 미국과 군사동맹을 맺고 있습니다(중국은 북한과 군사동맹을 맺고 있습니다). 군사동맹은 국가 간 최고로 긴밀한 관계 중 하나예요. 사람들도 대체로 미국을 좋아합니다. 미국과 중국이 싸우면 중국을 등지고 미국 편을 들면 된다고 생각합니다. 그런데 우리나라 기업들은 그렇게 생각하지 않죠. 어떤 사장님이 비행기 타고 두 시간이면 도착할 수 있는 거리의 14억 인구의 15조짜리 시장을 포기할 수 있겠어요? 그렇게 할 리도 없겠지만, 만약 정말로 그렇게 한다면 사장님은 당장 가난해질 겁니다. 그 대표적인 사례가 바로 2016년의 한한령(限韓令)이에요.

2016년 한한령과 사드

외교 실패 한 방이면 21조를 날릴 수 있다

2014~2017년 동북아시아 상황은 정말 어려웠습니다. 미국에서 중국을 견제해야 한다는 이야기가 본격적으로 나오고 있는 한편, 북한이 핵실험을 포함한 군사적 도발을 잇달아 하던 시기였

거든요. 그래서 미국과 중국 둘 다 우리나라에 '누구 편을 들 거냐'는 질문을 암묵적으로 던지던 시기이기도 합니다.

미국과 중국이 날카롭게 대립할수록 애매하고 모호한 태도를 유지하기가 힘들어져요. 팬데믹이 잦아들면서 러시아가 우크라이나를 침공하고 미국이 새로운 경제·안보·지역 전략을 구체화하기 전까지만 해도, 미국과 중국 사이에서 '전략적 모호성'을 유지하는 것이 우리나라의 핵심 외교 전략이었습니다.

학생 전략적 모호성이라는 말이 어렵습니다.

선생님 간단합니다. 어느 편인지 헷갈리게 굴면서 그때그때 더 잘해주는 쪽에 붙을 것처럼 행동해서 이쪽저쪽의 단물만 쪽 빨아 먹자는 것이지요.

학생 상대방 입장에서 너무… 괘씸하지 않을까요?

선생님 그래서 조금이라도 실수하면 괘씸죄의 대가를 아주 비싸게 물게 된답니다. 2016년 중국이 발동한 한한령처럼요.

2014년 미국 정부는 핵안보정상회의를 발족합니다. 오바마 미국 대통령이 '핵 없는 세상'을 핵심 국제 안보 전략으로 밀고 있었거든요. 전 세계적으로 핵무기를 줄여나가면서 핵무기 테러 위협도 막아보자는 것이죠. 그러면서 동시에 외교적으로 아시아 회귀 정책을 펼칩니다. 성장하는 중국을 본격적으로 견제해야 하니까요. 미국은 그런 의미로 중국과의 최전선이나 마찬가지인 우리나라에 최신 미사일 방어망을 구축하고 싶어 합니다. 우리나라로서는 중국에 계속 물건을 팔면서 미국에는 미사일 배치

시진핑 주석, 푸틴 대통령과 함께 중국 인민해방군의
열병식을 지켜보는 박근혜 대통령(2015)

를 해줄 듯 말 듯, 밀고 당기는 것이 최선의 전략입니다. 그런데
2015년 우리나라 대통령이 중국의 전승절 열병식에 공식적으로
참석해 버린 거예요.

학생 전승절이 뭔데요?

외교관 중국이 제2차 세계대전 승리를 기념하는 행사요.

학생 그런 기념일에는 가도 되지 않나요?

외교관 그런데 중국이 초청해도 미국 동맹국들은 잘 안 가거든요.

학생 왜요?

외교관 한국전쟁에서 미국과 중국이 그렇게 싸웠는데, 미국을 도발하고 싶
    지 않고서야 중국 '전쟁 승리 기념일'의 '군사 열병식'을 보러 갈 이유가

있겠어요?

학생 아, 적국의 군사 행사에 굳이 갔다는 거군요.

외교관 외교는 메시지라서, 아주 작은 언행에도 다 의미를 부여하게 마련이
에요.

전승절 행사에 참석해서 중국이라도 내 편으로 만들 수 있었
다면 좀 나았을 텐데, 결과적으로 이 일로 미국과 중국 양쪽에서
뺨을 얻어맞고 말았습니다. 북한이 계속 핵 도발을 하는 데다,
미국 기분도 너무 나빠진 바람에◆ 사드(THAAD)라는 미사일방
어 시스템(MD)을 우리나라에 얼른 들여와야 했어요.

사실 사드 배치는 오래전부터 논의해 온 사안이에요. 외교와
안보에 꼭 필요하다면 방어 시스템을 가져오는 게 무슨 문제겠
습니까마는, 연애와 외교는 항상 타이밍이 중요하죠. 밀고 당기
면서 명분을 만들어야 하는 상황에서 비위를 맞추느라 덥석 받
아버리면 부작용이 생깁니다. 상대방도 나한테 아쉬운 게 있어
야 '밀고 당기기'가 되지, '호구'가 되면 매력이 떨어지잖아요. 미
국은 우리 사정 봐줄 이유가 없어졌고 중국은 배신감을 느낍니
다. '그냥 평소처럼 하든가, 전승절 행사까지 와서 친하게 굴더니

◆ 2015년 당시 박근혜 대통령의 중국 전승절 행사 참석을 두고 미국과 중국, 일본이 모두
공식·비공식 채널을 통해 의견을 내놓았습니다. 그만큼 이슈가 되었다고 할 수 있어요.
미국은 국무부 정례브리핑에서 "(박근혜 대통령의 전승절 행사 참석에 대해) 포커페이
스가 미덕"이라고 대답했습니다. 외교적 수사를 감안하면 사실상 반대 입장인 셈이에
요. CNN이나 로이터 등 언론에서는 미국 고위 군인들이 북한에 잘못된 신호를 줄 수 있
다고 걱정한다는 보도를 내보내기도 했습니다.

뒤통수를 쳐?'

그렇게 한한령이 발동됐습니다. '제한하다' 할 때의 한(限)과 '한국' 할 때의 한(韓)이 합쳐진 단어죠. 즉, 우리나라 기업의 중국 장사가 끝났다는 의미예요. 우리나라 기업이 중국에서 장사하는 것도 어려워졌고, 중국 사람들이 우리나라로 물건 사러 오기도 어려워졌어요. 중국 정부가 공식적으로 금지한 것은 아닙니다만, 구체적으로 단체 관광·콘텐츠 저작권 거래·방영 시간대·게임 심사 허가·화장품 성분·신규 진출기업 투자 등 헤아리기 힘들 만큼 많은 부분에 걸쳐 (주로) 한국 기업에 적용되는 새로운 규제를 만들어버렸거든요. 중국 시장은 중국 정부의 통제를 강하게 받습니다.

분석 기관마다 조금씩 다르긴 하지만 한한령 이후 관광 손실만 약 21조 원이라고 해요. 문화콘텐츠산업이나 제조업, 물류 유통 등 다양한 분야를 모두 포함하면 아직 피해액의 구체적인 수치도 뽑지 못했다고 합니다.

이쯤 되면 중국이 도대체 왜, 언제부터 이렇게 힘이 셌는지 궁금해지죠.

옛날 사람 그러게? 2000년대 초반만 해도 '중국' 그러면 쳐주지도 않았다고. 아직도 '메이드 인 차이나'는 별로 안 쳐주잖아.

더 옛날 사람 어허, 오랑캐로다, 오랑캐야. 우리 조선은 중화의 빛을 받아 문명을 깨우친 동방의 작은 중화….

옛날 사람 이봐요, 할머니. 대한민국이 중국 눈치 본 적은 한국전쟁 이후로 한 번도 없었어요!

요즘 사람 서로 너무 다르시죠. '할머니의 할머니' 시절에는 중국을 통하지 않으면 서양과 교류도 불가능했고, '그냥 할머니'가 살던 시절엔 중국이 '틱톡'◆을 만들 거라고는 상상하기조차 어려웠는걸요.

타이완과 국교를 단절한 1992년의 전후 사정

오늘날 중국의 화려한 부활은 2001년 중국의 세계무역기구 (WTO) 가입에서 시작되어 2008년 미국발 세계 금융위기 때 쐐기를 박았습니다. 중국의 WTO 가입이 세계 경제에, 또 우리나라 경제에 어떤 의미였는지 이해하려면 그 이전의 역사를 찬찬히 살펴봐야 해요.

우리나라는 중국이 WTO에 가입하기 9년 전인 1992년 중국과 정식으로 수교를 맺었어요. 그 이전까지 중국은 '적성국(敵性國)'이었습니다. 국어사전에서 찾아보면 '적으로 여겨지거나, 전쟁 법규상 공격·파괴·포획 따위의 가해 행위를 할 수 있는 범위에 드는 국가'라고 나와요. 그래서 서로 외교관계가 없었고, 외교관계가 없으니 일반인의 여행이나 민간 기업의 무역 교류는 반

◆ 틱톡은 2022년 1분기 전 세계 다운로드 1위 앱인 중국의 동영상 기반 SNS 서비스입니다. 사실 틱톡의 CEO는 싱가포르 화교 출신이어서 틱톡의 모회사 바이트댄스는 중국과 관련이 없다고 항변했지만 2023년 미국은 미국 정부에 등록된 기기에 틱톡 금지령을 내렸어요.

역에 준하는 일이었죠. 중국은 지금 같은 '중국식 자본주의'도 없는 순수 공산주의체제였거든요. 그래서 우리는 '자유중국' 타이완과 굉장히 친밀한 관계였습니다. 1세계 아시아 국가로서 공산주의 국가인 2세계에 함께 대응한다는 동질감이 있었으니까요. 그런데 1992년이 되자마자 갑자기 같은 진영에 있는 타이완과 외교관계를 단절하면서 중국과 교류를 시작한 거죠.

요즘 사람 도대체 왜요?

옛날 사람 이럴 때 이유는 하나뿐이지 않겠어요? 돈이 아주 많이 되거나 힘으로 위협을 당했거나, 둘 다거나.

요즘 사람 둘 다에 걸어봅니다.

옛날 사람 맞아요. 그럴 수밖에 없는 사정이 있는데 또 돈도 된다면 거절하기 어려워요.

'그럴 수밖에 없는 사정'이란 20년에 걸쳐 무르익은 당시의 세계적 분위기입니다. 1989년 12월, 미국의 조지 H. W. 부시와 소련의 고르바초프는 몰타회담에서 냉전 종식을 선언합니다. 양 진영의 대장님들이 서로 화해하자는데 우리가 뭐 어쩌겠어요. 물론, 우리는 또 우리 나름대로 추진했던 무역정책이 있기도 했죠. 바로 '북방정책'입니다.

미국이든 중국이든 돈 벌게 해주면 우리 편

사실 냉전 종식 분위기는 이미 1970년대부터 은은하게 풍기기 시작했어요. 높은 콘크리트 장벽, 첩보를 수집하는 스파이, 비밀 요원 등 영화 배경으로 자주 나오곤 하는 회색 안개가 낀 얼어붙은 냉전 분위기가 따뜻한 봄빛으로 풀립니다. 이런 화해 분위기를 '데탕트'라고 불러요. 데탕트가 찾아온 이유는 세계 각국이 자본주의니 공산주의니 하는 이데올로기보다는 자국의 이익을 중시하게 됐기 때문입니다.

일단 미국이 베트남전쟁을 치르면서 경기침체를 겪었고, 소련도 미국과 군비 경쟁에 경제적 부담을 느끼기 시작합니다. 두 대장님의 어려운 사정과는 반대로, 어떤 진영에도 속하지 않았던

1·2·3세계

1세계나 3세계라는 말은 아직도 자주 사용하는 데 비해 2세계라는 단어는 잘 들어보지 못했을 거예요. 2차 세계대전 이후 미국과 소련이 대결하던 냉전 시기의 용어예요. 1세계는 미국을 중심으로 한 시장경제 동맹국(자본주의 국가들), 2세계는 소비에트 연방의 연방국들(소련을 비롯하여 동유럽, 쿠바 등 공산권 국가들), 3세계는 그 두 진영 모두에 속하지 않은 아시아나 아프리카의 저개발국가들을 부르는 말이었습니다. 우리나라와 타이완은 확실한 1세계 국가였고요, 중국은 기준을 어떻게 잡느냐에 따라 2세계로 분류되기도 하고 3세계로 분류되기도 했습니다.

3세계나 서구세계와는 좀 다른 이해관계를 가진 아시아의 일본이 크게 성장하면서 견고하던 냉전 분위기가 상당히 흐려졌죠. 거기에 석유를 가진 중동의 정치적 영향력이 확 커집니다.

1970년대에만 두 차례의 오일쇼크를 겪으면서 세계 경제와 자유무역은 본질적인 어려움을 겪었습니다. 세계 경제가 잘 돌아가려면 서로 협력하면서 활발한 무역을 해야 하는데, 다들 자기 땅에서 나는 석유나 희귀 광물 같은 자원을 무기 삼아서 내 마음에 드는 나라에는 물건을 곧잘 팔고, 내 마음에 안 드는 나라에는 아주 비싸게 팔거나 아예 안 파는 보호무역을 시작했기 때문이에요.

이 시점에 우리나라도 북방정책이라는 개념을 발전시킵니다. 대체로 우리나라의 북쪽에 있는 공산권 국가들과 슬슬 외교·경제적 교류를 시작하겠다는 거죠. 경제적인 관점에서는 그게 다 우리 물건을 팔 수 있는 시장인걸요. 미국 눈치를 봐야 한다고는 하지만 우리도 먹고살아야 하지 않겠어요. 오일쇼크로 우리나라 같은 비산유국은 석유를 수입하느라 외화가 굉장히 부족했어요. 거기다 미국이 보호주의 무역을 택하면서 고금리정책을 펼치는 바람에 투자한다고 빌려 썼던 돈에 이자 내기도 어려웠고요. 1982년쯤 되면 세계 2위의 채무국이 될 정도였거든요. 세계에서 두 번째로 돈을 많이 빌린 나라였다는 거예요.

당시 미국은 무역 면에서 우리나라에 썩 우호적인 편이 아니었어요. 우리나라가 미국으로 수출하는 품목에 기존 관세에다가 10%의 추가 관세를 물리거나, 수출 증가율을 제한하기까지 했죠. 이러면 아무리 반공산주의와 미국에 대한 충성심이 드 높아도 새로운 시장을 마다하기가 어렵습니다. 연구 결과로는 공식적인 통계에서 확인되지 않을 뿐, 우리나라는 1970년대와 1980년대 이미 홍콩과 싱가포르, 일본을 통해서 중국과 간접적으로 꽤 큰 규모로 무역을 진행하고 있었다고 해요.

요즘 사람 그래도 돼요?

옛날 사람 우리나라에서 잘사는 것보다 더 중요한 가치가 있긴 한가요?

요즘 사람 우리나라가 생각보다는 실리적으로 움직였네요.

옛날 사람 정식 수교 10년 전인 1982년에 대우그룹이 이미 중국에 냉장고공장을 설립하려고 움직이고 있었다니까요.

요즘 사람 우리나라의 가장 성공적인 외교정책 중 하나가 북방정책이라더니 정말이었어요.

옛날 사람 떠올려보면 중공업 발전에 필요한 에너지와 자원이 공산권 국가들에 참 많았죠.

한국전쟁 때문에 중국에 대한 우리나라의 감정은 다른 나라보다 살벌했습니다. 다른 나라들은 또 분위기가 달라서, 중국은 1972년에는 미국과, 1978년에는 일본과 국교 정상화를 할 수 있었어요. 우리나라와 중국 사이에서 물밑 교류가 본격화된 건, 첫번째 데탕트 이후 다시 냉각기가 찾아오면서 미국과 소련이 실제 핵전쟁 위기까지 갔던 1983년이 지나고 새로운 데탕트가 찾아온 시점입니다. 이후 소련은 아프가니스탄에서 전쟁을 일으키며 국력이 상당히 약해집니다. 소련이 약해지면 미국도 긴장도가 떨어지기 마련이죠. 결국 두 대장님은 1989년 냉전 종식에 동의했고, 앞으로는 서로 자극하지 말고 무역도 조금씩 해가면서 같이 잘살아 보자고 약속합니다.

요즘 사람 이런 국제 상황에서 중국은 미국에 어떤 존재였나요?

옛날 사람 서로 이용하는 관계였다고나 할까요. 적국은 맞는데 이게 아시아 잖아요. 문화가 너무 달라서 서로 완벽한 이해를 바라지도 않았고, 또 의외로 중국하고 소련이 사이가 나빴거든요.

요즘 사람 진짜요? 같은 공산주의 국가인데요?

옛날 사람 '중소분쟁'이라고 하는데 설명하자면 너무 기니까, 1959~1962년에 중국과 소련은 아주 원수가 되어버렸다는 사실만 기억해 주세요.

요즘 사람 미국이 공산 진영 대장인 소련을 고립시키려고 중국이랑 친하게 지내면서 이간질을 했다더니 진짜였군요.

옛날 사람 소련이 무너지자마자 미국이 중국을 자유무역체제에 끼워준 게, 아무리 공산권이라지만 냉전 시기에도 친하게 지냈으니까, 소련도 없는 마당에 어차피 우리 편이 될 거라고 순진한 기대를 했기 때문이라니까요.

힘이 점점 약해지던 소련은 냉전 종식 합의 2년 후인 1991년 해체되고 맙니다. 그동안 중국과 은근히 친하게 지내면서 소련을 견제하던 미국은 이제 중국이 자본주의 세계의 새로운 시장이자 공장이 되어주기를 바라게 되죠. 1989년에 천안문 사태가 발발하면서 정치적으로는 아주 멀어졌지만, 경제적으로는 여전히 무역을 강화하는 쪽으로 움직였다니까요. 시장의 달콤한 맛을 보여주면 언젠가 중국도 민주주의와 자본주의에 물들 거라 생각한 거예요. 미국의 움직임이 이런데 우리나라는 어떻게 해야 했겠어요. 얼른 중국 시장을 이용해야죠. 1992년 중국과 수교하면서 우리나라의 북방정책은 성공적으로 마무리됐다는 평가를 받습니다. 그 이후 전개가 어떻게 되냐고요?

당시에는 중국도 미국의 기대에 순순히 동참했어요. 미국이 주도하는 1세계의 무역에 끼워달라고 요청해요. 경제질서의 한 축이었던 소련이 사라졌기 때문에 미국 달러를 기축통화로 사용하는 자유무역 속에 고개를 숙이고 들어올 수밖에 없었죠. 그러면 중국도 부유한 1세계 국가들과 낮은 관세로 자유롭게 거래할 수 있으니 서로 이득입니다. 그렇게 10년이 지난 2001년에 WTO 가입을 허락받습니다. WTO는 보호주의 무역에 맞서 전 세계 기업과 개인이 자유롭게 거래할 수 있도록 감시하기 위해 세워진 국제기구입니다. 실질적으로 국제무역 협상과 관세 분쟁 해결을 맡고 있어요. 여기 가입하면 가입국끼리는 낮은 관세를 적용하는 등 무역장벽을 없애나가게 됩니다. WTO에 가입한 2001년부터 중국은 미국의 국채를 꾸준히 사들입니다.[*] 그러면서 자국의 시장을 키우고 기술력을 쌓죠. 이런 움직임은 8년 만인 2008년 세계 금융위기에 빛을 발합니다.

'역사상 최대 규모의 파산'이라고 부르는 세계 금융위기가 찾아온 2008년, 전 세계가 마이너스 경제성장을 하던 시점에 중국은 빠르게 돈을 풀면서 고속 성장을 이어갔어요. 선진국의 높은

Part 5. 국제관계와 경제

인건비와 부동산 임대료를 감당할 수 없는 기업에 낮은 인건비와 낮은 임대료를 제공해 공장을 옮겨올 수 있도록 했습니다. 덕분에 기업들은 적당한 품질의 공산품을 아주 낮은 가격에 전 세계에 팔 수 있었고 금융위기를 얻어맞고 휘청거리던 기업은 중국을 통해 살아납니다. 중국산 저가 물품이 서민의 인기를 독차지하면서 중국과 무역을 시작한 기업들은 금세 성장세를 회복했지요.

그렇게 세계는 '메이드 인 차이나' 없이는 살 수 없게 되었습니다. 이때부터 중국은 '결코 무시할 수는 없지만 그래봤자 못사는 공산국가'에서 '언젠가 역사적 영광을 되찾을지도 모르는 실질적인 강대국'으로 빠르게 변모했습니다. 2020년, 중국의 GDP는 2010년에 비해 두 배가 되었습니다. 그만큼 급격히 성장했다는 건데, 이 흐름에 가장 적극적으로 올라타서 중국발 호황을 누린 나라가 바로 우리나라예요. 결과적으로 중국에 대한 경제의 존도가 무척 높아졌지만요.

1970~1980년대 냉전과 두 번의 데탕트, 미소 대결 사이 중국

◆ 중국이 미국 채권을 산다는 건 미국이 중국에 빚을 진다는 뜻이지요. 빚의 액수가 크면 클수록 경제적 영향력을 행사할 수 있습니다. 원리금 상환 조건에 따라 '더는 만기를 연장해 주지 않을 테니 한 번에 갚으라'고 요구한다거나, 상환 조건을 조정해주는 대신 특정한 정책을 요구한다거나 할 수 있어요. 2008년 미국발 세계 금융위기가 터지자 미국의 최대 채권국이었던 중국은 미국의 경제적 능력을 믿지 못하겠다며 보유하고 있던 미국채를 모두 팔아버리겠다고 으름장을 놓았어요. 전 세계는 미국의 상환 능력을 의심하기 시작했고, 미국 국채 가격은 급락하고 수익률은 치솟았습니다. 반대로 말하면 미국으로서는 그만큼 이자를 많이 줘야 한다는 뜻이에요. 자금 조달 비용이 크게 오른 겁니다. 이 사태를 수습하기 위해 오바마 대통령이 직접 나서서 미국 경제와 신용도에는 문제가 없다며 기자회견까지 해야 했습니다.

의 경제 중심 외교관계, 그리고 그 사이에서 실리를 챙겼던 우리나라의 북방정책이 한참 후 중국의 승리로 마무리된 셈입니다. 그래서 1980년대까지 경제 활동을 했던 세대와 2008년 이전까지 경제 활동을 했던 세대, 그 이후 경제 활동을 하고 있는 세대는 중국에 대한 경제적 인식이 서로 다를 수밖에 없어요. 여전히 변하지 않은 게 있다면 외교는 경제와 떨어질 수 없는 사이이며, 성공한 외교는 성공한 경제를 만들 힘이 있다는 거겠죠. 국제질서의 냉전기와 과도기, 어려운 상황에서도 수십 년에 걸쳐 북방정책을 추진했던 당시 우리나라 정부는 이 분야에서만큼은 꽤 잘해냈습니다.

이헌창,《한국경제통사》, 해남, 2016.

이준구,《미시경제학》제6판, 문우사, 2013.

폴 크루그먼·로빈 웰스, 전병헌·박대근·김재영 옮김,《크루그먼의 거시경제학》제4판, 시그마프레스, 2018.

캠벨 R. 맥코넬 외, 김중렬·김윤배 옮김,《현대 노동경제학》제11판, 시그마프레스, 2018.

Part 1. 부동산

1. '천당 위의 분당'이 원래는 빈민가였다고?

마이크 데이비스, 김정아 옮김,《슬럼, 지구를 뒤덮다》, 돌베개, 2007.

박상영,《말년에 실수하지 맙시다》, 자작나무, 1997.

빈민지역운동사 발간위원회 편,《마을공동체 운동의 원형을 찾아서》, 한울엠플러스, 2017.

이임하,《10대와 통하는 문화로 읽는 한국 현대사》, 철수와영희, 2014.

조은,《사당동 더하기 25》, 또하나의문화, 2012.

존슨 너새니얼 펠트, 박광호 옮김,《대한민국 무력 정치사》, 현실문화, 2016.

《성남연구》창간호, 성남지역사회발전연구소, 1992.

강동범, 〈한국 조직폭력범죄의 실태와 대책〉,《비교형사법연구》7-2, 한국비교형사법학회, 2005.

문선영, 〈1994년 '서울의 달'에 재현된 서울〉,《한국극예술연구》50, 한국극예술학회, 2015.

이창현, 〈서울시의 시민아파트 건설과 와우아파트 붕괴 사건 처리〉, 《사림》 70, 수선사학회, 2019.

조병인·손창완, 〈폭력조직의 생존기반에 관한 연구〉, 《형사정책연구》 71-3, 한국형사법무정책연구원, 2007.

하동근, 〈8·10사건의 재조명은 무엇을 뜻하는가〉, 《공간과 사회》 38, 한울, 2011.

〈1200억 vs 4200억 vs 1조…합참 신축비 따라 '용와대' 비용 고무줄〉, 《매일경제》, 2022. 3. 22(인터넷판).

〈광주대단지 이주 철거민 당국에 집단 항거〉, 《한겨레》, 1992. 8. 5.

〈'땅사기 깡패' 넷 구속〉, 《조선일보》, 1970. 8. 19.

〈모란시장 개장수에게 자릿세 뺏던 조폭, 2003년 성남 접수〉, 《월간조선》, 2021년 10월호.

〈범죄와의 전쟁 선포 후 폭력배 548명 검거〉, 《동아일보》, 1990. 12. 26.

〈분당, 수도권 대표 부촌 명성 되찾을까〉, 《파이낸셜뉴스》, 2018. 1. 10(인터넷판).

〈'비리 몸통' 이대엽 전 성남시장 징역 10년·벌금 3억 6000만 원 구형〉, 《뉴시스》, 2011. 5. 17(인터넷판).

〈산산이 깨진 '낙원의 꿈' 난민들은 서럽다〉, 《조선일보》, 1970. 5. 15.

〈성남도공-화천대유 '민관개발'… 천화동인 1~7호가 배당금 4040억 챙겨〉, 《문화일보》, 2022. 3. 8(인터넷판).

〈암담한 광주 대단지조성 예산확보 겨우10%〉, 《매일경제》, 1969. 12. 29.

〈와우 시민아파트 붕괴〉, 《조선일보》, 1970. 4. 9.

〈'용역 폭력사태' SJM·컨택터스 사무실 3곳 압수수색〉, 《서울신문》, 2012. 8. 4(인터넷판).

〈"전임 시장이 한 일 나는 모른다"〉, 《동아일보》, 2010. 7. 15(인터넷판).

〈조직 폭력배 동원 개탄 여야 각당 쇠파이프·각목부대로 공포감 조성〉, 《한겨레신문》, 1989. 8. 15.

〈집중취재 폭력조직·권력 유착 의혹 검은손 "권력도 우리 편"…두려울 게 없다〉, 《한겨레》, 1990. 12. 9.

〈파란만장 성남〉, 《조선일보》, 2021. 10. 2.

2. 강남이 무장공비 덕분에 부자가 된 사연

강대민, 《부산역사의 산책》, 경성대학교출판부, 1997.

손정목,《서울 도시계획 이야기 4》, 한울, 2019.

유승훈,《부산은 넓다》, 글항아리, 2013.

정광민,《김일성과 박정희의 경제전쟁》, 산지니, 2020.

최인기,《가난의 시대》, 동녘, 2012.

최석호·박종인·이길용,《골목길 근대사》, 시루(가디언), 2015.

한종수·계용준·강희용,《강남의 탄생》, 미지북스, 2016.

《강남 이야기로 보다》, 서울역사박물관, 2008.

김성주, 〈1960년대 북한의 군사주의 확산 과정 연구〉,《현대북한연구》18-2, 북한대
  학원대학교 심연북한연구소, 2015.

박성익, 〈부산의 비교우위와 주력수출산업의 전망〉,《상경연구》17-1, 경성대학교산
  업개발연구소, 2001.

배유진·김슬예·배인영, 〈68년생 한국인의 도시체험 50년〉,《국토정책 Brief》683, 국
  토연구원, 2018.

유다영·박병훈·홍정열 외, 〈경부고속도로 개통 50년의 사회경제적 직접효과 평가
  연구〉,《한국ITS학회 논문지》20-1, 한국ITS학회, 2021.

전강수, 〈1970년대 박정희 정권의 강남개발〉,《역사문제연구》16-2, 역사문제연구
  소, 2012.

최병두, 〈경부고속도로: 이동성과 구획화의 정치경제지리〉,《한국경제지리학회지》
  13-3, 한국경제지리학회, 2010.

최정준, 〈1968년도 북한의 군사도발이 한국의 국방력 강화에 미친 영향〉,《한국동북
  아논총》25-2, 한국동북아학회, 2020.

〈2022 보통사람 금융생활 보고서〉, 신한은행, 2022.

〈강남불패, 개발과 투기 역사〉,《쿠키뉴스》, 2018. 12. 7(인터넷판).

〈강북 학교 강남 이전 억제〉,《조선일보》, 1989. 12. 6.

〈경제장관협의회 도심에 대형고층건물 신축금지 수도권교통난 해소대책 일환〉,《매
  일경제》, 1979. 2. 17.

〈고위공무원, 'SKY대' 출신 편중 심화〉,《연합뉴스》, 2009. 9. 27(인터넷판).

〈내년부터 가각 정리·도로확장 공사 4대문 안에선 일체 금지〉,《경향신문》, 1979.
  11. 30.

〈도심의 결혼식장·장의사 신규 허가 불허〉,《동아일보》, 1978. 2. 21.

〈명문고는 강남이전 강북엔 신설학교뿐〉,《조선일보》, 1988. 1. 10.

〈"박정희 목 따러왔수다" 김신조 이 말에 지옥의 부대 탄생했다〉,《중앙일보》, 2020.
9. 10(인터넷판).

〈북한 GDP 34.7조, 40년 전 남한보다 못해…고난의 행군 2막?〉,《뉴시스》, 2021. 12.
23(인터넷판).

〈우리에게 아파트는 [ ]다〉,《한겨레21》, 2011. 6. 5(인터넷판).

〈한 군사력 세계 6위, 북은 30위… 러 vs 우크라 차이는?〉,《머니투데이》, 2022. 4.
16(인터넷판).

3. 세계 유일의 전세 시장 탄생기

임동근·김종배,《메트로폴리스 서울의 탄생》, 반비, 2015.

최성락,《49가지 결정》, 페이퍼로드, 2020.

한석정,《만주 모던》, 문학과지성사, 2016.

김민석, 〈박정희 정권기 농촌근대화촉진법 제정의 결과와 성격〉,《한국근현대사연
구》91, 한국근현대사학회, 2019.

김승정·김태오, 〈한국의 도시계획은 어떻게 아파트를 수용했는가?: 1970년대 도시
성장관리 정책의 영향을 중심으로〉,《국토계획》56-7, 대한국토·도시계획학
회, 2021.

김완중, 〈1970년대 새마을운동 기간 한국 농촌경제의 상대적 성과 분석〉,《아시아연
구》24-2, 한국아시아학회, 2021.

김진유, 〈전세의 역사와 한국과 볼리비아의 전세제도 비교분석〉,《국토연구》85, 국
토연구원, 2015.

김한구·이영훈·임수영, 〈수도권 그린벨트의 보존을 위한 방향성 제시: 3기 신도시
추진 정책과 컴팩트시티를 중심으로〉,《한국생태환경건축학회 논문집》20-5,
한국생태환경건축학회, 2020.

문준영, 〈구한국기의 임대차 분쟁과 전세 관습 민사판결자료를 통한 접근〉,《법사학
연구》48, 한국법사학회, 2013.

안지민, 〈새마을운동과 농민의 전략적 선택〉,《사회적경제와 정책연구》12-2, 충북
대학교 국제개발연구소, 2022.

이정락·정창룡·최외출 외, 〈박정희 대통령의 개발철학과 담론 분석: 1964-1979년
박정희 대통령 신년연설문 텍스트네트워크 분석을 중심으로〉,《한국비교정부
학보》24-2, 한국비교정부학회, 2020.

이혁주, 〈농업부문과 그린벨트의 후생효과〉, 《국토계획》 42-3, 대한국토·도시계획학회, 2007.

전명진·윤미영, 〈수도권 그린벨트의 도시 공간 구조 변화 효과 분석〉, 《한국지역개발학회지》 34-1, 한국지역개발학회, 2022.

정윤영, 〈개발 주체들의 불화와 농가의 기회 박정희 정부 시기 기업형 축산정책의 굴절. 1964-1969〉, 《역사문제연구》 44, 역사문제연구소, 2020.

조덕훈·로저 케이브, 〈역사적 제도주의 관점에서 한국개발제한구역제도의 변화분석〉, 《국토지리학회지》 53-3, 국토지리학회, 2019.

조명래, 〈도시화의 흐름과 전망-한국 도시의 과거, 현재, 미래〉, 《경제와사회》 60, 비판사회학회, 2003.

〈새마을지도자〉, 새마을운동아카이브(웹자료).

〈우리 모두 잘 살아보자: 1971년 정부주요시책〉, 대한민국정부 내각기획조정실, 1971.

Brakman, S., Garretsen, H. and Marrewijk, C. V., *the new introduction of geographical economics*, Cambridge University Press, 2009.

Lim, Kyoung Soo, "Articles: Characteristics of Urbanization and its Policies in Korea", *Journal of The Korean Regional Development Association* 16-1, 2004.

Moon, Suk Nam, "The Pattern and Characteristics of Urbanization in Korea", *Comparative Korean Studies* 2, 1996.

〈1968년 극심한 가뭄, 어떻게 극복했을까〉, 《디지털조선일보》, 2019. 6. 26(인터넷판).

〈24억 6백만 원 흑자 2월 예산집행실적〉, 《매일경제》, 1968. 3. 15.

〈금융위 "금리인상 임박 신호…가상자산·부동산 경각심 필요"〉, 《조세일보》, 2021. 7. 2(인터넷판).

〈농촌인구 절반 가까이 65세 이상…고령인구 비율 47%, 역대 최고〉, 《연합뉴스》, 2022. 4. 22(인터넷판).

〈대서울 숙제보다 나은 시민생활을 위한 시리즈: 제5장 등산하는 가택〉, 《조선일보》, 1965. 5. 27.

〈매물판에 즐비한 '월세'…'전세'가 사라지는 이유 있었다〉, 《헤럴드경제》, 2022. 5. 27(인터넷판).

〈사글세와 전세〉, 《조선일보》, 1998. 8. 25.

〈셋방을 얻으려면〉, 《조선일보》, 1960. 4. 5.

〈월세의 전세 추월, 원인 분석과 적극 대응이 필요하다〉, 《한국일보》, 2022. 6. 7(인터넷판).

〈전세, 산업화 시대 '사적 대출' 역할로 확산〉, 《동아일보》, 2020. 8. 1(인터넷판).

〈전세야! 도대체 넌 누구니?〉, 《헤럴드경제》, 2013. 8. 30(인터넷판).

〈미흡한 주택금융〉, 《매일경제》, 1989. 1. 23.

〈전·월세 시장 어떻게 굴러가나 지하경제 부추기는 30조 임대료〉, 《한겨레》, 1990. 3. 31.

〈하우스푸어 집 팔려야 해결…금융지원보다 '거래 족쇄' 풀어야〉, 《매일경제》, 2013. 8. 1(인터넷판).

〈'하우스푸어·깡통전세' MB 데자뷔… 윤 250만 공급, 플랜B도 짠다〉, 《머니투데이》, 2022. 4. 3(인터넷판).

〈한국 고유 주택임대 문화… 세상에 나쁜 전세는 없다〉, 《신동아》, 2020. 8. 4.

4. 세종시에서만 사람들이 행복한가 봐

김규원, 《노무현의 도시》, 미세움, 2018.

은기수·전광희·윤홍식 외, 《외국 저출산 대응정책 효과성 분석 및 우리나라 도입방안 연구》, 서울대 국제대학원, 2005.

임동근·김종배, 《메트로폴리스 서울의 탄생》, 반비, 2015.

폴 몰랜드, 서정아 옮김, 《인구의 힘》, 미래의창, 2020.

김정완, 〈세종시의 수도권 과밀 해소와 국토균형발전 효과에 대한 평가: 인구와 부가가치를 중심으로〉, 《정책개발연구》 21-2, 한국정책개발학회, 2021.

김종군·박재인·이미화, 〈구술생애담을 통해 본 남·북·중 코리언 여성들의 아들 낳기 문제와 젠더의식〉, 《다문화콘텐츠연구》 33, 중앙대학교 문화콘텐츠기술연구원, 2020.

박지순·최홍기, 〈출산휴가·육아휴직 제도의 보편적 활용을 위한 쟁점과 과제〉, 《노동법논총》 52, 한국비교노동법학회, 2021.

배유진·김슬예·배인영, 〈68년생 한국인의 도시체험 50년〉, 《국토정책 Brief》 683, 국토연구원, 2018.

윤영근, 〈정책증거(policy evidence)의 시차에 관한 연구: 산아제한정책사례의 적용〉, 《행정논총》 51-4, 서울대학교 한국행정연구소, 2013.

이경희, 〈현대화 과정에서 한국과 중국의 산아제한 정책 비교연구〉, 《교육연구》 40,

성신여자대학교 교육문제연구소, 2006.

이현아·김주희, 〈세대별 기혼남성의 가사노동시간 연구: 베이비붐세대, X세대, Y세대를 중심으로〉, 《가족자원경영과 정책》 25-4, 한국가족자원경영학회, 2021.

조명래, 〈도시화의 흐름과 전망-한국 도시의 과거, 현재, 미래〉, 《경제와사회》 60, 비판사회학회, 2003.

최숙희, 〈출산율 반등 성공사례와 출산율에 영향을 미치는 요인 분석: OECD 국가를 대상으로〉, 《여성경제연구》 18-2, 한국여성경제학회, 2021.

최은영, 〈선진 외국의 저출산 관련 정책〉, 《나라경제》 2006-4, 경제정보센터, 2006.

홍승직, 〈가족계획과 사회개발〉, 《한국사회개발연구》 3, 고려대학교 아세아문제연구원, 1980.

〈우리나라 초저출산과 지역불균형의 관계에 관한 실태분석〉, 《월간 재정동향 및 이슈》 99, 기획재정부, 2022. 4. 14.

〈인구정책: 어제와 오늘(시기별 인구정책-1960~1980년대)〉, 행정안전부 국가기록원(웹자료).

〈인구정책: 어제와 오늘(인구변화 펴기-표어펴기)〉, 행정안전부 국가기록원(웹자료).

〈출산억제에서 출산장려로-한국 인구정책 50년〉, 보건복지부·한국보건사회연구원, 2015.

〈30년 후, 서울 인구 25% 감소…'최악의 저출생' 사태〉, 《MBN》, 2022. 5. 26(인터넷판).

〈7년째 출산율 1위, 세종시의 비결을 묻다〉, 《중앙일보》, 2022. 4. 29(인터넷판).

〈건설부 5년 계획 마련 5대 거점도시와 병행 전국 취락 준농업도시로 개발〉, 《경향신문》, 1977. 3. 12.

〈'만원 서울'의 처방〉, 《동아일보》, 1976. 3. 30.

〈서울 인구 폭발 위기 적정 650만 명 넘어서〉, 《동아일보》, 1975. 4. 17.

〈서울 인구밀도 뉴욕 8배·도쿄 3배〉, 《한겨레》, 2009. 12. 14(인터넷판).

〈세종시 "원안대로" vs "이전반대" 팽팽…국론분열 우려〉, 《헤럴드경제》, 2009. 10. 5(인터넷판).

〈세종시 신도시 5곳, 내달부터 '리'에서 '동' 전환〉, 《뉴스핌》, 2022. 6. 15(인터넷판).

〈인구 4000만의 공포〉, 《경향신문》, 1983. 7. 28.

〈인구 오늘 4000만 돌파〉, 《조선일보》, 1983. 7. 29.

〈인구문제연구소 세미나 "살기좋은 지방 만들어야 서울 인구집중 없어진다"〉, 《동아일보》, 1982. 10. 25.

〈'저출생 매우 심각' 남성 74%, 여성 56%…"국가 지원 부족"〉,《연합뉴스》, 2022. 6. 11(인터넷판).

〈'줄폐업' 간이주점·목욕탕…세종시에서는 급증한 이유〉,《한겨레》, 2022. 3. 31(인 터넷판).

〈지방 청년층 '수도권 이동' 심화…정부, 균형발전·공급 확대 '딜레마'〉,《경향신문》, 2022. 5. 29(인터넷판).

〈핵폭 앞지르는 '4천만'의 공포 29일 밤 10시 51분 28초… '인구시계' 4천만 돌파〉, 《동아일보》, 1983. 7. 28.

〈행복하려면 '목요일' 피하고 '세종시' 눈여겨봐야〉,《머니투데이》, 2019. 4. 9.

Part 2. 노동과 복지

1. 최저시급 1만 원에 나라가 흥하고 망하고

김홍기,《영욕의 한국경제》, 매일경제신문사, 1999.

사이토 준이치, 이혜진 외 옮김,《자유란 무엇인가》, 한울, 2011.

오카자키 데쓰지, 이창민 옮김,《제도와 조직의 경제사》, 한울, 2017.

유형근,《분절된 노동, 변형된 계급》, 산지니, 2022.

장덕진 외,《압축성장의 고고학》, 한울아카데미, 2015.

강창희, 〈최저임금 인상이 고용규모에 미치는 영향: 집군추정법을 활용한 분석〉,《한 국경제의 분석》 26-1, 한국경제의분석패널, 2020.

김진희, 〈1938년 뉴딜 공정노동기준법 최저임금제 도입의 의미: 자유와 공정성을 중 심으로〉,《서양사론》 123, 한국서양사학회, 2014.

나원준, 〈독일에서 법정 최저 임금 도입의 영향과 시사점〉,《사회경제평론》 58, 한국 사회경제학회, 2019.

송유철, 〈EU 국가의 최저임금제도와 한국에 대한 시사점〉,《경상논총》, 35-4, 한독 경상학회, 2017.

이재현, 〈헌법상 노동기본권으로서 최저임금제도의 의의〉,《강원법학》 66, 강원대학 교 비교법학연구소, 2022.

임무송, 〈최저임금제도의 문제점과 사회적 갈등 해소 방안〉,《법과 기업연구》 11-1,

서강대학교 법학연구소, 2021.

허윤정, 〈빈곤하지 않기 위한 최소한의 요구, 최저임금 1만원! - 불합리한 제도 정비 등 최저임금 노동자를 위한 방향으로〉, 《월간 한국논총》 523, 한국노동조합총연맹, 2016.

황희영, 〈최저임금제도가 내수경제에 미치는 영향〉, 《재정정책논집》 21-1, 한국재정정책학회, 2019.

〈7·8월 노동자 대투쟁〉, 민주화운동기념사업회 사료관 오픈아카이브(웹자료).

Luca, D. L. and Luca, M., "Survival of the fittest: the impact of the minimum wage on firm exit", *National Bureau of Economic Research*, 2019.

Taylor, S., The Quest for a Living Wage: The History of the Federal Minimum Wage Program, *Labor Studies Journal* 24(2), 1999.

〈6백 원짜리 고급담배 생산가 166~183원〉, 《동아일보》, 1988. 7. 16.

〈국민소득 1만 불 시대 정부 새 국정기본틀 개발〉, 《매일경제》, 1995. 5. 13.

〈군의 정치불개입 선서 용의 없나 본회의 대정부질문 답변 10일〉, 《동아일보》, 1987. 8. 11.

〈근로자 최저 임금액 결정 심의위 표결〉, 《동아일보》, 1987. 12. 25.

〈"내 애독서 박근혜 공약집, 본인은 안 읽은 듯하지만"〉, 《오마이뉴스》, 2021. 5. 21(인터넷판).

〈대선후보들 "최저임금 수준 높이겠다"〉, 《내일신문》, 2012. 11. 19(인터넷판).

〈서울 도심서 노동절대회 등 집회 잇따라〉, 《뉴시스》, 2012. 5. 1(인터넷판).

〈슬슬 타오르는 최저임금 제도 개편 논의…진짜 과제는?〉, 《노컷뉴스》, 2022. 7. 8(인터넷판).

〈"올해는 참아달라"…노무현도 최저임금 '뜀박질' 말렸다〉, 《한국경제》, 2022. 7. 2(인터넷판).

〈최저임금 너무 낮다〉, 《조선일보》, 1987. 12. 26.

〈최저임금 산입범위 개정, 임금체계 바로 잡는 출발점〉, 《한국경제》, 2018. 6. 19(인터넷판).

〈최저임금법 상위(常委) 통과〉, 《조선일보》, 1986. 12. 11.

〈'최저임금으로 먹고사는 가족도 있다'… 가구생계비 재논쟁〉, 《서울경제》, 2022. 6. 9(인터넷판).

〈한국 경제민주화의 방향〉, 《조선일보》, 1988. 4. 12.

〈한국 남성흡연율 세계 최고〉,《조선일보》, 1988. 1. 27.

2. IMF가 우리나라에 사과한 이유는

유경준,《외환위기 이후 소득 분배 구조 변화와 재분배 정책 효과 분석》, 한국개발연
　구원, 2002.

정덕구,《외환위기 징비록》, 삼성경제연구소, 2008.

김대일, 〈비정규직 확산의 메카니즘: 인력관리론과 비용절감의 비교〉,《경제학 공동
　학술세미나 발표논문집》, 한국노동경제학회, 2002.

남은영, 〈외환위기 이후 계층의 양극화: 변화된 일상과 소비생활〉,《조사연구》10-1,
　한국조사연구학회, 2009.

박이택, 〈한국에서 임금 불평등의 역사적 파동: 1971-2016〉,《경제사학》42-3, 경제
　사학회, 2018.

양현봉, 〈외환위기 전후의 중소기업 구조 변화 분석 및 정책적 시사점〉,《중소기업연
　구》25-2, 한국중소기업학회, 2003.

유종일, 〈한국경제 양극화의 역사적 기원, 구조적 원인, 해소 전략: 외환위기 기원론
　과 성장체제전환 지체론〉,《경제발전연구》24-1, 한국경제발전학회, 2018.

이광택, 〈노동법 60년의 회고와 전망〉,《노동법논총》29, 한국비교노동법학회, 2013.

이제민, 〈한국의 외환위기: 원인, 해결과정과 결과〉,《경제발전연구》13-2, 한국경제
　발전학회, 2007.김동호,《대통령 경제사》, 하다, 2019.

이종구·김병기, 〈대기업 면접전형의 유형 및 특성에 관한 시대별 비교·분석〉,《경영
　사연구》28-3, 한국경영사학회, 2013.

〈IMF, 대출제도 쉽게 바꾼다〉,《동아일보》, 2010. 9. 1(인터넷판).

〈"IMF 아시아국가 쿼터 늘릴 것 환란 때 무리한 조치 거듭 사과"〉,《동아일보》,
　2010. 7. 3(인터넷판).

〈IMF부총재 "세계 금융안전망 구축 한국이 주도"〉,《연합뉴스》, 2010. 8. 31(인터넷판).

〈MZ세대 "워라밸이 최고…조건 맞으면 중소·비정규직도 좋아"〉,《여성신문》, 2022.
　5. 17(인터넷판).

〈YS 몰락 신호탄 '노동법 날치기'와 닮았다〉,《오마이뉴스》, 2011. 11. 23(인터넷판).

〈"국회 '날치기'는 의원권리 침해"〉,《조선일보》, 1997. 7. 17.

〈사라지는 이름, 중산층〉,《국민일보》, 2020. 11. 17(인터넷판).

〈외환위기 10년…'어제 위기' 이겨냈지만 '내일 준비' 부족〉,《동아일보》, 2006. 12.

18(인터넷판).

〈퇴진행동, "촛불시민 연인원 1500만 명 돌파"〉,《헤럴드경제》, 2017. 3. 4(인터넷판).

3. 노조는 일하게 해달라고 하고, 회사는 문 닫겠다고 하고

경제기획원 편,《개발연대의 경제정책》, 경제기획원, 1982.

김흥기,《영욕의 한국경제》, 매일경제신문사, 1999.

스콧 로젤·내털리 헬, 박민희 옮김,《보이지 않는 중국》, 롤러코스터, 2022.

배성준,《한국 근대 공업사 1876~1945》, 푸른역사, 2022.

유정숙·신순애·김한영 외,《나, 여성노동자 1》, 그린비, 2011.

이원보,《한국노동운동사 5》, 지식마당, 2004.

이철승,《쌀 재난 국가》, 문학과지성사, 2021.

이태호,《70년대 현장》, 한마당, 1982.

이태호,《불꽃이여 이 어둠을 밝혀라》, 돌베개, 1984.

강신준, 〈1987년 이후 노동문제와 민주 노조운동의 대응〉,《사회경제평론》29-1, 한
국사회경제학회, 2007.

김경일, 〈일제의 노동정책과 노동운동〉,《동양학》41, 단국대학교 동양학연구원,
2007.

김창오, 〈노동조합은 근로자의 임금불평등에 어떠한 영향을 미치는가?〉,《산업노동
연구》26-3, 한국산업노동학회, 2020.

박이택, 〈한국에서 임금 불평등의 역사적 파동: 1971-2016〉,《경제사학》42-3, 경제
사학회, 2018.

신치호, 〈역사학: 해방 직후 노동운동의 전개와 남북 노동단체의 활동〉,《인문과학연
구》10, 대구가톨릭대학교 인문과학연구소, 2008.

오미일, 〈1920~1930년대 초반 원산지역 조선인 자본가층의 지역정치 – 시영회와
시민협회의 선거 및 노동 개입을 중심으로〉,《한국사연구》175, 한국사연구회,
2016.

우상범·임상훈, 〈취약계층 노동자를 위한 이해대변 조직의 다양성 연구〉,《산업관계
연구》31-3, 한국고용노사관계학회, 2021.

유혜경, 〈일제시대의 노동운동과 노동운동의 성격〉,《경희법학》56-4, 경희대학교
법학연구소, 2021.

이가연, 〈개항장 원산과 일본 상인의 이주〉,《동북아 문화연구》1-63, 동북아시아문

화학회, 2020.

장귀연, 〈대기업 노조의 비정규 노동자 배제〉, 《기억과전망》 21, 민주화운동기념사업
　　회, 2009.

전국금속노동조합연맹, 〈금속노동운동의 시작〉, 《금속노동운동 40년사》, 한국노동조
　　합총연맹, 2005.

정이환, 〈노동 시장 개혁의 노동정치: 민주화 이후 주요 노동 시장 개혁 과정의 분석〉,
　　《산업노동연구》 25-2, 한국산업노동학회, 2019.

정이환·전병유, 〈동아시아 고용체제의 특성과 변화: 한국, 일본, 대만의 고용 안정
　　성, 임금구조, 노동 시장 분절성의 비교〉, 《산업노동연구》 10-2, 한국산업노동
　　학회, 2004.

현명호, 〈대한제국기 원산항 노동자의 근대적 노동운동〉, 《규장각》 56, 서울대학교
　　규장각한국학연구원, 2020.

현명호, 〈원산총파업의 공간적 전개〉, 《한국독립운동사연구》 73, 독립기념관 한국독
　　립운동사연구소, 2021.

〈1976년 경제통계연보〉, 한국은행, 1976.

〈ILO 통계연보〉, 1971

〈가톨릭 노청비난에 노총서 경고문 발표〉, 《조선일보》, 1975. 1. 22.

〈산업정책의 어제와 오늘 (1)〉, 《매일경제》, 1977. 4. 15.

〈그 조직과 수법을 벗긴다 도시산업 선교회의 정체〉, 《경향신문》, 1979. 8. 18.

〈노-사-정, 노동법 "해외 대결"〉, 《조선일보》, 1997. 1. 21.

〈노조 및 재향군인회의 정치적 중립〉, 《동아일보》, 1969. 8. 21.

〈"러 화물 거부" 우크라 방패가 된 세계 항만 노동자〉, 《경향신문》, 2022. 6. 13(인터
　　넷판).

〈메이드 인 코리어 100억불 (5) 가발 상〉, 《경향신문》, 1977. 5. 24.

〈'모성 보호'가 소홀하다〉, 《조선일보》, 1978. 5. 18.

〈무공서 밝혀 가발 수출 세계1위 향항(香港)보다 천만 불 많아〉, 《매일경제》, 1977.
　　4. 15.

〈민주노조 세운 여공들…똥물도 이들의 저항 정신은 막지 못했다〉, 《경향신문》,
　　2020. 12. 16(인터넷판).

〈"최고인기 자동차 수출하는 나라를 알자" 한국학 붐〉, 《조선일보》, 1988. 1. 9.

〈보수성 강한 '농촌출신 근로여성'〉, 《동아일보》, 1977. 1. 17.

〈생존·미래 위해 임금동결한 현대차 노조… 완성차 업계 전반에 영향〉, 《아주경제》, 2020. 9. 26(인터넷판).

〈압력단체를 악용말라〉, 《동아일보》, 1957. 9. 12.

〈여(與) 합동의총 "신민당에 모든 책임 YH사태 정치적악용"〉, 《경향신문》, 1979. 8. 16.

〈재정 경직화 등 개선〉, 《매일경제》, 1972. 3. 31.

〈전문직 여성 직장 만족도 높다〉, 《동아일보》, 1983. 2. 7.

4. 우리나라 건강보험은 어떻게 세계 최고가 됐을까

김선영, 《의사들은 왜 그래?》, 스리체어스, 2021.

박한슬, 《노후를 위한 병원은 없다》, 북트리거, 2022.

OECD, *Health at a Glance 2015: OECD Indicators*, OECD Publishing Paris, 2015.

고용노동부, 〈뇌심혈관 질환, 과로인정기준 해당땐 산재 인정〉, 대한민국 정책브리 핑, 2019. 4. 30(웹자료).

김교성, 〈외환위기 20년, 소득보장정책의 발전과 한계〉, 《한국사회정책》 24-4, 한국 사회정책학회, 2017.

김병문, 〈의약분업사례에서의 정부와 대통령의 역할〉, 《비교민주주의연구》 10-2, 비 교민주주의학회, 2014.

김용호, 〈산업재해의 현황과 사법적 구제〉, 《법학연구》 21-3, 한국법학회, 2021.

김정우, 〈노동조합은 산업재해 발생과 은폐에 어떤 영향을 미치는가〉, 《산업노동연 구》 27-1, 한국산업노동학회, 2021.

김정우, 〈사업체 특성별 산업재해 현황과 과제〉, 세종 한국노동연구원(KLI), 2021(웹자료).

김준경·김준일, 〈건강보험제도의 도입과 발전과정: 정치경제적 배경과 거시경제적 고찰〉, 《한국경제포럼》 14-3, 한국경제학회, 2021.

문민기, 〈유신체제기 대기업의 사회사업 시행과 기업의 역할: 기업재단과 의료보험 을 중심으로〉, 《역사와 현실》 103, 한국역사연구회, 2017.

문성현, 〈산업재해발생의 요인분석〉, 《사회복지정책》 20, 한국사회복지정책학회, 2004.

신영수, 〈의료보험 도입 30년의 성과와 한계, 그리고 새로운 과제〉, 《대한의사협회 지》 50-7, 대한의사협회, 2007.

엄태수·신은택·송창근, 〈근로 환경 변화를 고려한 산업재해지표 수정 방안에 관한 연구〉,《한국방재안전학회논문집》 14-4, 한국방재안전학회, 2021.

오근식, 〈의료보험제도의 성과와 한계〉,《건강보험백서》, 국민건강보험공단·중앙대학교 사회과학연구소, 2001.

윤홍식, 〈민주주의 이행기 한국 복지체제, 1980~1997 – 주변부 포드주의 생산체제의 복지체제〉,《한국사회복지학》 70-4, 한국사회복지학회, 2018.

이경희·권순만, 〈의약분업정책: 이익집단의 영향과 정책과정의 교훈〉,《한국정책학회보》 13(5), 한국정책학회, 2004.

이수연, 〈김대중·노무현 정부 복지국가 성격에 관한 연구: 국민건강보험 정책결정과정에서의 시민참여를 중심으로〉,《사회복지연구》 42-1, 한국사회복지연구회, 2011.

이주재·김순규, 〈사회경제적 요인이 아동의 건강불평등에 미치는 영향: 건강행태와 심리사회적 요인의 매개효과〉,《한국자치행정학보》 34-3, 한국자치행정학회, 2020.

이호용·손영화, 〈한국사회의 구조적 변화와 사회보장정책〉,《법과정책연구》 13-4, 한국법정책학회, 2013.

전희정·강승엽, 〈지역 간 건강 불평등의 공간적 분포: 지역 사망률을 통한 탐색적 연구〉,《국토계획》 56-5, 대한국토·도시계획학회, 2021.

정은주, 〈한국 노인의 사회경제적 위치와 구강건강 불평등〉,《한국치위생학회지》 22-5, 한국치위생학회, 2022.

조영재, 〈건강(의료)보험제도〉, 양재진·김영순·조영재·권순미·우명숙·정홍모,《한국의 복지정책 결정과정: 역사와 자료》, 나남, 2008.

〈근로복지공단, 크런치 모드 후 사망한 게임사 직원 '산재'로 인정〉,《디스이즈게임》, 2017. 8. 3(인터넷판).

Cutright. P., "Political Structure, Economic Development, and National Social Security Programs", *American Journal of Sociology* 70(5), 1965.

〈25세 여성 조기 정년 철폐를〉,《매일경제》, 1985. 8. 28.

〈3월 4일 저임금·차별의 역사···심지어 "여성의 정년은 25세" 논쟁도〉,《경향신문》, 2021. 3. 4(인터넷판).

〈66년간 근로기준법 비켜 간 영세사업장〉,《서울신문》, 2019. 10. 20(인터넷판).

〈가사노동자협회 "가사노동자 최소 40만 명··· 배달노동자보다 3배 더 많아"〉,

《TBS》, 2021. 4. 30(인터넷판).

〈건강보험, 정부도 책임 있는 모습 보여야〉, 《한국일보》, 2021. 11. 23(인터넷판).

〈고위공무원부터 간호사까지, 죽도록 일하면 진짜 죽는다〉, 《경향신문》, 2018. 2. 24(인터넷판).

〈관행가보다 25~45% 인하〉, 《매일경제》, 1977. 6. 9.

〈국민보건 '사각' 제거‥의료복지 앞당긴다〉, 《경향신문》, 1989. 6. 30.

〈국민의료〉, 《동아일보》, 1976. 1. 22.

〈금정 약국조제변사사건 약사에 금고·집유선고〉, 《동아일보》, 1974. 1. 26.

〈농어촌 의보 시작부터 차질〉, 《조선일보》, 1988. 1. 6.

〈또 불붙은 '여성 정년' 논쟁〉, 《조선일보》, 1985. 4. 30.

〈"밤샘이 일상화된 수가 협상, 밴드 공개·중재기구로 효율화해야"〉, 《의약뉴스》, 2022. 12. 15(인터넷판).

〈배달라이더 등 '플랫폼 노동자' 국세청은 개인사업자로 봤다〉, 《국민일보》, 2022. 4. 29(인터넷판).

〈부산금정약국 감기약참변 진상판명 포장 잘못된 쥐약원료 넣어〉, 《동아일보》, 1973. 10. 15.

〈'성차별논쟁' 변호 맡은 조영래 씨 "결혼하면 퇴직" 판결은 헌법정신위배〉, 《경향신문》, 1985. 6. 27.

〈수가 협상에 인건비 반영이 절실한 이유〉, 《의사신문》, 2022. 1. 11(인터넷판).

〈약업신문을 통해 본 한국약업 60년 - 1980년대〉, 《약업신문》, 2014. 3. 25(인터넷판).

〈의보-조합이냐 통합이냐 논쟁 재연〉, 《동아일보》, 1989. 10. 12.

〈의사 형사처벌 완화 논란… "의사만 있는 대책" vs "기피 현상 해소"〉, 《YTN》, 2023. 2. 3(인터넷판).

〈의사들 집단휴진은 세 번째라는데… 시작은 '의약분업'〉, 《한국일보》, 2020. 8. 28(인터넷판).

〈의사의 근무시간 늘자… 환자 사망률도 늘었다〉, 《국방일보》, 2019. 3. 19(인터넷판).

〈의약분업 가능한가 현실로 본 부분분리제도 문제점〉, 《경향신문》, 1976. 6. 14.

〈의약분업, 현장 의사·약사에게 물어봤더니…〉, 《약업신문》, 2020. 7. 17(인터넷판).

〈잇단 조제감기약 중독사고 매약 시스템 허술 탓〉, 《경향신문》, 1973. 10. 17.

〈"저부담-저급여-저수가, 양질 의료서비스 걸림돌"〉, 《의사신문》, 2019. 7. 19(인터넷판).

〈"적자"와 "수가인상" 악순환 의료보험 3년② 이원화된 수가〉, 《조선일보》, 1980. 7. 2.

〈죽어서도 외면당하는 고독사… 기준 없어 통계도 못낸다〉, 《뉴시스》, 2022. 7. 16(인
터넷판).

〈중대재해처벌법, 사무직도 남 일 아니다〉, 《오마이뉴스》, 2022. 2. 16(인터넷판).

〈지역의료보험의 선행조건〉, 《동아일보》, 1979. 5. 18.

〈진료·조제전문인에 맡겨야 한다〉, 《조선일보》, 1982. 6. 25.

〈"타다 기사 근로자 아니다"…법원, '쏘카' 손 들어줬다〉, 《SBS비즈》, 2022. 7. 8(인터
넷판).

〈학교 급식실 폐암 산재, 대책 마련 촉구〉, 《KBS》, 2022. 6. 21(인터넷판).

〈한외(限外)마약 일제 점검〉, 《동아일보》, 1990. 10. 1.

Part 3. 금융경제

1. 영업 사기 쳤다! vs 자연재해다! 이번엔 진짜 이해해 보는 2008년 세계 금융위기

강만수, 《현장에서 본 경제위기 대응실록: 아시아 금융위기에서 글로벌 경제위기까
지》, 삼성경제연구소, 2015.

구라츠 야스유키, 양영철 옮김, 《투자은행 버블의 종언: 서브프라임 문제의 메커니
즘》, 신원문화사, 2009.

김용덕, 《금융이슈로 읽는 글로벌 경제: 반복되는 위기 속 반드시 알아야 할 쟁점
들》, 삼성경제연구소, 2015.

김치욱 외, 《위기 이후 한국의 선택》, 한울, 2020.

밴 S. 버냉키, 안세민 옮김, 《행동하는 용기》, 까치, 2015.

윤덕룡·박은선·강삼모, 《금융 시장을 통한 효율적 환혜지 방안과 정책적 시사점》, 대
외경제정책연구원(KIEP), 2012.

이태호, 《시장의 기억》, 어바웃어북, 2020.

돌망, 〈"서브프라임 모기지 사태" 알고계신가요?〉, 브런치, 2018. 5. 19(웹자료).

신용상·구본성·하준경 외, 〈서브프라임 모기지 사태의 분석과 전망〉, 한국금융연구
원, 2007.

〈Financial Times, "Sinking feeling" 기사 (08.10.14일자) 관련 보도해명자료〉, 금융위
원회, 2008.

Freixas, X. and Rochet, J., "Taming Systemically Important Financial Institutions",
Journal of Money, Credit & Banking 45, 2013.

〈원금 손실폭탄, 무엇이 문제였나〉, 《시사위크》, 2019. 9. 9(인터넷판).

〈KIKO(환헤지 상품) 손실 눈덩이 우량 中企도 아우성〉, 《국민일보》, 2008. 9. 7(인
터넷판).

〈'경질론' 강만수, 비판받는 행적들〉, 《머니투데이》, 2008. 10. 28(인터넷판).

〈기사회생한 우리은행 DLF, 원금손실서 2.2% 수익〉, 《스카이데일리》, 2019. 11.
11(인터넷판).

〈대법원 "키코 불공정계약 아니다"… 中企 "투쟁 돌입" 파장〉, 《머니투데이》, 2013. 9.
26(인터넷판).

〈송영길 "강만수 고환율, 중소기업 치명타"〉, 《아시아경제》, 2008. 9. 19(인터넷판).

〈시사자키 정관용입니다〉, 《CBS》, 2019. 5. 27.

〈실크로드에서 돈 번 사람들: 고대의 벤처, 실크로드 상인 2〉, 《포브스》, 2020. 2.
23(인터넷판).

〈우리은행 독일 DLF 원금 사실상 100% 손실 확정…1억→190만 원〉, 《스포츠서울》,
2019. 9. 25(인터넷판).

〈원금 손실 현실화된 DLF…"공포의 베팅이었나?"〉, 《YTN》, 2019. 9. 26(인터넷판).

〈조선사 환헤지에 수출기업 멍든다〉, 《매일경제》, 2011. 7. 27(인터넷판).

〈하나은행 DLF 불완전판매 징계 정당… "투자자 보호의무 도외시"〉, 《노컷뉴스》,
2022. 3. 14(인터넷판).

"Commentary: Bankruptcy, not bailout, is the right answer", *CNN Politics*, Sep 29,
2008.

"'We showed it was possible to create a movement from almost nothing': Occupy Wall
Street 10 years on", *The Guardian*, Sep 12, 2021.

2. 금모으기운동, 정말 도움됐을까?

김정인, 《오늘 배워 내일 써먹는 경제상식》, 더퀘스트, 2021.

박재민, 《외환위기와 그 후의 한국 경제》, 한울엠플러스, 2017.

육성으로 듣는 경제기적 편찬위원회, 《코리안 미러클 4》, 나남, 2016.

이태호, 《시장의 기억》, 어바웃어북, 2020.

정덕구, 《외환위기 징비록》, 삼성경제연구소, 2008.

권선희, 〈기업의 투자 결정에 영향을 미치는 요인 분석〉, 《유라시아연구》 18-4, 아시아·유럽미래학회, 2021.

김기홍, 〈아·태지역에서 엔블럭의 형성과 APEC내 정책조정논의〉, 《지역연구》 5-3, 서울대학교 국제학연구소, 1996.

박찬종, 〈한국 신자유주의의 사회적 기원: 1980년대 초 금융자유화에서 1997년 외환위기까지의 금융정치〉, 《경제와 사회》 130호, 한울엠플러스, 2021.

박창건, 〈김영삼 정부의 세계화와 흔들리는 한일관계: 외환위기를 둘러싼 정치경제적 균열〉, 《일본연구논총》 42, 현대일본학회, 2015.

배종윤, 〈세계화 시대 한국의 자원동원과 차별적 현상 : 김대중 정부시기를 중심으로〉, 《동서연구》 24-2, 연세대학교 동서문제연구원, 2012.

송옥렬, 〈기업경영에서 법치주의의 확산: 외환위기 이후 회사법의 발전을 중심으로〉, 《법학》 55-1, 서울대학교법학연구소, 2014.

이정환, 〈1997년 외환위기와 일본〉, 《동서연구》 28-4, 연세대학교 동서문제연구원, 2016.

이제민, 〈한국 외환위기의 성격과 결과: 그 논점 및 의미〉, 《한국경제포럼》 9-2, 한국경제학회, 2016.

이제민, 〈한국의 외환위기: 원인, 해결과정과 결과〉, 《경제발전연구》 13-2, 한국경제발전학회, 2007.

정민·류승희 〈7월 미(美) FOMC 결과와 시사점 - 과거 미국 금리 인하 시기 비교〉, 《한국경제주평》 850, 한국경제연구원, 2019.

Aguiar, M. and Gopinath, G., "Fire-Sale Foreign Direct Investment and Liquidity Crisis", *Review of Economics and Statistics* 87(3), 2005.

Ait-Saadi, I. and Jusoh, M., "What we know, what we still need to know: the Asian currency crisis revisited", *Asian-Pacific Economic Literature* 25(2), 2011.

Burnside, C.·Eichenbaum, M. and Rebelo, S., "Prospective Deficits and the Asian Currency Crisis," *Journal of Political Economy* 109, 2001.

Zalewski, D. A., "Brothers, Can You Spare $58 Billion? Regulatory Lessons from the South Korean Currency Crisis.", *Journal of Economic Issues* 33(2), 1999.

〈7월 어음부도율 0.12% 경기침체로 계속 높아질 듯〉, 《동아일보》, 1996. 9. 1.

〈NPT "북에 조약 복귀·비핵화 공식 촉구할 것"〉,《서울신문》, 2018. 5. 4(인터넷판).

〈경상수지 적자 단기외채 급증 아시아 금융권 '충격'〉,《조선일보》, 1997. 3. 20(인터넷판).

〈경제엔 임기가 없다〉,《동아일보》, 1997. 8. 26.

〈고개 떨군 YS…'땡김뉴스' 사라졌네〉,《한겨레》, 1997. 4. 21.

〈관치금융 고질병 다시 도지나〉,《매일경제》, 2009. 10. 21(인터넷판).

〈'국가부도의 날' 한국은행의 외환정책〉,《뉴스1》, 2021. 11. 14(인터넷판).

〈그렇게 신용불량자가 된다〉,《어피티 머니레터》, 2022. 7. 20.

〈'금모으기 운동' 명암 수출로 외화 벌어 효자노릇 시세 떨어져 싼값에 파는 꼴 "응급처방일 뿐" 지적도〉,《동아일보》, 1998. 2. 18.

〈금붙이 하나 평생 가지지 못한다면?〉,《경향신문》, 2012. 10. 19(인터넷판).

〈글로벌 위기 때마다 주목받는 금의 가치〉,《한경비즈니스》, 2010. 11. 15(인터넷판).

〈단기외채 163억 달러 연내 상환 불투명〉,《동아일보》, 1997. 12. 12(인터넷판).

〈대통령의 아들 수감 정국, 대전환 할까〉,《경향신문》, 1997. 5. 18.

〈대형쇼핑몰 "신용카드 환영"〉,《파이낸셜뉴스》, 2002. 5. 13(인터넷판).

〈미야자와 일 대장상, 아(亞)통화기금 창설 추진〉,《연합뉴스》, 1998. 7. 31.

〈변하지 않는 경기도〉,《경인일보》, 2012. 6. 11(인터넷판).

〈'빚내서 주식 투자 하는 개인'… 신용불량자 사태 재현?〉,《머니S》, 2020. 4. 20(인터넷판).

〈사채 빌려 카드 빚 갚는 악순환〉,《파이낸셜뉴스》, 2002. 5. 6(인터넷판).

〈상반기 카드사용액 331조 원…작년보다 66% 증가〉,《연합뉴스》, 2002. 8. 7(인터넷판).

〈성인 100명 중 1명 사채 이용···노인·주부 비중 증가〉,《서울경제》, 2019. 12. 9(인터넷판).

〈신용카드 분쟁 사례별 대처방안〉,《연합뉴스》, 2001. 8. 14(인터넷판).

〈신용카드인가 대출카드인가〉,《오마이뉴스》, 2002. 5. 15(인터넷판).

〈일 경기침체 미국도 불안하다〉,《동아일보》, 1995. 9. 16.

〈全(전)·盧(노)씨 파문 경제균열 심화 L/C내도 급감 수출도 적신호〉,《매일경제》, 1995. 12. 6.

〈LG카드 유동성 위기…그리고 수상한 주식거래〉,《오피니언뉴스》, 2019. 4. 28(인터넷판).

〈카드대란 감사, 솜방망이 징계〉,《SBS》, 2004. 7. 16(인터넷판).

〈평균 이자 46.4%…불법사채 이용자 219만 명 추정〉,《헤럴드경제》, 2021. 10. 9(인터넷판).

〈폐장일까지 무너진 96증시 경기침체·정책빈곤 최악의 해〉,《한겨레》, 1996. 12. 28.

〈하반기 경제 "경기급랭" 침체국면 진입〉,《경향신문》, 1996. 6. 13.

〈한국 '금 모으기' 영향 국제 금값 18년래 최저〉,《매일경제》, 1998. 1. 7.

〈한국 금모으기 운동 국제시세 폭락 무관〉,《한겨레》, 1998. 1. 9.

〈한국은행의 금괴 8320개·104톤은 어디에?〉,《뉴스1》, 2017. 5. 22(인터넷판).

〈'한국의 금'에 울고 떠난 조지 소로스〉,《이데일리》, 2013. 6. 5(인터넷판).

〈'헤지펀드 놀이터' 된 한국, IMF 교훈은 아직 유효하다〉,《주간조선》, 2021. 11. 29(인터넷판).

"Burned By Gold Gold's painful decline over the past 18 years has singed investors, halved the market value of mining companies, and thrown thousands out of work. Now the central banks are selling. How much longer will this go on?", *CNN Money*, Mar 16, 1998.

"Swiss National Bank Sales: Lessons and Experiences", *piie*, May 5, 2005.

3. 분식회계의 진짜 이름은 '회계 사기'

이태호,《시장의 기억》, 어바웃어북, 2020.

최정표,《한국재벌사연구》, 해남, 2014.

구치모,〈대우그룹의 재무제표부정 분석-CMO형상의 관점에서〉,《국제회계연구》 18, 한국국제회계학회, 2007.

김주환,〈한국사회 재-재 갈등의 생성과 소멸에 대한 연구: 삼성-현대, 현대-대우의 갈등 비교를 중심으로〉,《대한정치학회보》 14-1, 대한정치학회, 2006.

박종찬·장금주,〈대우전자의 분식회계와 부실감사, 그리고 피해 투자자의 손해배상 소송〉,《경영교육연구》 14-1, 한국경영학회 경영사례연구원, 2010.

이연호·정석규·임유진,〈전두환 정부의 산업합리화와 김대중 정부의 기업 구조조정 비교연구〉,《21세기정치학회보》 14-1, 21세기정치학회, 2004.

최아름·이준일·최종학 외,〈SK글로벌의 분식회계와 감사실패〉,《회계저널》 24-4, 한국회계학회, 2015.

한국개발연구원,〈대우그룹 제2창업 실천운동 : '창조, 도전, 희생'의 창업정신 실현〉,

《월간 경영계》1, 한국경영자총협회, 1987.

〈2017 교육통계 분석자료집〉, 한국교육개발원, 2017.

〈41조냐 23조냐…대우그룹 분식회계 규모 차이났던 이유는〉, 《이데일리》, 2019. 12. 12(인터넷판).

〈김우중 감독의 '세계 최대 41조 회계 조작' 사건〉, 《한겨레》, 2005. 6. 15(인터넷판).

〈김우중 입국 안팎〉, 《한겨레》, 2005. 6. 14(인터넷판).

〈김우중과 '세계경영'의 몰락, 대우그룹〉, 《비즈한국》, 2020. 12. 1(인터넷판).

〈또또또 새 주인 찾기 나선 쌍용차…이제는 잔혹사 끊어내야〉, 《아시아경제》, 2022. 4. 18(인터넷판).

〈분식회계〉, 《동아일보》, 2005. 8. 12(인터넷판).

〈'탱크주의' 대우전자의 허무한 몰락〉, 《IT동아》, 2020. 8. 5(인터넷판).

〈상장법인의 분식결산〉, 《매일경제》, 1977. 3. 11.

〈은행, 외국인 지분율 낮춰야〉, 《머니투데이》, 2007. 10. 17(인터넷판).

〈전두환, 강소기업 육성했지만…목숨줄 쥐락펴락에 정치자금도 뜯어〉, 《이코노미스트》, 2021. 11. 24(인터넷판).

〈정부가 주도한 '5대그룹 빅딜'…좌초된 '삼성자동차, LG반도체' 꿈〉, 《한국경제》, 2019. 3. 29(인터넷판).

〈현대·삼성·대우·기아의 역사를 바꾼 1997년〉, 《한겨레》, 2020. 8. 2(인터넷판).

4. 단군 이래 최대 사기 사건에 비하면 가상화폐 그까짓 거

김건, 《분식회계와 지하경제, 그 100가지 수법》, 매일경제신문사, 2015.

김경신, 《이야기 증권사》, 증권서적출판부, 1994.

김성길, 《김부장의 비밀수첩》, 장산, 1995.

김자봉, 《금융실명제 시행 20년의 성과와 향후 과제》, 한국금융연구원, 2016.

육성으로 듣는 경제기적 편찬위원회, 《코리안 미러클 6》, 나남출판, 2020.

이승환, 《시민의 상식》, 렛츠북, 2020.

도미닉 프리스비, 조용빈 옮김, 《세금의 세계사》, 한빛비즈, 2022.

김자봉, 〈금융실명제도의 비교법적 연구: 미국의 고객확인제도(CIP)와 우리나라의 실명확인제도/고객확인제도의 비교를 중심으로〉, 《은행법연구》12-2, 은행법학회, 2019.

김태승, 〈대통령의 정책 추진의 입법적 타이밍에 대한 연구—김영삼 대통령의 금융실명제 추진을 중심으로〉,《의정논총》7-2, 한국의정연구회, 2012.

안종범, 〈금융실명제 정착을 위한 과제〉,《금융연구》8-1, 한국금융연구원, 1994.

이명휘, 〈1950-80년 한국 금융 시장의 위기와 대응〉,《사회과학연구논총》22, 이화
여자대학교 이화사회과학원, 2009.

임성한, 〈금융실명제가 정치개혁 탄생에 미친 영향〉,《한국부패학회보》1-1, 한국부
패학회, 1997.

임원혁, 〈제8장, 금융실명제: 세 번의 시도와 세 번의 반전〉,《한국경제연구원 기타
간행물》, 한국경제연구원, 2002.

전한덕, 〈자금세탁방지제도상의 실제소유자 확인의무에 대한 연구〉,《법학논문집》
40-1, 중앙대학교 법학연구원, 2016.

〈39년이 흘렀음에도 끝나지 않은 5공과 장영자의 악연〉,《월간조선》, 2021년 7월 호.

〈이철희-장영자 어음사기 사건 '도입 계기'〉,《조선비즈》, 2013. 8. 6(인터넷판).

〈격동의 80년대 결산(10) '흉악범죄 활개… 불안한 민생'〉,《동아일보》, 1989. 12. 20.

〈금융실명제 도입후 우리의 생활은 어떻게 달라졌나요?〉,《동아일보》, 2013. 8.
26(인터넷판).

〈방세 겨울보다 30~40% 올라〉,《경향신문》, 1980. 4. 19.

〈법원 "차명계좌, 비실명 금융자산 아냐…90% 과세 불가"〉,《연합뉴스》, 2021. 12.
23(인터넷판).

〈본말이 뒤집힌 예금비밀보장책〉,《조선일보》, 1961. 1. 18.

〈[비화 문민정부-김영삼정권 5년의 공과]〈11〉 1부 '문민개혁'의 탄생〉,《동아일보》,
1998. 2. 2.

〈안양교도소는 '5공 유배지'〉,《경향신문》, 1995. 12. 4.

〈외국의 금융실명제 사례〉,《연합뉴스》, 1993. 8. 13(인터넷판).

〈"이건희, 차명계좌 실명 전환 없이 4조 이상 출금"…특혜 의혹〉,《SBS비즈》, 2017.
10. 17(인터넷판).

〈'이철희-장영자 사건' 검찰·변호인단 신문 내용〉,《조선일보》, 1982. 7. 8.

〈장영자 여인 '거액사기'사건으로 본 문제점. 제도보다 '안면어음'이 우선〉,《경향신
문》, 1982. 5. 12.

〈큰손 장영자 어음 사기, 5공 민낯 드러나〉,《현대경제신문》, 2022. 4. 27(인터넷판).

〈탈세로 악용되는 '저축장려'〉,《동아일보》, 1970. 11. 23.

《신동아》, 1994년 4월 호.

5. 경제사에는 왜 삼성·현대 이야기만 있고 네이버·카카오는 없어요?

장신기, 《성공한 대통령 김대중과 현대사》, 시대의창, 2021.

정희원, 《지속가능한 나이듦》, 두리반, 2021.

박재현·이홍후·안준영 외, 〈산업의존도 요인분해를 통한 우리 경제의 IT산업 의존도 평가〉, 《이슈노트》 2021-5, 한국은행, 2021.

이민화·최선, 〈1차 벤처붐의 성과에 대한 역사적 고찰과 평가〉, 《중소기업연구》 37-4, 한국중소기업학회, 2015.

전용식·김유미, 〈글로벌 금융위기 전후 미국 정책금리 인상의 영향 비교〉, 《KIRI 리포트》 446, 보험연구원, 2018.

정보통신정책연구원, 〈코로나 장기화와 미디어 이용〉, 경제정보센터, 2022. 3. 17(웹자료).

Sohag, K., Vasilyeva, R., Urazbaeva, A. and Voytenkov, V., Stock Market Synchronization: The Role of Geopolitical Risk, *Journal of Risk and Financial Management* 15(5), 2022.

Walti, S., Stock market synchronization and monetary integration, *Journal of International Money and Finance* 30(1), 2011.

〈"IT 투자 회복, 올해는 어렵다"-매리 미커〉, 《머니투데이》, 2001. 4. 6(인터넷판).

〈20세기 한국증시 10대 히트주〉, 《연합뉴스》, 1999. 12. 29(인터넷판), 〈[99한국경제 회고] ①위기극복과 경제회복의 본격화〉, 《연합뉴스》, 1999. 12. 11(인터넷판).

〈계속 떨어지는 자산 가격 - 내년에 거품 붕괴 올까?〉, 《MBC》, 2022. 5. 10(인터넷판).

〈네이버·카카오가 불붙인 시총 전쟁…"올해 삼전·하이닉스 빼고 다 바뀌었다"〉, 《뉴스웨이》, 2021. 6. 15(인터넷판).

〈'닥터둠' 된 고승범 금융위원장 "유동성 파티 끝나가고 있다"〉, 《조선일보》, 2022. 1. 25(인터넷판).

〈'미 증시 30% 폭락시 국내 증시도 25% 하락'〉, 《연합뉴스》, 1999. 5. 6(인터넷판).

〈버블 붕괴 vs 성장주 '옥석가리기'〉, 《한국경제TV》, 2022. 2. 4(인터넷판).

〈빅테크5, 팬데믹에도 압도적 깜짝실적… 고속성장 이어 가나〉, 《서울신문》, 2021. 8. 5(인터넷판).

〈'살충제 계란' 파동 원흉 '농피아', 여전히 잘 나간다〉, 《한국일보》, 2020. 10. 6(인터넷판).

〈세계증시 동조화현상 심화〉, 《연합뉴스》, 1999. 10. 27(인터넷판).

〈올해 최고의 재테크 대상은 주식〉, 《연합뉴스》, 1999. 12. 26(인터넷판).

〈PC와 주가〉, 《한국경제》, 2001. 7. 11(인터넷판).

〈카카오의 질주… 한때 네이버 제치고 시총 첫 3위〉, 《동아일보》, 2021. 6. 15(인터넷판).

〈"컴맹은 계란도 못 파나" 소상공인 울린 '계란이력제 전산화'… 법정소송 가나〉, 《한국일보》, 2022. 2. 14(인터넷판).

〈거래량·거래대금 사상최고치 경신〉, 《연합뉴스》, 1999. 10. 27(인터넷판).

〈한국 5대 업종 공급과잉 심화-삼성硏〉, 《머니투데이》, 2002. 2. 20(인터넷판).

〈한국 시총 30위내 IT 비중, 20년새 25%→63%〉, 《연합뉴스》, 2021. 1. 12(인터넷판).

"Amid global chaos, the tech industry takes a rare tumble", *The Washington Post*, May 10, 2022.

"Here's How Much Investing $1,000 In Amazon's IPO Would Be Worth Today", *Yahoo Finance*, May 16, 2020.

"US Tech Employment Surpasses 12 Million Workers, Accounts for 10% of Nation's Economy", *Cision*, Apr 21, 2020.

Part 4. 정치와 경제

1. 왜 아버지가 '주식 하면 삼대가 망한다'고 말씀하시냐면

고지훈, 〈1962년 증권파동과 지배 엘리트 '연합'〉, 《내일을 여는 역사》 34, 내일을여는역사재단, 2008.

문성주·김홍배·김우수, 〈한·중 증권 시장 발전사의 비교분석〉, 《경영사학(경영사연구)》 31-4, 한국경영사학회, 2016.

성승제, 〈1960년대 초반 증권파동이 갖는 함의〉, 《영산법률논총》 10-1, 영산대학교 법률연구소, 2013.

이명휘, 〈한국 주식 시장의 기원-개항기에서 1950년대까지〉, 《역사비평》 139, 역사비평사, 2022.

정희준, 〈한국의 초창기 선물거래에 대한 연구: 청산거래를 중심으로〉, 《경제연구》

25-4, 한국경제통상학회, 2007.

〈67억 환 정보부에 제공〉,《동아일보》, 1964. 9. 23.

〈국감반(国監班) 증권파동 내용 공개〉,《경향신문》, 1964. 9. 23.

〈군정의 주가조작…1962년 증권파동〉,《서울경제》, 2016. 5. 31(인터넷판).

〈"전날 국채거래 모두 무효"… 정부의 초강수에 42억 환이 증발했다〉,《한국경제》,
2018. 7. 13(인터넷판).

〈전쟁통에도 "증권업 살려보자" 결의…한국거래소는 그렇게 탄생했다〉,《한국경제》,
2018. 12. 7(인터넷판).

〈증권파동〉,《파이낸셜 리뷰》, 2022. 6. 13(인터넷판).

2. 이건희는 장남도 아닌데 삼성그룹 물려받음

단국대학교 동양학연구소,《개화기 일본민간인의 조선조사보고자료집 4》, 국학자료
원, 2002. 이맹희,《묻어둔 이야기》, 청산, 1993.

이한구,《한국 재벌형성사》, 비봉출판사, 1999.

정일영·조재곤·최재성·최진욱,《일제 식민지기 경성 상공회의소 월보 기사 해설》,
온샘, 2018.

공제욱,〈1950년대 자본축적과 국가 : 사적 자본가의 형성을 중심으로〉,《국사관논
총》58, 국사편찬위원회, 1994.

이은희,〈1960년대 박정희 정부의 식품위생 제도화〉,《의사학》25-2, 대한의사학회,
2016.

정도영·김호범·김현욱,〈비료공업에서 나타난 정부의 역할에 관한 연구 : 1962-
1978〉,《경제연구》28-1, 한국경제통상학회, 2010.

〈제6대 국회 제58회 제14차 국회 본회의 회의록〉, 1966. 9. 22.

〈통상〉, 행정안전부 국가기록원, 2006(웹자료).

〈'가발녀' 김씨, 옷 사듯 가발 산다〉,《한국경제》, 2015. 4. 24(인터넷판).

〈박정희·이병철 56년전 독대…박근혜·이재용 '대이은 밀월'〉,《한겨레》 2017. 1.
1(인터넷판).

〈삼분폭리는 사실〉,《조선일보》, 1964. 2. 9.

3. 대기업이 중소기업 대리한테 돈을 빌려달라면?

김준형·엄석진,〈전망이론을 통해 본 8·3 사채동결 조치〉,《서울행정학회 학술대회

발표논문집》, 서울행정학회, 2016.

박은숙, 〈근대 사금융 거래와 채권자의 성분(1891~1910)-서울 경기 지역을 중심으로〉,《한국사연구》189, 한국사연구회, 2020.

심재만, 〈저축은행 부실 결정 요인〉, 명지대학교 박사학위논문, 2019.

이명휘, 〈1950-80년 한국 금융 시장의 위기와 대응〉,《사회과학연구논총》22, 이화사회과학원, 2009.

이정은, 〈전경련의 '합리적' 내자 조달방안 요구와 전개-1966~1972년을 중심으로〉,《역사문제연구》32, 역사문제연구소, 2014.

정보경, 〈우리나라 저축은행의 문제점 및 발전방안에 관한 연구〉, 목포대학교 석사학위논문, 2012.

〈2011년 저축은행사태 기억하시나요〉,《어피티 머니레터》, 2021. 1. 18.

〈재정/금융〉, 행정안전부 국가기록원, 2007(웹자료).

〈30만 원 미만 즉각 해제〉,《매일경제》, 1972. 8. 11.

〈"대출조인 탓, 돈 빌릴 데 없는데" 불법사채금리 평균 이자율 연 145%→401% 껑충〉,《한국경제》, 2021. 1. 20(인터넷판).

〈사채 시장 그 실태와 양성화 정책의 문제점〉,《경향신문》, 1969. 8. 13.

〈위축된 사채 시장〉,《매일경제》, 1971. 7. 13.

〈은행 사채조성 '꺾기' 극성〉,《한겨레》, 1997. 5. 28.

4. 재계 7위 그룹도 정부 눈치 안 보면 열흘 만에 공중분해

브루스 D. 페리·마이아 샬라비츠, 황정하 옮김,《개로 길러진 아이》, 민음인, 2011.

김문재, 〈약속어음제도의 현상과 과제〉,《상사법연구》36-4, 한국상사법학회, 2018.

박영구, 〈1971년의 한국 현대조선공업 시작은 정말 어떠하였는가?〉,《한국민족문화》61, 부산대학교 한국민족문화연구소, 2016.

배주현·최영준, 〈한진해운 사태의 비일관적 대응과 결과: 개발자유주의 체제의 산업구조조정 딜레마〉,《정부학연구》23-3, 고려대학교 정부학연구소, 2017.

서문성, 〈동아시아의 환경변화와 한국해운조선산업의 중흥과 부산항의 발전전략에 관한 연구〉,《한국항만경제학회지》35-1, 한국항만경제학회, 2019.

이연호·정석규·임유진, 〈전두환 정부의 산업합리화와 김대중 정부의 기업 구조조정 비교연구〉,《21세기정치학회보》14-1, 21세기정치학회, 2004.

이우경, 〈세계적 브랜드로 성장하고 있는 프로-스펙스〉,《월간 경영과 마아케팅(마케팅》17-9, 한국마케팅연구원, 1983.

이태휘·안우철, 〈한진해운 파산의 원인 분석과 해운재건을 위한 정책 방향 연구〉, 《산업혁신연구》 34-4, 산업개발연구소, 2018.

〈업계 1위 기업이 파산한 이유〉, 《어피티 머니레터》, 2021. 1. 25.

〈부산시가 한진해운 인수를 포기했던 까닭은?〉, 《한국경제》, 2021. 2. 17(인터넷판).

〈수조원대 혈세 몰아받은 HMM, 중기와 맞대결···흔들리는 해운 정책〉, 《아주경제》, 2022. 7. 25(인터넷판).

〈이병기 오욕의 과거, 한나라당 '차떼기 흑역사'〉, 《오마이뉴스》, 2014. 7. 4(인터넷판).

〈국제그룹의 비극 (1)〉, 《경향신문》, 1991. 6. 29.

〈정권의 '미운털'. 부채과다로 몰락길··· 국제그룹 해체 전말〉, 《한국경제》, 1993. 7. 30.

〈정재호 의원 "한진해운 퇴출배경엔 최순실 일당"〉, 《매일경제》, 2017. 10. 23(인터넷판).

〈'청와대 진돗개' 때문에 출장 갔다〉, 《경향신문》, 2016. 11. 17(인터넷판).

〈한진해운 '퇴출'에 어른거리는 박근혜·최순실 그림자〉, 《한겨레》, 2016. 11. 20(인터넷판).

〈"한진해운 파산은 잘못된 처리"···슬쩍 입 닦는 산은·정부〉, 《서울경제》, 2020. 11. 28(인터넷판).

5. 정경유착이 우리 건강에 미치는 영향

권오영, 〈현대 한국의 도시위생 개선과 의학 교과서 서술의 변화〉, 《도시연구: 역사·사회·문화》 18, 도시사학회, 2017.

심한택·조정일, 〈환경오염 유발사건이 기업가치에 미치는 영향〉, 《산업경제연구》 17-1, 한국산업경제학회, 2004.

이성일, 〈한국 환경운동조직의 형성과 성장에 대한 고찰-정당성을 중심으로〉, 서강대학교 석사학위논문, 2016.

정준금, 〈사회적 위기에 대한 정책대응과정 분석-낙동강 페놀오염사건을 중심으로〉, 《한국행정학보》 29-1, 한국행정학회, 1995.

한국상하수도학회 조사위원회, 〈우리나라 도시 상하수도 시스템의 문제점 및 대책-낙동강 페놀오염사건을 계기로〉, 《한국상하수도학회지》 1, 한국상하수도학회, 1991.

Le Sève, M. Denis, "Riding the Wave: How the private sector is seizing opportunities to accelerate progress on water security", CDP, 2023.

Monica T. Kotari et al., "Exploring associations between water, sanitation, and anemia through 47 nationally representative demographic and health surveys", *Annals* 1450, 2019

〈'가습기살균제 실험결과 조작' 대학교수… 대법원, '실형' 확정〉, 《법률신문》, 2017. 9. 26(인터넷판).

〈"가습기살균제로 건강피해 95만, 사망 2만명 추산"〉, 《경향신문》, 2020. 9. 3(인터넷판).

〈"정화조 청소약품으로 가습기살균제… 국가도 기업도 눈감아"〉, 《동아일보》, 2016. 3. 29(인터넷판).

〈제주 지하수의 주인은 누구에요? 30년 간의 '먹는샘물 분쟁'〉, 《KBS》, 2021. 11. 25(인터넷판).

〈'한국공항 먹는샘물 연장허가 동의안' 제주도의회 통과 외〉, 《KBS》, 2021. 12. 23(인터넷판).

Part 5. 국제관계와 경제

1. 한국·미국·일본이 로맨스 찍으면 주인공은 누구죠?

김두얼, 《한국경제사의 재해석》, 해남, 2017.

김양희, 《21세기 보호주의의 변용, '진영화'와 '신뢰가치사슬(TVC)'》, 국립외교원 외교안보연구소, 2022.

김정식, 《대일 청구권자금의 활용사례 연구》, 대외경제정책연구원, 2000.

아비지트 배너지·에스테르 뒤플로, 김승진 옮김, 《힘든 시대를 위한 좋은 경제학》, 생각의힘, 2020.

허재철 외, 《미중 전략경쟁 시대 지정학적 리스크와 경제안보》, 대외경제정책연구원, 2022.

강이수, 〈해방 후 한국경제의 변화와 여성의 노동경험〉, 《여성과 역사》 4, 한국여성사학회, 2006.

박광명, 〈미군정기 경제통제정책의 시행과 암거래 실태〉, 《한국민족운동사연구》

101, 한국민족운동사학회, 2019.

이세진, 〈1960년대 미국의 대한경제정책 변화: 재정안정계획과 수출지향적 공업화를 중심으로〉, 《역사문화연구》 63, 한국외국어대학교역사문화연구소, 2017.

이송순, 〈해방 전후 전쟁기(1937~1953년) 사무직(White-collar) 여성의 형성과 사회진출, 젠더 인식: 조선식산은행 여자행원 사례를 중심으로〉, 《역사학연구》 82, 호남사학회, 2020.

이행선, 〈식민지 말기 조선의 전시경제와 전쟁상식〉, 《한국학연구》 43, 인하대학교한국학연구소, 2016.

정태헌, 〈해방 전후 경제계획론의 수렴과 전쟁 후 남북에서의 적대적 분화〉, 《한국사학보》 17, 고려사학회, 2004.

Meng, B., Xiao, H., Ye, J., Li, S., "Are global value chains truly global? A new perspective based on the measure of trade in value-added", *IDE Discussion Paper* 736, 2018.

〈9·19 남북군사합의〉, 대한민국 정책브리핑(웹자료).

〈"2017년 핵전쟁 일촉즉발 상황…매티스도 북 항구 폭격 검토"〉, 《중앙일보》, 2020. 9. 14(인터넷판).

〈"북한 오판으로 2017년 한반도서 전쟁 날 뻔" 브룩스 전 주한미군 사령관〉, 《뉴시스》, 2020. 1. 19(인터넷판).

〈이 협정의 끝을 다시 써보려 해〉, 《조선일보》, 2020. 7. 22(인터넷판).

〈読み違えれば 戦争は起き得た 前在韓米軍司令官に聞く 2017年北朝鮮情勢〉, 《아사히신문(朝日新聞)》, 2020. 1. 19(인터넷판).

2. 에너지 가격이 올라가면 정권이 바뀐다?

이광수, 《부산지역 노동운동사》, 샛피, 2022.

최지웅, 《석유는 어떻게 세계를 지배하는가》, 부키, 2019.

김권식, 〈국제유가 충격이 경기불황을 심화시키는가?〉, 《경제분석》 17-2, 한국은행, 2011.

김보현, 〈개발연대 중동건설현장 취업자의 경제와 정치─돈과 노동, 조국과 가정〉, 《사회와역사》 114, 한국사회사학회, 2017.

박재형, 〈미국의 분열적 중동정책과 제1차 석유파동: 아랍-이스라엘, 메이저 회사, 국내정치적 구조〉, 《한국중동학회논총》 28-2, 한국중동학회, 2008.

오창섭, 〈80년대 초 한국형 냉장고의 출현과 등장 배경〉, 《디자인학연구》 34-2, 한국 디자인학회, 2021.

원종필, 〈부마민주항쟁에 있어서 부산지역 경제적 배경〉, 《사회사상과 문화》 22-1, 동양사회사상학회, 2019.

이웅호, 〈우리나라 산업구조의 시대별 특성에 관한 연구〉, 《유라시아연구》 4-2, 아시아·유럽미래학회, 2007.

임미리, 〈부마항쟁, 도시하층민들의 해방구: 부마항쟁의 주체 및 성격에 관한 연구〉, 《기억과 전망》 44, 한국민주주의연구소, 2021.

장성호, 〈사회·경제적 위기와 한국의 정치변동〉, 《정치·정보연구》 11-2, 한국정치정보학회, 2008.

전국금속노동조합연맹, 〈유신체제하의 노동조합 운동〉, 《금속노동운동 40년사》, 한국노동조합총연맹, 2005.

〈식량증산 연표〉, 행정안전부 국가기록원(웹자료).

〈1970년대에 머문 낡은 틀…요금 폭탄 무서워 에어컨 못켜는 2016년〉, 《조선비즈》, 2016. 8. 10(인터넷판).

〈"미, 4.19혁명 당시 이승만 사퇴에 직접 개입"〉, 《연합뉴스》, 2010. 4. 17(인터넷판).

〈'전기료 폭탄' 터지기 시작…7월 고지서에 시민들 짜증 폭발〉, 《뉴시스》, 2016. 8. 17(인터넷판).

〈정유공장 가동률 높인 정유업계…고유가 장기화에 '좌불안석'〉, 《이데일리》, 2022. 3. 15(인터넷판).

〈'폭염' 뉴노멀 시대…"전기요금 차이 새 소비 패턴 맞게 축소해야"〉, 《조선비즈》, 2016. 8. 9(인터넷판).

3. 유가와 환율이 멱살 잡고 가는 우리나라 경제

강윤재, 〈광우병 위험과 촛불집회: 과학적인가 정치적인가?〉, 《경제와 사회》 89, 비판사회학회, 2011.

구현우, 〈발전국가, 배태된 자율성, 그리고 제도론적 함의: 이승만 정부, 박정희 정부, 전두환 정부의 산업화 정책을 중심으로〉, 《한국사회와 행정연구》, 20-1, 서울행정학회, 2009.

김경필, 〈1987년 이후 재벌 자본축적방식의 전환〉, 《경제와 사회》 118, 비판사회학회, 2018.

김덕호, 〈가전제품, 소비혁명, 그리고 한국의 대량소비사회 형성〉, 《역사비평》 137, 역사문제연구소, 2021.

김미경, 〈한국 발전주의적 자본주의의 위기와 반-인플레이션 정치: 1970년대 말 박정희 정부의 경제안정화정책 전환의 정치적 의미〉, 《아세아연구》 59-4, 고려대학교 아세아문제연구원, 2016.

김재혁, 〈대외경제충격과 경제정책 불확실성이 한국경제에 미치는 영향〉, 《경제연구》 40-1, 한국경제통상학회, 2022.

박영환·박수진, 〈여론과 대외정책 인식: 한미 FTA 사례〉, 《의정연구》 20-1, 한국의회발전연구회, 2014.

박찬종, 〈한국 신자유주의의 사회적 기원 1980년대 초 금융자유화에서 1997년 외환위기까지의 금융정치〉, 《경제와 사회》 130, 비판사회학회, 2021.

박훈탁, 〈1980년대 제5공화국 정부의 통화주의 인플레이션 정책의 정치경제 : 영국과 한국에서 상이한 아이디어와 이해와 제도의 상호작용〉, 《21세기정치학회보》 15-1, 21세기정치학회, 2005.

안태건·김성룡, 〈한미 FTA 발효 후 무역구조 변화에 대한 분석〉, 《통상정보연구》 20-1, 한국통상정보학회, 2018.

이연호·임유진·정석규, 〈전두환 정부의 산업합리화와 김대중정부의 기업구조조정 비교연구: 부실기업정리 방식의 변화에 관한 연구〉, 《21세기정치학회보》 14-1, 21세기정치학회, 2004.

이진영, 〈영국 한인사회의 형성과 변화: 해외여행 자유화(1989) 이전을 중심으로〉, 《재외한인연구》 25, 재외한인학회, 2011.

전선민·김경미, 〈공공정서와 발전전략 구성의 정치: 1980년대 초 한국의 경제 자유화〉, 《한국정치연구》 29-3, 서울대학교 한국정치연구소, 2020.

조성일, 〈한국의 경상수지 불균형은 지속가능한가?〉, 《무역연구》 17-4, 한국무역연구원, 2021.

하대청, 〈'위로부터의 지구화'와 위험담론의 역사적 구성: WTO, FTA, 광우병 논쟁〉, 《ECO: 환경사회학연구》 18-1, 한국환경사회학회, 2014.

한국노동연구원, 〈2002년 적정 임금인상률 전망〉, 경제정보센터, 2002. 3. 8(웹자료).

허인·안지연, 〈국제유가와 원/달러 환율의 관련성 및 원인분석〉, 《경제발전연구》 23-1, 한국경제발전학회, 2017.

〈풍선(1989)〉, 한국방송광고진흥공사(웹자료).

〈KORUS FTA 10년〉,《동아일보》, 2022. 3. 14(인터넷판).

〈'즉시 수입중단' 명시 조항 없어… 2008년 '부실 협상' 사실로〉,《부산일보》, 2012. 4. 26(인터넷판).

〈노사분규 격화 산업생산 휘청〉,《동아일보》, 1989. 12. 5.

〈경총, 임금인상률 1.6%내 권고… 한노총은 7.8% 요구〉,《뉴스1》, 2015. 3. 5(인터넷판).

〈광우병 파동, 어디서 시작됐나〉,《한국일보》, 2015. 2. 4인터넷판).

〈노동부보고 최저임금 월 10만 원 제도화〉,《동아일보》, 1985. 2. 28.

〈물가안정은 경제운용의 으뜸과제 전두환대통령 기자회견 요지〉,《매일경제》, 1983. 8. 23.

〈'부정부패 음흉' 이미지 이승만, 역사관 투철 강경 근면 박정희, 거만 미숙 정적억압 전두환, '우유부단' 정실인사 노태우〉,《동아일보》, 1992. 4. 15.

〈빚 갚기도 전에 또 빚…1988의 '3저 호황' 응답할 길이 없다〉,《경향신문》, 2016. 1. 17(인터넷판).

〈안 먹을 수 없는 너〉,《한겨레21》, 2008. 5. 1(인터넷판).

〈여성스러움 '잃지 않는 사회활동을'〉,《주간경향》, 2004. 4. 23(인터넷판).

〈특집-총론〉,《연합뉴스》, 1990. 10. 18(인터넷판).

〈'한미 FTA' 미 주역 "양국 모두 두려움 있었지만 현실화 안돼"〉,《연합뉴스》, 2022. 3. 15(인터넷판).

〈한미FTA 10년…대미수출 年5.86%↑, 수출액 1위는 자동차〉,《동아일보》, 2022. 3. 8(인터넷판).

〈한미FTA 10주년이지만…'철강 232조'에 웃지 못하는 철강업계〉,《아시아경제》, 2022. 3. 13(인터넷판).

〈'한미FTA10년' 미 자국주의 거세···한, 신통상 담은 '원원전략' 시급〉,《서울경제》, 2022. 1. 16(인터넷판).

〈"3저 호황 이후 위기, 1990년대 상황 반복 말아야"〉,《조선비즈》, 2016. 1. 8(인터넷판).

4. 이것도 다 먹고살자고 하는 짓

유종성, 김재중 옮김,《동아시아 부패의 기원》, 동아시아, 2016.

이근·이명헌·김선빈 외,《한국형 시장경제체제》, 서울대학교출판문화원, 2014.

이철승, 《쌀 재난 국가》, 문학과지성사, 2021.

정태헌, 《문답으로 읽는 20세기 한국경제사》, 역사비평사, 2010.

조선로동당출판사, 《조선민주주의인민공화국 토지법》, 조선로동당출판사, 1977.

고중용, 〈제헌국회 초기의 정치세력 분포에 대한 연구〉, 《한국정치연구》 30-1, 서울
대학교 한국정치연구소, 2021.

권은민, 〈남북한 및 동아시아 주변국의 토지개혁 과정에 관한 서설적 연구〉, 《북한법
연구》 24, 통일과북한법학회, 2020.

김경태, 〈1920년대 전반 소작쟁의의 확산과 '4할 소작료' 요구〉, 《사림》 55, 수선사학
회, 2016.

김진웅, 〈1945-1948년 남한과 일본에서의 미국의 농지정책 비교〉, 《역사교육논집》
49, 역사교육학회, 2012.

박명수, 〈1946년 미군정의 여론조사에 나타난 한국인의 사회인식〉, 《한국정치외교
사논총》 40-1, 한국정치외교사학회, 2018.

박일규, 〈남북한의 국가형성과정에 있어서 토지문제〉, 《토지법학》 22, 한국토지법학
회, 2006.

이사벨라 비숍, 신복룡 옮김, 《조선과 그 이웃 나라들》, 집문당, 2019.

신동진, 〈귀속재산에 대한 토지개혁과 제문제 검토〉, 《고려법학》 95, 고려대학교 법
학연구원, 2019.

대런 애쓰모글루·제임스 A. 로빈슨, 최완규 옮김, 《국가는 왜 실패하는가》, 시공사,
2012.

이명헌, 〈한국 식료 부가가치 사슬의 특징: 시장지배력과 협동조합을 중심으로〉, 《한
국형 시장경제체제》, 서울대학교출판문화원, 2014.

최은진, 〈일본과 식민지 조선의 지주제와 소작문제 비교〉, 《한국근현대사연구》 99,
한국근현대사학회, 2021.

황병주, 〈해방 공간 한민당의 '냉전 자유주의'와 사유재산 담론: 토지개혁 구상을 중
심으로〉, 《동북아역사논총》 59, 동북아역사재단, 2018.

Ross, S., "4 Countries That Produce the Most Food", *Investopedia*, 2022(웹자료).

〈1000원 커피의 종말…편의점마저 두손 들었다〉, 《서울경제》, 2022. 4. 11(인터넷판).

〈고 이경해씨, 농민 위해 한평생…〉, 《YTN》, 2003. 9. 11(인터넷판).

〈불안한 농민〉, 《연합뉴스》, 1999. 9. 6(인터넷판).

〈러시아-우크라이나 침공에 전 세계는 '식량 위기'〉, 《YTN사이언스》, 2022. 4.

12(인터넷판).

〈"미국과 FTA는 '통상 부스터샷'…한우 망한다는 우려 과도했다"〉,《한국경제》, 2022. 3. 15(인터넷판).

〈식량 자급률 20년간 20%P 뚝… 수입 안정화·비축관리 역량 높여야〉,《서울경제》, 2021. 11. 23(인터넷판).

〈김영삼 대통령 특별담화 쌀 개방 사과〉,《MBC》, 1993. 12. 9.

〈우루과이라운드와 우리 농업의 위기〉,《한겨레》, 1990. 7. 31.

〈한국인의 커피 사랑…작년 수입액 1조 원 첫 돌파〉,《연합뉴스》, 2022. 3. 21(인터넷판).

5. 세계 6위 국방력인데도 자꾸 불안한 건 기분 탓일 거야

레이 달리오, 송이루·조용빈 옮김,《변화하는 세계질서》, 한빛비즈, 2022.

만인만색연구자네트워크 시민강좌팀,《달콤 살벌한 한·중 관계사》, 서해문집, 2020.

권운영,〈중국 환구시보를 통해 본 사드〉,《중국학논총》57, 고려대학교 중국학연구소, 2017.

박성준·이희정,〈한국의 사드 배치 결정 전과 후 중국인의 한국에 대한 인식 변화 비교 연구: 한국 관광업계 및 유통 채널의 시사점을 중심으로〉,《물류학회지》28-1, 한국물류학회, 2018.

배종윤,〈1980년대 한국 북방정책의 촉발 요인으로서의 정치경제적 측면에 대한 연구〉,《21세기정치학회보》24-2, 21세기정치학회, 2014.

이건웅,〈중국의 문화산업 규제와 한한령〉,《글로벌문화콘텐츠》33, 글로벌 문화콘텐츠학회, 2018.

이장원,〈시진핑 시대의 한중관계: 사드 위기의 본질과 과제〉,《현대중국연구》19-3, 현대중국학회, 2017.

정준오,〈탈냉전기 한국의 외교정책과 민주화 동인: 노태우 정부의 북방정책을 중심으로〉,《전략연구》22, 한국전략문제연구소, 2015.

〈흔들리는 미국 속에서~ 중국의 힘이 느껴진 거야~〉,《어피티 머니레터》, 2020. 11. 2.

Kim, Hyejin and Lee, Jungmin, "The Economic Costs of Diplomatic Conflict: Evidence from the South Korea-China THAAD Dispute", *The Korean Economic Review* 37-2, 2021.

〈"1983년 KAL기 피격 후 미국-소련 핵전쟁 위기"〉,《연합뉴스》, 2015. 10. 25(인터 넷판).

〈WTO 가입 20년 중 "세계경제 기여" vs 서방 "중국 도운 건 대실수"〉,《머니투데이》, 2021. 12. 12(인터넷판).

〈관광산업 피해액만 21조 원…중 경제 보복 영향〉,《한국경제TV》, 2022. 3. 17(인터 넷판).

〈"사드 보복 피해 연 22조?"〉,《뉴스포스트》, 2022. 2. 17(인터넷판).

〈"문체부, 중과 외교문제 우려로 한한령 피해 파악 못해"〉,《뉴시스》, 2022. 2. 7(인터 넷판).

〈박대통령 중 전승절 참석 여부, 미·중·일 미묘한 입장차〉,《한국일보》, 2015. 8. 12(인터넷판).

〈싱하이밍 "사드는 한중관계 금기어… 전철 밟지 말아야"〉,《뉴스1》, 2022. 4. 7(인터 넷판).

〈오바마, 중 전승절 행사 안 갈 듯〉,《서울신문》, 2015. 8. 11(인터넷판).

〈중 "불장난 말아야"… 제2사드 사태될까?〉,《뉴스1》, 2021. 5. 25(인터넷판).

〈중 한한령 풀리나…한·중 관계 회복 '분수령'〉,《한국경제TV》, 2022. 3. 17(인터넷판).

게티이미지 203

경향신문 65, 249, 372, 433, 461

국립민속박물관 91

김태형 59, 277

대한민국역사박물관 79, 323

동아일보 153, 322, 329, 384, 387

미 국립문서기록관리청 468

박용수, 민주화운동기념사업회 131

사회적참사특조위 379

서울역사박물관 32, 33, 49, 56, 315, 339, 355, 429

성남시 17

셔터스톡 117, 122, 135, 185, 235, 255, 368, 415, 435, 445

연합뉴스 157, 243, 319, 479

위키미디어 커먼즈 473

이정수 180

조선일보 140, 359, 451

중앙일보 211, 223

한겨레 269

꼬리에 꼬리를 무는 한국경제사

1판 1쇄 발행일 2023년 5월 22일

지은이 김정인

발행인 김학원
발행처 (주)휴머니스트출판그룹
출판등록 제313-2007-000007호(2007년 1월 5일)
주소 (03991) 서울시 마포구 동교로23길 76(연남동)
전화 02-335-4422 **팩스** 02-334-3427
저자·독자 서비스 humanist@humanistbooks.com
홈페이지 www.humanistbooks.com
유튜브 youtube.com/user/humanistma **포스트** post.naver.com/hmcv
페이스북 facebook.com/hmcv2001 **인스타그램** @humanist_insta
편집주간 황서현 **편집** 최인영 박나영 **디자인** 김태형
조판 홍영사 **용지** 화인페이퍼 **인쇄** 청아디앤피 **제본** 민성사

ⓒ 김정인, 2023

ISBN 979-11-6080-918-3 03910